세계
민담
전집

세계 민담 전집

16

이란 편

김영연 엮음

황금가지

세계 민담 전집을 펴내면서

민담이란 한 민족이 수천 년 삶의 지혜를 온축하여 가꾸어 온 이야기들입니다. 그 민족 특유의 자연관, 인생관, 우주관, 사회 의식이 속속들이 배어 있는 민담은 진정 그 민족이 발전시켜 외부와 교통해 온 문화를 이해하는 골간입니다. 세계화 시대를 맞아 국경의 의미가 나날이 퇴색되고 많은 사람들이 인류 공통의 문제를 피부로 느끼는 지금, 한편으로는 국가와 민족, 인종 간의 몰이해로 인한 충돌이 더욱 빈번해져 가고 있습니다. 서로의 문화를 진정으로 이해해야 할 필요성이 더욱 커진 오늘, 한 민족의 문화에서 민담이 갖는 중요성을 생각할 때, 우리나라에 아직 믿고 읽을 만한 민담 전집이 없다는 것은 여러 모로 불행한 일이 아닐 수 없습니다.

지금까지 세계 여러 민족의 옛이야기들이 전혀 출판되지 않았던 것은 아니지만, 개별적으로 나와 망실되고 절판된 데다가 영어나 일본어 판에서 중역된 것이 대부분이었고, 그나마 아동용으로 축약 변형되어 온전한 모습으로 소개되지 못했습니다. 황금가지에서는 각 민족의 고유 문화를 이해하는 실마리가 될 민담을 올바르게 소개하고자 다음과 같은 원칙에 따라 편집을 진행하였습니다.

첫째, 근대 이후에 형성된 국가의 구분에 얽매이지 않고 더 본질적인 민족의 분포와 문화권을 고려하여 분류하였습니다. 국가적 동질성과 문화적 동질성이 반드시 일치하지는 않기 때문입니다.

둘째, 각 민족어 전공자가 직접 원어 텍스트를 읽은 후 이야기를 골라 번역했습니다. 영어 판이나 일본어 판을 거쳐 중역된 이야기는 영어권과 일본어권 독자들의 입맛에 맞도록 순화되는 과정에 해당 민족 고유의 사유를 손상시켰을 우려가 높습니다. 황금가지 판『세계 민담 전집』은 해당 언어와 문화권을 잘 이해하고 있는 전공자들이 엮고 옮겨 각 민족에 가장 널리 사랑 받는 이야기, 그들의 문화 유전자가 가장 생생하게 드러나는 이야기들을 가려 뽑도록 애썼습니다.

셋째, 기존에 알려져 있던 각 민족의 대표 민담들뿐 아니라 그동안 접하기 힘들었던 새로운 이야기들을 여럿 소개합니다. 또한 이미 들은 적이 있는 이야기일지라도 축약이나 왜곡이 심했던 경우에는 원형에 가까운 형태로 재소개했습니다.

황금가지 판『세계 민담 전집』은 또한 작은 가방에도 들어가는 포켓판 형태로 제작되어 간편하게 들고 다니며 읽을 수 있게 하였습니다. 세계를 여행하면서 그 지역에 뿌리를 두고 자라난 이야기들을 읽고 확인하는 것도 이 전집을 읽는 또 다른 즐거움이 될 것입니다.

세계 민담 전집 편집부

●──1979년 이슬람 혁명을 겪은 이란은 오랜 역사를 가지고 있으며 1935년 이전에는 페르시아로 불렸다. 이란은 중국과 함께 오랜 역사와 뛰어난 문화를 가진 나라이지만, 지도에서 보는 것처럼 지정학적 이유로 고대부터 이민족의 침입을 받아 복잡한 역사를 갖게 된다. 이란 민담은 이런 복잡한 역사 속에서 능동적으로 적응하는 이란 민초의 현명함을 잘 드러내고 있다.

차 례

황금가지 세계 민담 전집 이란 편

청혼자의 지혜 ●●● 11
꽃이 된 왕족 ●●● 14
큰딸에게 말하노라 ●●● 18
상인의 딸과 요정 나라의 왕자 ●●● 21
노인과 죽음의 천사 아즈라엘 ●●● 28
한 뼘짜리 소년 ●●● 30
대머리와 재판관 ●●● 34
바꿀 수 없는 운명 ●●● 44
왕자와 사슴 ●●● 51
아즈라엘과 목수의 아들 ●●● 62
금화 백 냥 ●●● 66
마흐무드와 호르시드 ●●● 74
계산을 잘하는 촌장 ●●● 84
생선 장수의 딸과 신발 한 짝 ●●● 86
할버를 먹은 나무꾼의 세 딸 ●●● 92
며느리와 시어머니 ●●● 98
아무 노루즈 ●●● 102
스승과의 대결 ●●● 105
어거 골리 ●●● 109
햇빛과 달빛 ●●● 113
목동의 지혜로운 딸 ●●● 116
허풍선 용사 ●●● 124
마귀와 맺은 약속 ●●● 130
아버지의 충고 ●●● 134

아전구 ●●● 140
절름발이 알리 ●●● 146
어레프와 공주 ●●● 157
거짓말쟁이 노예 ●●● 170
목화송이 ●●● 175
꿈에 본 양치기 ●●● 181
불가능한 일 ●●● 199
엄지동자 ●●● 207
알리와 호랑이 ●●● 211
다섯 개 됐어요, 여섯 개 됐어요 ●●● 216
구름과 바람의 말 ●●● 222
죽은 아내와 함께 무덤에 갇힌 상인 ●●● 227
위대한 압바스 왕의 반지 ●●● 236
해와 달과 별 ●●● 239
염소예요, 당나귀예요 ●●● 244
게으름뱅이 아흐마드 ●●● 247
가시나무꾼 아버지 ●●● 250
농사꾼과 곰 ●●● 253
암흑의 나뭇잎 ●●● 257
털옷 만드는 아스캬르 ●●● 261
괴물 독수리 ●●● 268
철로 된 상자 ●●● 276
이방 청년인 압바스 왕의 아들 ●●● 278
영웅 로스탐 이야기 ●●● 289
아버지의 탐욕과 저주 ●●● 299
탁발승의 계략 ●●● 305
목이 긴 이모 ●●● 311
오렌지 세 개 ●●● 315
신을 보고 신의 말씀을 들은 사람의 이야기 ●●● 322
가짜 점쟁이 ●●● 327
문이 넷 있는 집 ●●● 334
바퀴벌레 아가씨 ●●● 338

아들의 웃음과 딸의 빗질 ●●● 343

수정 인형 ●●● 347

앵무새 ●●● 351

앵무새를 믿지 않은 왕 ●●● 353

훠테메 아가씨 ●●● 357

실패와 물레와 바늘 ●●● 369

아흐마드 이야기 ●●● 374

불행한 훠테메 ●●● 387

굳건한 신앙심 ●●● 393

일곱 개의 문이 있는 성 ●●● 401

기즈러르 허니 ●●● 407

트집쟁이 알리 ●●● 423

물고기의 웃음 ●●● 433

현명한 아가씨 ●●● 439

기름 항아리 ●●● 443

쿠세와 중개상 ●●● 447

데굴데굴 구르는 호박 ●●● 456

흑인 노예 커커 ●●● 460

거짓말쟁이 대머리 총각 ●●● 468

해설 | 이란 민담을 소개하며 ●●● 473

청혼자의 지혜

 아주 오랜 옛날 딸 하나를 둔 왕이 살고 있었다. 왕의 희망은 공주에게 총명하고 지혜롭고 똑똑한 남편을 얻어 주는 것이었다. 그래서 왕은 공주에게 청혼하러 오는 후보들을 안마당에 줄을 세운 뒤 명을 내렸다.
 "우리 도시 곁에 흐르는 바닷물을 다 마르게 하는 자에게 내 딸을 주겠노라."
 그 명을 들은 이웃 나라 왕자, 대신의 아들, 귀족의 아들 들은 하나 둘 줄을 벗어나기 시작했다.
 "우리가 할 수 있는 일이 아니지."
 그러고는 각자의 자리로 돌아가 버렸다. 이윽고 안마당에는 이름 없는 대머리 젊은이 한 사람만 남았다.
 "열흘의 시간을 주시면 그 일을 해내겠습니다."
 왕은 젊은이의 청을 받아들였다. 아흐레가 지나자 왕은 신하들을 대동하고 바닷가로 갔다. 그러나 바다에는 여전히 물이 가득했고,

이름 없는 대머리 젊은이는 혼자서 바닷물을 퍼내고 있었다. 왕을 보고 이름 없는 젊은이가 말했다.

"왕이시여, 내일이면 제 일은 끝납니다. 바닷물을 말린 것을 축하하는 뜻으로 내일 이곳에서 제가 점심을 대접하겠습니다."

왕은 젊은이의 초대를 수락했다. 다음 날 왕은 신하들과 바닷가로 갔다. 이름 없는 젊은이는 왕과 그 일행을 대접할 음식을 만들기 위해 큰 솥에 물을 가득 채우고 솥의 양 손잡이를 땅바닥에서 2미터쯤 떨어진 나뭇가지에 매어 놓은 다음, 솥 아래에 장작 몇 개를 갖다 놓았다.

왕 일행이 도착하자 젊은이는 장작에 불을 붙였다. 불은 아주 천천히 장작에 옮겨 붙었고 서서히 불꽃이 일었다. 그러나 2미터나 떨어져 있는 솥에 닿기에는 턱없이 부족했다. 왕은 이름 없는 젊은이에게 물었다.

"무슨 음식을 준비했느냐?"

젊은이가 대답했다.

"어시*콩과 야채, 면을 넣고 끓인 수프를 만들려고 솥에 물을 붓고 불을 붙여 놓았습니다. 그런데 음식을 만들 물이 아직 끓지 않았습니다."

장작불에서 2미터나 떨어져 있는 솥을 보고 왕이 말했다.

"이 바보 같은 청년아! 자넨 생각도 없는가! 아니, 장작 몇 개로 피운 불길이 저 솥까지 어떻게 닿겠는가!"

이 말을 듣고 이름 없는 젊은이가 대답했다.

"왕이시여, 왕을 위해서라면 저는 제 목숨을 바쳐도 좋습니다. 옳은 말씀입니다. 이 장작불 몇 개로 2미터나 떨어진 솥의 물을 끓일 수 없는 것처럼 사람의 힘으로는 바닷물을 다 말릴 수 없습니다. 어느 누구에게 그 같은 힘이 있단 말입니까!"

왕은 젊은이의 대답을 듣고 마음이 몹시 흡족했다.
"참으로 지혜롭고 총명하군! 자네야말로 내 사윗감일세."
왕은 젊은이를 사위로 맞았고, 다음 날부터 7일 동안 성대하게 혼례 행사가 치러졌다. 그 후 젊은이와 공주는 수년의 수년을 행복하고 다정하게 잘 살았다.

꽃이 된 왕족

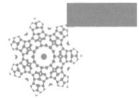

 아주 오랜 옛날 딸을 몹시 싫어하는 왕이 있었다. 다행히 그에게는 일곱 왕자가 있었다. 어느 날 왕은 태기가 있는 왕비를 두고 사냥을 떠나게 되었다. 당시에는 한번 여행을 떠나면 오랫동안 돌아올 수 없었다. 그래서 떠나기 전에 왕은 왕자들을 모아 놓고 말했다.
 "내가 여행을 떠나려고 하노라. 만일 왕비가 아들을 낳으면 그 아이의 머리에 왕관을 씌우고 금으로 된 수레에 앉혀라. 그리고 내가 집으로 돌아오는 날 나를 맞으러 올 때 데리고 나오너라. 그러나 만일 딸을 낳으면 그 아이를 죽여서 피를 유리병에 담아 성문에 매달아 두어라. 돌아오는 날 내가 그 피를 마실 것이다."
 왕이 여행을 떠나고 얼마 안 있어 왕비가 딸을 낳았다. 왕자들은 왕의 말대로 여동생인 공주를 죽이려고 했다. 그런데 웃고 있는 어린 여동생의 얼굴을 보니 차마 죽일 수가 없었다. 궁리 끝에 왕자들은 지하에 사르딥^{더위를 피하는 장소}을 만들고 그곳에 갓 태어난 어린 여동생을 유모와 함께 숨겼다. 그런 다음 비둘기를 죽여 그 피를 유리병에 담아 성문에 걸어 두었다. 여행에서 돌아온 왕은 자신의 말대로 유리병을 들어 그 피를 마셨다.

그 후 7년이 지났다. 어느 날 지하의 사르덥에서 지내던 어린 공주는 구멍을 통해 들어오는 햇빛을 보았다. 공주는 동전이 땅에 떨어졌다고 생각하고 손을 뻗어 집으려 했지만 잡히지 않았다. 어린 공주가 유모에게 자초지종을 묻자 유모가 대답했다.

"공주님! 이 사르덥 바깥에는 햇빛도, 달빛도, 그림자라는 것도 있답니다."

유모는 공주에게 바깥 세상에 대해 설명해 주었다. 다 듣고 나서 어린 공주는 이렇게 말했다.

"저 바깥 세상과 햇빛과 달빛을 보고 싶어요."

"공주님, 오라버니들이 공주님을 데리러 올 때까지 기다리셔야 해요. 오라버니들이 공주님을 위해 금 마차에 금 신발을 가지고 와서 바깥을 구경시켜 줄 거예요."

이 말을 들은 공주는 그때까지 기다리겠노라고 말했다.

때가 되자 왕자들은 유모의 말대로 금 마차와 금 신발을 가지고 여동생을 데리러 왔다.

그들이 정원을 구경하고 있는데 갑자기 멀리서 왕이 나타났다. 왕자들은 왕이 두려워 얼른 여동생을 안아서 지하의 사르덥으로 데리고 갔다. 멀리서 이 광경을 목격한 왕은 왕자들이 뭔가를 숨기고 있음을 알고 그들을 불러 물었다.

"만일 너희가 내게 숨기는 것을 사실대로 고하지 않는다면 지금 당장 사형 집행인에게 보내리라! 그러나 사실을 말한다면 너희의 죄를 면해 주겠노라!"

왕의 불호령에 놀란 왕자들은 너무 무서워서 중얼중얼댔고, 왕은 왕자들의 입술이 움직이는 것만 보았을 뿐 제대로 알아들을 수가 없었다. 그러나 왕비는 왕에 대해 큰 두려움이 없었던지라 지금까지 있었던 사실을 낱낱이 아뢰었다. 그 말을 듣고 왕은 크게 성을 내며 명했다.

"사형 집행인! 당장 왕비와 공주와 왕자들을 평야로 데리고 가서 굶주린 맹수의 밥이 되거나 굶어 죽도록 풀어 놓아라!"

사형 집행인은 왕의 명대로 왕비와 공주와 왕자들을 평야에 풀어 놓았다. 얼마 후 시간이 흐르자 왕은 자신이 한 일을 후회하며 고통스러워했다.

어느 날 왕은 사냥을 하려고 들로 나갔다가 우연히 작은 꽃 여덟 송이에 둘러싸인 큰 꽃을 보게 되었다. 왕이 그 꽃을 꺾으려 하자 갑자기 이런 소리가 들렸다.

아버지가 나를 내쫓았어.
빵 반쪽이 필요했어.
꽃이 피지 않아, 꽃이 피지 않아.

왕은 매우 놀랐지만 마음을 추스르고 다시 꽃을 꺾으려 했다. 그러자 또다시 꽃이 말했다.

아버지가 나를 내쫓았어.
빵 반쪽이 필요했어.
꽃이 피지 않아, 꽃이 피지 않아.

비로소 왕은 이 큰 꽃은 왕비이고, 작은 꽃들은 자신의 자식들이 변한 것임을 알게 되었다. 왕은 하염없이 울었지만 아무 소용이 없었다. 왕은 땅에 엎드려 신에게 용서의 기도를 드렸다. 신은 왕의 기도를 받아들여 꽃들이 다시 사람이 되어 왕의 주변에 서도록 했다. 왕비와 자식들을 다시 찾은 왕은 크게 기뻐하였다. 그들은 기쁨에 차서 서로를 부둥켜안고 궁전을 향해 출발했다.

큰딸에게 말하노라

    오래전에 어느 한 부인이 아이를 갖기 위해 온갖 치료를 받았지만 뜻을 이루지 못했다. 마침 이 마을에는 망우수忘憂樹라는 나무가 한 그루 있었는데, 사람들이 나뭇가지에 천을 묶고 소원을 빌면 들어준다고 했다. 그래서 부인은 망우수나무에 가서 말했다.
    "나무여! 내 소원을 들어다오. 만일 내가 아이를 낳을 수 있다면 처음 낳는 딸은 네게 주마."
    그러고는 나뭇가지에 천 조각을 묶고 집으로 돌아왔다.
    몇 년이 지나서 신은 그녀에게 딸 셋을 주었다. 어느 날 어머니는 물 항아리를 딸들에게 주며 말했다.
    "자, 시냇가에 가서 물을 떠 오너라."
    딸들이 항아리에 물을 채워 집으로 돌아오려고 하는데 갑자기 어디선가 소리가 들렸다.
    "큰딸에게 말하노라. 둘째딸에게 말하는 게 아니다. 셋째딸에게 말하는 게 아니다. 어머니에게 약속을 지키라고 말해라."

딸들은 주위를 둘러보았지만 소리를 낼 만한 것을 찾을 수 없었다. 그런데 그때 어깨에 얹은 물 항아리가 갑자기 깨졌다. 딸들은 집으로 돌아와서 그날 벌어진 사건을 어머니에게 이야기했다.

다음 날 딸들이 물을 뜨러 가려고 하자 어머니가 큰딸에게 단단히 일렀다.

"애야, 넌 물을 길을 때 두 동생 사이에 서 있거라."

딸들은 시냇가로 가서 물을 길었다. 큰딸이 물 항아리를 어깨에 올려놓는데 또 그 소리가 들렸다.

"첫 번째로 서 있는 딸에게 말하는 게 아니다. 두 번째로 서 있는 딸에게 말하노라. 세 번째로 서 있는 딸에게 말하는 게 아니다. 네 어머니에게 말하렴. 나와 한 약속을 지키라고."

딸들이 아무리 이곳저곳을 둘러보아도 소리 나는 곳을 찾을 수 없었고, 어깨에 얹은 물 항아리가 또다시 깨졌다. 집으로 돌아온 딸들은 다시 한 번 그날 일어난 일을 어머니에게 설명했다. 하지만 어머니는 아무리 생각해도 그 목소리가 말하는 '약속'이 무엇인지 기억나지 않았다.

물을 길으러 간 세 번째 날 어머니는 큰딸에게 말했다.

"애야, 오늘은 두 동생이 물을 길을 때 너는 맨 마지막에 서 있어야 한다."

그들이 시냇가로 가서 물을 긷고 물 항아리를 큰딸의 어깨에 올려놓는데 다시 그 소리가 들렸다.

"첫 번째 서 있는 네게 말하는 게 아니다. 두 번째인 너도 아니다. 세 번째에 서 있는 네게 하는 말이다. 어머니에게 말하렴. 내게 한 약속을 지키라고."

딸들은 이번에도 주위를 두리번거렸지만 아무것도 발견할 수 없었다. 이번에도 어깨에 놓인 물 항아리가 저절로 깨졌다. 집으로 돌아온 딸들은 이번에도 어머니에게 무슨 일이 있었는지 낱낱이 들려주었다.

어머니는 그제야 망우수나무와 했던 약속을 떠올렸다. 어머니는 큰딸에게 예쁜 옷을 입힌 뒤 딸의 손을 잡고 망우수나무 아래로 가서 그곳에 딸을 두고 돌아섰다. 그녀가 몇 걸음 옮기기가 무섭게 나무 가운데가 갈라지더니 수려한 치장을 한 젊은이 하나가 나와서 딸을 데리고 갔다. 어머니는 집으로 돌아와 식음을 전폐하고 밤낮을 가리지 않고 울고 또 울었다.

한편 딸이 사라지자 아버지는 탁발승의 옷으로 갈아입고 딸을 찾기 위해 산, 들, 평야와 평원을 거쳐 도시와 마을 곳곳을 헤매고 돌아다녔다. 여기저기 모든 곳을 헤매고 다니던 아버지는 왕이 사는 궁전처럼 아주 멋진 집에 닿게 되었다. 문 앞에 서서 주인을 부르니 안주인이 문을 열어 수고 음식을 담은 그릇을 내주었다. 그런데 여인이 손에 낀 반지가 아버지의 눈에 익었다. 옛날 자기가 딸에게 주었던 반지와 똑같았다. 탁발승이 물었다.

"이 반지는 어디에서 난 거요?"

"그걸 왜 물으시나요?"

여인이 물었다.

탁발승은 여인에게 자초지종을 상세히 설명했다. 그러자 여인은 그의 손을 잡고 집 안으로 들어가 말했다.

"제가 아버지의 딸이에요."

아버지는 크게 기뻐했다. 딸은 아버지의 품에 안겨 기쁨의 눈물을 흘렸다. 그 후 큰딸은 두 동생과 어머니에게 사람을 보내 그들을 데려오도록 했다. 그리하여 가족은 오랫동안 행복하게 살았다.

상인의 딸과 요정 나라의 왕자

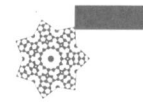

옛날에 어느 상인이 여행을 떠나면서 딸에게 물었다.

"애야, 무엇을 갖고 싶니? 돌아오는 길에 가져다주마."

딸은 진주로 장식한 웃옷을 갖고 싶다고 대답했다.

상인은 집을 떠나 먼 길을 갔다. 세월이 흘러 일을 끝낸 상인이 집으로 돌아오려고 하는데 갑자기 딸에게 줄 선물이 생각났다. 하지만 아무리 돌아다녀도 딸이 원하는 물건을 찾을 수가 없었다. 상인은 선물을 찾지 못해 매우 슬펐다. 그런데 바로 그때 몰골이 몹시 초라한 한 남자가 그의 앞에 나타나서 말했다.

"여보시오, 진주로 장식한 웃옷은 내가 주겠소. 하지만 한 가지 조건이 있소. 당신 딸을 내게 주어야 하오."

"허허! 아니, 그런 추한 몰골로 내 딸에게 청혼하는 게요?"

"당신 딸을 기쁘게 하고 싶다면 내 제안을 받아들이시오."

상인은 난데없이 나타난 남자가 마땅치 않았지만 그렇다고 다른 뾰족한 수가 있는 것도 아니어서 남자의 제안을 받아들이기로 했다. 상인은 진주로 장식한 옷을 받고 자신의 주소를 건네주었다.

딸은 아버지에게 선물을 받고 무척 기뻐했다. 그러나 상인은 슬퍼하며 자초지종을 어떻게 전해야 할지 몰라 고민했다. 그러나 마냥 숨길 수만은 없어 결국 딸에게 사실대로 털어놓았다. 딸은 아버지의 슬픔과 고통을 줄여 주기 위해 이렇게 말했다.

"아버지, 그 뜻을 받들겠어요."

몰골이 추한 그 남자의 이름은 '으악' 이었다. 얼마 뒤 상인의 집에 으악이 찾아왔다. 딸이 문을 열어 주자 으악이 말했다.

"너를 데려가려고 왔다."

딸은 약속대로 그와 함께 길을 나섰다. 한참을 걸어 바닷가에 이르자 으악은 딸에게 병을 보여 주며 말했다.

"자, 이 유리병 안으로 들어가라."

그런데 딸이 말을 듣지 않자 으악은 딸의 뺨을 세게 때렸다. 딸은 그만 정신을 잃고 말았다. 얼마 후 정신을 차려 보니 주위에 아무도 없었다. 딸은 무서워 떨며 으악을 불렀다. 그러자 으악이 다시 나타나서 그녀에게 유리병 안으로 들어가라고 강요했다. 이번에도 딸은 말을 듣지 않았다. 그러자 으악이 다시 딸의 뺨을 때렸다. 이렇게 네 번을 반복한 뒤에 딸은 그의 말을 따랐다. 그녀가 유리병 안으로 들어가자 그는 병을 들고 바다 밑으로 들어갔다. 바다 밑에는 작은 문이 하나 있었다. 문 안으로 들어가자 큰 정원이 보였다. 딸이 유리병에서 나오자 그때부터 으악은 마치 하인처럼 그녀를 섬겼다.

세월이 얼마나 흘렀을까. 어느 날 딸이 으악에게 말했다.

"아버지가 보고 싶어요."

으악은 잠깐 생각에 잠겼다가 말했다.

"당신을 집에 데려다 드리겠습니다. 우선 이 유리병 안으로 들어

가십시오."

딸이 이 말을 듣고 유리병 안으로 들어가자 으악은 재빨리 유리병을 들고 바닷가로 나왔다. 딸은 유리병에서 나와 그와 함께 집으로 향했다. 막상 집에 닿자 으악은 한 마디 말을 남기고 돌아갔다.

"때가 되면 데리러 오겠소."

딸을 만난 상인은 매우 기뻐하며 지금까지 무슨 일이 있었는지 낱낱이 물었다.

"아버지, 제가 거처하는 곳은 아주 좋아요. 그래서 잘 지내고 있어요. 밤이 되면 으악은 언제나 제게 포도주 한 잔을 주어요. 그것을 마시고 나면 아무것도 모른 채 아침까지 잠을 자게 되지요."

"얘야, 그렇다면 이렇게 해 보아라. 포도주를 마시지 말고 무슨 일이 일어나는지 잘 살펴보렴."

며칠이 지나 으악이 딸을 데리러 왔다. 다시 으악과 살게 된 딸은 네 번째 날 밤 그가 주는 포도주를 슬쩍 버리고 잠이 든 척했다. 한밤중이 되자 문이 열리더니 외모가 수려한 젊은이가 방 안으로 들어왔다. 그러고는 달에게 아름다움에 대해 찬탄하며 말했다.

"달아, 내가 왔으니 너는 안 와도 돼."

딸은 가슴이 세차게 뛰었다. 젊은이는 딸의 곁에 눕더니 잠이 들었다. 그런데 아침에 보니 젊은이는 온데간데없이 사라져 그 흔적을 찾을 수 없었다. 다음 날도, 그다음 날도 그 일은 계속 반복되었다.

넷째 날 아침이 되어 젊은이가 방을 나서려고 할 때 딸이 입을 열어 물었다.

"왜 제게 자신을 숨기는 거죠?"

그제야 왕자는 자신이 요정 나라의 왕자라는 사실을 딸에게 말해 주었고, 그 뒤로 딸과 왕자는 언제나 함께 지냈다.

어느 날 두 사람은 정원을 거닐었다. 그때 딸이 나뭇가지에 걸려 있는 진주처럼 아리따운 포도송이를 보게 되었다.

"어쩌면 이렇게 아름다울 수가 있을까?"

딸이 찬탄했다.

이 말을 들은 왕자는 그것을 따 주려고 손을 뻗었다. 그런데 그만 딸의 손이 왕자의 날개 밑을 만지게 되었다. 그러자 갑자기 하늘에서 천둥과 번개가 치며 칠흑 같은 어둠이 밀려왔다. 그러더니 왕자가 땅에 쓰러져 마치 죽은 사람같이 변했다. 딸은 그 광경을 보고 너무 슬퍼서 기절하고 말았다. 바로 그 순간 으악이 도착했다. 이 사건의 연유를 모두 전해 듣고 으악이 말했다.

"왕자님을 살릴 수 있는 약이 이 땅에 있습니다. 하지만 그건 반드시 당신이 찾아내야 약효가 있습니다."

그리하여 딸은 바다 밑으로 들어갔던 방법대로 그곳을 다시 나와 바닷가로 왔다. '으악'은 딸을 병에서 꺼낸 다음 그녀와 함께 왕자를 살릴 약을 구하기 위해 먼 도시로 향했다. 두 사람은 가고 또 가서 마침내 어느 왕국의 도시에 닿았다. 그곳 왕비가 하녀를 구한다고 하자 으악이 이렇게 외쳤다.

"난 아주 좋은 하녀를 데리고 있소!"

왕비는 상인의 딸을 보고 마음에 들어 궁전으로 데리고 갔다. 그 날부터 딸은 궁전에 살게 되었다. 왕비는 언제나 슬픔에 차 있었다. 딸은 곁에서 지켜보다가 그 이유를 물어 까닭을 알게 되었다. 얼마 전에 왕자 한 명이 없어졌는데 통 소식을 모르겠다는 것이었다.

딸은 왕비에게 말했다.

"왕비님, 오늘 밤 다른 하녀들과 같이 자도록 허락해 주세요."

왕비는 상인의 딸의 청을 들어주었다. 밤이 되자 딸은 하녀들이 자고 있는 곳으로 가서 자리를 잡고 자는 척했다. 한밤중이 되자 하녀들 중에서 가장 못생긴 하녀가 슬그머니 자리에서 일어나 부엌으로 가더니 한 손에는 뼈를, 다른 한 손에는 채찍을 들고는 아무도 모르게 궁을 빠져나갔다. 딸은 그 뒤를 그림자처럼 따라갔다. 하녀가 숨어든 웅덩이에서 젊은 왕자가 십자가에 묶여 고통받고 있었다. 딸은 구석에 몸을 숨기고 하녀가 무엇을 하는지 훔쳐보았다.

"나를 아내로 삼아요. 그러지 않으면 당신의 목숨이 위태로워질 거예요."

이 말을 들은 왕자는 아무 대답도 하지 않았다. 아무런 대답이 없자 화가 난 하녀는 얼마 동안 왕자를 채찍으로 때리고 가져온 뼈를 왕자 앞에 떨어뜨린 다음 돌아갔다.

다음 날 밤 상인의 딸은 왕비와 하녀의 뒤를 따라가서 왕자가 십자가에 묶여 있는 모습을 직접 목격하고 궁전으로 돌아왔다.

아침이 되자 왕비는 하녀의 몸을 네 조각 내어 성문에 매달고 왕자를 구했다. 그리고 상인의 딸에게 이렇게 말했다.

"무엇이든지 원하는 것을 말해라. 내가 다 들어주리라."

"왕비님, 제가 이곳에서 나가도록 허락해 주세요."

그리하여 딸은 왕국을 떠나게 되었다. 궁전을 나온 딸은 으악을 불렀다. 두 사람은 다시 다른 먼 도시를 향해 떠났다. 마침내 어느 왕국에 닿아 딸은 또다시 왕비의 하녀로 팔려 궁전으로 가게 되었다. 이번에도 왕비가 너무 슬퍼하고 있기에 상인의 딸이 그 까닭을 물었다. 왕비가 대답했다.

"난 혼자서 내 아들을 혼인시켰단다. 그런데 누구의 계략인지 모르지만 내 아들과 며느리가 개로 변했단다."

딸은 왕비를 위로하고 궁전을 샅샅이 살펴보아도 되겠느냐고 물어 허락을 받았다. 궁전을 다 살펴본 후, 지붕 위로 올라가 보니 저쪽 들판에서 한 노파가 물레를 짜며 요술을 부리고 있었다. 그녀는 지붕에서 내려온 뒤 궁전을 빠져나와 노파에게 다가가서 말했다.

"할머니, 왕비님이 저를 내쫓았어요. 그러니 제가 이 일을 극복할 수 있게 베르드 마음을 깨끗하게 하는 기도문으로 몇몇 낱말을 반복해 읊음 한 구절을 가르쳐 주세요."

노파는 몇 구절의 베르드를 딸에게 가르쳐 주었다. 그 사이에 불이 활활 타고 있는 화덕을 본 딸은 때를 놓치지 않고 노파의 등을 화덕 안으로 세게 떠밀었다. 그러고 나서 다른 들판으로 가자 그곳에도 요술을 부리는 노파가 40명이나 있었다. 딸은 그 노파들도 전부 화덕 안으로 밀어넣었다. 이 일을 마치고 궁전으로 돌아와 보니 어느새 왕자와 며느리는 인간으로 돌아와 있었다. 왕비는 돌아온 아들 내외를 보고 기뻐서 어쩔 줄을 몰랐다. 딸은 왕비에게 말했다.

"제가 이곳에서 떠날 수 있도록 허락해 주세요."

두 번째 왕국을 나온 딸은 으악을 불렀다. 두 사람은 다시 길을 떠나 세 번째 왕국에 닿았다. 그곳에서도 왕비는 으악한테서 딸을 하녀로 샀다. 세 번째 왕국의 왕비도 매우 슬퍼하고 있었다. 딸이 자초지종을 묻자 왕비는 이렇게 대답했다.

"내 딸이 앞을 못 보게 된 지가 벌써 몇 년째란다. 그래서 너를 내 딸의 몸종으로 삼으려고 한단다."

그날 밤 상인의 딸은 공주의 방에 가서 잤다. 딸이 막 잠들려고 하는데 공주가 자리에서 일어나 거울 뒤로 갔다. 그러더니 유리병을 하나 집어 그 안에 있는 기름을 눈에 문지르고는 방을 빠져나갔다. 상인의 딸은 몰래 공주의 뒤를 밟았다. 공주가 요술을 부리는 노파 40명이 있는 곳으로 가자 그들이 한목소리로 말했다.

"네 어머니는 네가 눈이 멀어서 슬퍼하고 있는데 왜 이렇게 늦었니?"

"어머니가 나를 돌보라고 몸종을 두었어요. 그래서 몸종이 잠들 때까지 기다릴 수밖에 없었지요."

공주는 날이 밝기 전에 궁전으로 돌아왔다. 상인의 딸은 왕비에게 눈을 뜨게 할 약을 찾았다고 전하고 기름이 있는 곳을 알려 주었다. 왕비와 딸은 아직 자고 있는 공주의 눈에 그 기름을 문질렀고, 마침내 그녀는 앞을 보게 되었다.

상인의 딸이 문제를 해결해 주자 왕비는 어떻게든 고마움을 갚고 싶어 했다. 그러자 딸이 말했다.

"그 기름을 제게 좀 나눠 주세요. 그리고 제가 떠날 수 있도록 허락해 주세요."

왕비는 흔쾌히 허락했다.

상인의 딸은 궁전에서 나오자 다시 으악을 불렀다. 그가 오자 딸이 말했다.

"왕자님을 구할 수 있는 약을 찾았어요."

그들은 가고 또 가서 드디어 바다에 닿았다. 딸이 유리병 안으로 들어가자 그는 그녀를 바다 밑 정원으로 데리고 갔다. 요정 나라의 왕자는 아직 의식이 없는 상태로 정원에 있었다. 상인의 딸이 기름으로 그의 날개 밑을 잘 문지르자 왕자는 곧 정신을 차렸다. 그리하여 두 사람은 오랫동안 떨어지지 않고 즐겁고 행복하게 살았다.

노인과 죽음의 천사 아즈라엘

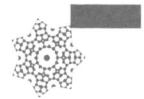

오랜 옛날 죽음의 천사인 아즈라엘이 한 노인에게 가서 이제 시간이 다 되었으니 영혼을 달라고 했다. 그러자 노인은 신께 바라건대 이번 세설에는 제발 영혼을 거두어 가지 말아 달라고 애걸했다. 노인이 애타게 부탁하자 아즈라엘은 측은한 마음이 들어 노인이 죽을 준비가 될 때까지 오지 않겠다고 했다. 그 말을 들은 노인은 다음 계절이 되면 스스로 죽을 준비를 하겠노라고 약속했다.

마침내 봄이 되자 아즈라엘은 봄에 죽을 준비를 하겠다던 노인의 말이 떠올랐다. 그러나 막상 아즈라엘이 노인을 찾아가자 그는 자신의 삶을 슬퍼하며 하늘을 향해 이렇게 말했다.

"신이시여, 봄입니다. 이 계절은 제가 일할 시기이므로 절대 죽을 수가 없습니다. 또 여름은 수확을 준비할 철이니 여름에도 죽을 수가 없습니다."

시간이 지나 이번에는 가을이 되었다. 노인은 또 이렇게 말했다.

"신이시여! 이렇게 아름다운 가을에 어떻게 죽을 수 있단 말입니까."

드디어 겨울이 되자 노인은 다시 말했다.

"신이시여! 겨울은 얼음이 어는 추운 계절이므로 죽고 싶지 않습니다."

아즈라엘은 계절이 바뀔 때마다 노인을 찾아갔지만 그는 그때마다 죽으려고 하지 않았다.

세월이 흘러 노인은 손자의 손자의 손자까지 보게 되었다. 다시 말해 여섯 대를 거느리게 된 것이다. 그는 너무 노쇠하여 움직일 힘조차 없었지만, 그의 자손들은 그에게 어떤 일이 벌어져도 상관하거나 돌봐주지 않았다.

결국 노인의 마음은 너무 외로워 죽고 싶다는 바람으로 가득 차게 되었다. 그래서 어느 날 하늘의 신을 향해 말했다.

"신이시여, 만일 죽음이 찾아오지 않는다면 100년을 살든 150년을 살든 아무런 의미가 없습니다. 신이시여, 제발 제게 죽음을 보내 주십시오."

그 순간 아즈라엘은 노인이 죽을 준비가 되었다고 생각하고 이렇게 말했다.

"노인이여, 만일 더 살기를 원한다 해도 나로서는 어쩔 수 없네. 내 권한 밖이야."

"아이고! 내 영혼을 가져가지 않는다면 신에게 당신에 대해 불평할 거요. 그러니 제발……"

그리하여 마침내 아즈라엘은 노인의 영혼을 거둘 수 있었고, 노인은 비로소 평화롭게 되었다.

한 뼘짜리 소년

 옛날 옛적에 키가 한 뼘밖에 안 되는 소년이 살고 있었다. 어느 날 그는 대추야자나무 위로 올라가 열매를 따 먹고 있었다. 마귀가 그곳을 지나가다가 그를 보고 말했다.
 "여봐! 키가 한 뼘밖에 안 되는 난쟁이야. 덜 익은 대추야자는 네가 먹고 아주 맛있게 익은 것은 아래로 던져라!"
 이 말을 들은 소년이 말했다.
 "예, 그렇게 하고말고요. 익지 않은 것은 제가 먹고 잘 익은 것은 아래로 던지겠습니다."
 그러나 소년은 실제로는 잘 익은 대추야자는 자신이 먹고 익지 않은 것을 밑으로 던졌다. 화가 난 마귀는 대추야자나무를 마구 흔들어서 키 작은 소년을 바닥에 떨어뜨렸다. 마귀는 땅 위에 떨어진 소년을 잡아 망태 안에 넣고 길을 나섰다.
 한참을 가던 마귀는 피곤해져서 길가에 주저앉아 쉬었다. 꾀가 많은 소년은 이때를 놓치지 않고 망태에서 나와 큼지막한 돌 하나를 망태 안에 넣고 도망을 쳤다. 그리고 다시 그 나무 위로 돌아갔다.

한편 끙끙거리며 망태를 지고 집으로 온 마귀는 망태 안에 키 작은 소년 대신 돌이 든 것을 알고는 무척 화가 났다. 재빨리 대추야자나무로 가 보니 소년이 가지 위에 앉아서 열매를 먹고 있었다. 그 모습을 본 마귀가 다시 말했다.

"여봐! 키가 한 뼘밖에 안 되는 놈아! 익지 않은 것은 네가 먹고 익은 것은 이리 던져라!"

이 말을 들은 소년이 말했다.

"무슨 소리! 익지 않은 것은 던지고 익은 것은 내가 먹을 테다!"

마귀는 너무 화가 나서 나무를 마구 흔들었다. 소년은 또다시 나무에서 떨어졌다. 마귀는 전과 같이 소년을 냉큼 잡아서 망태 안에 넣었다. 그러나 소년은 이번에도 도중에 망태에서 나와 가시나무를 넣어 놓고는 곧바로 대추야자나무가 있는 곳으로 돌아왔다. 그러고는 나무에 올라가 열매를 따 맛있게 먹었다.

이 사실을 까맣게 모른 채 마귀는 망태 안에 소년이 있다고 생각하고 부지런히 걸음을 옮겼다. 그런데 망태가 흔들릴 때마다 가시나무의 가시가 마귀의 등을 콕콕 찔렀다. 마귀는 소년이 그 안에서 바늘로 찌르는 줄 알고 이렇게 말했다.

"이봐, 키 작은 꼬마야. 그만 좀 찔러라!"

마귀는 집에 닿을 때까지 계속 이렇게 외쳐 댔다. 그런데 집에 와서 보니 소년은 도망가고 없고 그 대신 가시나무가 들어 있었다.

다음 날 아침 마귀는 대추야자나무 위에서 유유히 열매를 따 먹고 있는 소년을 보고 화가 잔뜩 나서 말했다.

"이봐, 키가 한 뼘밖에 안 되는 놈아! 익지 않은 것은 네가 먹고 익은 것은 아래로 던져라!"

"예, 아무렴요. 익지 않은 것은 내가 먹고 익은 것을 드리지요."

그러나 대답과는 달리 이번에도 소년은 익은 것은 자신이 먹고 익지 않은 것을 아래로 던졌다. 화가 머리끝까지 치민 마귀는 나무를 흔들어 댔다. 그러고는 소년이 떨어지자 손으로 꽉 움켜쥐고는 어머니 마귀 집으로 데리고 갔다.

"어머니, 지금 빵을 만드시나요? 하던 일을 끝내고 이놈을 가마솥에 넣고 화덕에 올리세요. 익으면 제가 돌아와 먹을 테니까요."

마귀는 어머니 마귀에게 이렇게 말하고는 집을 나섰다.

어머니 마귀는 하던 일을 마치고 나서 아들의 말을 들어줄 생각이었다. 그래서 계속 빵을 만들었다. 소년은 기회를 엿보다가 뒤에서 어머니 마귀를 가마솥에 밀어 넣고는 화덕에 올려놓고 펄펄 끓였다. 그러고는 재빨리 주위에 있는 가시나무를 모아 화덕에 놓고 그것을 사다리 삼아 타고 선반 위로 올라갔다.

한편 마귀는 집으로 돌아와서 우선 가마솥부터 찾았다. 어머니 마귀가 맛있는 요리를 해 놓았을 것이라고 생각한 마귀는 화덕에서 솥을 꺼내서 뚜껑을 열고 말했다.

"야! 정말 맛있어 보이는걸."

그 말을 듣고 소년이 말했다.

"그건 네 어머니의 혼이야. 네가 먹게 될 것이 무엇인 줄 아니? 네 어머니의 살이라고! 맛있을 테니 어디 한번 먹어 봐!"

마귀가 고개를 들어 소리 나는 쪽을 바라보니 선반 위에 키 작은 소년이 앉아 있었다.

"키 작은 난쟁이야! 어떻게 그곳으로 올라갔지?"

"가시나무를 타고 올라왔지. 너도 그렇게 올라와 봐."

마귀가 소년을 잡기 위해 가시나무 위로 올라오자 소년은 이때다 싶어 얼른 성냥을 그어 가시나무에 불을 붙였다. 나무에는 순식간에 불이 붙었고, 마귀는 화덕에 떨어져 타 죽고 말았다.

그리하여 키가 한 뼘밖에 안 되는 작은 소년은 마귀의 돈과 보물을 챙겨 큰 부자가 되었다.

대머리와 재판관

아주 오랜 옛날에는 여자들이 집 밖에 나가지 못하게 하는 관습이 있어서 여자가 집 밖에 나다니면 경솔하고 순결하지 못하다고 여겼다. 그래서 남편이 여행을 가거나 멀리 나들이를 갈 때면 아내와 딸을 안전하고 믿을 만한 친지나 지방의 재판관에게 맡기고 떠났다. 특히 메카로 순례를 갈 때 남편들은 아내와 딸을 재판관에게 맡기고 나서 보호하고 있다는 증서를 받은 다음에야 떠났다.

옛날에 혼인을 약속한 지 얼마 되지 않은 상인이 있었다. 당시에는 처녀가 혼약을 하면 7년 동안 약혼 기간을 지내야 하는 법도가 있었다.

어느 날 상인은 메카로 순례를 떠나고 싶었다. 하지만 여행을 가기 위해 약혼을 깨기는 싫었다. 상인의 약혼녀는 말로는 표현할 수 없을 정도로 아름답고 수려한 외모를 지니고 있었고, 마치 신이 줄 수 있는 모든 미와 젊음을 혼자 다 받은 듯했다. 또한 상인은 약혼녀를 매우 사랑했다.

상인은 약혼녀에게 말했다.

"내일 당신을 재판관에게 맡기려고 하오. 그러니 내가 메카에 다녀올 때까지 기다려 주시오."

"대신 제게 일 년 동안 쓸 돈과 방 한 칸을 마련해 주세요. 절대로 밖에 나가지 않고 이바다트^{이슬람교의 오행으로 신앙 고백, 기도, 헌금, 단식, 순례를 의미함}를 하며 오실 때까지 잘 지낼게요."

"그래, 좋소."

다음 날 상인은 일 년 동안 쓸 경비를 약혼녀에게 주고 영지의 재판관에게 가서 말했다.

"재판관님, 저는 메카로 순례를 떠날까 합니다. 그런데 재판관님 외에는 어느 누구도 신뢰할 수가 없습니다. 우리 모두 그 사실을 잘 알고 있습니다. 그래서 모든 것을 재판관님에게 맡기지요. 저도 메카에서 돌아올 때까지 제 약혼녀를 재판관님에게 맡기려고 이렇게 찾아왔답니다."

"상인이여, 걱정하지 말게. 자네가 올 때까지 자네 약혼녀를 내 아내와 내 자식처럼 보살피겠네."

상인은 재판관의 말을 전혀 의심하지 않고 그대로 믿었다.

"재판관님, 약혼녀에게는 제가 돌아올 때까지 일 년 동안 쓸 비용을 주었으니 묵을 방 한 칸만 준비해 주십시오."

"좋소."

재판관은 즉시 상인의 약혼녀를 위해 방 한 칸을 비워 주었다. 상인은 약혼녀를 빈 방에 데려다 준 뒤 재판관에게 갔다.

"이제 제 약혼녀를 당신께 맡겼으니 증서를 한 장 써 주십시오."

그리하여 재판관은 상인이 순례에서 돌아오는 날까지 상인의 약혼녀를 얼마 동안 어느 방에 두고 지키겠다고 쓴 다음 서명을 했다.

그러고 나서 증서를 상인에게 주었다. 상인은 작별 인사를 하고 떠났다.

그 뒤 몇 달이 지나도록 정숙한 상인의 약혼녀는 전혀 밖으로 나오지 않고 밤이나 낮이나 이바다트를 하며 지냈다.

그러던 어느 날 재판관은 문득 걱정이 되었다.

"이렇게 바깥 출입을 하지 않다니 혹시 죽은 것이 아닐까? 가서 살펴봐야겠다."

재판관은 이바다트를 하고 있는 상인의 약혼녀의 방에 들어갔다. 방 안에 들어간 재판관은 자신의 눈을 의심했다. 그의 눈에 상인의 약혼녀는 사람이 아니라 마치 방 안을 비추는 한 조각의 달로 느껴졌다. 너무 아름다웠기 때문이다. 그녀의 미모에 반한 재판관은 방을 나갈 줄을 몰랐다. 그러나 정숙한 그녀는 그가 다가가자 멀리 몸을 피했다.

재판관이 그녀를 보고 말했다.

"너를 내 아내로 취해야겠다."

"저는 이미 약혼자에게 맹세를 했어요. 약혼자를 배반하고 싶지 않아요. 제 약혼자를 제외하고는 어느 누구도 생각해 본 일이 없습니다."

"그런 말은 내게 통하지 않는다. 넌 나와 있어야 해."

"절대로 안 돼요."

"내가 억지로라도 받아들이게 한다면 어쩌겠느냐?"

"하고 싶은 대로 하세요. 어떤 해를 가해도 따르지 않을 거예요. 저는 누구도 두렵지 않아요. 다만 신이 두려울 뿐이에요."

어떤 무력과 꾀를 동원해도 그녀의 뜻을 꺾을 수 없었다. 한 주, 두 주, 석 주, 하릴없이 시간만 지나갔다. 채찍으로 때려도 그녀는 굴하지 않았다.

　재판관은 자신의 집 지하에 범죄자를 벌하기 위한 지하실을 하나 가지고 있었는데, 아무도 그 입구를 알 수 없었다. 재판관이 작은 철문을 나무로 덮고 항상 그 위에 앉아 있었기 때문이다. 모두들 재판관에게 볼일이 있으면 그곳에 앉아 있는 그를 찾아가곤 했다.

　그러던 어느 날 집 안에 서너 살 먹은 아이 한 명을 빼고 아무도 없었다. 재판관은 그 사실을 알고 혼잣말을 했다.

　"이 아이는 아무것도 모를 거야."

　재판관은 상인의 약혼녀를 방에서 끌어내어 지하실로 데려다 가두었다. 재판관의 집 사람들은 아무도 그 안에 누군가 갇혀 있다는 사실을 알지 못했다. 재판관은 이틀 걸러 한 번씩 그녀에게 빵 한 덩이를 던져 주었다. 상인의 약혼녀는 재판관의 혹독한 고문과 학대에도 굴하지 않고 항상 알라를 칭송하고 기도하며 이바다트를 지켰다.

　그러던 어느 날 한 여자가 죽어 사람들이 재판관에게 이 사실을 알렸다. 이 일에서 그는 한 가지 묘안을 짜냈다. 그는 이 일을 이용하기로 마음먹고 아래와 같이 증서를 썼다.

　모일 모씨라는 상인이 내게 약혼녀를 맡겼는데 죽었다.

　그러고 나서 재판관은 이 가짜 증서를 사람들에게 가져가 서명 날인을 받았다.

　드디어 일고여덟 달이 지나 상인이 순례를 마치고 돌아왔다. 사흘이 지난 후 상인은 재판관에게 가서 증서를 보여 주며 말했다.

　"재판관님, 제 약혼녀를 찾으러 왔습니다. 이건 제게 주셨던 증서입니다."

그러자 재판관은 사람들에게 서명 날인을 받은 증서를 가지고 와서 보여 주며 말했다.

"여보게, 자네 약혼녀는 죽었다네. 진심으로 애도를 표하네. 만약 내 말을 거짓이라고 생각한다면 이 서명 날인을 한 사람에게 가서 물어보게."

상심한 상인이 이 사람 저 사람에게 물었지만 모두들 대답은 한결같았다.

"맞아요. 당신 약혼녀는 죽었어요."

상인은 도저히 믿을 수가 없어서 왕에게 가서 하소연을 했다. 그러자 왕이 재판관을 불러 물었다.

"여봐라, 자네에게 맡겼던 상인의 약혼녀는 어찌 되었는가?"

재판관은 서명한 종이를 꺼내 왕에게 보여 주며 말했다.

"왕이시여, 저 사람의 약혼녀는 죽었습니다. 이것이 바로 그 서명을 받은 종이입니다."

"그래, 좋다. 이 모든 서명은 가짜로 만든 게 아니고 재판관 역시 거짓말을 하지 않는 법이니, 그 여자는 죽은 게 틀림없구나."

상인은 마음에 무거운 돌을 얹은 듯 아무 말도 하지 못했다.

그 당시 왕들은 밤마다 아무도 알아차리지 못하게 낡은 옷으로 변장하고 백성들 사이를 돌아다니며 실정을 살피곤 했다. 그런데 왕이 밖으로 나가서 들으니 어디를 가든지 어느 상인의 약혼녀가 어느 재판관한테 맡겨졌다가 죽었다는 말을 하는 것이었다.

어느 날 밤 왕이 도박장 문 곁에 서 있는데 도박꾼 하나가 그에게 말을 붙였다.

"여보게, 왜 문 앞에 서 있나. 들어와 앉아서 구경이나 하게."

도박꾼들은 도박을 하다 지치자 서로 이리저리 눈길을 보내기 시작했다. 이윽고 한 사람이 말했다.

"그 놀이를 하자."

또 한 사람이 말했다.

"바로 그 놀이를 하자고."

누군가가 또 말했다.

"그 놀이를 하자고."

그러자 대머리가 앞으로 나서며 말했다.

"이쪽으로 오게. 우리 함께 마작^{양이나 염소의 뼈로 만든 사각형 도박 기구} 놀이를 하자고."

모두들 그러자고 대답했고, 대머리의 친구들 중 한 사람이 왕이 되었다. 그때 대머리가 농담조로 친구에게 말했다.

"여보게, 제발 재판관의 가짜 서명과 도장을 믿어 버린 그런 왕은 되지 말게."

대머리의 말에 왕은 어리둥절해하며 물었다.

"저자가 말하는 게 사실이오? 재판관이 가짜 서명과 도장을 가져온 거요? 상인의 약혼녀는 죽지 않았단 말이오?"

다음 날 왕은 왕좌에 앉자마자 하인들에게 어느 곳에 가서 어느 대머리를 데려오라고 명했다. 하인들은 왕의 말대로 대머리를 데리고 왔다.

왕이 대머리에게 물었다.

"어젯밤 도박장에서 자네 친구들과 마작 놀이를 하면서 왜 친구에게 '재판관의 가짜 서명과 도장을 믿어 버린 왕은 되지 말게.'라고 했느냐?"

그러자 대머리가 말했다.

"말할까요 말까요? 아니면 위험을 감수해야 할까요?"

대머리가 생각에 잠긴 채 말이 없자 왕이 재촉했다.

"왜 대답을 하지 않느냐?"

"오, 왕이시여! 오, 위대하신 왕이시여! 오, 나의 주인이신 왕이시여! 만일 제가 이런 말을 한다고 해서 저를 교수대에 올리라고 하지는 않으시겠지요?"

"아니다. 내가 왜 그런 명을 내리겠느냐?"

"왕이시여, 한 가지 청이 있습니다."

"무엇을 원하느냐? 무엇이든지 말해 보라. 들어주겠노라."

"오로지 하루만 제게 왕관을 빌려 주십시오. 그러면 제가 알고 있는 것을 만인 앞에 드러내겠습니다."

왕은 대머리의 말을 들어주기로 하고 바로 대신들을 불러 모았다. 대신들 앞에서 왕이 대머리에게 말했다.

"그대가 알고 있는 것을 우리에게 보여 주고 진실을 밝히도록 단 하루만 내 왕관을 그대에게 주겠노라."

참석한 모든 대신이 왕에게 말했다.

"하루 동안 왕관을 주소서. 대머리가 왕이 되어 무엇을 하는지 보기로 하지요."

그러고 나서 왕은 직접 대머리의 머리에 왕관을 얹어 주었다. 대머리는 겁을 먹거나 위축되지 않고 재판관과 서명 날인을 한 사람들, 그리고 약혼녀를 재판관에게 맡겼던 상인을 데려오라고 명령을 내렸다. 신하들이 가서 재판관과 부정하게 서명 날인을 한 사람들과 상인을 끌고 왔다.

먼저 대머리는 재판관을 따로 불러 물었다.

"어느 날 문제의 그 상인이 메카로 순례 여행을 간다며 자네에게 약혼녀를 맡겼는가?"

"예, 제게 맡겼습니다."

"맡는다는 증서를 상인에게 주었느냐?"

"예, 상인은 증서를 받았습니다."

"좋다! 그런데 그 약혼녀는 어떻게 되었느냐?"

재판관은 사람들이 서명해 준 증서를 꺼내며 말했다.

"죽었습니다. 여기 상인의 약혼녀가 죽었다고 사람들이 증서에 서명 날인을 했습니다."

"만일 내가 상인의 약혼녀를 찾아서 죽지 않았다는 걸 보인다면 너는 어찌하겠느냐?"

"저를 교수대에 올려 죽이십시오."

"그래, 좋다. 내일 불평하지 마라."

"알겠습니다."

그러고 나서 대머리는 증서에 서명 날인을 한 사람들을 한 곳에 모아 두라고 명을 내리고는 상인을 따로 다른 방으로 데리고 가서 물었다.

"자네는 재판관의 증서를 가지고 있는가? 그자에게 받은 증서를 갖고 있는지 묻는 것이다."

"예."

상인은 증서를 꺼내서 대머리에게 주었다. 대머리 왕은 상인과 하인들 몇 명을 데리고 재판관의 집으로 가서 집안 사람들을 한 명도 빠짐없이 모이도록 했다. 모두 모이자 대머리 왕이 한 사람 한 사람에게 물었다.

"상인의 약혼녀는 어디 있느냐?"

"우리는 모릅니다. 전혀 본 적이 없습니다."

모두들 이렇게 한결같이 대답했다.

그러자 대머리는 집안 사람들을 모두 밖으로 내보내고 그 집의 어린아이를 불러다 물었다. 그 아이는 문제의 그날 그 집에 혼자 남아 있던 아이였다.

"애야, 재판관이 상인의 약혼녀를 어디로 끌고 갔느냐?"

아이는 대답하지 않았다. 대머리는 아이를 어루만지고 먹을 것을 주며 달랜 다음 다시 물었다.

"애야, 착하지? 말해 봐라. 상인의 약혼녀가 어디 있지?"

"오세요. 보여 드릴게요."

아이는 대머리와 상인과 신하들을 재판관의 방으로 데려가 그가 깔고 앉았던 깔개를 집어 들었다. 그러고는 지하실의 작은 문을 열었다. 그곳에는 과연 죽었다던 상인의 약혼녀가 있었다. 가엾은 상인의 약혼녀는 재판관이 가한 고통과 고문을 견디느라 가죽과 뼈만 남아 앙상했다. 모두들 그녀를 데리고 함께 궁전으로 돌아왔다. 대머리는 상인의 약혼녀한테 모든 사정을 물었고, 약혼녀도 숨김없이 진실하게 재판관이 자신에게 했던 일을 말했다. 모든 사실이 명백해지자 대머리는 서명 날인을 한 사람들을 불러 물었다.

"왜 부정하게 서명을 하였느냐? 너희는 상인의 약혼녀가 죽은 것을 보았단 말이냐?"

모두들 맹세를 하며 대답했다.

"우리는 상인의 약혼녀가 죽었는지 살았는지 몰랐습니다."

"그럼 왜 서명을 했느냐?"

"우리는 죄가 없습니다. 재판관이 우리에게 강요했습니다."

대머리는 상인의 약혼녀를 재판관에게 데리고 가서 말했다.

"자, 여기 상인의 약혼녀가 있다. 자넨 무슨 말을 하겠느냐?"

재판관은 고개를 숙였다. 대머리는 재판관을 네거리에 있는 교수대로 끌고 가라고 명을 내렸다. 그리고 부정하게 증서에 서명 날인한 사람들도 감옥으로 보냈다. 할 일을 마친 대머리는 두 손으로 왕관을 벗어 공손하고 예의 바르게 왕의 머리에 다시 얹어 놓았다.

"죄 없는 여인을 구했기에 이제 더 이상 원하는 게 없습니다."

왕은 대머리를 수천 번 칭찬하고 그 시각부터 대신으로 임명하겠다고 말했다.

"내 뒤를 이어 그대가 왕이 될 것이오. 왜냐하면 그대는 현명하고 지혜롭기 때문이오."

바꿀 수 없는 운명

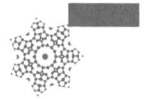

　아주 오랜 옛날 왕이 사냥을 나갔다가 뿔이 아름답고 우아한 사슴 한 마리를 보았다. 왕이 말했다.
　"여봐라! 어서 사슴의 주위를 에워싸라. 저 사슴을 산 채로 잡고 싶구나."
　그러나 사슴은 왕의 말을 비웃기라도 하듯 병사들의 포위를 뚫고 왕의 머리를 훌쩍 넘어 도망갔다.
　"아무도 내 뒤를 따르지 마라. 나 혼자 저 사슴을 잡아오겠다!"
　왕은 말머리를 돌려 말의 귀를 잡고 쏜살같이 사슴을 뒤쫓아갔다. 사슴은 앞에서, 왕은 뒤에서 지칠 때까지 달렸다. 해가 질 무렵 사슴이 돌연 왕의 시야에서 사라져 버렸다. 사슴을 쫓느라 목도 마르고 배가 고파진 왕은 지친 몸으로 말에서 내렸다. 하지만 왕의 눈앞에는 풀밖에 없는 들판이 펼쳐져 있을 뿐이었다.
　'오, 신이시여! 이를 어찌해야 합니까? 마을에서 너무 떨어져 있고 아무것도 없는 이곳에서 배가 고파 죽을 지경입니다.'

그때 마침 저 멀리서 목동이 양 떼 한 무리를 앞세우고 다가오고 있었다.

'오, 이보다 더 좋을 수 있겠는가! 목동이 어디로 가고 있는지 물어야겠군. 목동을 따라가야겠다. 마구간 앞에서라도 자는 것이 아무것도 없는 들판에서 추위에 떨며 자는 것보다야 낫지 않겠는가!'

목동은 왕을 보자 고개 숙여 인사했다.

왕이 물었다.

"여보게, 젊은이. 어디로 가는가?"

목동은 왕의 말과 입은 옷을 보고 그가 마을의 토지 관리인이나 지주, 아니면 특별한 신분을 지닌 사람일 거라고 생각했다. 목동은 지주를 대하듯 예의와 존경심을 가지고 답했다.

"저는 마을로 가고 있는 중입니다."

"그렇다면 함께 가세."

함께 걷다가 왕이 물었다.

"이 마을의 관리와는 친한가?"

"저…… 어르신은 이 마을의 관리가 아니십니까?"

"아닐세. 하지만 이 마을을 사고 싶은데, 이 마을에 사는 농민이 몇 명이나 되는가?"

"어르신, 1천 가구는 될 겁니다. 사신다면 아주 좋은 일이지요."

목동이 돌아오자 마을 사람들은 자신의 양을 데려가려고 모여들었다. 촌장은 말 탄 사람이 목동과 함께 오는 것을 보고 목동에게 다가와 인사를 나누고 물었다.

"자네와 함께 온 이 어르신은 누구인가?"

"들에서 만났는데 누구인지는 모릅니다. 길을 잃으셨답니다."

촌장은 왕이 타고 온 말에 장식된 금으로 된 마구를 보고 보통 사람이 아니라고 생각하고 앞으로 다가와 물었다.

"누구신지요?"

"현재로서는 나그네일 뿐이오. 오늘 밤 나를 묵게 해 주면 내일 아침 내가 누구인지 밝혀질 거요."

"자, 집으로 드시지요."

촌장은 왕을 집으로 데리고 가서 별채로 된 방을 내주고는 예의를 갖추어 마실 것과 물담배, 저녁 식사를 대접했다.

"어르신, 매우 지치고 피곤하신 것 같아 자리를 마련했으니 주무십시오."

피곤하고 지친 왕은 금방 잠이 들었다. 얼마 동안 잔 후 한밤중에 잠이 깨어 밖으로 나와 보니 하얀 옷을 입은 웬 남자가 지붕 위에 서 있었다. 왕은 오늘 밤 촌장의 집에 도둑질을 하려고 들어온 도둑이라 생각하고는 마을 사람들이 베풀어 준 은혜를 갚기 위해서라도 그 노둑을 쏙 삽으리라고 다짐했다.

왕은 계단을 통해 살그머니 지붕 위로 올라가 그를 뒤에서 꽉 끌어안고 말했다.

"촌장의 집에 도둑질하러 왔느냐?"

"아니오. 난 도둑이 아니오. 난 당신을 알고 있소."

"내가 누군가?"

왕이 놀라서 묻자 도둑이 말했다.

"당신은 모하메드 알리 왕의 아들이지요. 이름은 아흐마드이고요."

"좋소, 그렇다면 당신은 누구요?"

"난 신이 보낸 천사요. 이 세상에 신의 노예들이 태어나면 앞으로 그들에게 닥칠 운명에 대해 쓴다오."

"좋소, 그렇다면 오늘 이 집에 아이가 태어났단 말이오?"

"그렇소, 오늘 밤 신은 촌장에게 운수가 좋은 아들을 하나 주셨소. 하지만 그 아이는 열여덟 살에 신혼 첫날밤을 치르다 늑대한테 잡아먹히게 된다오."

"내가 절대로 가만두지 않겠소."

"우리는 운명을 이미 썼소. 당신이 간섭할 일이 아니오."

말을 마친 천사는 순식간에 왕의 시야에서 사라졌다.

"오, 신이여! 놀랍습니다."

왕이 탄성을 질렀다.

왕은 아래로 내려와 잠을 청했지만 도무지 잠을 이룰 수가 없었다. 그렇게 얼마의 시간이 흘렀을까. 마당에서 한바탕 시끄러운 소리가 나더니 촌장의 목소리가 들렸다.

"조용히들 하시오. 어르신께서 주무시고 있소."

아침이 되자 촌장은 왕을 위해 우유와 빵 그리고 버터를 식사로 가져왔다. 왕이 그에게 물었다.

"어젯밤 시끄러웠는데 신이 당신에게 아이를 주었소?"

"예, 신의 노예 하나를 우리에게 허락하셨습니다."

바로 그때 왕의 신하들이 왕의 발자국을 따라 이 마을에 들이닥쳤다. 이를 보고 촌장은 안도의 한숨을 내쉬며 신하들에게 왕이 계신다고 답했다. 그리고 왕에게 가서 허리를 굽히며 말했다.

"왕이시여, 신하들이 찾아왔나이다."

그리고 어젯밤 왕을 자신의 집에 오게 한 신의 은혜에 감사했다.

"내가 누구인지 알게 되었으니, 어젯밤 신이 자네에게 준 아들을 내게 보여 주게!"

촌장은 아들을 데려와 왕에게 보여 주었다. 왕은 갓 태어난 아이의 용모가 매우 수려하여 이러한 촌에 어울리지 않는다 생각하고 촌장에게 말했다.

"아비 된 자가 자넨가?"

"예."

"신은 내게 딸 두셋밖에 허락하시지 않아 아들이 없네. 1,000토만^{이란의 화폐 단위로, 1토만은 10리알}을 자네에게 줄 테니 아들을 내게 주게. 내가 이 아이를 훌륭하게 키우겠네."

"좋습니다."

촌장은 1,000토만을 받고 왕에게 아이를 내주었다.

"그래 좋아, 사슴 대신 아들을 얻게 됐군."

왕은 이렇게 중얼거리며 아이를 데리고 궁전으로 돌아왔다. 그리고 아이를 키울 유모를 정해 기르게 했다.

7년 동안 유모의 손에서 자란 아이는 일곱 살이 되자 선생님의 손에 맡겨졌다. 열네 살에는 공부를 마치고 특별히 만든 방에 들어가 활쏘기와 씨름 그리고 선두를 배웠다. 그 방은 모두 일곱 개로, 여섯 개의 방이 둘레를 에워싼 맨 가운데 방에는 철문이 달려 있었다.

마침내 열여덟 살이 된 아이는 혼인하게 되어 재판관 앞에 갔다. 혼인을 맞아 온 나라가 거울 장식을 했고 신부는 몸단장을 했다. 드디어 신부가 신랑의 손에 건네지자 신랑은 신부의 손을 잡고 신방으로 들어갔다. 신방의 바깥에는 총을 든 기병과 천 명의 보초가 지키고 있었다. 왕이 명령을 내렸다.

"참새 한 마리라도 방 위를 나는 것이 있거든 쏘아라!"

대신들에게도 엄명이 내려졌다.

"아침까지 방을 지켜 한 사람도 얼씬거리지 못하게 하라."

한편 단둘이 남게 되자 신랑은 신부에게 다가가 입맞춤을 한 후 말했다.

"내가 기도를 하도록 허락해 주겠소?"

"예, 좋아요."

신랑은 일어나 기도를 드리기 위해 방 한가운데로 갔다. 자리에서 일어날 수도, 신랑에게 가서 잠을 청하자고 말할 수도 없게 된 신부는 우두커니 있다가 무심코 주머니에 손을 넣었다. 무엇인가가 손에 잡혔다. 바느질할 때 줄을 긋는 밀랍 조각이었다. 시녀들이 깜박 잊고 꺼내지 못한 모양이었다. 심심하던 차에 신부는 밀랍을 꺼내 신방의 촛대 밑에서 동물 모양을 만들기 시작했다. 갖가지 동물 모양을 만들어 촛대 밑에 세우고 한참을 보다가 부수고 또 만들었다가 부수고 하여 이 세상에 존재하는 모든 동물을 한 번씩 다 만들었다. 마지막으로 늑대 모양을 만들어 촛대 밑에 놓고 물끄러미 보는데 순간 그것이 살아 움직이기 시작했다.

신부는 깜짝 놀랐다.

"에구머니! 이게 왜 움직이지?"

늑대 모양은 점점 커지기 시작하더니 쥐만 해졌다. 놀란 신부가 다시 자세히 보니 이번에는 새끼 고양이만큼 커졌다. 신부는 두려워서 몸을 뒤로 젖히며 외쳤다.

"에구머니, 이를 어쩌나!"

늑대 모양이 개만큼 커지자 신부는 기겁을 하고 뒤로 물러났다. 늑대 모양은 다시 스스로 움직이더니 이번에는 아주 무섭고 사나운 진짜 늑대로 변했다. 늑대는 신부를 흘긋 쳐다보고는 단번에 한가운데 앉아 기도를 드리고 있는 신랑을 물어 죽였다. 그러고는 철문을 부수고 밖으로 나가더니 이내 힘을 잃고 조용해졌다. 정말로 순식간에 벌어진 일이었다.

외마디 소리에 놀라 잠이 깬 왕은 당황해 어쩔 줄 몰랐다. 마당에는 늑대의 사체가 놓여 있었다. 아들인 신랑이 피로 물든 것을 알게 된 왕은 방 안에서 안절부절못하다 대신을 불러 물었다.

"늑대가 어떻게 방으로 들어간 건가? 자네는 잠을 자느라 못 본 건가? 내가 참새 한 마리라도 보이면 쏘라고 말하지 않았는가? 그런데 이렇게 큰 늑대를 못 보았단 말인가?"

대신은 거듭 맹세하며 늑대가 밖에서 들어온 것이 아니라고 말했다. 왕은 신방으로 가 신부에게 물었다.

"내게 진실을 말해라. 이 늑대가 어디에서 와서 내 아들을 죽였단 말이냐?"

신부가 자초지종을 들려주었다.

"아버님이 가시고 나서 왕자님은 기도를 드리려고 앉았어요. 저는 안중에도 없이 기도에만 열중했지요. 심심하던 저는 우연히 주머니에 손이 갔어요. 그 안에는 밀랍 한 조각이 있었지요. 그래서 밀랍을 가지고 놀며 이 세상의 동물들을 만들었다 부수고 다시 만들며 놀았어요. 그러다가 늑대를 만들었는데, 등불 아래 놓자마자 그것이 저절로 움직이더니 갑자기 커지기 시작했어요. 저는 무서워서 뒤로 물러섰지요. 그런데 그것이 갑자기 사납고 무서운 진짜 늑대가 되어 왕자님의 배를 물어뜯고는 철문을 부수고 밖으로 도망치지 뭐예요."

왕은 그제야 힘없이 말했다.

"운명은 바꿀 수 없는 거구나. 우리의 수고는 헛된 일이구나."

왕은 신부의 손을 잡고 신방을 나오며 말했다.

"신이여, 원하는 대로 하십시오. 무슨 일이든 가능하십니다."

왕자와 사슴

 오랜 옛날에 작은 마을이 있었다. 그 마을은 푸른 초목과 들로 에워싸였으며 앞으로 맑은 물이 흐르고 있었다. 그곳에 나즈머와 코더더드라는 사이좋은 남매가 살고 있었다. 남매는 서로 사랑했으며 비밀이 없었다. 어머니가 세상을 떠나자 남매는 몹시 슬퍼했으며 외로워했다. 구두 깁는 일을 하는 아버지는 아이들을 매우 사랑했다. 그렇지만 아버지가 매일 구둣방에 나가 일을 해야 했기 때문에 남매는 언제나 집에 단둘이 남아 있었다. 나즈머가 음식을 만들곤 했지만 대개는 태우게 마련이었다. 그래도 아버지는 남매가 가여워서 따뜻하게 대해 주었다. 구두를 만들며 아버지는 혼자 되뇌곤 하였다.
 "우리 아이들을 보살펴 줄 어머니가 필요해."
 아버지의 친구들도 아이들에게는 보살펴 줄 어머니가 꼭 필요하다고 말하곤 했다. 그리하여 아버지는 친구들에게 물었다.
 "좋아, 그런데 만일 아이들이 새어머니를 좋아하지 않으면 어떡

하지?"

그러나 친구들은 끈질기게 권유했고, 마침내 그는 아내를 맞아들이기로 결정했다.

혼인식 날 나즈머와 코더더드는 온종일 앞으로의 일을 걱정했다. 그런데 혼인식이 끝난 날 밤 언제나 남매와 함께 있었던 아버지가 오지 않았다. 어머니가 죽은 뒤 한 번도 없었던 일이었다. 나즈머가 동생에게 말했다.

"코더더드야, 어서 자렴. 아버지를 기다려도 소용없어. 이제부터 아버지는 새어머니와 주무셔."

누이는 남동생을 위로하며 잠이 들 때까지 아버지의 상황을 설명해 주었다.

다음 날 아침 코더더드는 집 가까이 있는 샘으로 물을 길으러 갔고, 나즈머도 평소처럼 집안일에 열중했다. 코더더드가 집에 돌아와서 대문을 열자마자 계모의 날카로운 목소리가 들렸다.

"너는 정말 쓸모없는 애로구나. 빗자루를 들고 어서 바닥이나 쓸어. 오늘 밤 손님이 온단 말이야."

코더더드는 계모와 누이 사이가 나쁘다는 것을 알고 마음이 아프고 기분이 침울해졌다.

점심 시간인 정오가 되었지만 코더더드는 여느 때와 달리 기분 좋은 얼굴로 아버지를 맞으러 나가지 않았다. 대신 배고픔을 애써 참으며 구석에 쪼그리고 앉아 먼 곳을 바라보고 있었다. 이를 본 아버지는 새로 맞은 아내에게 아들이 울적해하는 이유를 물었다. 그러나 계모는 아이들이 버릇이 없다며 불평만 늘어놓았다.

남매는 어렵고 힘든 생활을 얼마 동안 견뎠지만 더 이상 참을 수 없게 되었다. 아이들은 아버지를 사랑했지만, 어쩔 수 없이 큰 결심을 하게 되었다.

어느 더운 날 정오, 마을 사람들이 모두 낮잠을 자는 사이 코더더드와 나즈머는 집으로 절대 돌아오지 않겠다고 결심하고 소리 없이 집을 빠져나왔다. 남매는 그림자가 드리운 꼬불꼬불한 골목길을 지나 아무도 알아채지 못하도록 급히 마을 밖으로 나왔다. 그들 앞에는 눈을 찌르는 듯한 강한 햇빛이 쏟아지고 있는 넓은 사막이 펼쳐져 있었다. 가까이에는 높은 산자락이 보였고, 멀리로는 끓는 듯한 열기가 하늘에 물결을 드리우고 있었다. 그 광경을 보고 나즈머와 코더더드는 묘한 흥분이 일었고 어디론가 갈 수 있겠다는 생각이 들었다. 그 희망이 두 사람을 계속 걷게 만들었다. 남매는 사막에 행복하게 살 수 있는 땅이 있다고 들은 적이 있었다. 행운의 땅이……. 남매는 그 땅을 찾아가기로 결심했다.

"만일 신이 원하신다면 우리 삶도 이 사막처럼 아름답고 웅장하게 바뀔 거야."

이런 생각을 하며 남매는 잠시도 쉬지 않고 걸었다. 하지만 얼마 뒤 남매는 피곤하고 지치고 목이 탔다. 밤이 되자 그들은 어느 나무 밑에 앉아 어둠 속에서 두려움에 떨었다. 코더더드는 자신의 목소리조차 듣는 게 두려워 입술 아래로 말했다.

"늑대의 울음소리가 들리는 것 같아."

"네가 두려워하지 않는다면 늑대들도 너를 해칠 수 없어."

누이가 말했다.

그러나 나즈머도 자신의 말을 믿을 수가 없었다. 코더더드는 따뜻하고 편안했던 고향 집을 생각하며 의구심에 차서 물었다.

"누가 우리 뒤를 쫓아오고 있다는 생각이 들지 않아?"

"아니, 아무도 오지 않을 거야. 자, 어서 안심하고 자."

이렇게 하여 어두운 밤이 지나갔다.

아침이 되어 태양이 산 뒤에서 떠오르자 어느 탁발승이 나타나 마치 남매가 어디 있는지 알고 있다는 듯이 남매를 향해 곧장 걸어왔다. 그는 키가 크고 나무 막대기처럼 마른 체격에 흰 옷을 몸에 걸치고 맨발로 걷고 있었다. 턱은 회색 수염으로 덮여 있었다. 그의 시선은 예리하고 부드럽고 친절했다. 탁발승은 사람들의 모든 사정을 분명하고 확실하게 아는 사람이었다.

그는 자신의 아침 식사를 배고픈 남매에게 나누어 주면서 이렇게 말했다.

"행운의 땅에 이르는 길은 멀고도 험하단다. 너희보다 앞서 많은 사람이 나섰지만 어느 누구도 도달하지 못했지. 만일 마음속으로 찾겠다는 준비가 되어 있다면 너희가 희망을 이룰 수 있도록 내가 안내하마. 길을 가다 보면 네 개의 샘이 나타날 게다. 첫 번째, 두 번째, 세 번째 샘에서는 절대로 물을 마시면 안 된다. 왜냐하면 첫 번째 샘에서 물을 마시면 사자로 변하게 되고, 두 번째 샘에서 물을 마시면 호랑이가 되고, 세 번째 샘에서는 사슴으로 변하기 때문이란다. 그렇지만 네 번째 샘에서는 갈증을 풀 수 있단다."

말을 마친 탁발승은 남매에게 좋은 여행이 되기를 기원하고 산으로 떠났다.

남매는 머나먼 길을 계속 갔다. 둘은 첫 번째 샘과 두 번째 샘을 무사히 지나갔다. 하지만 코더더드는 더 이상 갈증을 참을 수가 없었다. 게다가 아무리 누이가 간청을 한들 탁발승이 알려 준 금기가 얼마나 무서운 것인지 짐작하기에는 나이가 너무 어렸다. 그리하여 세 번째 샘에 닿자 코더더드는 누이가 막을 새도 없이 샘으로 달려

가서 홀짝홀짝 물을 마셨다. 누이는 동생의 이름을 부르며 눈물을 흘렸다. 탁발승의 말대로 사랑하는 동생은 사슴으로 변하고 말았다.

나즈머는 사슴으로 변한 동생을 다정하게 쓰다듬으며 울었다.

"코더더드, 네가 무슨 일을 벌였는지 봐."

나즈머는 너무 흥분하여 피곤한 몸과 떨리는 가슴을 이끌고 네 번째 샘에 닿았다. 물은 깨끗하고 맑았다. 나즈머는 우선 얼굴을 닦고 나서 발을 물에 담갔다. 누이는 계속해서 되뇌었다.

"코더더드를 하루만이라도 본래의 모습으로 돌아오게 해 줄 수 없을까?"

그러고는 비밀스러운 행운의 땅을 향해 길을 나서며 말했다.

"그래, 난 반드시 그곳에서 동생의 마법을 풀 수 있는 방법을 찾을 거야."

시간이 지나면서 슬픔이 차츰차츰 사라지자 목적을 이룰 수 있다는 희망이 생겼다.

어느 날 나즈머와 사슴으로 변한 코더더드가 가시덤불 그늘 아래서 피곤을 풀고 있는데 사냥꾼이 사슴의 발자국을 따라 그곳으로 다가왔다. 사냥꾼은 흥분에 들떠 소리를 질렀다.

"멈춰라!"

그 사냥꾼은 바로 왕자님이었다! 사람이 있는 것을 보지 못한 왕자는 활을 쏠 준비를 했다. 그때 나즈머가 사슴을 감싸안으며 애원했다.

"자비를 베풀어 살려 주세요……. 자비를 베푸세요……. 제발 쏘지 마세요."

놀란 왕자는 활을 내리고 나즈머에게 가까이 와서 물었다.

"아가씨는 누구시오? 여기서 뭘 하는 거요?"

나즈머는 자신과 동생이 집을 나와서 사막에 들어온 이유를 설명했다. 왕자가 다시 물었다.

"그렇다면 동생은 어디 있소?"

"왕자님이 죽이려고 했던 사슴이 바로 제 동생 코더더드예요."

그러면서 누이는 그동안 있었던 일을 전부 들려주었다. 왕자는 크게 감동하여 만일 사슴에게 위험한 일이 일어난다면 막아 주겠노라고 약속하고는 나즈머에게 함께 궁궐로 가자고 청했다.

궁전에 닿자 왕비는 나즈머의 슬픈 이야기를 관심 있게 듣고는 원한다면 언제까지고 그곳에 머물라고 말했다. 왕자가 사는 궁전은 정말로 아름다웠다. 궁 안에는 아름다운 물건이 가득했고, 방마다 나라에서 가장 뛰어난 예술가들의 솜씨로 장식되어 있었다. 그리고 접대실, 음악실, 휴게실, 서재 등 크고 작은 방이 셀 수 없이 많았다. 도서실도 있었다. 전 세계 언어로 된 책들은 물론 오래된 책부터 요즘 나온 책까지 모두 구비되어 있어, 나즈머는 대부분의 시간을 도서실에서 보냈다. 별을 연구하는 천문대도 있었다.

한편 왕은 세상을 두루 여행한 덕에 정원을 장식하는 데 특별한 취향을 지니고 있었다. 왕의 정원사들은 먼 지역에 있는 다양한 꽃과 나무와 화초 들을 가져와 낮이나 밤이나 부지런히 가꾸었다. 분수에서는 샘에서 나오는 것처럼 깨끗하고 푸른 물이 뿜어져 나와 알록달록한 화단 사이로 뿌려졌다. 가끔 왕과 왕족들이 그 주위에서 잔치를 베풀기도 했다. 왕의 친구인 시인, 학자, 음악가, 철학자들이 먼 곳에서 초대 받아 왔다. 그들은 궁전의 아름다움에 대해 칭찬을 아끼지 않았다.

하루는 왕이 왕자에게 말했다.

"내 아들아, 너도 이제 결혼할 나이가 되었다. 너를 다음 달에 대신의 딸과 혼인시키고 싶구나."

"왕의 명령인 줄은 압니다만 제가 좋아하고 제게 맞는 사람이 나타날 때까지 참아 주십시오. 저는 대신의 딸을 좋아하지 않습니다. 그녀와 혼인하고 싶은 마음이 없습니다."

사실은 나즈머의 아름다운 외모가 왕자의 마음을 빼앗아 둘이 연인이 된 지 오래였으나 아무에게도 말하지 않고 마음속으로만 간직하고 있었던 것이다. 얼마 후 나즈머를 사랑한다는 사실을 확신한 왕자는 그녀와 결혼하겠다고 왕에게 이야기했다. 이에 왕은 아들의 결정을 받아들여 혼례를 준비하고 온 나라를 거울로 장식하라고 명을 내렸다. 이렇게 하여 왕자와 나즈머는 14일 밤보름을 뜻함 혼례를 치르게 되었다.

한편 대신과 그의 가족은 궁전에 함께 살고 있었는데, 대신의 아내는 성격이 고약하고 이기적인 데다가 야심도 많아서 오래전부터 자신의 딸을 왕자와 혼인시키려고 계획을 짜고 있었다. 그런 와중에 나즈머가 나타나 궁전에 함께 살면서 좋은 대우를 받고 왕족이 입는 옷을 입게 되자 이를 몹시 못마땅하게 여겼다.

대신의 아내는 화가 나서 딸에게 말했다.

"네게 약속하마. 이 혼사는 결코 이루어지지 않을 게다. 내가 너를 나즈머 대신 왕비 자리에 앉힐 거야."

그동안에도 신은 주문을 풀지 않았고 사슴이 된 코더더드는 자유롭게 될 기미가 보이지 않았다. 그래서 왕자와 나즈머는 동생 일을 의논하기 위해 훌륭한 학자를 찾아갔다. 학자는 잠시 생각하더니 그들에게 말했다.

"두 분이 혼인을 하셔서 아이가 태어나면 사슴은 그 아기를 보기 위해 본래의 모습으로 돌아올 겁니다. 그리고 주문도 깨질 겁니다.

그러나 절대로 이 비밀을 남에게 이야기해서는 안 됩니다. 이야기했다가는 그 주문이 절대 깨지지 않을 겁니다."

이 말을 듣고 나즈머의 마음속에 희망의 꽃이 피었다. 그녀의 마음은 기쁨으로 가득했다.

어느 날 왕자는 사냥을 가기로 결정하고, 나즈머에게 자신이 없는 동안 절대로 안에 사람을 들이지 말라고 신신당부를 했다.

"내가 사냥에서 돌아오면 오렌지 한 개를 문 아래에 놓을 테니 이것을 징표로 나인 줄 아시오. 그때 비로소 문을 열어야 하오."

언제나 나즈머의 주위에서 귀를 쫑긋 세우고 있던 대신의 아내는 때가 온 것을 알고 자신의 계략을 실행하기로 했다. 그녀는 자신의 목적을 달성하기 위해서라면 수단과 방법을 가리지 않는 성격이었다. 나즈머는 앞으로 자신에게 어떤 운명이 찾아올지 알지 못하고 그저 밤이나 낮이나 행복한 미래를 꿈꾸며 지낼 뿐이었다. 그녀의 소원은 오직 하나, 동생과 닮은 사내아이를 갖는 것이었다.

어느 날 누군가가 살며시 문을 두드리며 오렌지 한 개를 문 아래에 두었다. 대신의 아내였다.

"문을 열어 주세요. 왕자님께서 왕자비님 혼자 계시지 말라고 저를 보내셨어요."

마음이 순수하고 거짓을 모르는 나즈머는 그녀에게 나쁜 계략이 있다고는 상상하지 못한 채 순순히 문을 열어 주었다. 두 사람은 궁전을 나와 정원을 구경하며 함께 걸었다. 깊은 웅덩이가 있는 곳에 닿자 돌연 대신의 아내가 나즈머에게 말했다.

"이 웅덩이 안에서 별들이 얼마나 아름답게 빛나는지 보세요!"

나즈머는 미소를 지으며 웅덩이 가장자리로 다가가 구부렸다. 바로 그 순간 대신의 아내가 나즈머를 거칠게 웅덩이 안으로 밀어 넣었다. 가엾은 사슴은 이 광경을 전부 지켜보고 있었다.

　얼마 후 사냥에서 돌아온 왕자는 아내를 보기 위해 거처로 향했다. 그러나 아무리 소리를 쳐도 나즈머는 대답이 없었다. 침묵이 왕자의 주위를 에워쌌다. 당황한 왕자는 급히 계단을 내려와 성문으로 달려갔다. 그곳에서 대신의 아내와 마주쳤다. 왕자는 대신의 아내를 신뢰하지 않았다. 대신의 아내는 왕자를 보자 거짓 미소를 지으며 말했다.

　"나즈머는 도망갔어요. 문을 열고 갔다고요. 이쪽인가, 아니 저쪽인가?"

　대신의 아내는 손으로 이쪽저쪽을 가리키며 말했다.

　"저는 앞을 가로막았어요. 그랬더니 마구 소리를 지르더라고요. 여기서 나가고 싶다고 말했어요. 그래요. 왕자님이 사랑하는 여인인 나즈머가 왕자님을 떠났어요. 왕자님을 떠났다니까요."

　왕자는 대신의 아내가 하는 말을 한 마디도 믿지 않았다.

　'나즈머가 어찌 그토록 좋아하는 동생을 놔두고 이곳을 떠날 수 있단 말인가?'

　한편 사슴은 어떤 일이 벌어졌는지 알고 있었지만 왕자에게 설명할 수도 없고 누이를 찾는 것을 도와줄 수도 없어서 깊은 슬픔에 잠겼다.

　왕자는 나즈머를 찾으려고 병사들을 보냈지만 모두들 지친 모습으로 머리를 숙인 채 빈손으로 돌아왔다. 왕자는 속상한 마음에 사슴을 쓰다듬고 또 쓰다듬었다. 그의 이런 행동을 대신 아내의 날카로운 눈이 놓칠 리가 없었다. 대신의 아내는 혼잣말을 했다.

　"저 사슴이 살아 있는 한 왕자님은 나즈머를 잊어버릴 수 없어."

　그때 왕비가 중병에 걸렸다. 대신의 아내는 왕비를 치료하던 궁전의 의사와 짜고 다시 음모를 꾸미기 시작했다.

어느 날 궁의가 왕비를 찾아와 단호하게 말했다.

"왕비님, 사슴의 머리를 베어 버리는 것만이 살아날 수 있는 유일한 치료법입니다."

왕자는 이 말을 듣고 온 세상이 자신의 머리 위를 도는 것 같았다. 불행하게도 주문에 걸린 코더더드의 비밀을 폭로하지 않고는 사슴을 구할 방법이 없었다. 그러나 만일 폭로한다면 코더더드는 영원히 주문에 묶여 살아야 했다.

모든 상황이 왕자의 의지와 상관없이 진행되고 있었다. 결국 사슴을 도망치게 하는 수밖에 없었다. 사슴은 누이가 빠진 웅덩이로 가서 두 발을 웅덩이 안으로 넣고 빠져 죽으려는 자세를 취했다. 사슴을 따라오던 왕자는 그 행동에 무슨 뜻이 숨어 있다는 사실을 알아차리게 되었다. 왕자는 사슴을 부둥켜안고 큰 소리로 나즈머를 불렀다.

"나즈머!"

왕자는 나즈머가 살아 있을 뿐 아니라 아기도 낳아 데리고 있기를 원했다. 그때 웅덩이 안에서 나즈머의 부드러운 목소리가 들렸다. 왕자는 나즈머가 나쁜 천성을 가진 대신의 아내 때문에 웅덩이 안에 죄 없이 갇혀 있었음을 알게 되었다. 나즈머가 신이 주신 귀한 선물을 데리고 어렵게 웅덩이 밖으로 나오자 왕자는 기뻐서 어쩔 줄 몰랐다. 새로 태어난 아기를 보자마자 코더더드의 주문도 풀어졌고 모든 사람이 신이 주신 기쁨과 환희를 즐기게 되었다. 동생은 누이를 부둥켜안았다. 바로 그 순간 두 사람의 마음에 누군가가 나직이 소곤거리는 소리가 들렸다.

"지금 이 순간 너희가 찾던 그 행운의 나라에 닿았노라. 행운의 땅에……."

　그때 신하들이 왕비가 병이 나아 궁전에서 기다리고 있다는 전갈을 가지고 왔다. 며칠이 지나 왕은 대신의 아내와 궁의를 재판하여 사형 판결을 내렸다. 그러나 나즈머는 그들을 용서하고 죄의 대가로 나라에서 추방하기만 원했다. 그리하여 그날부터 모두 행복하게 오래오래 잘 살았다.

　우리의 이야기는 끝에 닿았네.
　모든 사람은 각각 희망을 이뤘네.
　새는 집에 닿지 않았네.
　하늘은 파랗디파랗고
　땅은 강과 푸른 잔디로 가득하고
　우리의 이야기는 바로 이것이네.

아즈라엘과 목수의 아들

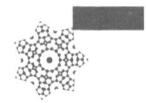

옛날에 한 부부가 아들과 딸을 두고 있었다. 아버지는 목수였고, 아들은 옷 짓는 사람이었다. 어느 날 아들은 멀지 않은 곳으로 여행을 떠나기로 결심하고 부모의 허락을 받았다.

아들은 길을 가던 중 한 수도승을 만나게 되었다. 동행이 된 두 사람은 길을 가고 또 갔다. 점심 때가 되자 아들은 자리를 잡고 수도승에게 자신의 음식을 먹으라고 권했다. 수도승은 몇 번 거절하다가 음식을 먹었다. 아들은 수도승의 이름이 무엇이며, 어디에 살고, 어디로 가는 길인지를 물었다. 수도승이 대답했다.

"내 이름을 들으면 자네는 무서워서 벌벌 떨걸."

"아니 왜 떨어요? 난 조금도 두렵지 않아요. 우리는 여행 중에 소금을 같이 먹은 사이잖아요. 난 알아요. 당신이 나를 배반하지 않을 거라는 사실을요."

"그래? 난 죽음의 천사 아즈라엘이네."

"아, 당신이 아즈라엘이라고요? 그럼 저는 언제 죽나요?"

"자네의 종말은 신혼 첫날밤이야."

"그래요. 좋아요."

이 말을 끝으로 둘은 헤어졌다. 그러나 작별 인사를 충분히 나누지 못한 수도승이 인사를 건네려고 다시 오자 아들이 말했다.

"스님, 우리는 여행 중에 만나 우정을 나눈 사이입니다. 내 영혼을 가져가야 할 때가 되면 이 모습 그대로 나를 데려가세요."

수도승은 승낙의 뜻으로 고개를 끄덕이며 자신의 길을 갔다. 아들도 여행을 끝내고 집으로 돌아갔다.

부모는 아들이 혼인하기를 원했다. 하지만 아들은 아내를 원치 않는다고 대답했다.

세월이 흘러 마침내 아들이 서른 살이 되었다.

아버지가 말했다.

"애야, 이제 내 수염도 하얗게 세고 말았단다. 신랑이 된 너를 보고 싶구나."

아들이 대답했다.

"아버지, 제발 신랑이 된 저를 꿈꾸지 마세요. 만일 저를 신랑으로 만든다면 저는 신혼 첫날밤에 죽어요."

"아이고, 애야. 그게 무슨 말이냐! 첫째, 죽음의 천사인 아즈라엘은 보이지도 않잖니. 둘째, 만일 하늘에서 죽음의 천사가 온다고 해도 네 대신 내 목숨을 주마."

이번에는 어머니가 말했다.

"내가 주마."

여동생이 말했다.

"아니, 내가 줄게요."

그리하여 가족들은 아들을 혼인시킬 모든 준비를 끝냈다. 드디어 혼례식 전날 밤이 되어 사람들은 신랑과 신부를 단둘이 남겨 두었다. 그러자 방문이 열리더니 수도승이 들어왔다.

"젊은이, 내가 말하지 않았는가, 자네가 결혼하면 그날 밤이 이 세상에서 마지막 밤이 될 거라고."

그러자 신랑이 청했다.

"아버지와 어머니를 부르게 시간을 좀 주세요."

"부르게나!"

그는 부모를 불렀다. 아버지와 어머니가 오자 아들이 말했다.

"좋아요. 저와 약속을 했지요. 아즈라엘이 오면 생명을 대신 내놓겠다고요. 자, 죽음의 천사인 아즈라엘이 여기 와 있으니 약속을 지키세요."

그러자 그의 아버지가 눈을 감으며 말했다.

"아즈라엘이여! 나의 영혼을 대신 가져가시오!"

아즈라엘이 아비지의 영혼을 빼기 시작했다. 그런데 그 영혼이 가슴까지 이르렀을 때 아버지가 말했다.

"아즈라엘이여, 영혼을 준다는 게 너무 힘듭니다. 원래대로 내 아들의 영혼을 가져가시오!"

그래서 아즈라엘은 다시 신랑에게 말했다.

"죽음에 이르도록 잠들어라!"

그때 신랑의 어머니가 앞으로 달려나와 말했다.

"안 돼요. 아직 젊은 신랑을 데려가다니 절대 안 돼요!"

그러자 아즈라엘은 어머니의 영혼을 빼기 시작했다. 그런데 혼이 목구멍까지 이르자 어머니도 더 이상 견디지 못하고 소리를 지르고 말았다.

"아, 너무 힘들어요. 이 세상에 딱히 원하는 게 있는 건 아니지만 못 견디겠어요. 날 좀 풀어 줘요. 그리고 그 아이의 목숨을 가져가세요!"

이를 본 신부가 다가와 말했다.

"여봐요. 신랑이 죽으면 내일 사람들은 말할 거예요. 제가 박복해서 이런 일이 일어났다고요. 그러고는 저를 이곳에 두겠지요. 저를 편안하게 해 주세요. 그러니 제 목숨을 가져가시라고요. 사람들의 비아냥을 받고 싶지 않아요."

이 말을 들은 죽음의 천사 아즈라엘은 신부를 보고 "잠들어라!"라고 말했다.

드디어 아즈라엘은 신부의 혼을 빼기 시작하여 그 혼이 코까지 이르렀다. 그리하여 마지막 순간이 되어 영혼을 빼고 죽음에 닿으려는데 신이 말했다.

"멈춰라! 신부는 정말 인간의 딸이로구나. 그녀는 자신의 혼을 신랑을 위해 희생했다. 다들 함께 살도록 그녀에게 30년의 인생을 주겠다."

그리하여 신은 결국 모두에게 안식을 가져다주었다.

금화 백 냥

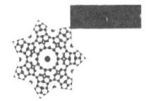

　옛날 아주 오랜 옛날에 아들 하나를 데리고 장사로 생활을 꾸려 나가던 남자가 있었다. 하지만 세월이 흘러 나이를 먹고 늙게 된 그는 더 이상 장사를 할 수 없는 지경에 이르렀다.
　어느 날 그가 아들 모하마드를 불러 말했다.
　"얘야, 난 이제 늙었으니 네가 나 대신 장사를 해야겠구나."
　모하마드는 그렇게 하겠다고 했다. 노인은 이어서 말했다.
　"얘야, 일을 시작하기 전에 우선 이 금화 백 냥을 받아라. 그리고 상인 행렬을 따라 도시에 가서 후추를 사 오너라. 여기 사람들이 아주 좋아하는 후추 말이다."
　모하마드는 아버지로부터 금화를 받아 상인 행렬을 따라 도시로 떠났다. 며칠이 지나 상인 행렬은 어느 도시에 도착했다. 모하마드는 후추를 사기 위해 시내를 이리저리 돌아다니던 중 한 남자를 보게 되었다. 기타를 연주하는 그 남자 주위를 사람들이 빙 둘러싸고 있었다.

모하마드도 한동안 그 자리에 서서 아름다운 기타 소리에 귀를 기울였다. 그리고 매력적인 기타 소리와 악사의 뛰어난 재능에 흠뻑 반해 버렸다. 그는 악사에게 가까이 가서 말을 걸었다.

"만약 7일 안에 기타 연주하는 법을 제게 가르쳐 준다면 원하는 건 무엇이든지 다 드리겠습니다."

악사가 말했다.

"7일은 너무 짧네. 자네한테 기타 연주하는 법을 7일 만에 가르치려면 내가 엄청 고생을 해야 할 거야. 그러니 너는 그 대가로 나한테 금화 백 냥을 주게."

모하마드는 망설이지 않고 악사에게 금화 백 냥을 주었다. 그는 7일 동안 악사한테 기타 연주하는 법을 훌륭히 배웠다. 그런 다음 상인 행렬을 따라 아버지에게 돌아왔다.

상인 출신의 늙은 아버지는 아들이 빈손으로 돌아온 것을 보고 놀라서 그 까닭을 물었다. 모하마드가 대답했다.

"도시에서 후추를 사려고 이리저리 돌아다니다가 한 악사를 만났어요. 그 악사한테 금화 백 냥을 주고 7일 만에 기타 치는 법을 배워 왔어요."

"그래, 좋다. 아무래도 상관없다. 예로부터 예술에 재능이 있는 사람은 부자는 못 될지언정 굶어 죽지는 않는다고 했으니까!"

노인은 다시 금화 백 냥을 모하마드에게 주면서 일렀다.

"이 금화를 다시 받아라. 그리고 상인들을 따라가서 장사를 하고 오너라."

모하마드는 금화 백 냥을 받고 또다시 상인들을 따라 도시로 길을 떠났다. 며칠 후 그는 도시에 도착했고 물건을 사기 위해 시장으로 갔다. 시내를 돌아다니던 그는 어느 사원 옆에서 한 성직자를 보앉다. 성직자 주변에서는 여러 명의 사람들이 모여 글을 배우고 있었다. 모하마드가 성직자 앞으로 가서 말을 건넸다.

"7일 안에 제게 읽고 쓰는 법을 가르쳐 주신다면 금화 백 냥을 드리겠습니다."

성직자가 그의 제안을 승낙하고 7일 동안 모하마드에게 읽고 쓰는 법을 가르쳐 주었다. 그런 다음 모하마드는 상인들을 따라 다시 아버지 곁으로 돌아왔다. 노인은 아들이 또다시 빈손으로 돌아온 것을 보고 깜짝 놀랐다.

"왜 빈손으로 돌아왔느냐? 물건을 산 짐은 어디 있느냐?"

모하마드가 말했다.

"도시에 갔다가 한 성직자를 만났어요. 그 사람한테 읽고 쓰는 법을 가르쳐 달라고 하고 그 대가로 금화 백 냥을 주었어요."

"괜찮다. 애야. 글을 배운 것도 아주 잘한 일이다. 언젠가는 네게 도움이 되는 날이 올 테니까."

며칠이 지났다. 노인은 또다시 금화 백 냥을 아들에게 주면서 도시로 떠나보냈다. 이번에는 모하마드도 도시에 도착하자마자 곧바로 후추 파는 가게로 달려갔다. 그런데 공교롭게도 가게 문이 닫혀 있었다. 모하마드는 후추를 찾아 시내를 돌아다니다가 광장에서 장기를 두고 있는 남자를 보게 되었다. 모하마드는 잠시 그 곁에 서서 장기 두는 모습을 지켜보았다. 장기가 마음에 든 모하마드는 그 남자에게 말을 붙였다.

"만일 7일 안에 제게 장기 두는 법을 가르쳐 주신다면 금화 백 냥을 드리지요."

그 남자도 제안을 받아들여 7일 동안 모하마드에게 성심껏 장기 두는 법을 가르쳐 주었다. 이번에도 모하마드는 빈손으로 아버지에게 돌아왔다. 또다시 그의 빈손을 본 늙은 아버지가 놀라서 물었다.

"이번에는 또 어쩐 일로 빈손으로 돌아왔느냐? 산 물건은 어디 있느냐?"

"후추 파는 가게에 가긴 갔는데 문이 닫혀 있었어요. 그래서 시내를 이리저리 돌아다니다 우연히 한 남자를 만나게 되었어요. 장기를 잘 두는 사람이었지요. 그래서 그 사람한테 금화 백 냥을 줄 테니 장기를 가르쳐 달라고 했습니다."

"그래? 됐다, 애야. 마음 상해할 필요 없다. 언젠가는 너한테 쓸모가 있을 테니까."

이 말을 듣고 모하마드는 너무 부끄러운 나머지 아버지한테 이렇게 말했다.

"아버지, 저를 노예 시장에 데려가 파세요. 그래서 아버지가 본 손해를 보상 받으세요."

"안 된다, 아들아. 다시는 그런 말을 하지 마라. 난 하나밖에 없는 내 아들을 절대로 팔 수 없다."

그러나 모하마드는 끈질기게 졸랐다. 아버지도 더 이상 어쩔 수가 없어 아들을 노예 시장에 데려가 금화 백 냥을 받고 돈 많은 상인에게 팔았다.

상인은 모하마드를 데리고 장사하러 길을 떠났다. 상인 행렬은 멀고 먼 길을 여행하여 사막 한가운데 있는 어느 우물가에 이르렀다. 깊은 우물이었다. 상인은 모하마드의 허리에 밧줄을 묶어 우물 속으로 내려보냈다. 모하마드가 우물 바닥으로 내려가 보니 엄청난 금은보화가 쌓여 있었다. 그는 기뻐하며 소리쳤다.

"여보세요, 상인 어른. 여기에 금은보화가 넘쳐 나요."

"그럼 빨리 위로 올려 보내거라."

상인이 말했다.

모하마드는 금은보화를 밧줄에 묶어 모두 올려 보냈다. 상인은 좋아 어쩔 줄을 몰라 하며 그 보물들을 낙타 등에 실었다. 그러고는 모하마드를 우물 안에 내버려둔 채로 그냥 떠나 버렸다.

혼자 우물 속에 내버려진 모하마드는 두려움에 차서 사방을 둘러보았다. 빠져나갈 길을 찾기 위해서였다. 그러다 문득 조그마한 통로 하나를 발견했다. 좁은 통로를 겨우겨우 지나고 보니 큼지막한 방이 나왔다. 그 방은 금은보화로 가득 차 있었고, 가운데에 커다란 마귀가 잠들어 있었다. 가만 보니 마귀 옆의 바닥에 기타가 하나 놓여 있었다. 모하마드는 기타를 들고 연주하기 시작했다. 그러자 마귀가 아름다운 기타 소리를 듣고 잠에서 깨더니 모하마드를 보고 고함을 지르며 말했다.

"이봐, 인간. 너는 어쩌다가 여기까지 왔느냐?"

모하마드가 두려움에 벌벌 떨며 대답했다.

"사람들이 저를 우물 속에 내려 보내고 그냥 떠나 버렸어요."

"넌 기타를 아주 잘 치는구나. 내 아들도 너처럼 기타를 아주 잘 쳤단다."

마귀는 이 말을 마치자마자 울기 시작했다. 모하마드가 물었다.

"왜 우세요?"

"기타 소리를 듣고 잠에서 깨어 널 보니 내 아들 생각이 나서 그런다. 넌 기타를 아주 잘 치는구나. 다시 한 번 연주해 보아라. 만약 원한다면 내가 그 장사꾼들을 모두 죽여 주마."

모하마드가 펄쩍 뛰었다.

"안 돼요. 그 사람들을 죽이지 마세요. 그냥 저를 다시 그 사람들한테 데려다 주시기만 하면 됩니다."

마귀는 모하마드를 등에 태우고 상인 행렬이 있는 곳까지 데려다 주었다. 상인은 모하마드를 보자 혼잣말로 중얼거렸다.

"이 녀석이 다시 나타났군. 재수 없는 녀석! 이 녀석한테서 벗어나야 하는데……."

상인은 모하마드를 불러 말했다.

"이리 와서 이 편지를 받아라. 이것을 내 아들한테 전해라."

모하마드는 편지를 건네받고 상인의 집을 향해 길을 떠났다. 아주 멀리까지 온 그는 힘들고 배가 고파 나무 그늘 아래 앉아 쉬다가 문득 편지를 보고 혼잣말로 중얼거렸다.

"이 편지를 뜯어서 읽어 보면 어떨까? 난 글도 읽을 줄 아는데 말이야."

그는 편지를 뜯었다. 편지에는 이렇게 씌어 있었다.

이 편지를 가지고 오는 사내를 죽여라. 그리고 시체는 땅을 파서 묻어 버려라.

만약 모하마드가 이 편지를 상인의 아들에게 전하면 그날로 그의 인생은 끝이 나는 것이었다. 그래서 모하마드는 편지의 내용을 지우고 다시 썼다.

이 편지를 가지고 오는 사내가 원하는 건 무엇이든 다 들어주고 극진히 대접하여라.

편지를 고쳐 쓴 모하마드는 다시 길을 떠났다. 상인의 집에 도착한 그는 편지를 상인의 아들에게 전해 주었다. 편지를 읽은 상인의 아들은 모하마드에게 따뜻한 음식과 새 옷을 주고 극진하게 모셨다. 그리고 한밤중까지 이야기꽃을 피웠다. 모하마드가 상인의 아들에게 도시에 대해 묻자 상인의 아들이 대답했다.

"우리 도시를 다스리고 계신 영주님은 처녀인데 장기를 아주 잘 두신다오. 만일 장기를 두어 이기는 사람이 있다면 그 사람한테 시집을 가시겠다고 하오. 그러나 만약 질 경우에는 목숨을 내놓아야 할 거요."

장기라면 자신이 있던 모하마드가 말했다.

"그분과 장기를 두고 싶군요. 저는 장기를 아주 잘 두거든요."

"이건 아주 위험천만한 일이오. 지금까지 아무도 영주님의 상대가 되지 못했다오."

상인의 아들이 말렸다.

그러나 모하마드는 상인의 아들이 하는 말에 신경 쓰지 않고 다음 날 처녀 영주가 사는 성을 향해 길을 떠났다. 성 안으로 들어간 모하마드는 곧장 영주를 찾아갔다. 황금 침상에 앉은 처녀 영주는 여러 시녀들에게 둘러싸여 있었다. 모하마드를 본 영주가 물었다.

"너는 어찌하여 성에 왔느냐?"

"영주님께서 장기를 아주 잘 두신다는 소문을 듣고 왔습니다. 영주님과 한번 겨뤄 보고 싶습니다."

영주의 신하들이 모하마드를 말리려고 애썼지만 그는 조금도 개의치 않았다. 처녀 영주가 말했다.

"조건은 이러하다. 나와 다섯 번에 걸쳐 장기를 두어 당신이 다섯 번 중에서 네 번을 이긴다면 나는 당신과 결혼할 것이다. 그러나 내가 이긴다면 당신은 죽게 될 것이다."

모하마드는 그 조건을 받아들였고 두 사람은 장기를 두기 시작했다. 첫 번째 시합에서는 모하마드가 처녀 영주한테 졌다. 그러자 영주가 말했다.

"목숨이 아깝거든 장기 시합을 그만두어라."

"아닙니다. 계속 영주님과 시합을 하겠습니다."

그들은 다시 시합을 벌였고 이번에는 모하마드가 이겼다. 영주의 약점이 무엇인지 이미 파악한 그는 나머지 세 번의 시합도 쉽게 이겨 버렸다. 그리하여 모하마드는 처녀 영주와 결혼하여 그 도시의 영주가 되었다. 물론 늙은 아버지를 모셔 오는 것도 잊지 않았다.

그 뒤로 모하마드는 오랫동안 정의롭고 공정한 정치를 펼치며 도시를 잘 다스렸다.

마흐무드와 호르시드

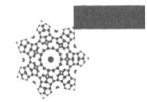

 옛날 아주 오랜 옛날 어느 마을에 촌장이 살고 있었다. 그에게는 마흐무드라는 이름을 가진 아주 용감하고 총명한 아들이 있었다. 그리고 그 마을에는 가르말라크라고 하는 사람이 살고 있었는데, 그에게는 호르시드(태양이라는 뜻)라는 매우 아름다운 딸이 하나 있었다. 딸은 시녀 네 명을 거느리고 있었다. 어느 날 그녀가 시녀들을 데리고 샘가에서 즐거운 시간을 보내고 있을 때, 마흐무드가 백마에게 물을 먹이기 위해 샘으로 가까이 다가왔다. 마흐무드는 호르시드를 보자마자 한눈에 반했다. 그는 호르시드의 시녀를 불러 이렇게 말했다.
 "물 한 잔만 다오."
 시녀는 원하는 대로 물을 떠다 주었다. 그러자 마흐무드가 잔을 뒤집어엎으며 호르시드에게 직접 물을 담아 달라고 했다. 그녀 역시 마흐무드에게 사랑하는 감정을 품게 된 터라 잔에 물을 가득 떠 담은 뒤 끼고 있던 반지를 집어넣었다. 그는 물을 다 마시고 나서 호르시드의 반지를 잔에서 꺼내 자기 손가락에 끼었다. 그리고 대신 자기 반지를 빼서 잔 속에 넣어 두고는 집으로 돌아갔다.

마흐무드는 집에 도착하자마자 곧바로 아버지의 방으로 가서 인사를 올린 후, 가르말라크의 딸 호르시드를 사랑하게 되었으니 어떻게 해서든지 빨리 청혼을 하러 가야겠다고 말했다.

가르말라크가 아르메니아 기독교인이라는 것을 알고 있었던 촌장은 아들의 이러한 요구가 못마땅했다.

"가르말라크는 아르메니아 인이고 우리는 시아파 모슬렘이다. 그러니 우리는 그들과 한집안이 될 수 없다."

그러나 호르시드에게 이미 마음을 빼앗기고 만 마흐무드는 아버지가 어떤 말을 하건 그녀와 결혼하겠다고 고집했다.

"그 처녀만 아니라면 어떤 처녀를 원하든 내가 청혼을 넣으러 가주마. 누구라도 좋다."

아버지는 이렇게 아들을 설득했다.

그러나 마흐무드는 들은 척도 하지 않고 계속 우겼다.

"우리는 이미 한몸이나 다름없어요."

마흐무드는 이렇게 계속 우겨 결국에는 아버지가 가르말라크의 딸에게 청혼을 넣으러 가도록 만들었다. 가르말라크로서도 이 혼사가 탐탁한 것은 아니었지만 수락하지 않을 수 없었다.

가르말라크는 마흐무드에게 한 가지 조건을 내걸었다.

호르시드를 마흐무드의 집으로 데려가는 날까지 절대로 자신의 집에 오지 말아야 하며 딸과도 가까이하지 말아야 한다는 것이었다. 이미 호르시드에게 마음을 빼앗긴 마흐무드는 이러한 조건을 받아들일 수밖에 없었다.

이렇게 며칠이 지난 어느 날이었다. 가르말라크는 계략을 짜내

다른 마을로 이사를 하려고 마음먹고 실행에 옮기기 시작했다. 그는 하인들 중 한 사람을 불러 장작에 불을 붙여 연기를 피우라고 지시했다. 그리고 그 일을 마흐무드가 장사꾼들과 함께 도시에서 돌아오는 중에 볼 수 있도록 해야 한다고 단단히 일렀다.

마흐무드가 돌아와 마을 어귀에 도착할 즈음, 명령을 받은 하인은 낙타의 방울 소리를 듣자마자 후닥닥 장작에 불을 붙였다.

맨 앞에서 장사꾼들을 인솔하고 오던 마흐무드는 가르말라크의 집에서 연기가 피어오르는 것을 보고는 불이 났다고 생각하여 장인과 한 약속은 까맣게 잊어버리고 부리나케 달려갔다. 가르말라크는 마흐무드의 멱살을 붙잡고 약속을 지키지 않았다고 비난을 퍼부으며 딸과 결혼할 생각 같은 건 절대로 하지 말라고 했다. 마흐무드는 너무 속이 상하고 후회스러웠지만 어쩔 수 없이 집으로 돌아올 수밖에 없었다.

마흐무드는 나중에야 가르말라크가 속임수를 썼다는 사실을 눈치 챘다. 그로부터 이삼 일이 지난 후 가르말라크는 동생이 살고 있는 다른 마을로 이사를 가 버렸다. 마흐무드는 가르말라크가 이사 간 사실을 알고 자루에 금과 보석을 가득 채워 넣은 다음, 부모에게 작별 인사를 한 뒤 백마에 올라탔다.

마흐무드의 부모는 아들이 가르말라크를 따라가는 걸 원치 않았기 때문에 극구 말렸지만 소용없었다. 마흐무드는 마을 사람들에게 작별 인사를 하고 길을 떠났다. 마흐무드는 한참을 가고 또 가서 가르말라크가 있는 마을 근처에 다다랐다. 그곳에서는 목동이 양을 치고 있었다. 배가 너무 고픈 나머지 마흐무드가 목동에게 말했다.

"저 양들 중 한 마리만 잡아서 요리를 해 주시오."

그러자 목동이 대답했다.

"이 양들은 가르말라크 씨의 양들이에요. 한 마리라도 죽이면 주인님이 저에게 잘못을 물으실 거예요."

그러자 마흐무드는 목동에게 자신을 촌장의 아들이라고 소개하였다. 이 말을 들은 목동은 잽싸게 양 한 마리를 잡아서 꼬챙이에 양의 간과 심장을 끼워 구워 주었다. 배를 채우고 기운을 차린 마흐무드는 목동에게 말했다.

"나는 호르시드의 남편이라오. 지금 그녀한테 가서 마흐무드가 왔다고 전해 주겠소? 우리는 서로 만나고 싶어 한다오."

목동이 호르시드에게 가서 이 말을 전하자 그녀도 기뻐했다. 그러나 공교롭게도 그녀는 아버지 가르말라크의 뜻에 따라 이미 고종 사촌인 호샹과 정혼한 몸이었다. 그렇지만 그녀는 마흐무드를 만나기로 했다. 호르시드는 마흐무드에게 고종 사촌인 호샹과 혼인을 하게 되었다고 이야기해 주었다.

그러자 마흐무드가 말했다.

"나는 지금 초록 샘물로 갈 것이오. 마을에서 약간 떨어져 있는 샘인데, 당신도 그곳으로 오시오."

집으로 돌아온 호르시드가 아버지에게 말했다.

"아버지, 호샹과 결혼하려면 아직 이삼 일이 더 남아 있습니다. 그래서 그때까지 바람을 좀 쐬러 들로 나가고 싶은데 허락해 주시겠어요?"

아버지에게 허락을 받은 호르시드는 하녀들을 데리고 들로 나갔다. 그녀는 시중을 들어주는 하녀들에게 말했다.

"우리 내기를 하자꾸나. 나는 혼자 이 길로 갈 테니, 너희는 다른 길로 오너라. 우리 중에 누구든지 먼저 두 갈래 길에 도착하는 사람이 있으면 땅에 막대기를 똑바로 꽂아 놓는 거다, 알겠느냐?"

하녀들에게 분부대로 하겠다는 다짐을 받은 다음 호르시드는 초록 샘으로 통하는 길로 들어섰다.
이미 마흐무드는 초록 샘에 도착해서 그녀를 기다리고 있었다. 두 사람은 풀밭에 앉아 이야기를 나누기 시작했다. 궁리 끝에 두 사람은 한 가지 계략을 꾸몄다.
호르시드가 말을 꺼냈다.
"사흘 후면 아버지께서는 저를 호샹과 혼인시키실 거예요. 호샹은 첫날 밤에 제 몸에 손을 대겠지요. 그러면 저는 호샹의 손을 치겠어요. 당신은 오늘 밤에 사흘 후 저와 호샹이 머물 천막으로 가서 미리 숨어 계세요. 그러다가 제가 호샹의 손을 치면 옷장 뒤에서 나와 칼로 호샹의 머리를 베어 버리세요."
밤이 되자 마흐무드는 살금살금 아무도 없는 천막 안으로 들어가 숨었다. 사흘 후 호르시드와 호샹이 첫날 밤을 치를 천막이었다. 사흘 동안 호르시드는 아무도 모르게 마흐무드에게 음식을 가져다주었다.
혼례가 끝나자 사람들은 호르시드와 호샹을 천막 안으로 들여보냈다. 호샹이 호르시드 쪽으로 손을 내밀자 그녀는 호샹의 손을 쳐냈다. 호샹이 마음에 안 든다는 의미였다. 화가 난 호샹이 그녀를 때리려고 몸을 일으키는 순간 마흐무드가 옷장 뒤에서 나와 칼로 단번에 호샹의 머리를 베어 버렸다. 그리고 나서 두 사람은 어둠을 틈타 멀리 도망갔다.
아침이 되자 가르말라크는 자신의 천막에서 나와 신부와 신랑의 천막 앞으로 가서 기다렸다. 그러나 한참을 기다려도 안에서는 아무런 기척이 느껴지지 않았다. 결국 천막 안으로 들어간 그는 호샹의 머리와 몸이 바닥에 뒹구는 모습을 보게 되었다. 마흐무드가 한

짓임을 눈치 챈 그는 말을 타고 사라져 버린 두 사람을 찾기 위해 길을 나섰다.

한편 밤낮을 쉬지 않고 달려온 마흐무드와 호르시드는 정오쯤 어느 샘터에 닿아 쉬고 있었다. 마침 근처에 산이 있어서 사슴 한 마리가 뛰노는 것을 본 마흐무드는 사슴을 사냥해 왔고, 두 사람은 사슴 고기로 배고픔을 채우고 나서 잠이 들었다. 바로 그때였다. 갑자기 하늘에서 큰 소리가 나더니, 뿔이 두 개이고 날개가 달린 엄청나게 커다란 마귀가 두 사람 앞에 내려앉았다.

"나는 하늘에서 태양이란 어로 '호르시드'을 찾아다녔는데, 이제 보니 태양이 땅 위에 있었군."

마귀는 이렇게 말하더니 호르시드를 어깨에 둘러메고는 하늘에 있는 자신의 성으로 데려가 버렸다. 그날부터 마귀는 자신의 성 안에서 매일 호르시드가 따라 주는 술을 받아 마셨다.

그러던 어느 날 호르시드는 천장에 매달려 있는 유리병을 발견하고 마귀에게 말했다.

"주인님, 저 유리병을 저한테 주세요."

마귀가 대답했다.

"닥쳐라. 저 안에 무엇이 들어 있는지 알기나 하느냐?"

"모르겠는데요."

"저 유리병 안에 든 것은 내 영혼이니라. 만일 저 유리병이 깨지는 날이면 나도 불에 타 사라지게 된다."

이 말을 들은 호르시드는 갖은 애원과 간청으로 마귀로부터 유리병을 받아서는 땅에 던져 깨 버렸다. 유리병이 깨지면서 거대한 마귀는 불에 타 버렸다.

호르시드는 마귀의 정원에서 나와 마흐무드를 찾아갔다. 두 사람은 다시 함께 길을 떠났다. 그러나 곧 어느 폐허에서 호르시드의 아버지 가르말라크에게 붙잡히고 말았다.

"지금 당장 너희 둘을 죽여 버리겠다."

그러자 호르시드가 말했다.

"아버지, 한 가지 조건이 있어요. 제 반지를 어딘가에 놓아두겠어요. 맞은편에서 아버지가 보시면 반대편이 훤히 잘 보일 만한 곳이에요. 아버지와 제가 각각 활을 세 번 쏘아서 아버지가 쏜 화살이 반지의 한가운데를 통과하면 저희 둘을 죽이세요. 그러나 만약 반지의 한가운데를 통과하지 못하면 저희를 그냥 놔주세요."

그래서 가르말라크는 화살을 세 번 쏘았다. 그러나 한 번도 반지 구멍을 통과하지 못했다. 하지만 호르시드가 쏜 화살은 세 번 모두 반지 구멍을 통과했다. 내기에서 진 가르말라크는 두 사람에게 말했다.

"어니든 너희 두 사람이 가고 싶은 곳으로 가거라. 이제 너희는 자유다."

가르말라크가 떠난 후 호르시드와 마흐무드는 폐허 안에서 잠이 들었다. 그러나 두 사람은 너무나도 불운했다. 40인의 도적이라고 부르는 악명 높은 도적들이 그 옆을 지나다가 자고 있는 호르시드와 마흐무드를 보았던 것이다. 도적들도 마귀가 했던 말을 똑같이 되풀이했다.

"하늘에서 태양을 찾으려고 했는데, 오늘에야 태양을 땅 위에서 찾았구나."

그러더니 도적들은 저마다 한 번씩 마흐무드를 칼로 찔렀다. 마흐무드는 정신을 잃고 말았다. 도적들은 구덩이 하나를 파서 마흐무드를 집어넣고 그 위에 나무 막대 두서너 개를 올려놓은 다음 호르시드를 데리고 사라져 버렸다.

　얼마 후 우연히 어린아이 두세 명이 장작을 주우러 들판으로 나왔다가 반쯤 죽어 가는 마흐무드를 보게 되었다. 아이들 중에 마침 의원의 아들이 있었는데, 그 아이가 곧바로 자기 아버지에게 달려가 이 사실을 전했다.

　아이의 아버지는 마흐무드를 집으로 데려와 일주일 동안 치료를 해 주고 나서 말했다.

　"우리 곁에 머물러 있게."

　그러나 마흐무드는 호르시드를 찾아야 했기 때문에 의원에게 감사 인사를 하고 길을 떠났다. 한참을 가다가 마흐무드는 어느 샘가에 다다르게 되었다. 샘가에는 버드나무 한 그루가 있었다. 그는 그 옆에 앉아 노래를 부르기 시작했다.

내 연인이여, 그대는 어디로 갔소.
그대를 만나기 위해 내가 왔는데
내 두 눈은 그 빛을 잃었다오.
그대를 만나러 가는 그 길에서.

　때마침 40인의 도적 중 하나가 결혼식 축가를 불러 줄 사람을 찾아 여기저기 돌아다니고 있던 중이었다. 도적은 마흐무드를 알아보지 못하고 말을 걸었다.

　"결혼식장에 와서 노래를 불러 줄 수 있는가?"

　도적을 알아본 마흐무드는 그러겠다고 대답하고 그를 따라 길을 나섰다. 도적들의 소굴에 도착하자 마흐무드는 어느 방으로 안내되어 노래를 부르게 되었다. 그가 부르는 노랫소리의 주인공이 자신인 것을 알아챈 호르시드는 도적에게 말했다.

"노래하는 저 사람을 내 방으로 데려다 주세요. 그리고 나서 내가 잠이 들 때까지 방 밖에서 기다려 주세요."

도적들은 시키는 대로 했고, 호르시드가 기회를 엿보아 마흐무드에게 일러 주었다.

"저 사람들이 바로 그 40인의 도적인데, 각자 말 한 필씩을 가지고 있어요. 당신은 저들이 잠들 때를 기다려 마구간 안으로 숨어드세요. 그리고 망아지 한 마리를 죽이세요. 그러면 말들이 죄다 울어 댈 거예요. 그리고 이 칼을 들고 있다가 마구간 안에서 무슨 일이 났는지 보러 오는 도적이 있으면 머리를 베어 버리세요."

마흐무드는 호르시드가 일러 주는 대로 마구간 안에 숨어 있다가 도적들의 머리를 모두 베어 버렸다. 두 사람은 도적들이 갖고 있던 온갖 보물을 보물 창고에서 꺼내어 말 40마리의 등에 싣고 길을 떠났다.

두 사람은 먼저 가르말라크에게 갔다. 가르말라크는 그들을 정성스럽게 맞으며 말했다.

"당신 부모님이 자식을 떠나보낸 뒤로 눈이 멀고 아주 늙어 버렸다는군. 여보게, 마흐무드. 이 깃털 두 개를 받게나. 이 깃털은 젊음의 깃털이라네. 이 깃털로 부모님 얼굴을 부쳐 드리면 다시 젊어질 걸세."

마흐무드는 호르시드를 데리고 길을 나섰다. 마을 어귀에 다다랐을 때 그들의 모습을 본 마흐무드 아버지의 하인이 집에 가서 소식을 전했다.

"마흐무드와 호르시드가 돌아왔어요."

마흐무드의 부모는 처음에는 믿지 않다가 한참 후에야 그 말이 사실임을 알고 두 사람을 맞으러 나왔다. 마흐무드가 젊음의 깃털로 아버지와 어머니 얼굴을 부쳐 드리자, 그들은 다시 앞을 보게 되었다. 마흐무드의 아버지는 아들이 돌아온 기념으로 40일 동안 밤낮으로 혼인 잔치를 열어 주었다.

계산을 잘하는 촌장

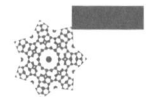

 옛날에 영주 부부가 아들 둘, 딸 둘과 함께 살고 있었다. 하루는 마을의 촌장이 거위 다섯 마리를 가지고 와서 영주에게 주었다.
 서위를 받은 영주가 말했다.
 "촌장, 거위 다섯 마리를 가져왔으니 서로 싸우지 않도록 나누어야겠는데 걱정이로군. 아들들에게 많이 주면 딸들이 화를 낼 테고, 딸들에게 많이 주면 아들들이 싫어할 텐데……."
 그러자 촌장이 대답했다.
 "영주님, 어느 누구한테도 많거나 적지 않도록 제가 잘 나누어 보겠습니다."
 "신의 이름으로! 자, 어서 해 보게. 어떻게 나누는지 보겠네."
 "좋습니다. 영주님, 당신은 부인과 함께 둘이지요? 거위 한 마리는 영주님 몫입니다. 그러면 합해서 셋이 됩니다. 영주님의 아드님도 둘이지요? 아드님들을 위해 하나를 드리지요. 그러면 또 합해서 셋이 됩니다. 따님도 둘이니 한 마리 주면 합이 셋이 되었지요. 저는 하나이니 거위 둘을 더해서 셋이 됩니다. 이렇게 해서 우리 모두는 각각 셋이 되었으니 다들 똑같이 나눈 거지요."

이 말을 듣고 영주는 웃음을 감추지 못한 채 물었다.

"좋소. 자, 내 거위를 잡아먹으려고 하는데 그 고기를 어떻게 나누면 싸우지 않겠소?"

"그러시면 거위를 잡으시고 밤에 저를 초대해 주십시오. 거위를 나누어 드리지요."

밤이 되자 영주는 거위를 요리해 식탁으로 가지고 왔다.

"촌장, 신의 이름으로 나눠 보게!"

그러자 촌장이 말했다.

"영주님, 당신은 이 집안의 가장이십니다. 그러니 이 거위의 머리는 당신 것입니다. 자, 많이 드십시오."

그러고는 날개 두 짝을 두 딸에게 주며 말했다.

"언제까지 아버지 집에 있을 겁니까? 이 날개를 가지고 남편의 집으로 빨리 날아가세요. 그래서 아버지와 어머니를 편안하게 해 드리세요."

그런 다음 두 다리를 집어 두 아들에게 주며 말했다.

"이 다리들을 잡으시고 아버지께서 가셨던 길을 따라가세요."

그리고 거위의 심장을 꺼내 영주의 아내에게 주며 말했다.

"이 거위의 심장, 사랑의 작은 상자를 드시고 영주님께 더 많은 사랑과 애정을 주세요."

마지막으로 촌장은 거위 몸통을 집고 말했다.

"이건 내 몫입니다. 이렇게 공평하게 나누었으니 그 대가를 받을 만하지 않습니까?"

생선 장수의 딸과 신발 한 짝

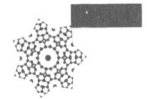

아내와 딸을 둔 생선 장수가 살고 있었다. 그는 아침 일찍 바다로 나가 고기를 잡았고 그것을 내다 팔아 생활비를 마련하곤 했다. 딸은 공부를 하러 다녔는데, 스승인 어쿤드^{이슬람교의 성직자, 스승, 신학자}가 딸이 하나 딸린 자신의 누이를 생선 장수에게 주고 싶어 했다. 어쿤드는 생선 장수의 딸에게 끈질기게 요구했다.

"네 아버지가 허락하도록 어떻게 좀 해 보거라!"

그래서 딸은 밤에 아버지가 오자 졸랐다.

"아버지, 제 스승인 어쿤드의 누이를 데려오세요."

"딸아, 난 두 아내를 부양할 여력이 없단다."

딸은 어쿤드한테 가서 아버지의 답을 전했다. 그러자 그의 누이가 말했다.

"이 그릇을 가지고 가서 어머니에게 식초의 거품을 달라고 하거라. 그리고 어머니가 식초를 푸려고 항아리에 몸을 구부릴 때 어머니를 항아리 속으로 밀어 넣어라."

집으로 간 딸이 어머니에게 말했다.

"어쿤드가 식초 거품을 달래요."

어머니는 식초를 담아 두는 큰 항아리로 갔다. 딸은 어쿤드의 누이가 시킨 대로 어머니를 항아리 안으로 밀어 넣고는 재빨리 공부하는 곳으로 갔다. 오후가 되어 딸이 집으로 돌아오자 아버지가 딸에게 물었다.

"애야, 네 어머니는 어디 있니?"

"모르겠는데요."

두 사람은 어머니가 어디 있는지 여기저기 찾다가 어머니의 발이 항아리 밖으로 나와 있는 것을 보게 되었다. 시체를 꺼내 장례를 치르고 나자 어쿤드의 누이가 아버지에게 전갈을 보냈다.

"딸을 어머니 없이 보살피는 것은 안 돼요. 그러니 와서 저를 데려가세요. 제가 딸을 잘 부양하겠어요."

아버지는 준비가 되어 어쿤드의 누이를 아내로 맞아들였다. 그러나 계모와 딸의 관계는 열흘 보름 동안만 좋았다. 아버지가 고기를 잡아오면 계모가 된 어쿤드의 누이는 딸에게 심부름을 시켰다.

"바닷가로 가서 씻어 와!"

어느 날 딸은 깨끗하게 고기를 씻다가 그만 한 마리를 바닷속으로 빠뜨려 버렸다. 딸은 울음을 터뜨렸다.

"지금 집에 가면 계모가 나를 죽이려고 할 텐데……."

그때 큰 물고기 한 마리가 물에서 나와 입을 뭍에 대고 말했다.

"애야, 울지 마. 미끄러져 물로 들어간 고기 대신 내가 왔단다. 내가 네 어머니 대신 너를 보살펴 줄 거야. 자, 여기 앉아라. 가서 점심을 가져오마."

물고기는 물 밑으로 들어가 음식을 담은 접시를 가지고 왔다. 딸이 앉아서 점심을 배불리 먹자 물고기가 말했다.

"여기 와서 물고기를 씻는 날마다 나를 불러라. '물고기 아줌마!' 라고 말이다. 그럼 내가 와서 너의 소원을 들어주마."

딸은 날마다 와서 물고기를 불러 맛있는 점심을 얻어먹곤 했다.

어느 날 계모가 학생들이 입는 때묻은 옷을 잔뜩 가져와서 딸에게 주며 말했다.

"오후에 내가 올 때까지 빨아서 말려 놓아라. 그리고 내가 올 때까지 집도 깨끗히 청소해 놔, 알겠지?"

그런 다음 계모는 예쁘게 차려입고 연회에 갔다. 딸은 옷 더미를 들고 울면서 바닷가로 가 '물고기 아줌마'를 불렀다. 물고기가 밖으로 나와 물었다.

"무슨 일이니, 애야?"

"계모가 이 옷들을 오후까지 빨아 놓고 집 안도 청소해 놓으라고 했어요."

"슬퍼하지 마라. 옷을 전부 내게 다오."

물고기는 옷 더미를 가지고 바다로 들어가더니 화려하게 치장한 옷 한 벌을 가지고 와서 말했다.

"이것을 입고 너도 연회에 가거라. 대신 계모와 알은 척을 해서는 안 된다."

딸이 옷을 갈아입고 연회에 가자 그곳에 온 사람들 모두가 그녀를 주시했다. 신부 측은 그녀가 신랑의 가족이라고 생각했고, 신랑 측은 신부의 가족이라고 짐작했다. 모두들 딸의 미모에 반해 어디 사는 누구인지 물었다. 딸은 그들에게 관계도 없는 어느 상인의 집 주소를 댔다. 오후가 되자 딸은 가장 먼저 자리에서 일어났다.

"집에 가야 해요."

딸은 도랑을 건너려다 신발을 그만 물에 빠뜨리고 말았다. 딸이 바다로 와서 물고기에게 말했다.

"아줌마, 내 신발 한 짝을 물에 빠뜨렸어요."

"애야, 그 신발은 네 것이었잖니. 그러니 슬퍼하지 마라."

이 신발은 바닷물을 따라 이리저리 흘러다니다가 이스파한[이란 중남부에 있는 도시]에 닿았다. 사람들이 압바스 왕에게 신발을 가져갔다. 그런데 왕의 아들인 왕자는 그 신발을 보고 한 번도 본 적 없는 신발 주인을 사랑하게 되었다. 그는 자신의 유모를 통해 아버지에게 신발 주인을 찾아 달라는 청을 넣었다. 이 말을 들은 왕은 신하들에게 명했다.

"이 물을 따라가 신발이 어디에서 왔는지 알아보도록 하라."

"샘이 있는 가까운 도시로부터 온 것 같습니다. 중매인을 내세워 마을을 샅샅이 살펴 신발 주인을 찾겠습니다. 누가 이런 행운을 가지고 왔는지요!"

중매인은 집집마다 다닌 끝에 생선 장수의 집에 이르렀다. 계모는 자신의 딸을 불러 신을 신어 보도록 했다. 하지만 발이 너무 커서 무리하게 신다가 신을 찢고 말았다.

중매인은 말했다.

"아가씨는 힘으로 신발을 신으려고 합니까?"

그때 마침 딸이 집에 돌아오자 중매인이 그녀를 불렀다.

"어여쁜 아가씨여, 자 와서 신을 신어 보세요."

신발은 바로 딸을 위해 만들어진 것이었다. 중매인이 그녀의 얼굴을 자세히 보니 아름답기가 마치 재 속에 있는 다이아몬드 같았다. 중매인이 왕에게 돌아가 신발 주인을 찾았다고 전하자 왕은 생선 장수의 집에 청혼을 넣었다. 계모는 왕자가 딸을 취하지 못하도록 갖은 핑계를 대며 지참금을 한 푼도 주지 않았다.

"생선 장수 딸은 아무것도 가진 게 없어요."

결국 딸은 빈손으로 이스파한을 향해 떠났다.

그런데 딸이 한참 가다가 뒤돌아보니 혼수를 실은 노새 일곱 마리와 낙타 일곱 마리가 뒤를 따라오는 것이었다. 낙타에는 각각 하녀들이 하나씩 타고 있었다.

"신이여, 이것들의 주인 역시 당신의 노예랍니다. 나도 당신의 노예이고요."

딸은 그들이 누구이며, 어디에서 왔는지 알지 못했지만 잠자코 있었다. 신부가 왕자의 궁으로 들어가자 그들도 뒤따라 들어왔다. 사람들이 하녀들에게 물었다.

"당신들은 어디서 오는 거요?"

"이것은 모두 신부의 혼수입니다. 저희도 혼수의 일부랍니다."

이를 본 사람들은 왕에게 가서 아뢰었다.

"저희가 신부를 집에서 데리고 왔습니다. 나올 때는 신부뿐이었는데 신부가 도시를 빠져나오자 노새와 낙타들이 우리 뒤를 따라왔습니다."

"모든 것이 비밀투성이로구나. 자, 혼수를 이리로 가져와서 어서 열어 보아라."

신부가 가져온 혼수는 모두 결혼에 필요한 물건들이었다. 그런데 이상하게도 혼수 안에 짝 없는 신발 한 짝이 있었다. 왕은 신부를 혼자 불러 물었다. 딸은 압바스 왕에게 자신의 이야기를 모두 들려주었다. 그러자 압바스 왕이 말했다.

"그래, 좋다."

그러고는 왕자에게 말했다.

"오늘 밤 신부에게 손을 대지 마라!"

다음 날 왕은 명을 내려 여행 준비를 시키고는 신부를 데리고 바닷가로 가서 말했다.

"물고기 어머니를 불러라."

"물고기 아줌마!"

딸이 부르자 물고기가 나와 말했다.

"애야, 뭘 원하니?"

"왕이 제가 거짓말을 하는 게 아닌지 알아보시려고 이곳에 함께 오셨어요."

그러자 물고기가 자초지종을 설명했다.

"맞아요, 저는 요정 나라의 공주인데 물고기의 껍질에 들어갔답니다. 그러다가 그만 이 아이의 아버지 그물에 잡혔는데 이 아이 덕분에 살 수 있었지요. 그때 살아 있는 한 이 아이가 머무는 곳에서 있는 힘을 다해 보살펴 주기로 신에게 맹세했지요."

"좋소."

왕은 이렇게 대답하고 신부를 데리고 계모에게 가서 말했다.

"이 아이는 당시 어린애였소. 이제 당신을 살인자를 감금하는 감옥에 넣을까, 아니면 교수대에 묶을까?"

할버를 먹은 나무꾼의 세 딸

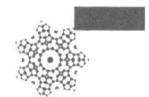

딸만 셋을 둔 나무꾼이 살고 있었다. 어느 날 나무꾼이 아내에게 말했다.

"여보, 오늘 밤에 할버^{밀가루나 쌀가루에 향신료를 넣고 볶은 음식}를 좀 만들어 주오. 내일 들로 일하러 갈 때 가지고 갈 거요. 같이 밥을 먹기로 한 사람이 몇 명 있거든."

나무꾼의 아내는 남편의 부탁대로 할버를 만들어서 그릇에 정성스럽게 담아 찬장 속에 숨겨 놓았다. 그런데 세 딸 중 영악한 막내딸이 저녁 먹은 그릇을 부엌에 갖다 놓다가 솥바닥에 할버가 묻어 있는 것을 보았다. 뭔가 있다고 여긴 막내딸은 큰언니에게 달려가서 이 사실을 전했고, 큰언니는 둘째를 불렀다. 세 자매는 할버를 찾아내어 맛있게 먹었다. 그리하여 할버를 거의 다 먹어 치운 세 자매는 진흙을 반죽해 그릇에 담은 다음, 그 위에 살짝 할버를 얹어 놓고 자러 갔다.

다음 날 아침이 되어 나무꾼은 할버 그릇을 챙겨서 들로 일을 하러 나갔다. 점심때가 되자 나무꾼은 동료들을 불러 같이 할버를 먹자고 했다. 그런데 한 입을 채 먹기도 전에 그릇에서 진흙 반죽이 나왔다. 아버지는 배도 고프고 화가 머리끝까지 치밀어 올랐지만 말없이 그릇을 치웠다. 화가 난 나무꾼은 이 일이 세 딸의 소행임을 눈치 채고 동료들에게 말했다.

"우리 애들의 소행이 분명하네. 자네들 앞에서 약속하는데 이제부터는 절대로 우리 애들을 돌보지 않을 걸세."

나무꾼은 나무를 팔고 저녁이 되자 집으로 돌아왔다. 그리고 세 딸에게 자초지종을 캐묻고 사건의 전말을 확인했다.

다음 날 아침 나무꾼은 고모를 보러 가자는 핑계로 세 딸을 데리고 길을 떠났다. 한참을 가다가 들에 있는 어느 호두나무 아래에 이르렀을 때 나무꾼이 말을 꺼냈다.

"얘들아, 내가 이제부터 호두나무 위로 올라가서 나무를 흔들 테니, 너희는 나무 밑에 앉아서 호두를 주워라."

그런 다음 그는 세 딸을 자리에 앉히고 큰딸이 입고 있던 외투를 벗겨 딸들의 머리 위에 덮으며 당부했다.

"내가 나무 아래로 내려오기 전까지 절대 일어나서는 안 된다."

나무꾼은 나무 위로 올라가 나뭇가지를 몇 번 발로 찼다. 그런 다음 웃옷을 벗어 나뭇가지에 묶어 놓은 뒤 나무 아래로 내려와서는 딸들이 눈치 채지 못하게 멀리 사라져 버렸다. 곁눈질로 흘긋 훔쳐보던 세 자매는 나무 위에 걸린 웃옷을 보고 아버지가 아직도 나무 위에 있다고 생각했다. 얼마 후 지루해진 막내딸이 칭얼거렸다.

"일어나자니까 그러네. 호두나무 한 그루에 호두가 달리면 얼마나 달린다고 그래?"

그러자 큰딸이 말했다.

"아니야, 일어나면 안 돼! 만약 일어나면 아버지는 우리가 할버를 먹은 것 때문에 화풀이를 하실 거야."

그러다가 지칠 대로 지친 막내딸이 마침내 외투 밖으로 나왔다. 나무 위를 쳐다본 막내딸은 아버지는 온데간데없고 옷만 나뭇가지에 덩그러니 걸려 있는 것을 보고 언니들을 불렀다. 세 딸은 아버지가 자기들을 버려 두고 가 버렸음을 알았다. 나뭇가지에서 옷을 걷어 샅샅이 살펴보니 주머니 속에 빵 두 조각과 종이 쪽지 하나가 들어 있었다.

너희가 동료들 앞에서 아비에게 망신을 주었으니 나도 이제부터는 너희를 돌봐주지 않겠다. 너희를 없애 버릴까도 생각했지만, 굳이 그럴 것까지야 없다는 생각이 들었다. 들짐승한테 잡아먹히든, 너희를 데려가 줄 누군가를 만나든 이제부터는 운명에 맡기도록 하마.

나무꾼은 세 딸을 들에 버려 두고 돌아가는 길에 여동생 집에 들러 전후 사정을 이야기했다. 그리고 이틀 밤을 여동생 집에 묵은 다음 집으로 돌아갔다. 나무꾼의 여동생은 조카들이 걱정되어 음식을 챙겨 그들을 찾으러 떠났다.

한편 세 자매는 밤이 되자 들짐승이 무서워 나무 위로 올라가기로 했다. 갈고리를 만들어 큰딸이 먼저 그걸 타고 나무 위로 올라갔다. 둘째딸도 막내딸이 밑에서 갈고리를 잡아 준 덕분에 나무 위로 올라갈 수 있었다.

막내딸이 말했다.

"이제 내가 올라갈 차례야. 내 손을 좀 잡아 줘, 언니."

그때 큰딸이 말했다.

"이 모든 일이 다 너 때문에 생긴 거야. 네가 할버 얘기만 하지 않았다면 지금 여기서 이 고생을 하지 않을 것 아니야. 그러니 넌 계속 그 밑에 있어!"

그러자 둘째딸이 나섰다.

"언니, 우리 동생이잖아. 할버는 우리 셋이 같이 먹었는데 막내만 나무 아래 있으라고 하는 건 옳지 않아."

그러고는 손을 내밀어 막내의 손을 잡아 나무 위로 올라오게 도와주었다. 이윽고 세 자매는 모두 잠이 들었다.

막내딸은 잠결에 비둘기 세 마리가 와서 나무 꼭대기에 앉는 걸 보았다. 비둘기 한 마리가 말했다.

"애들아, 아버지가 너무 화가 나서 이 아이들을 들에 내다 버렸대. 이 아이들 고모가 지금 애들을 찾으려고 수소문하고 다닌다는구나. 만약 오른쪽 길로 간다면 고모를 만날 수 있을 텐데."

비둘기의 말을 들은 막내딸은 황급히 두 언니를 깨워 길을 떠났다. 길을 가던 세 자매는 우연히 왕의 사냥터로 들어서게 되었다. 마침 그날 왕이 사냥을 나와 있었다. 왕의 신하들은 세 자매를 보자마자 달려들어 때리려고 했다. 세 자매는 울며 애원하기 시작했다. 그 소리를 들은 왕이 세 자매를 데려오라고 명을 내렸다. 왕은 세 자매에게 물었다.

"너희는 누구냐? 여기서 무엇을 하고 있느냐?"

세 자매는 지금까지 있었던 일을 모두 왕에게 고했다.

"그럼, 이제부터는 내가 너희를 돌봐주겠다. 내가 너희를 시집보내 줄 테니 각자 잘하는 게 무엇인지 말해 보아라."

큰딸이 말했다.

"저는 5시르^{이란의 무게 단위로, 1시르는 약 75그램} 정도 되는 솥으로 수프를 끓일 줄 아는데, 왕께서 병사들을 다 데려와 먹여도 남을 겁니다."

둘째딸이 말했다.

"저는 1미터 정도의 양탄자를 짤 줄 알아요. 모든 병사를 다 앉혀도 빈 자리가 있을 겁니다."

이어서 막내딸이 말했다.

"저와 결혼하신다면 비단결 같은 머리와 진주 같은 치아를 가진 아들을 하나 낳아 드리죠. 그렇지만 다른 사람과 결혼하신다면 절대로 그렇게 훌륭한 아들을 얻으실 수 없을 거예요."

이에 왕이 세 자매를 데려가려고 하자 막내딸이 말했다.

"왕이시여, 지금 고모가 저희를 찾아 이 근처를 헤매고 있습니다. 허락만 해 주신다면 고모에게 더 이상 저희를 찾아다닐 필요가 없다고 연락을 드리고 싶습니다."

그러고는 고모를 찾아서 왕 앞으로 데려왔다. 왕이 세 자매를 직접 데려가고 싶어 한다는 사실을 알게 된 고모는 안심하고 집으로 돌아갔다.

그로부터 이삼 일이 지난 후 왕이 사냥을 마치고 성으로 돌아왔다. 왕은 큰딸에게 말했다.

"지난 번에 얘기했던 수프를 어디 한번 끓여 보아라."

큰딸은 5시르 분량의 수프를 끓인 다음 그 속에 소금을 1만 *약 3킬로그램에 해당하는 무게 단위* 정도 부었다. 그러자 수프는 이루 말할 수 없이 짜져서 어느 누가 숟가락 끝으로 맛을 보더라도 두 번 다시 입에 댈 수 없을 정도가 되어 버렸다. 병사들은 수프를 숟가락 끝으로만 조금 맛을 보았고, 자연히 수프는 남을 수밖에 없었다.

다음으로 왕은 둘째딸에게 말했다.

"네가 얘기했던 양탄자를 짜 보아라."

한 달이 지나서 둘째딸은 왕 앞으로 양탄자 하나를 가지고 왔다. 그런데 그 양탄자의 날실과 씨실 사이에 모두 바늘이 꽂혀 있었다. 그러니 누구라도 그 양탄자 위에 잠깐 앉았다가는 살에 바늘이 꽂혀 벌떡 일어날 수밖에 없었다.

이런 사실을 전혀 알지 못하는 왕은 속으로 생각했다.

'이 처녀들을 내쫓는 것은 무리겠는데.'

그러고는 재상에게 물었다.

"대체 이 처녀들을 어찌하면 좋겠는가?"

재상이 아뢰었다.

"이 두 자매는 속임수를 쓴 것입니다. 그러니 왕께서도 술수를 쓰십시오. 이 두 자매를 각자 다른 사람에게 시집보내시는 겁니다. 그리고 막내딸은 신께 모든 일을 맡긴 채 비단결 같은 금발에 진주 같은 치아를 가진 아들을 낳아 드린다고 했으니 아내로 삼으시면 됩니다. 신께서 정말 그런 아들을 주실지 아무도 모르지 않습니까."

그래서 왕은 큰딸을 재상에게 시집보내고, 둘째딸은 또 다른 사람에게 시집보냈다. 그리고 막내딸은 아내로 삼았다.

며느리와 시어머니

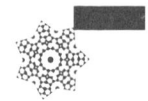

 옛날 옛날 우리가 전혀 짐작조차 할 수 없을 정도로 아주 먼 옛날, 발크라는 이름을 가진 도시에 한 남자가 살고 있었다. 이 남자에게는 집에서 할 일 없이 빈둥거리는 아내와 아주 게으른 어머니가 있었다. 불쌍한 남자는 늘 두 사람과 집안일을 놓고 실랑이를 벌일 수밖에 없었다.
 그러던 어느 날 그가 볼일이 있어 시골 마을로 가면서 아내와 어머니한테 집안일을 맡겼다.
 "이삼 주 정도 집을 떠났다가 돌아오겠습니다. 제발 집안일 좀 하시고 적어도 하루 한 번은 마당에 빗자루질을 하세요."
 남자는 신신당부를 하고 길을 떠났다. 그러나 시어머니와 며느리는 앉은자리에서 꼼짝도 하지 않았다. 그런 채로 이삼 주가 훌쩍 흘러가 버렸다.
 어느 날 시어머니가 먼저 말을 꺼냈다.
 "내일이나 모레 아범이 돌아올 텐데 어서 일어나 빗자루로 마당 좀 쓸어라."

그러자 며느리가 말했다.

"왜 제가 그 일을 해야 하죠? 어머님이 하세요."

이런 식으로 옥신각신 말만 서로 주고받다가 결국 둘은 내일 아침 잠에서 깨서 먼저 말을 하는 사람이 마당을 쓸기로 했다.

다음 날 아침이 되자 시어머니는 자기가 먼저 말을 하게 될까 두려워 며느리가 아직 자고 있을 때 아침 먹을거리를 챙겨 들고 이웃집으로 달아나 버렸다. 집 대문을 활짝 열어 놓은 채로 말이다. 한 시간 정도 지나자 며느리도 잠에서 깨었다. 잠에서 깬 며느리는 그대로 침대에 앉아서 시어머니가 어디 있나 살펴보기 위해 사방을 둘러보았다. 행여나 자기가 먼저 말을 하게 될까 봐 조심하는 것은 그녀도 마찬가지였다. 한두 시간 정도 침대에 앉아서 빈둥거리며 주변만 멀뚱멀뚱 쳐다보고 있을 때, 떠돌이 북쟁이들이 문 앞을 지나가게 되었다. 여자 하나가 침대 위에 걸터앉아 있는 모습을 본 북쟁이들의 대장은 마당 안으로 고개를 쑥 내밀고 말을 붙였다.

"여봐요, 아줌마. 왜 옷도 제대로 안 입고 침대 위에 앉아 있는 거요?"

시어머니가 떠돌이 북쟁이들을 시켜서 자기한테 말을 건 것이라 생각한 며느리는 대답하지 않았다. 북쟁이가 가까이 다가왔다.

"여봐요, 지금 아줌마한테 말하고 있잖소. 왜 사람 말을 듣고도 대답을 안 하는 거요? 왜 옷도 안 입고 있느냐고요?"

며느리가 한 마디도 하지 않자 북쟁이는 속으로 생각했다.

'이 여자는 벙어리가 아니면 미친 게 분명해.'

그는 성큼 며느리에게 다가와서 머릿수건을 벗기고 번쩍 들어 당나귀 등에다 거꾸로 태웠다. 게으른 며느리를 데리고 읍내를 다니

●──이란 민담

며 돈이나 벌어 볼까 하는 심사였다. 머리에 아무것도 두르지 않은 여자가 당나귀 등에 거꾸로 매달려 있고 북을 치는 남정네들이 그 주위를 에워싼 채로 이 골목 저 골목을 누비고 다니자 마을에서는 한바탕 소동이 벌어졌다. 마을 사람들은 하던 일을 멈추고 북쟁이 무리가 지나가는 것을 구경하려고 떼를 지어 모여들었다. 일행은 시어머니가 있는 집 문 앞까지 가게 되었다. 북 소리가 점점 커지자 집주인이 나가서 무슨 일이 났는지 구경하자고 했다. 모두들 집 밖으로 나왔다. 시어머니도 뚫어져라 이 무리를 쳐다보았다. 그런데 자세히 보니 이 북쟁이 무리가 거꾸로 당나귀 등에 태워서 동네방네 데리고 다니는 여자가 바로 자기 며느리였다. 시어머니는 가까이 다가가 말했다.

"세상 부끄러운 줄 알아라. 이게 무슨 망신이냐!"

그러자 며느리가 신이 나서 대답했다.

"어머님이 지셨어요. 지셨으니까 마당을 쓰셔야 해요."

며느리는 당나귀 등에서 펄쩍 뛰어내리더니 시어머니의 손을 잡고 집으로 돌아갔다. 그리고 빗자루를 시어머니의 손에 쥐어 주며 말했다.

"제가 물을 뿌릴 테니 어머님은 빗자루질을 하세요."

시어머니가 빗자루로 마당을 쓸고 며느리는 물을 뿌리자 마당이 깨끗해졌다. 시어머니가 아직 손에서 빗자루를 놓지 않고 며느리도 손에 물통을 들고 있을 때 길을 떠났던 아들이 짐을 잔뜩 지고 집으로 돌아왔다. 깨끗해진 집에서 두 여자가 일하고 있는 모습을 본 그는 어머니의 손과 아내의 뺨에 입을 맞추었다. 그러고는 어머니에게 물었다.

"어머니, 제가 뭘 사 드릴까요?"

"친구나 아는 사람 집에 갈 때 신을 굽 있는 빨간 신발 한 켤레만 사 다오."

이번에는 아내에게 물었다.

"당신은 뭘 갖고 싶소?"

"목에 걸고 다닐 향수 통 하나만 사 줘요."

"좋소."

그는 어머니한테 굽 있는 신발 한 켤레를, 아내에게 향수 통 하나를 사 주었다. 그리고 어머니와 아내가 자기 말을 잘 따라 자기 체면을 지켜 준 것을 아주 기뻐했다.

아 무 노 루 즈

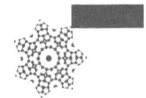

아주 오랜 옛날에 노루즈^{설날이라는 뜻}라는 이름을 가진 남자가 있었다. 그 남자는 일 년에 한 번 봄이 시작되는 첫날이면 산꼭대기에서 내려와 마을 성문으로 왔다. 머리에는 털모자를 쓰고, 앞머리와 턱수염은 헤나로 물들이고, 허리에는 주름이 많이 잡힌 파란색 삼베 옷에 할릴허니 천으로 된 숄을 둘렀다. 또한 바닥이 얇은 기베^{이란의 전통 신발. 바닥이 얇고 천과 가죽으로 만듦}라는 신발과 리넨 천으로 된 바지를 입고서 손에는 지팡이를 쥐었다.

성문 밖에는 온갖 종류의 과일 나무가 있는 정원이 하나 있었다. 나뭇가지마다 꽃송이가 만발했고, 정원 곳곳에는 장미, 수선화, 제비꽃, 붓꽃, 전륜화, 튤립, 연꽃으로 이루어진 일곱 종류의 꽃이 가득했다.

이 정원은 아무^{큰아버지 또는 작은아버지라는 뜻으로, 때로는 친숙한 관계의 아저씨를 지칭함} 노루즈가 좋아하는 어느 노파의 소유였다. 이 노파는 봄의 첫날이면 아침 일찍 일어나서 옷가지를 정리하고, 방과 마당을 빗자루로 쓸고 대청소를 하면서 분수가 있는 연못가 정원이 마주 보이는 베란다에 양탄자를 내다 널었다. 그런 다음 자신도 깨끗하게 목욕을 하고 손, 발, 머리, 손가락 끝에다 헤나로 예쁘게 물을 들인 후 곱게 화장까지 했다. 그리고 양털로 짠 웃옷과 붉은색 속바지와 용수철로 된 심이 박힌 치마를 입었다. 머리와 얼굴, 길게 땋은 머리카락에는 사향을 발랐다. 화로에 불을 피우고 에스판드 식물의 씨인데, 태워서 그 향으로 악귀를 물리친다고 함가 든 작은 주머니 하나도 그 옆에 준비해 두었다. 물담배 통에도 물을 담아 놓았다. 하지만 물담배에 불을 붙이지는 않았다.

모든 준비를 마친 뒤 노파는 아무 노루즈가 오는 길목을 눈이 빠지게 바라보았다. 물론 아무 노루즈가 오는 걸 기다리기 이전에 이미 노파는 깨끗하고 예쁜 쟁반에다 마늘, 식초, 소머그나무 열매, 대추, 사과, 녹색 식물, 엿기름 등으로 하프트 신위의 일곱 가지 명칭은 이란 어로 알파벳 S에 해당하는 신으로 시작되는데, 이를 지칭함을 차려 놓았다. 다른 쟁반에는 일곱 가지 말린 과일을 사탕과 함께 담고, 석고 장식이 있는 양초를 촛대에 꽂아 쟁반 옆에 가지런히 놓아두는 것도 잊지 않았다. 그런데 그렇게 앉아 한참을 기다리다 보니 눈꺼풀이 점점 무거워져서 잠이 들고 말았다. 급기야 노파는 코까지 골기 시작했다.

그러던 와중에 아무 노루즈가 도착했다. 그는 잠든 노파를 깨우고 싶지 않았다. 대신 그 옆에 앉아서 정원에서 꺾은 전륜화 한 송이를 노파의 가슴에 꽂아 주고 화로의 불씨로 물담배에 불을 붙인 다음 몇 모금 피웠다. 오렌지도 반으로 쪼개서 한쪽을 설탕과 물과 함께 먹었다. 불이 아주 잘 붙은 화로의 불씨에도 꺼지지 말라고 재를 덮어 두었다. 그런 다음 그는 노파의 입술에 입을 한 번 맞추고는 일어나서 길을 떠났다.

해는 점점 기울어 베란다에 들이친 햇빛이 노파의 잠을 깨웠다.

처음에 노파는 뭐가 달라진 건지 알 수가 없었다. 그러나 눈을 더 크게 뜨고 바라보니 모든 것이 처음 그대로가 아니었다. 물담배에는 불이 붙여 있고, 오렌지도 반으로 갈라져 있었다. 불씨 위에 재가 덮여 있고 노파의 입술도 촉촉했다. 그제야 노파는 아무 노루즈가 왔다가 잠이 든 자기를 깨우기 싫어 그냥 가 버렸음을 알게 되었다. 온갖 수고를 다 해 놓고도 반드시 깨어 있어야 하는 때 잠들어 버려 아무 노루즈를 만나지 못한 것이다.

노파는 만나는 사람마다 붙잡고 하소연하며 울먹였다.
"어쩌면 좋아. 어쩌면 좋아."
그러던 중 어떤 이가 노파에게 충고를 해 주었다.
"일 년을 더 기다리는 수밖에 달리 방법이 없잖아요. 겨울이 지나고 봄바람이 불면 아무 노루즈도 돌아올 거예요. 그러면 봄의 첫날 그를 만날 수 있을 거예요."
"그렇다면 하는 수 없지."
노파는 이렇게 대답했다.
그렇지만 일 년 뒤에 두 사람이 서로 만날 수 있을지 없을지는 아무도 몰랐다.
어떤 사람은 만약 이 둘이 서로 만나게 된다면 그때가 세상의 종말이 될 것이라고 한다. 그런데 또 어떤 사람은 아직 이 세상에 종말이 오지 않았기 때문에 이 둘이 서로를 만나지 못하는 것이라고도 한다.

스승과의 대결

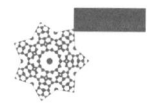

아주 오랜 옛날의 이야기다. 어느 마을에 농사일을 하는 부부가 살고 있었다. 신은 이 부부에게 몇 년을 기다리게 한 뒤 아들 하나를 주셨다. 부부는 아들의 이름을 머헤르 '숙달된', '능숙한' 이라는 뜻 라고 지었다. 아들은 자라 열 살, 열두 살이 되자 총명하고 명석한 소년으로 성장했다. 그러던 어느 날 아버지가 말했다.

"내 아들아, 이젠 네가 앞으로 살아가면서 해야 할 일과 기술을 배워야 한다. 너를 맡아 가르쳐 줄 스승을 만나러 떠나자."

아버지는 아들과 함께 길을 나섰다. 그러던 어느 날 두 사람은 길을 가던 중 울창한 숲 한가운데에서 물이 가득한 샘을 만나 잠시 앉아 피로를 풀고 있었다. 그런데 갑자기 어떤 사람이 샘물 밖으로 나오며 이렇게 말하는 것이었다.

"여보시오! 내가 당신 아들에게 좋은 기술을 가르쳐 줄 테니 내게 맡겨 주시오. 그리고 3년이 지나면 이 샘물로 와서 아들을 데려가시오."

이 말을 들은 아버지는 아들의 손을 물에 사는 남자의 손에 넘겨주고는 고향으로 돌아갔다.

남자는 머헤르의 손을 잡고 물 아래 자신의 마을로 데리고 갔다. 그곳에서 그는 아들에게 자신이 알고 있는 모든 지식과 기술을 가르쳤다.

머헤르는 대단히 총명해서 금방 스승과 대적할 수준에 이르렀다.

드디어 3년이 흘러 머헤르의 아버지가 약속대로 아들을 데려가려고 샘으로 와서 기다리고 있었다. 그가 도착하여 아직 피로도 풀지 못했는데 샘물이 갈라지더니 물에 사는 스승과 머헤르가 물 밖으로 나왔다. 스승은 제자인 아들을 아버지에게 건네주었다. 아버지는 스승에게 감사하고 아들을 고향 마을로 데리고 갔다. 아버지가 아들에게 물었다.

"얘야, 그동안 무슨 기술을 배웠니?"

아들이 대답했다.

"아버지, 기술이란 기술은 전부 배웠어요. 내일부터 저는 멋진 말로 변할 거예요. 그러면 아버지는 저를 시장으로 데리고 가서 비싼 값으로 파세요. 아버지가 부자가 될 때까지 이 일을 계속할 거예요. 그런데 한 가지 조건이 있어요."

"무슨 조건이냐?"

아버지가 놀라서 물었다.

"조건이란 파실 때 절대 고삐를 주지 마세요. 제 고삐를 머리에서 풀어 반드시 집으로 가져가셔야 해요. 만일 고삐를 함께 파시면 영영 저를 못 보고 후회하게 되실 거예요."

다음 날 머헤르는 멋진 말로 변신했다. 아버지는 아들과 약속한 대로 고삐를 쥐고 시장으로 가서 비싼 값에 팔고는 고삐를 주지 않고 집으로 가지고 돌아왔다. 아들이 집으로 돌아오자 다음 날, 그다음 날도 아버지는 말을 팔아 돈을 벌었다. 이렇게 해서 아버지가 부자가 되자 아들은 기뻐하며 자신의 기술을 계속 뽐내었다.

그러던 어느 날 아버지가 말 고삐를 손에 들고 말을 살 사람을 기다리고 있는데, 어떤 남자가 나타나 매번 팔던 값의 두 배를 제안하며 말했다.

"대신 고삐를 함께 파시오."

아버지는 돈에 눈이 멀어 아들과 한 약속을 까맣게 잊어버리고 고삐와 함께 말을 그 남자에게 팔았다.

말을 산 사람은 바로 아들의 스승이었다. 스승은 머헤르가 요술을 자신만큼 잘해 내자 매우 불만스럽기도 하고 시샘도 나서 그를 없애기로 마음먹었던 것이다. 스승은 아들을 집으로 끌고 와서 말뚝에 매어 둔 뒤 죽이려고 못을 가지러 갔다.

한편 스승에게는 아버지 못지않은 지식과 재주를 가진 딸이 하나 있었다. 딸은 아버지가 데려온 말을 보고는 금세 어찌 된 영문인지 알아차리고 풀어 주었다. 풀려난 말은 눈 깜짝할 사이에 비둘기로 변해 하늘로 날아갔다. 스승은 못을 찾아서 밖으로 나오다 비둘기로 변해 하늘로 날아 도망가는 제자를 보게 되었다. 이에 스승도 사냥새로 변신해 비둘기를 잡아 죽이려고 따라갔다. 하늘을 날던 비둘기는 지상에서 결혼식을 하고 있는 것을 보았다. 사람들이 신부를 신랑 집으로 데려가고 있었다. 비둘기는 아름다운 꽃으로 변해 신부의 치마로 떨어졌다. 그러자 스승도 바늘로 변해 아래로 떨어졌다.

이윽고 경쾌한 음악이 울리기 시작하자 신부와 참석자들은 꽃으로 변한 머헤르를 잡고 돌아가면서 한 사람씩 향을 맡았다. 이 틈을 타서 스승은 몰래 꽃을 가로채어 갈기갈기 찢었다. 그러자 꽃잎들 중 하나가 스승의 손을 벗어나 기장쌀로 변해 땅으로 흩어졌다. 이를 본 스승은 닭으로 변해 쪼아먹기 시작했다. 그중에 한 알이 웅덩이로 빠져 여우로 변해 스승인 닭을 잡아먹었다.

 이렇게 하여 제자는 자신의 기술이 스승을 앞지른 것을 모두에게 보여 주었다.

어거 골리

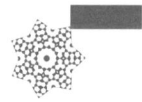

어거 골리^{골리는 '남자, 씨, 군'이란 뜻}라는 남자가 살고 있었다. 어느 날 그는 늙은 어머니에게 말했다.

"어머니, 끝까지 잘 살기 위한 방법이 생각났어요."

그는 밖으로 나가 키우던 소를 죽이고 1카르버르^{약 300킬로그램에 해당하는 무게의 단위}의 밀을 가루로 빻아 빵과 업구시트^{고기와 채소를 넣어 끓인 이란 전통 음식}를 만든 다음 마을 사람들을 초대하여 음식을 대접했다.

다음 날 그는 어머니에게 말했다.

"이제는 우리 차례예요. 마을 사람들 집을 차례로 다니며 점심이나 저녁을 돌려받는 거예요."

이렇게 하여 얼마 동안 어머니와 아들은 배고픈 줄 몰랐다. 어머니는 아들이 하는 일이 못마땅했지만 아들은 전혀 개의치 않았다. 골리는 어머니를 데리고 다시 한 번 촌장의 집부터 시작해서 마을 전체를 돌기 시작했다. 그렇게 골리와 어머니는 두세 달 동안 이 집 저 집을 돌아다니며 점심과 저녁을 먹었다. 첫 번째와 두 번째 순례가 끝나고 또다시 세 번째 순례를 촌장의 집부터 시작하려고 하자 촌장이 불평했다.

"자네는 내게 업구시트를 한 번 주었네. 그런데 자네는 두 번이나 먹었잖은가. 나도 한 번 더 얻어먹어야겠네."

골리와 어머니는 하릴없이 집으로 돌아올 수밖에 없었다. 어머니는 아들에게 말했다.

"얘야, 이게 바로 끝까지 잘 살겠다던 일이냐?"

"좀 기다리세요."

한편 촌장은 마을 사람들을 모아 놓고 말했다.

"기필코 골리와 그 어미를 우리 마을에서 내쫓아야겠소."

그들은 소의 배설물을 모아 지붕에서 골리와 어머니의 방에 쏟아부었다. 다음 날 아침 골리는 배설물을 전부 벽에 칠해 놓고는 말렸다. 그러고는 당나귀 한 마리를 빌려 말린 배설물을 당나귀에 싣고 어디론가 떠났다. 해가 지자 어느 큰 상인의 숙소에 닿게 되었다. 바로 그때 마부 스무 명이 짐을 가지고 도착했다.

골리는 그들에게 말했다.

"당신들 짐과 내 짐이 섞이지 않도록 조심하시오."

"도대체 당신 짐이 뭔데 그러시오?"

"보물이라오."

그런 다음 골리는 저녁을 먹고 자는 척했다. 마부들은 자신들이 가지고 온 짐을 풀어 놓고는 살짝 골리의 짐 두 덩이를 가지고 도망가 버렸다. 그러자 골리는 그들이 가지고 왔던 짐을 챙겨 유유히 고향으로 돌아왔다.

한편 촌장은 골리가 가지고 온 것이 비싼 천임을 알고 그에게 어찌 된 영문인지 물었다.

"소똥을 이웃 마을에 가서 비싼 값에 팔고 천을 샀소."
이 말을 들은 촌장은 마을 사람들에게 다시 명을 내렸다.
"오늘 밤 내 방에 배설물을 쏟아 부어라."
밤이 되자 사람들은 배설물이란 배설물을 모조리 촌장의 방에 쏟아 부었다. 촌장은 그 배설물을 말려 당나귀와 말과 노새에 싣고는 이웃 마을에 팔러 갔다. 그러나 소똥이 있다고 외치자 상인들이 달려와 그에게 욕설을 퍼붓고 마구 두들겨 팼다. 화가 난 촌장은 마을로 돌아와서 사람들을 데리고 골리의 집으로 향했다. 골리는 사람들이 몰려오는 것을 보고 도망가다가 마침내 바닷가에 닿게 되었다. 그곳에서 한 목동이 가축에게 풀을 먹이고 있다가 골리를 보더니 물었다.
"왜 그렇게 뛰어가는 거요?"
"촌장이 내게 딸을 주겠다고 하지 뭐요. 난 그녀를 원하지 않는데도 말이오. 그래서 사람들이 내 뒤를 쫓아오고 있다오."
"내가 그녀를 받으리다."
이렇게 해서 골리와 목동은 서로 옷을 바꿔 입었다. 아무것도 모르는 촌장과 마을 사람들은 목동을 골리로 알고 붙잡아 바닷물에 던지고 마을로 돌아갔다.
다음 날 골리는 목동의 가축을 데리고 마을로 돌아왔다. 모두들 놀라서 그를 에워싸고 자초지종을 물었다.
"내가 바다에 빠져 발버둥을 치고 있을 때, 당신들은 내가 죽어가고 있다고 생각했겠죠? 하지만 난 그때 양을 몰고 있었어요."
이 말을 들은 마을 사람들은 모두들 한목소리로 말했다.
"우리도 바다로 가서 발버둥치자!"
다음 날 아침 촌장이 바다에 몸을 던졌고 이어서 나머지 마을 사람들도 바다로 들어갔다. 이렇게 해서 촌장을 비롯한 마을 사람들 모두 바다에 빠져 죽고 말았다. 그래서 혼자 남은 골리는 그 마을의 주인이 되었다.

햇빛과 달빛

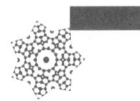

재봉일을 하는 아버지와 아들이 있었다. 어느 날 아들이 일을 해야 하는 시간에 깜박 잠이 들었다. 아버지는 그것을 보고 소리를 질러 아들을 깨웠다. 아들은 일어나며 중얼거렸다.
"지금 막 좋은 꿈을 꾸는 중이었는데……."
이 말을 들은 아버지는 아들에게 어떤 꿈인지 여러 번 물었다. 그러나 아들은 입을 열지 않았다. 그러자 화가 잔뜩 난 아버지는 왕에게 가서 불만을 토로했다. 왕은 아들을 불러 무슨 꿈을 꾸었는지 말하라고 명했다. 그래도 아들은 입을 열지 않았다. 화가 난 왕은 아들을 감옥에 집어넣으라고 명령을 내렸다. 그리고 그가 말할 때까지 마실 물과 먹을 음식을 주지 말라고 했다.
어느 날 왕의 딸인 공주가 감옥을 구경하려고 나왔다가 아들이 있는 곳을 지나가게 되었다. 그런데 우연히 두 눈이 마주친 공주와 아들이 서로 사랑에 빠지고 말았다.
한편 이웃 나라의 왕이 왕에게 수수께끼를 보내 풀어 보라고 했다. 그 수수께끼는 다음과 같았다.

이 물레방아 돌로 훌륭한 옷 한 벌을 만들어 보내라.

왕과 신하들은 아무리 생각하고 궁리해도 지혜가 떠오르지 않았다. 그래서 할 수 없이 감옥에 갇혀 있던 재봉일을 하는 아들을 불러 이웃 나라에서 온 수수께끼를 풀어 보라고 명했다. 이 명령을 받은 아들이 장검을 가지고 물레방아 돌을 반으로 자르자 그 가운데서 옷감이 나왔다. 아들은 그 옷감으로 옷을 만들어 이웃 나라에 보냈다. 그러나 왕은 아들에게 수수께끼를 풀면 감옥에서 풀어 주겠다고 한 약속을 지키지 않았다.
얼마 후 이웃 나라 왕이 또 수수께끼를 보냈다.

뚜껑이 어디 있는지 아무도 모르는 상자를 보내니, 그 뚜껑을 찾아 열어 보아라.

그러자 왕은 또다시 아들을 불러 이번에는 반드시 감옥에서 풀어 줄 테니 수수께끼를 풀어 보라고 했다.
아들은 상자를 물 속에 넣었다. 상자 틈새로 물이 들어가자 물의 압력에 밀려 저절로 뚜껑이 열렸다. 수수께끼를 해결한 왕은 이웃 나라 왕에게 상자를 보냈다. 하지만 이번에도 왕은 약속을 지키지 않았다.
얼마 후 이웃 나라 왕은 궁리 끝에 다시 수수께끼를 보냈다.

암말 세 마리를 보내니 그중에 어미 말과 새끼 말을 구별해 보아라.

왕은 다시 아들을 불렀다. 아들은 왕에게 수수께끼를 풀면 공주와 결혼시켜 달라고 했다. 그러자 왕은 순순히 승낙했다.

아들은 말 세 마리가 자유롭게 달리도록 고삐를 풀어 주었다. 그러자 세 마리 중에서 한 마리가 앞서 갔고, 다른 두 마리가 뒤따랐다. 이 광경을 본 아들은 왕에게 말했다.

"앞서 가는 말이 어미이고, 뒤에 가는 두 마리가 새끼입니다."

일이 이렇게 되자 왕도 약속을 지킬 수밖에 없었다. 마침내 아들은 공주와 결혼하게 되었다. 한편 이웃 나라 왕도 수수께끼들을 재봉일을 하는 아들이 풀었다는 사실을 알고 공주를 아들에게 주었다. 몇 년이 지나자 아들의 두 아내^{이슬람교에서는 아내를 넷까지 둘 수 있음}는 아이를 낳았다. 한 아이는 아들이었고, 다른 아이는 딸이었다.

어느 날 아들은 자신의 딸과 아들을 양 무릎에 앉히고 왕인 장인에게 보여 주었다. 왕이 물었다.

"부마, 이제는 꿈 이야기를 할 때가 되지 않았는가?"

아들이 답했다.

"제가 꾼 꿈은 이러했습니다. 두 공주와 결혼해서 아이 둘을 낳았지요. 한 아이의 이름은 햇빛이었고, 다른 아이 이름은 달빛이었습니다. 그리고 두 아이를 이렇게 무릎에 안고 있었어요."

이 말을 들은 왕이 놀라서 물었다.

"그럼 왜 그때 말하지 않았는가?"

아들이 대답했다.

"그때 제가 꾼 꿈을 말했다면 그 꿈은 결코 이루어지지 않았을 겁니다."

목동의 지혜로운 딸

아주 오랜 옛날 어느 왕이 공정하게 나라를 다스리고 있었다. 그러던 어느 날 왕이 사냥을 나갔다가 어느 목동이 사는 검은 천막에 이르게 되었다. 그런데 웬 어여쁜 아가씨가 천막 앞에 서 있는 것이었다. 아가씨의 미모에 반한 왕은 가까이 다가가 물 한 사발을 청했다. 아가씨는 목동의 딸이었는데, 언행과 태도가 매우 예의 발랐다. 왕은 목동의 딸의 말하는 모습과 외모를 자세히 관찰한 뒤 마음에 담아 두었다.

궁으로 돌아온 왕은 대신에게 자초지종을 낱낱이 이야기했다. 그러자 대신이 신하를 보내 아가씨를 데려오자고 제안했다. 그러나 왕의 생각은 달랐다.

"난 그 아가씨를 노예처럼 데려오고 싶지는 않소."

그래서 대신은 뜻을 바꾸어 아가씨의 아버지인 목동에게 혼담을 넣기로 했다.

그런데 대신이 보낸 신하는 목동의 검은 천막으로 가서 왕의 청혼을 전하며 정중하게 예의를 갖추지 않고 막무가내로 딸을 달라고 했다. 목동은 몹시 화가 나서 신하에게 불쾌한 말을 하고 돌려보냈다. 신하는 왕에게 돌아가서 그 내용을 전했다.

왕이 신하들에게 명했다.

"자, 그대들은 지금부터 목동이 어떻게 하면 나에게 딸을 줄 수 있는가를 생각하시오!"

곁에서 듣고 있던 대신이 말했다.

"목동은 좀 소심한 사람인 듯합니다. 그러니 그와 비슷한 처지에 있는 적당한 사람을 보내 말문을 열 수 있도록 해야겠습니다."

그리하여 대신들은 목동의 친척 중에서 이 일을 추진할 수 있는 착실한 사람 하나를 찾아내었다. 친척은 목동에게 가서 말했다.

"여보게, 자네는 왜 왕의 청혼에 그렇게 화를 냈는가?"

"글쎄, 어떤 사람이 내게 찾아와서는 다짜고짜 '나는 왕의 신하인데 당신 딸을 왕에게 데려가려고 왔다.'라고 말하는 게 아니겠나? 난 예의 없이 구는 사람은 딱 질색이란 말이야. 그래서 그 사람에게 불쾌한 말을 좀 해 주었지."

그러자 듣고 있던 친척이 말했다.

"여보게, 왜 그런 말을 했는가? 만일 자네의 딸이 왕의 아내가 된다면 우리는 저 푸른 방목지에서 양들을 먹일 수 있을 테고, 세금도 내지 않을 텐데."

목동은 잠시 듣고 있다가 답했다.

"그래, 자네같이 사리가 분명한 사람을 보낸 왕이라면 내가 고통을 드릴 이유가 없지. 이제 알아듣겠네."

"만약 자네가 청혼을 허락한다면 내가 가서 이 일을 매듭짓도록 하겠네."

목동의 친척은 마치 제 일인 양 장담을 해 보였고, 목동도 흔쾌히 응했다. 친척은 왕에게 가서 목동의 뜻을 전했다.
　다음 날 아침 왕은 가까이 두고 있던 대신을 목동에게 보내면서 말했다.
　"대신, 나는 그 아가씨가 얼마나 총명하고 통찰력이 있는지 알아보고 싶소. 그러니 그대는 가서 세 가지 문제를 낼 테니 풀어 보라고 하시오. 첫째는 한 몸에 두 개가 있어야 하는 것, 둘째는 물레질을 하는 것과 하지 않은 것, 그리고 셋째는 짜야 할 것과 짜지 말아야 할 것이 있는데, 이 세 가지가 무엇인지를 알아맞힐 수 있다고 하면 그 아가씨는 틀림없이 총명한 여인일 거요. 그렇다면 식을 거행하도록 하시오."
　대신은 왕이 낸 문제를 가지고 길을 나섰다. 길을 가던 그는 호수 근처에서 양들에게 풀을 먹이던 목동을 만나게 되었다. 목동과 함께 그의 선막으로 향하던 길에 대신이 말했다.
　"여보게, 자네가 사다리가 되겠는가, 아니면 내가 사다리가 되겠는가?"
　목동은 어처구니없다는 듯이 타박을 했다.
　"왜 그런 쓸데없는 말을 하는 거요? 사람이 어떻게 사다리가 된단 말이오?"
　그 뒤 두 사람은 강가에 이르게 되었다. 그러자 대신이 다시 목동에게 말을 건넸다.
　"여보게, 내가 다리가 될까, 아니면 당신이 다리가 되겠는가?"
　목동은 또다시 이런 물음을 듣자 짜증이 치밀었다.
　"아니, 사람이 어떻게 다리가 된단 말이오?"
　이런저런 대화를 나누면서 두 사람은 마침내 천막에 이르렀다.

목동은 딸에게 자초지종을 이야기하면서 왕이 보낸 신하가 엉뚱한 질문들을 하더라고 투덜댔다. 이 말을 듣고 있던 딸이 아버지에게 조용히 물었다.

"아버지, 어떤 질문이었는데요?"

목동은 대신이 했던 엉뚱한 질문들을 들려주었다. 가만히 귀를 기울여 듣던 딸이 말했다.

"아버지, 그분이 사다리가 되겠느냐는 말은 누가 이야기를 하겠느냐는 의미였어요. 아버지, 아무리 높은 곳이라 해도 사다리를 놓으면 올라갈 수 있잖아요. 마찬가지로 먼 길을 갈 때 친구와 이야기를 나누면서 가면 길이 그리 멀다고 느끼지 못하지요. 그러니 그 말은 누가 먼저 이야기를 꺼내겠느냐는 말이에요. 그리고 강가에 이르러 누가 다리가 되겠느냐고 말한 건 누가 누구를 등에 업고 강을 건너겠느냐는 의미예요."

딸은 아버지에게 상세하게 설명해 준 후, 대신이 있는 곳으로 갔다. 대신이 왕의 수수께끼를 들려주자 목동의 딸은 말했다.

"알겠어요. 여기서 좀 쉬고 계세요. 왕이 원하시는 것을 해결하겠어요."

그런 다음 딸은 아버지에게 양 한 마리를 죽이라고 말했다. 아버지가 양을 잡아서 가져오자 딸은 양의 씨주머니 두 개를 두 개의 그릇에 따로 넣었다. 이어서 양의 털을 조금 잘라서 반은 물레질을 해서 실로 잣고, 나머지는 그냥 그릇에 두었다. 그러고는 잣은 실 중에서 반을 집어 재빨리 허리띠 한 개를 짜고, 나머지 실은 그릇 안에 넣어 두었다. 그런 다음 그릇을 큰 쟁반에 올려놓고 그 위에 명주로 된 수건을 덮었다.

이를 본 대신이 딸에게 명했다.

"이제 왕을 위해 맛있는 음식을 만들어 보시오."

목동의 딸은 왕을 위해서 향기롭고 맛있는 요리를 만들었다. 그러고는 들에서 자란 아름다운 꽃으로 음식 주위를 예쁘게 장식한 뒤 문제의 해답을 담은 그릇과 요리를 하녀들 중 한 사람을 시켜 왕에게 보냈다.

왕은 딸이 현명하고 총명한 아가씨임을 알고는 신하들에게 바로 그 자리에서 혼례를 거행하라고 명했다. 그런데 웬일인지 왕은 예법과는 달리 식을 올리고 며칠이 지나도록 신부를 가까이하지 않았다.

얼마 후 왕은 상자에 색색의 보석을 가득 넣고 그 뚜껑을 단단히 봉인한 뒤 아내에게 주면서 말했다.

"나는 여행을 떠나 일 년 후에 돌아오겠소. 내가 돌아왔을 때 이 상자에 찍은 도장은 본래대로 봉인된 채로 안에 있는 보석만 돌로 바꿔 놓으시오. 그리고 왕비는 후손을 낳아야 하는데 그 아이가 반드시 내 후손이라는 것을 증명할 수 있어야 하오. 여기 말이 한 쌍 있는데 내가 이 수컷을 데리고 가겠소. 내가 돌아왔을 때 암컷은 반드시 이 수컷의 새끼를 낳아야 하오. 또 다른 하나는 하인과 하녀가 있는데, 내가 하인을 데리고 갈 테니 내가 돌아왔을 때 이 하녀는 그의 아이를 낳은 어머니가 되어 있어야 하오. 만일 내가 돌아왔을 때 내 말대로 되어 있지 않으면 나는 왕비를 절차 없이 그대로 이 궁에서 쫓아내겠소. 나의 이런 청을 받아들일 수 있겠소?"

목동의 딸은 한참을 생각하더니 그렇게 하겠다고 수락했다.

왕이 여행을 떠난 다음 날 딸은 남장을 하고는 암말과 어린 하녀와 보석 상자를 챙긴 다음 신하들 몇 명과 지름길로 달려 왕보다 앞서 사냥터에 도착했다. 그리고 천막을 치고 왕이 오기를 기다렸다.

다음 날 왕은 아내가 쳐 놓은 막사 근처에 이르게 되었다. 멀리서 천막을 본 왕은 상황을 알아보도록 했다. 대신은 막사로 가서 지키고 있던 병사에게 물었다.

"수고가 많군. 그런데 이 막사는 누구의 것인가?"

"이곳은 서역 왕자님의 막사로, 왕자님은 사냥을 하러 이곳에 오셨습니다."

대신은 주위에 있는 신하들 대부분이 얼굴에 가리개^{주로 더운 지방의 이슬람 교도들이 사용함}를 쓴 것을 확인하고는 허락을 받고 안으로 들어갔다. 대신은 에메랄드로 된 좌상에 앉아 있는 생기에 찬 젊은 왕자에게 오늘 밤 왕이 베푸는 연회에 와 달라고 청했다. 젊은 왕자는 흔쾌히 응했다.

그날 밤 목동의 딸은 얼굴에 가리개를 한 채로 몇몇 시종들과 함께 왕의 성대한 연회에 참석했다. 시간이 얼마 지나자 왕의 신하들이 장기를 가지고 왔다. 서역 왕자와 왕은 암말과 수말을 걸고 장기 시합을 했다. 그런데 뜻밖에도 왕이 젊은이에게 지고 말았다.

장기 시합에 진 왕은 신하를 시켜서 왕자의 막사로 수말을 갖다 주라고 명했다. 이에 왕자는 암말과 수말을 밤새 함께 두고 나서 아침이 되자 돌려보냈다. 왕은 이러한 젊은 왕자의 행동을 기특하게 여겼다.

다음 날 밤 왕은 하인과 하녀를 걸고 다시 장기 시합을 했다. 이번에도 왕자가 이겼다. 왕은 젊은 왕자에게 자신의 하인을 주고 막사로 돌아갔다. 젊은 왕자로 변장한 왕비는 하인과 하녀에게 그날 밤 신방을 꾸며 주었다. 그리고 아침이 되자 하인은 다시 왕에게 돌아갔다.

또다시 밤이 되자 왕과 왕자는 각자 가지고 있는 옥쇄를 걸고 내기 장기를 두었다. 이번에도 젊은 왕자가 이겼다. 왕의 옥쇄를 받은 왕비는 그날 밤 보석 상자를 열어 안에 있는 보석을 전부 꺼낸 다음 대신 들에 있는 자갈을 넣고 옥쇄로 다시 봉인했다.

아침이 되자 젊은 왕자는 왕의 옥쇄를 돌려주었다. 여러 차례 내기에 졌는데도 모두 돌려받게 되자 왕은 젊은 왕자에게 미안한 생각이 들었다.

또다시 밤이 되자 왕은 젊은 왕자를 만나러 막사로 가서 장기 시합을 청했다. 이번에는 만일 왕이 이기면 왕자가 왕에게 어린 중국인 하녀를 주고, 만일 왕자가 이기면 왕이 왕자에게 일주일 동안 나라에서 쓸 돈을 주기로 약속했다. 젊은 왕자로 변장한 왕비는 일부러 왕이 이기도록 꾸몄다. 그리하여 막사에서 저녁 식사를 마친 왕이 돌아간 뒤 왕비는 남장을 전부 벗고 금실을 넣어 짠 아름다운 중국 옷을 입고 예쁘게 단장했다. 그러고는 얼굴에 가리개를 쓴 하인들에게 자신을 왕에게 데려가라고 명했다. 왕은 왕자의 하인들이 데리고 온 하녀를 보고 한눈에 반했다. 하녀는 왕을 피하려고 애를 쓰며 쉽사리 응하지 않다가 결국은 아침까지 왕과 즐거운 시간을 보냈다. 아침이 되자 왕은 하녀에게 메흐리예(여성의 혼인 자금)를 얼마 정도 주고 돌려보냈다.

다음 날 서역 왕자와 왕은 해 질 무렵까지 사냥과 낚시를 하며 보냈다. 밤이 되자 왕자는 왕에게 강가에 가서 쉬자고 제안하고는 한편으로는 하인들에게 은밀히 명해 자신과 왕이 막사에서 어느 정도 멀리 떨어지면 조용히 천막을 걷으라고 했다. 얼마 후 밤이 되어 왕이 술에 취하게 되자, 목동의 딸은 신하들과 함께 말을 타고 살그머니 왕국으로 돌아갔다.

아침이 되어 잠에서 깨어난 왕은 젊은 왕자와 그가 있던 막사를 찾았으나 흔적조차 찾을 수 없었다. 시간이 흐르고 흘러 왕은 궁을 떠난 지 일 년이 지나 고향으로 돌아가게 되었다. 그런데 돌아와 보니 요람에서는 아이가 자고 있고, 암말은 새끼를 낳고, 어린 하녀도 아기를 낳아 어머니가 되어 있었다. 깜짝 놀란 왕은 왕비에게 이게 어찌 된 일이냐고 물었다. 그러자 왕비는 말없이 왕이 여행을 떠날 때 맡겼던 보석 상자를 가지고 왔다. 아, 그런데 이게 어찌 된 일인가! 보석 상자의 봉인은 그대로인데 내용물만 보석에서 자갈로 바뀌어 있었다. 놀란 왕이 물었다.

"왕비, 어떻게 수수께끼를 풀었소?"

"왕이시여, 여행을 가셨던 그 평원에서 서역의 왕자님과 마주쳤지요? 그리고 밤마다 그 젊은이와 장기 시합을 했지요?"

그제야 왕은 모든 자초지종을 알게 되었다. 이렇게 하여 아내가 얼마나 총명하고 현명한지 알게 된 왕은 그녀를 정실 부인으로 맞아들였다. 그 뒤 왕과 목동의 딸은 오랫동안 행복하게 살았다.

허풍선 용사

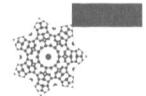

아주 오랜 옛날 가진 것이라고는 아들 하나밖에 없는 할머니가 있었다. 아들의 이름은 하사니였다. 할머니의 지극한 사랑 속에서 아들은 자랐다. 그러나 하사니는 게으른 데다가 수치심도 없었고 먹기는 얼마나 많이 먹는지 이루 다 말할 수도 없었다. 무엇보다도 뚜렷한 직업이 없었다.

하사니는 너무 많이 먹고 하루 종일 자기만 해서 덩치가 괴물만큼 커졌다. 사람들은 그를 '허풍선 용사'라고 불렀다. 덩치만 클 뿐 용사처럼 힘이 세거나 용감하지 않았기 때문이다.

허풍선 용사 하사니는 아침부터 밤까지 먹고 자기만 할 뿐 아무 일도 하지 않았다. 할머니가 충고해도 그때뿐으로 아무 소용이 없었다. 마침내 할머니는 게으른 데다가 너무 많이 먹어 대는 아들을 더 이상 참고 봐줄 수가 없게 되었다.

그리하여 어느 날 하사니가 집을 나간 사이에 할머니는 문을 닫아 걸고 그가 집에 들어오지 못하게 했다. 하사니가 울며불며 애걸

복걸을 했지만 할머니는 절대 열어 주지 않았다. 하사니는 어쩔 수 없이 고개를 숙이고 길을 떠났다. 가다가 어느 나무 아래 자리를 잡고 앉은 그는 눈을 지그시 감고 잠을 잤다. 꿈속에서 하사니는 음식이 가득한 식탁을 보았다.

깊은 잠에 빠져 있는 동안 모기들이 하사니를 물어 잠을 깨웠다. 날씨는 찌는 듯 더웠고 모기들은 주위를 떠나지 않고 윙윙 소리를 내며 날아 다녔다. 화가 난 하사니는 손을 내저어 모기 몇 마리를 땅에 떨어뜨렸다. 모기들 중 일부는 죽고 일부는 땅에 떨어져 퍼덕거렸다. 하사니는 그 광경을 보고는 자리에서 일어나 기뻐하면서 말했다.

"아, 놀라운걸! 내가 이렇게 힘이 센 줄 몰랐네. 봐, 주먹을 휘둘렀더니 몇 마리가 죽었잖아. 아, 난 힘도 있고 주먹도 세군. 사람들이 나한테 용사라고 하는 말이 틀린 게 아니야!"

그는 계속해서 입으로는 "한 주먹에 여럿을 죽였지!"라고 웅얼거리면서 길게 누워 잠을 잤다.

그때 영주와 군사들이 그곳을 지나다가 하사니를 보았다. 영주는 그의 거대한 몸집을 보고 놀라서 말했다.

"이게 누구냐? 마귀냐, 사람이냐?"

그러고 나서 군사들에게 명했다.

"어서 가서 저 사람을 깨워라!"

명령을 받은 군사들은 무서워 벌벌 떨면서 하사니를 깨웠다. 그는 눈을 뜨자마자 "한 주먹으로 여럿을 죽였지!"라고 말했다. 군사들이 하사니를 데리고 오자 영주가 물었다.

"너는 누구냐? 마귀인가 아니면 사람인가?"

"저는 하사니인데 배가 너무 고파요."

─이란 민담

하사니는 다 죽어 가는 목소리로 대답했다.

"음식을 가지고 오너라."

군사들이 쇠고기를 구워서 하사니에게 갖다 주자 그는 눈 깜짝할 사이에 전부 먹어 치웠다. 그것을 본 영주와 군사들은 너무 놀라서 머리에 뿔이 날 정도였다. 음식을 다 먹고 난 하사니는 하품을 하면서 말했다.

"아이고, 피곤해. 자야겠다."

그러고는 곧바로 그 자리에 누워 잠이 들었다.

영주는 감탄하며 말했다.

"아, 내가 찾던 바로 그 사람이구나."

그러고는 하사니를 깨워 말했다.

"용사, 만일 자네가 따뜻하고 부드러운 잠자리와 맛있는 음식을 원한다면 나의 궁전으로 함께 가세. 자네가 원하는 것은 무엇이든지 다 해 주겠네."

하사니는 그렇게 하겠다고 했다. 모두들 함께 궁전을 향해 나섰다. 그렇게 길을 가던 중 영주가 하사니에게 말했다.

"용사, 이렇게 힘이 넘치는 팔을 가졌다니 정말 놀랍군! 난 지금까지 한 주먹으로 여럿을 죽일 수 있는 그런 팔을 가진 자를 본 적이 없네."

하사니는 '영주님이 어떻게 알고 이런 말을 하시지? 놀라운걸! 아, 모기 몇 마리 죽인 게 참으로 대단한 것이구나.' 라고 생각하고는 아무런 말도 하지 않았다.

한참을 가서 드디어 궁전에 다다랐다. 영주는 신하들에게 하사니를 깨끗하게 목욕시키고 새 옷으로 갈아입히라고 명했다. 그날부터 하사니는 군사들의 우두머리인 장군으로 임명되어 궁전에 머물게 되었다.

하사니는 궁전에서 행복하게 지냈다. 먹고 싶으면 먹고 자고 싶으면 자는 그런 생활이었다. 그러던 어느 날 신하들이 영주에게 급한 소식을 전했다.

"이웃 영주가 군사를 이끌고 우리를 공격해 오고 있는데 어찌해야 합니까?"

영주가 말했다.

"두려워하지 마라. 우리한테는 하사니와 같은 용사가 있으니 두려워할 것 없다."

그리고 나서 왕은 하사니를 불러 말했다.

"될 수 있는 대로 신속하게 전쟁 준비를 하라."

그러나 하사니는 지금까지 어느 누구하고도 싸워 본 적이 없었고, 갑옷이니 투구니 장검이니 하는 것들도 다뤄 본 적이 없었다. 그는 새파랗게 질린 채 늙은 어머니가 있는 고향으로 가려고 냅다 달렸다. 이를 지켜보던 영주와 군사들은 하사니가 적들을 쳐부수러 가는 줄 알고 재빨리 뒤따라 달려가 그의 앞을 가로막으며 기다리라고 간곡히 애원했다.

"아이고, 과연 용사로다! 이렇게 갑옷도 말도 무기도 없이 가서는 안 되지. 무모하게 죽을 순 없는 일 아닌가!"

영주의 말에 대신들은 하사니를 마구간으로 데려갔다. 그곳에는 온갖 좋은 말이란 좋은 말은 다 모여 있었다. 대신들이 말했다.

"용사여! 그대가 원하는 말을 고르게."

하사니는 마구간에 있는 말들을 눈여겨보다가 바짝 마르고 거의 죽기 일보 직전으로 보이는 말을 보았다. 그는 기뻐하며 속으로 생각했다.

'이 말이 좋겠어. 너무 말라서 마치 나무 널판 같구나. 제 맘대로 갈 수 없게 고삐를 꽉 쥐어야지.'

그러고는 바짝 마른 말을 가리키며 말했다.

"난 이 말을 원하오."

그러자 그 광경을 보고 있던 대신과 군사들이 일제히 환호성을 질렀다.

"야, 과연 용사야! 야, 멋지다! 오로지 용사만이 탈 수 있는 말을 골랐군. 저 말은 이 세상에서 가장 제멋대로 달리는 말이라고. 저 말이 달릴 때는 얼마나 빠른지 먼지도 안 일어난다지."

그 말을 들은 하사니는 다시 새파랗게 질려 혼잣말을 했다.

"오, 신이여! 제가 무엇을 잘못했나요!"

그때 문득 좋은 생각이 난 하사니는 군사들에게 줄로 자신의 몸을 말에 묶으라고 명했다. 이 같은 요구를 듣고 주위에 있던 사람들은 다시 한 번 하늘이 울리도록 환호성을 질렀다.

"아, 정말 용감하다. 목숨을 걸고 전쟁에 나가기를 원하다니! 야, 대단해!"

용사의 용맹함을 본 군사들은 하나 둘 하사니를 흉내 내어 자신들의 몸을 말에 묶기 시작했다. 이러한 소식이 적군에게 알려지자 적들은 두려워하면서 몸을 벌벌 떨었다.

이윽고 마구간을 나온 말은 두 발을 하늘을 향해 쳐들고 크게 울부짖더니 주위를 뱅뱅 돌다가 마치 바람처럼 번개처럼 적진을 향해 달려갔다. 하사니의 얼굴은 새파랗다 못해 새까맣게 되었고, 가슴은 쿵쿵거리며 뛰었다. 군사들은 하사니가 공격을 시작했다고 생각하고는 지체하지 않고 용사의 뒤를 따랐다.

그런데 달리는 도중에 그만 하사니의 손에서 고삐가 풀려 그의 몸이 위아래로 나는 듯 들썩거렸다. 궁리 끝에 그는 가까이 있는 거대한 나무에 손을 뻗어 나뭇가지를 잡았다. 그러나 불운하게도 그 나무는 흰개미가 파먹은 나무였기 때문에 하사니가 가지를 잡기가 무섭게 뿌리째 뽑혀 그의 머리 위에서 빙글빙글 돌았다.

한편 하사니의 용맹에 대해 들어 익히 알고 있던 적들은 그가 나무를 통째로 번쩍 들고 돌진해 오는 것을 보고 겁이 나서 줄행랑을 쳤다. 하사니도 그들 뒤를 바싹 쫓아갔다. 결국 적군들은 하사니의 발 아래 무릎을 꿇었다.

이 소식을 들은 백성들은 매우 기뻐하면서 용사 하사니를 환영하였다. 영주는 승리를 기념하기 위해 도시 전체를 거울로 아름답게 장식하고 7일 밤낮 축제를 벌여 기쁨을 나누었다.

한편 하사니는 이번 일은 운이 좋았을 뿐이라고 생각하며 이제부터는 새로운 삶을 살아야겠다고 결심했다. 기쁜 마음으로 늙은 어머니에게 돌아간 그는 그 뒤 열심히 일하여 사람들의 존경을 한몸에 받는 진실로 훌륭한 용사가 되었다.

마귀와 맺은 약속

어느 날 아버지가 아들에게 말했다.

"얘야, 너도 이제는 다 컸으니 네 장래를 위해 일을 배우도록 하렴. 늙었을 때 가난하지 않으려면 일해서 돈을 벌어야 한단다."

그리하여 아들은 배낭을 등에 메고 집을 나서 먼 길을 떠났다. 드디어 어느 밭에 닿게 된 아들은 밭을 가는 노인을 붙잡고 말했다.

"어르신, 제게 일을 좀 가르쳐 주세요."

그러자 노인은 이렇게 대답했다.

"그래, 가르쳐 주마. 하지만 나와 7년을 함께 있겠다는 조건을 받아들여야 허락하겠다."

아들은 그렇게 하겠다고 했다. 그리고 7년 동안 노인과 함께 밭에서 일을 했다. 드디어 7년째 되는 날, 노인은 호두 한 알을 아들의 손바닥에 놓으며 말했다.

"이것은 네가 7년 동안 일한 대가다. 이제는 집에 가서 너의 생활로 돌아가렴."

아들은 아무 말도 하지 않고 호두를 들고 길을 나섰다. 가고 또 가서 어느 평야에 닿았다. 아들은 몹시 배가 고팠지만 먹을 것이 아무것도 없었다. 바로 그 순간 노인이 준 호두가 생각나서 호두를 꺼내서 깼다. 그러자 갑자기 수천 마리의 소와 양이 나오고 뒤이어 밥이 가득 들어 있는 솥과 갈예^{고기와 시금치 또는 호박으로 만든 이란 음식}와 생선이 나왔다. 배가 고팠던 아들은 우선 음식을 먹고 나서 중얼거렸다.

"누가 이 호두를 다시 붙일 수 있지?"

그런데 이 말을 다 마치기도 전에 돌연히 거인 마귀^{이란 전설 속의 인물로, 몸집이 거대하고 마귀와 동물의 중간형으로 들에서 삶}가 나타나 아들 앞에 우뚝 서서 말했다.

"난 여기 있는 모든 소와 양을 이 호두 안에 넣고 다시 호두를 붙일 수 있다. 하지만 한 가지 조건이 있다."

아들이 그 말을 듣고 기뻐하며 물었다.

"조건이 뭐죠?"

"네가 혼인한 날 밤 너를 데려다가 물담배에 넣고 태우게 해 줘."

아들은 급한 마음에 무턱대고 조건을 받아들였다. 거인 마귀가 주문을 외우자 소와 양들이 호두 안으로 들어가더니 본래의 모양대로 되었다. 아들은 호두를 들고 집으로 돌아갔다.

아들이 집에 도착해서 아버지와 어머니 앞에서 호두를 깨자 다시 소와 양들이 전처럼 쏟아져 나왔다. 아들은 소와 양을 판 돈으로 부모님을 위해 큰 집을 짓고 부자가 되어 살았다.

이렇게 여러 해가 지난 어느 날 아버지는 아들을 불러 말했다.

"애야, 늙은 이 아비가 죽기 전에 며느리를 보았으면 좋겠구나."

이 말을 들은 아들은 부모에게 들에서 만난 거인 마귀 이야기를 들려주었다. 그러나 아버지는 그 말을 곧이듣지 않았다.

"다시 생각해 보아라. 마귀가 너한테 거짓말을 한 것 같구나."

급기야 부모는 아들을 설득하려고 울기 시작했다. 마침내 아들은 뜻을 꺾고 혼인하기로 결심했다.

혼례식 날 밤 부모는 성대하게 잔치를 베풀고 마을 사람들 모두를 초대했다. 그리하여 마을 사람들이 노래를 부르고 악기를 켜며 즐기고 있는 가운데 아들의 눈에 거인 마귀가 들어왔다. 아들은 마귀를 보자마자 말을 타고 달려 한 노파에게 닿을 때까지 가고 또 갔다. 아들은 그 노파에게 자초지종을 들려주었다.

"할머니, 들에서 만난 거인 마귀가 지금 저를 쫓아오고 있어요!"

할머니는 이 말을 듣자 아름다운 수건 한 장을 아들에게 주며 말했다.

"자, 서둘러라. 왼쪽으로 가면 불기둥이 나올 거야. 거인 마귀도 건너지 못하는 불기둥이지. 그렇지만 네가 이 수건을 두세 번 흔들면 불기둥이 옆으로 비킬 거야. 그럼 불기둥을 건너갈 수 있을 거야, 알겠지?"

아들이 노파한테서 수건을 받아 길을 가고 또 가자 불기둥이 나타났다. 아들은 노파의 말대로 수건을 세 번 흔들었다. 그러자 불기둥은 옆으로 비켜났고, 아들은 무사히 건널 수 있었다. 그런 다음 아들은 푸르고 넓은 평야에 들어가게 되었는데, 그곳에서 오두막 한 채를 보게 되었다. 그 오두막에는 딸과 부인이 살고 있었다. 아들을 본 부인이 물었다.

"내 딸아이가 당신 수건을 갖고 싶어 하는데 줄 수 있나요? 그 대신 넌^{주식으로 먹는 빵}을 세 덩이 줄게요. 이 넌을 누르면 세 마리의 개로 변할 거예요. 첫 번째 개는 귀가 아주 예민해서 모든 소리를 다 들을 수 있지요. 그리고 두 번째 개는 이빨이 쇠를 먹을 수 있을 만큼 날카로워요. 세 번째 개는 바람처럼 달릴 수 있지요."

　아들은 수건을 딸에게 주고 대신 부인에게 넌 세 덩이를 받았다. 그러던 어느 날 딸이 불기둥 옆에서 놀면서 그만 수건을 세 번 흔들었다. 바로 그때 거인 마귀가 벽 쪽에 서 있다가 불기둥이 옆으로 비킨 사이에 지나올 수가 있었다. 그런데 다행스럽게도 그 순간 귀가 밝은 첫 번째 개가 이것을 듣고 바람같이 달릴 수 있는 세 번째 개에게 알려 주었다. 세 번째 개는 거인 마귀에게 달려가 두 번째 개가 올 때까지 지키고 있었다. 그러자 쇠를 먹을 수 있을 정도로 날카로운 이빨을 가진 두 번째 개가 와서 단단한 마귀의 머리를 씹어 죽였다.

　얼마 후 아들은 무사히 집으로 돌아와 전에 혼인을 약속했던 신부와 다시 혼례를 치르고 나서 부모님과 함께 오래오래 행복하게 살았다.

아버지의 충고

아주 오랜 옛날 이스파한이란 곳에 막대한 재산을 가진 상인이 살았다. 신은 그에게 후손으로 단 한 명의 아들만을 허락하였다. 그런데 그 아들은 아주 무능한 데다가 수치심 없는 행동을 하고 다녔다. 하는 일이라고는 사람들이 받아들일 수 없는 미운 짓뿐이었다. 그는 아버지인 부자 상인이 아무리 타일러도 말을 듣지 않았다. 그래서 상인은 친구들을 만날 때마다 이렇게 말하곤 했다.

"친구여, 내가 늙어 죽고 나면 아들이 불행과 불운에 빠질까 두렵다네."

어느 날 상인은 금화 10만 냥을 방 천장 속 깊숙이 잘 숨겨 놓고 그 자리에 갈고리를 단단히 박아 놓았다. 그러고는 어느 날 밤 아들을 앞에 앉혀 놓고 충고했다.

"아들아, 만일 어느 날 돈이 다 떨어져서 가진 것이 아무것도 없어 목숨을 끊고 싶을 때는 질긴 줄을 하나 마련해서 한쪽은 저 천장 위의 갈고리에 묶고 다른 한쪽은 네 목에 잘 묶어라. 그리고 사각으로 된 의자를 놓고 그 위에 올라서서 한 발은 의자를 짚고, 다른 발로는 그 의자를 힘껏 밀어라. 이렇게 하면 아주 쉽게 목숨을 끊을 수 있을 게다. 왜냐하면 이렇게 죽는 것이 가장 좋은 죽음이기 때문이다."

상인의 말에 아들은 웃으며 말했다.

"아버지가 미치신 게 분명해. 아니, 누가 멀쩡한 정신에 자살을 한단 말이야!"

몇 년이 지나서 부자인 아버지가 세상을 떠나게 되었다. 무능한 아들은 아버지의 상속인으로서 막대한 재산을 물려받게 되었다. 아들은 흥청망청 돈을 쓰기 시작했고, 재산은 2년이 못 되어 바닥을 보이기 시작했다. 결국에는 밥상을 차릴 돈도 없어서 살림살이까지 손을 대게 되었다. 어느 날은 양탄자를 팔았고, 다음 날은 고물상에 침대를 넘겼고, 또 다음 날은 가구와 커튼까지 팔았다. 집 안의 물건이란 물건을 다 팔고 나니 남은 것이라고는 하나도 없게 되었다. 그러자 검은 피부를 가진 하인과 하녀들을 한 명 두 명 팔기 시작했다. 결국 집 안에 남은 것이라고는 아들과 어머니가 잘 침대와 당장 음식을 끓여 먹을 동으로 된 그릇과 솥뿐이었다.

어느 날 아첨꾼인 친구들이 그에게 말했다.

"네가 우리 음식을 준비한다는 조건으로 내일 정원에 모이기로 했어."

아들은 언제나처럼 이 제안을 수락했다. 하지만 집에 와서 보니 상에 올릴 음식이 아무것도 없다는 사실을 깨닫고 어머니에게 가서 울며 말했다.

"어머니, 내일 친구들과 시간을 함께 보내기로 했는데 가진 게 아무것도 없어요. 친구들 앞에서 저는 창피를 당할 거예요."

●──이란 민담

가엾은 어머니는 하나밖에 없는 아들의 사정을 듣고는 장 안 깊숙이 넣어 두었던 자신의 물건을 꺼내 저당을 잡힌 다음 아들이 내일 친구들하고 먹을 양식과 돈을 마련했다.

아침이 되자 아들은 어머니가 준비해 놓은 음식들을 보고 기뻐했다. 그러고는 어머니한테 돈을 받아 주머니에 넣고 친구들과 만나기로 한 정원으로 갔다. 길을 가다가 피곤해진 아들은 음식 담은 꾸러미를 땅에 놓고 쉬어 가려고 어느 나무 그늘 아래에 앉았다. 그런데 바로 그 순간 어디선가 음식 냄새를 맡은 커다란 개가 나타나 음식 꾸러미를 탐냈다. 아들은 개에게 겁을 주려고 자리에서 벌떡 일어났다. 그러다 음식 꾸러미를 묶은 매듭이 개의 목에 걸리는 바람에 오히려 개에게 꾸러미를 빼앗기고 말았다. 아들이 서둘러 쫓아갔지만 개는 꾸러미를 빼앗기지 않으려고 더 빨리 도망갔다.

상인의 아들은 어떻게 할 수가 없어 힘이 쭉 빠진 채 울면서 정원으로 갔다. 그리고 친구들에게 음식과 개 이야기를 들려주었다. 친구라는 핑계로 먹을 것만 찾던 그들은 아들의 말을 듣고 웃어 댔다. 게다가 아들이 당한 일을 조롱하고 비아냥거렸다. 아들은 가진 돈을 전부 털어 친구들을 위해 점심상을 마련해 주었지만, 친구들은 아들에게 빵 한 조각도 주지 않았다. 불쌍한 아들은 마음이 너무 아파서 눈물을 흘렸다. 친구들이 다 돌아가자 아들은 아이를 잃은 아낙네처럼 구석에 앉아 마음이 가벼워질 때까지 엉엉 소리 내어 울었다. 어느 정도 마음이 풀어지자 아들은 혼잣말을 했다.

"신이여! 저는 오늘 가진 돈 전부를 친구들을 먹이기 위해 썼습니다. 하지만 보셨지요? 제가 아무것도 가진 게 없음을 알고 친구들이 제게 하던 행동을 말이에요. 이런 인생은 제게 의미가 없어요. 슬프게도 세상에 눈을 뜨게 되었지만, 그게 이제 무슨 소용이 있겠어요. 갑자기 아버지 말씀이 생각나네요. 언제든 자살하고 싶을 때는 그 방에 있는 갈고리에 줄을 묶어 죽으라고 하신 말씀 말이에요. 정말이지 아버지는 저를 너무나 잘 알고 계셨어요. 전 오늘까지 악의 없는 아버지의 충고에 전혀 귀를 기울이지 않았어요. 그러나 마지막 순간만큼은 아버지의 충고에 따르겠어요."

밤이 되자 아들은 집으로 갔다. 그리고 아버지의 말대로 줄을 준비해 한쪽은 천장 위의 갈고리에 묶고 다른 한쪽은 목에 감은 다음 사각으로 된 의자 위에 올라가 한 발로 의자를 밀면서 몸을 내맡겼다. 그러자 갈고리가 빠지면서 천장이 무너져 흙과 석회가 머리 위로 떨어져 내렸다. 그와 동시에 금화들이 홍수처럼 천장에서 쏟아져 방 안을 가득 채웠다. 아들은 죽음을 눈앞에 두고 천장에서 수많은 금화가 떨어지자 눈이 동그래졌다. 불현듯 아들은 아버지가 얼마나 자신을 사랑했는가를 깨닫게 되었다. 그리고 자신을 위해 불운한 날을 대비해 놓은 아버지께 크나큰 감사를 느꼈다.

아들은 수백 냥을 들고 어머니에게 가서 말했다.

"어머니, 이 돈을 가지고 가셔서 저녁을 준비하세요. 신이 우리를 불행에서 구해 주셨어요. 신이 우리를 보살펴 주셨어요."

다음 날 아들은 우선 팔았던 하인과 하녀들을 다시 사들이기 위해 그들을 샀던 사람에게 감사의 의미로 몸값 이외에 약간의 돈을 더 주었다. 그러고 나서 시장으로 가서 가재도구를 사고 아버지가 생전에 쓰던 점포로 가서 장사를 시작했다.

그러자 아들의 주위를 떠났던 의리 없는 친구들이 다시 케밥꼬치에 끼워 구운 고기 냄새를 맡고 킁킁거리는 개처럼 하나씩 다가와 멀리서 아들의 장사하는 모습을 눈여겨보기 시작했다.

어느 날 친구들 중 하나가 아들의 점포 앞을 지나갔다. 아들은 때를 놓치지 않고 친구의 이름을 불렀다.

"친구! 왜 멀리서 그러고 있나? 왜 안부를 묻지 않는 거지? 이제는 내가 옛날 친구가 아니란 말인가? 수년간 사귄 친구가 아니란 말인가?"

친구는 아들의 장사가 잘되는 것을 알고 다른 친구들에게 그 사실을 알렸다. 그러자 옛 친구들이 하나 둘 머리를 들이밀기 시작했다. 상인의 아들은 다시 그들을 위해 큰 연회를 베풀어 맛있는 음식을 차려 주고 돈 주머니를 열어 흥청망청 썼다.

어느 금요일 날 이슬람 국가에서는 금요일이 공휴일임 아들은 도시를 벗어난 곳에 있는 정원에 모여 친구들과 점심을 먹기로 약속했다. 이번에 아들은 점심때까지 기다리다가 아무것도 준비하지 않고 빈손으로 정원을 향해 떠났다. 빈손으로 오는 그를 보고 친구들이 까닭을 물었다.

"오늘 음식을 만들려고 고기를 다지고 있는데 쥐 한 마리가 구멍에서 나와 고기 다지는 방아를 입에 물더니 구멍 속으로 가져갔지 뭔가. 그래서 또다시 만들었지. 그런데 쥐가 또다시 나와서는 다진 고기를 집어 가는 거야. 그래서 너희를 위해 아무것도 가져올 수가 없었어."

이 말을 듣고 있던 친구들 중 하나가 말했다.

"이 친구 말이 맞아. 어느 날 우리 집에서도 그런 일이 일어났지. 우리 집에서 고기를 다지고 있었는데 쥐가 나타나서 솥을 통째로 이빨로 물고 구멍 속으로 가지고 갔다고."

이렇게 친구들은 다시 부자가 된 아들의 말을 수긍한다는 뜻으로 쥐가 솥과 방아를 쥐구멍으로 가지고 간 예를 들먹였다.

친구들의 이야기가 끝나자 아들은 박장대소하며 말했다.

"나의 좋은 친구들이여, 내가 빈털터리였을 때 자네들은 개가 와서 음식을 모두 가져가 빈손으로 왔던 내 이야기를 믿지 않더니 내가 다시 부자가 된 오늘 한 말은 믿고 아첨을 하는군. 오늘 한 이 거짓말에 대해 아무도 반박하지 않고 비슷한 예까지 들어 주다니 말이야. 너희는 진정한 친구가 아니야. 사기꾼들이지. 난 너희들 모두를 증오해. 이제 너희와는 끝이야. 너희를 시험해 보려고 내가 꾸민 이야기에 넘어가다니. 난 이제 예전의 내가 아니야. 어리석고 씀씀이가 헤펐던 내가 아니라고, 알겠나? 결코 아첨과 달콤한 거짓말에 속지 않을 거야. 이 시간부터 너희와는 끝이야. 다시는 너희 얼굴도 보고 싶지 않아. 안녕, 잘 가라고."

아들은 자리에서 일어나 급히 정원을 나왔다. 그제야 친구들은 낭비벽이 있고 어리석었던 친구가 어떻게 갑자기 현명하고 총명하게 변했는지 생각하며 당황하여 어찌할 바를 몰랐다.

아들의 장사는 차츰차츰 번성을 거듭하여 마침내 이스파한의 상인 왕이라 부를 만큼 대성공을 거두었다. 그리하여 아들은 목숨이 끝나는 그날까지 행복하고 즐거운 인생을 보냈다.

아 전 구

하루는 탁발승이 송시아랍 시의 한 종류를 읊으며 탁발을 하고 있었다. 그런데 어느 집 대문이 열리더니 금 뚜껑이 달린 그릇에 금을 가득 담아 주는 것이었다. 또 다른 집의 문을 두드리자 이번에도 똑같이 금이 가득한 그릇이 나왔다. 이렇게 일곱 집을 거쳤는데 집집마다 똑같이 금이 가득 든 그릇을 주었다. 말문이 막히고 어리둥절해진 탁발승은 사람들에게 어찌 된 영문인지 물었다. 그러자 사람들이 말하기를 이 일곱 채의 집이 어느 부인의 소유라고 했다.

탁발승은 왕을 찾아가 이 일을 보고했다. 왕은 이 말을 듣고 자기 옷은 탁발승에게 주고 대신 탁발승의 옷을 받아 들고는 자기가 없는 동안 왕 노릇을 하도록 명했다. 그런 다음 왕은 승복을 입고 탁발승이 말해 주었던 집으로 가서 청했다.

"이 집 주인 마님을 만나고 싶소."

왕은 집주인을 만나 왜 그렇게 관대하고 너그러운지 그 까닭을 물었다.

그러자 집주인이 대답했다.

"그건 아무에게도 말하지 못할 비밀이랍니다. 여기서 얼마를 가면 도시가 있답니다. 그곳에서 안장을 만드는 사람이 매일 안장을 하나씩 만드는데 그 위에 반드시 그림을 두 개 그린답니다. 해가 지고 안장이 완성될 즈음 기수가 안장을 사려고 오지요. 그러면 안장을 만든 사람은 돈을 돌려주고는 정성껏 만든 안장을 스스로 갈기갈기 찢어 버린답니다. 만일 당신이 그 안장 만드는 이의 비밀을 알아 온다면 나도 내 비밀을 당신에게 말하겠어요."

왕은 여주인이 말했던 그 도시에 가서 마침내 그 안장 만드는 사람을 만났다. 그는 안장 만드는 사람에게 그 까닭을 물었다.

"내 비밀은 지금까지 어느 한 사람에게도 말한 적이 없소. 어느 도시에 가면 아전구[이슬람교에서 하루 다섯 번 기도를 드리는 시간을 육성으로 알리는 사람]가 있는데 그 사람은 매일 기도할 시간이 되면 즐겁고 기쁘게 첨탑에 올라간다오. 그러다 아전이 끝나면 울면서 인사불성이 되어 돌아간다오. 만일 당신이 그의 비밀을 알아 온다면 나도 내 비밀을 당신에게 말해 주겠소."

왕은 또 가고 가서 아전구가 사는 도시에 닿았고 그를 찾아서 웃고 우는 까닭을 물었다.

"어느 도시에 한 남자가 살고 있는데, 그는 아내를 자물쇠로 묶어 놓고 자물쇠 곁에 개 한 마리를 묶어 둔답니다. 그리고 음식을 먹을 때가 되면 그릇을 개 앞에 놓아 주고, 그릇 바닥에 남아 있는 개 먹이를 아내에게 주곤 한답니다. 아내가 그 음식을 안 먹으면 남편은 벌떡 일어나 다 말라 버린 해골 막대기로 마구 때린다오. 그러면 아내는 먹을 테니 제발 때리지 말라고 애원한답니다. 만약 당신이 이 남자와 아내와 개의 비밀을 알아 온다면 나도 내 비밀을 말해

●──이란 민담

주겠소."

왕은 다시 길을 가던 중 용으로부터 위협 받는 불사조의 새끼들을 구해 주게 되었다. 불사조는 보답으로 왕에게 자신의 깃털 몇 개를 주며 말했다.

"내 도움이 필요하면 이 깃털에 불을 붙이시오."

불사조의 깃털을 받은 왕은 가고 또 가서 아내를 자물쇠로 묶어 둔다는 남자가 살고 있는 도시에 닿았다. 밤이 되어 왕은 남자의 손님이 되었다. 왕은 자초지종을 남자에게 물었다.

"많은 사람이 알고 싶어 했소. 그래서 나는 사람들에게 그 비밀을 말해 주고 나서 모두 죽였소."

"내게도 말해 주시오. 그러고 나서 나를 죽이시오."

"난 백부의 딸과 결혼했다오. 그런데 얼마 후 그녀가 밤마다 싸늘한 몸이 되어 이불로 기어들어 온다는 것을 눈치 챘소. 그래서 어디를 갔다 오느냐고 물었소. 아내는 배탈이 났다고 말했소. 어느 날 밤 난 그녀의 뒤를 따라갔소. 아내는 한참을 걸어 어느 집 문 앞에 이르더군. 그리고 문을 두드리더니 그 안으로 들어갔소. 난 담을 타고 집 안으로 들어갔지. 안에는 40명의 약탈자가 쭉 앉아 있고 아내는 그들에게 술을 따라 주고 있었소. 난 마구간으로 가서 말들을 모두 죽여 버렸소. 그러자 약탈자들이 무슨 일이 일어났는지 보려고 하나 둘 들이닥쳤다오. 난 그들도 모두 죽여 버렸소. 이렇게 해서 일당의 우두머리와 내 아내만 남고 다 죽였지. 난 방 안으로 들어갔소. 우두머리는 나를 보자 달려들더니 마침내 나를 쓰러뜨리고 가슴을 타고 앉았지. 그가 나의 목을 베려고 하는 순간, 마침 내 뒤를 따라왔던 개가 우두머리의 뒷덜미를 물었소. 난 그때를 놓치지 않고 그를 죽여 버렸지. 그리고 나를 살려 준 개와 아내를 데리고 집으로 돌아왔소. 이 마른 해골이 우두머리라오. 자, 이제 내 비밀을 알았으니 어서 일어나시오. 당신을 죽이겠소."

"내가 기도를 드리도록 허락해 주시오."

왕은 핑계를 대고 밖으로 나와 불사조의 깃털에 불을 붙였다. 그러자 불사조가 나타나 왕을 태우고 날아갔다. 한편 남자는 밖에 나간 왕이 돌아오지 않자 밖으로 나왔다가 그가 도망간 것을 알게 되었다. 남자는 자신의 비밀이 세상에 밝혀지게 되자 먼저 아내를 죽이고 자신도 스스로 목숨을 끊었다.

한편 왕이 아전구에게 가서 자신이 들은 이야기를 들려주자 그도 자신의 비밀을 말해 주었다.

"어느 날 아전을 하고 나서 기도와 기원을 하고 있는데, 폭풍이 불어 그만 정신을 잃게 되었소. 정신을 차려 보니 낯선 도시에 와 있지 뭐요. 그곳에서 사람들은 내게 살라버트[이슬람교에서 예언자와 그의 후손을 축복하며 음식이나 물건을 헌사하는 일]로 빵을 주었다오. 나는 한 노인과 친해졌소. 그는 자신의 딸을 내게 주었고, 얼마 후 우리는 아이를 갖게 되었소. 그러던 어느 날 내가 아내에게 짜증을 내며 뺨을 때렸소. 그러자 갑자기 폭풍이 일었고, 내가 다시 눈을 떠서 보니 고향에 돌아와 있는 게 아니겠소. 그래서 나는 매일 아전을 하기 전에는 아내에게 돌아가기를 바라며 웃으면서 첨탑에 올라갔다가 아전이 끝나면 울면서 내려오는 것이라오."

왕은 이러한 비밀을 안장 만드는 사람에게 들려주었다. 그러자 그도 자신의 비밀을 털어놓았다.

"난 아내가 없었소. 그래서 모든 일을 혼자 처리했지. 어느 날 돌아와 보니 집 안이 깨끗하게 정리되고 음식까지 준비되어 있었소. 다음 날도 그렇게 정돈되어 있었지. 셋째 날 나는 몰래 집 안에 숨었소. 그런데 비둘기 한 마리가 날아와서 껍질을 벗더니 예쁜 아가씨로 변해 집안일을 하기 시작하는 게 아니겠소? 나는 얼른 그 껍질을 숨겼지. 일을 끝마친 아가씨는 자신의 껍질이 없어졌다는 사실을 알고 '누군가 있군요. 어서 나오세요.' 라고 했소. 나는 밖으로 나왔지. 아가씨는 자신의 옷인 껍질을 달라고 했어. 나는 말했지. '내 아내가 되어 주겠소?' 그러자 아가씨가 '아니요.' 라고 대답하며 '인간들은 생우유를 먹잖아요. 당신은 나를 부양할 수 없어요.' 라고 말하는 거요. 그래서 내가 말했지. '난 당신을 부양할 수 있소.' 그러자 그녀가 나한테 조건을 걸었지. 절대로 자신이 한 일에 대해 왜 이 일을 하는지, 왜 그 일을 했는지 묻지 않겠다는 조건이었소. 그리고 또 하나, 자신의 얼굴에 손을 대지 않는다는 조건을 걸었소. 난 그러겠다고 수락했지. 그리하여 우리는 부부가 되었소. 얼마가 지나 아들이 태어났소. 그런데 어느 날 빵 굽는 화덕에 불을 피우던 아내가 아들의 손을 잡아 화덕 안으로 던지며 말하기를 '언니, 잡아요.' 라고 하는 것 아니겠소? 난 아무 말도 할 수 없었지. 마침내 아들은 사라지고 딸을 얻게 되었소. 그런데 아내는 아들에게 했던 일을 다시 딸에게도 하는 것이었소. 나도 더 이상 참을 수 없어 아내의 뺨을 세게 때렸지. 몇 달이 지나서 아내는 빵을 만들었소. 그 일을 다 끝내고 나더니 화덕을 향해 말하기를 '언니, 아이를 주세요.' 하는 거요. 그러자 내 아들과 딸이 무사히 화덕 안에서 나오더군. 어느 날 우린 구경을 하기 위해 들로 나갔소. 그런데 아내가 아이들의 손을 붙잡더니 그만 웅덩이 안으로 빠져 버렸소. 그 뒤로 다시는 만날 수 없었소. 난 그날부터 아이들을 안장 위에 그리게 되었지만 안장을 팔지는 않았소."

　　왕은 집주인 여자에게 가서 안장 만드는 사람의 비밀을 들려주었다. 그러자 여자도 자신의 비밀을 말해 주었다.

"내 남편은 연금술사였어요. 남편은 매일 몇 사람씩 집으로 데려와서는 연금술을 부린 음식을 먹여 사람들을 금으로 변하게 했답니다. 그런데 저를 좋아하던 하인이 어느 날 남편에게 연금술을 부린 음식을 먹여 남편을 금으로 만들어 버렸어요. 다음 날 저는 그 하인에게 똑같이 해 주었어요. 하인도 금으로 변했지요. 그때부터 저는 가난한 사람들에게 금을 나누어 주고 있답니다."

여자의 말을 듣고 감동한 왕이 말했다.

"내 아내가 되어 주겠소?"

여자는 이를 받아들이지 않는 대신 왕에게 자신이 가진 금의 반을 주었다.

절름발이 알리

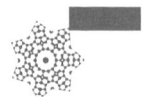

  이 세상에 가진 것이라고는 아들 셋밖에 없는 가난한 부부가 살고 있었다. 그들은 아주 힘겹고 어렵게 하루하루 살았다. 어느 날 아들 삼형제가 말했다.
  "아버지와 어머니는 지금까지 살아오면서 아무것도 이루신 게 없으니 이게 뭐예요!"
  이 말을 들은 아버지가 한숨을 푹 내쉬며 대답했다.
  "아들들아, 전에 산투르_{이란의 전통적인 현악기}가 있을 때는 이렇게 형편이 나쁘지 않았단다. 그런데 포악한 왕이 그 산투르를 나한테서 빼앗아 가 버려 지금처럼 이 꼴이 되었단다!"
  아버지의 말을 들은 세 아들은 몹시 화가 났다. 분노한 세 아들은 왕에게서 산투르를 되찾아 오기로 맹세했다.
  다음 날 첫째와 둘째아들은 동이 트기도 전에 길을 나섰다. 한참을 가다가 두 사람은 양치기를 만났다. 양치기가 물었다.
  "어디로 가는 길이오?"

두 아들이 대답했다.

"우리 아버지가 우리에게 남겨 줄 산투르를 왕이 강제로 빼앗아 갔어요. 그래서 그 악기를 되찾으려고 가는 길이에요."

"그럼 내가 양젖 한 사발을 짜 줄 테니 그것을 다 마시도록 하시오. 만약 그럴 수 있다면 산투르도 되찾을 수 있을 거요."

두 아들은 그렇게 하겠다고 했다. 양치기는 양젖을 짜서 사발에 담아 가져왔다. 그런데 두 아들은 아무리 애를 써도 양젖을 다 마실 수가 없었다. 그 모습을 지켜본 양치기가 말했다.

"당신들은 왕을 대적할 만한 인물이 못 되오."

두 아들은 하염없이 길을 가다가 이번에는 소 떼를 모는 목동을 만났다. 목동이 그들을 보고 물었다.

"어디로 가는 길이오?"

"왕이 사는 궁전으로 가는 길이에요. 왕이 강제로 빼앗은 우리 아버지의 산투르를 되찾으러 가는 길이지요."

그러자 목동이 대꾸했다.

"그렇게 무작정 가서는 안 되지. 힘이 세어야지."

"우리는 힘이 세답니다!"

두 아들은 항변했다.

"그렇다면 내가 소 두 마리에게 싸움을 붙여 놓겠소. 만일 자네들이 이 소 두 마리를 떼어 놓을 수 있다면 왕을 상대로 싸워 이길 수 있을 거요."

말을 마친 목동은 힘이 아주 세어 보이는 소 두 마리한테 싸움을 붙였다. 두 아들은 갖은 애를 다 써 보았지만 두 소를 떼어 놓을 수가 없었다.

그 광경을 본 목동이 말했다.

"공연히 헛걸음만 했구먼. 당신들은 왕의 상대가 되지 못하니 지금 당장 왔던 길로 되돌아가시오!"

이 말을 들은 두 아들은 못마땅한 얼굴을 하고 목동한테서 멀어졌다.

두 아들은 계속해서 길을 갔다. 그들은 한참을 가다가 낙타 치는 목장에 도착했다. 낙타 치는 목동이 그들을 보자 말을 건넸다.

"어디로 가는 길이오?"

"왕이 우리 산투르를 가져가 버렸어요. 그래서 어떠한 대가를 치르더라도 산투르를 되찾아 오려고 해요."

"그렇소? 그렇다면 내가 낙타 두 마리한테 싸움을 붙일 테니 어디 한번 떼어 놓아 보시오. 만약 당신들이 두 낙타를 서로 떼어 놓을 수만 있다면 산투르도 되찾을 수 있을 거요."

말을 마친 목동은 낙타 두 마리에게 싸움을 붙였다. 그러나 두 아늘이 아무리 애를 써 봐도 낙타들을 떼어 놓을 수가 없었다.

"쯧쯧, 당신들은 왔던 길로 되돌아가는 게 좋겠소. 그런 식으로는 왕을 상대할 수 없소."

두 아들은 그 말을 귀담아듣지 않고 가던 길을 계속 갔다.

한참을 간 두 아들은 마침내 왕의 궁전 근처에 도착했다. 그곳에서 갈증을 느낀 두 아들은 맑은 물이 흐르는 냇가에서 잠시 목을 축이기로 했다. 그런데 그때 마침 공주와 왕이 궁전 지붕 꼭대기에 있다가 말 탄 두 남자가 냇가로 다가가는 모습을 보게 되었다. 공주가 왕을 바라보며 말을 꺼냈다.

"아버님, 바람이 일었어요. 흙먼지가 일었어요. 말 탄 두 장정이 왔어요!"

이 말을 들은 왕이 물었다.

"어디 있느냐?"

"냇가에서 물을 후후 불어 가면서 마시고 있어요."

"떨지 마라. 떨 것 없느니라. 두려워할 이유가 없다."

그렇지만 공주는 계속 같은 말을 반복했다.

"아버님, 바람이, 바람이 왔어요. 흙먼지가 일었어요. 말 탄 두 장정이 왔어요."

왕이 다시 물었다.

"어디쯤 왔느냐?"

"포도밭에 도착했어요."

"무엇을 하고 있느냐?"

"포도를 먹고 있어요."

"어떻게 포도를 먹고 있느냐?"

"포도송이 하나를 따서 포도알을 하나씩 떼어 먹고 있어요."

"떨 것 없느니라. 떨지 마라. 떨 정도는 아니다."

한편 포도를 다 먹은 두 아들은 다시 말 위에 올라타 궁전 문 앞까지 왔다. 그곳에서 두 아들은 걸음을 멈추고 궁을 지키는 병사에게 왕을 만나고 싶다는 말을 전했다. 그러자 병사가 퉁명스럽게 말을 받았다.

"왕을 무슨 이유로 만나려고 하지?"

"우리 아버지의 산투르를 되찾으러 왔어요."

왕은 그 말을 전해 듣고 두 아들을 잡아 매우 치라는 명을 내렸다. 두 아들은 마구간으로 끌려갔다.

한편 막내아들인 알리는 두 형한테서 소식이 없자 아버지와 어머니를 보며 말을 꺼냈다.

"형들한테 무슨 일이 생긴 것이 틀림없어요. 제가 가서 형들을 찾고 왕이 그 산투르를 어떻게 했는지 알아봐야겠어요."

그러나 알리의 부모는 아들을 말렸다.

"그건 불가능한 일이다. 네 형들이 멀쩡한 두 발로도 못한 일을 절름발이인 네가 어떻게 해낼 수 있겠니."

그러나 알리는 대꾸하지 않고 있다가 동이 트기 전 집을 나와 들판으로 갔다. 알리는 한참 길을 가다가 두 형이 전에 만났던 그 양치기와 맞닥뜨렸다. 양치기는 전에 두 형에게 얘기했던 것과 똑같은 말을 알리에게 하였다. 알리는 양젖 한 사발을 다 비우고 또 한 사발을 달라고 했다. 그러자 양치기는 매우 놀라면서 알리에게 하려는 일이 성공할 것이라고 말해 주었다.

알리는 그렇게 계속 가면서 소 치는 목동의 시험도, 낙타 치는 목동의 시험도 모두 당당히 통과하였다. 낙타를 치는 목동이 알리에게 이렇게 말했다.

"사네는 한쪽 발이 마저 없어진다고 해도 왕을 대적할 수 있을걸세."

낙타를 치는 목동과 헤어진 알리는 한참 길을 가고 간 끝에 왕이 살고 있는 궁전 근처에 다다랐다. 이번에도 공주는 왕과 함께 궁전 지붕 꼭대기에 올라가서 주변 경치를 감상하고 있었다. 갑자기 공주가 소리를 질렀다.

"아버님, 아버님, 바람이 왔어요. 흙먼지가 일었어요. 말 탄 사람 하나가 왔어요!"

왕이 물었다.

"어디에 있느냐?"

"냇가에 있어요."

"어떻게 물을 마시느냐?"

"입을 물가에 대고 물에 뜬 먼지와 티끌은 신경도 안 쓰고 마시고 있어요."

그러자 왕이 외쳤다.

"이자는 두려워해야 할 대상이구나. 두려운 존재야!"

얼마 지나지 않아서 공주가 또다시 소리를 질렀다.

"아버님, 아버님, 바람이 일고 흙먼지가 일어요. 말 탄 사람 하나가 왔어요."

"어디에 있느냐?"

"포도밭에 있어요."

"무엇을 하고 있느냐?"

"포도를 먹고 있어요."

"어떻게 먹고 있느냐?"

"포도나무에서 송이째 따서 그냥 입에 쑤셔 넣어 먹고 있어요."

"그래. 그는 무서운 대상이로구나. 조심해야 할 존재야."

포도를 다 먹은 알리는 궁전을 향해 속도를 내어 달렸다. 이윽고 궁전 담 아래에 도착하자 그는 걸음을 멈추고 소리를 질렀다.

"왕은 어디에 계시오?"

병사들이 왕에게 무슨 볼일이 있느냐고 묻자 알리가 대답했다.

"우리 아버지의 산투르를 찾으러 왔소. 그 물건을 돌려받지 못하면 여기서 꼼짝도 안 할 것이오."

이 소식은 곧 왕의 귀에 들어갔다. 왕은 알리를 잡아다가 실컷 두들겨 패고 마구간에 처넣은 뒤 목에 여물 주머니를 매달아 놓으라는 명령을 내렸다. 병사들은 왕의 명령대로 우르르 몰려나와 알리를 잡아다가 실컷 두들겨 패고 마구간으로 데려가 여물 주머니를 목에 매달고 쇠사슬로 꽁꽁 묶어 버렸다. 그런데 병사들이 돌아서

서 채 몇 발자국 가지 않아서 알리는 쇠사슬을 끊고 목에 걸린 여물 주머니도 벗어 던지고 두 형들도 구해 냈다. 그런 다음 두 형에게는 소 꼬리와 낙타 꼬리를 주고 자신은 곤봉을 들고 왕과 싸우러 나섰다. 세 아들은 눈앞에 보이는 자는 모두 죽여 없앴고, 결국 궁전 안에는 공주를 제외하고 아무도 남지 않게 되었다. 세 아들이 왕의 보물 창고가 어디 있느냐고 묻자 공주는 순순이 가르쳐 주었다. 보물 창고의 문을 열어 보니 눅눅한 곰팡이 냄새가 진동했다. 보물 창고가 우물 안에 있다는 사실을 눈치 챈 삼형제가 내려가기를 망설이고 있을 때 큰아들이 말했다.

"내가 내려가겠다."

그러고는 허리에 밧줄을 묶고 우물 아래로 내려갔다. 그러나 채 반도 내려가기 전에 소리를 질렀다.

"난 못 해, 도저히 못 하겠어."

위에 있던 나머지 형제가 형을 밖으로 끌어 올렸다.

이번에는 둘째가 말했다.

"이번에는 내 차례야."

하지만 둘째도 중간 정도까지 내려가다가 "난 못 해, 도저히 못 하겠어."라고 소리를 지르고는 밖으로 나오고 말았다. 그리하여 결국 알리가 우물 안으로 들어가게 되었다. 알리도 우물 중간 정도에 다다르자 더 이상 들어갈 수가 없었다.

"난 못 해, 나 포기할래."

그러나 알리의 두 형은 들은 척도 하지 않고 알리를 그냥 우물에 내버려둘 속셈으로 밧줄을 싹둑 잘라 버렸다. 알리는 우물 바닥으로 떨어졌다. 그런데 놀랍게도 우물 바닥에는 온갖 칼이며 장검이며 금은보화가 가득했다. 알리는 보물 사이를 한참 뒤적이다가 마침내 아버지의 산투르를 찾아냈다. 그러나 두 형이 밧줄을 잘라 버렸기 때문에 위로 올라갈 방도가 막막했다. 알리는 소리쳤다.

"나를 좀 올려 줘."

그러자 두 형은 산투르를 먼저 위로 보내지 않으면 위로 못 올라올 것이라고 대답했다. 알리는 어쩔 수 없이 산투르를 위로 던졌다. 그러나 형들은 둘이서 짜고 산투르만 받고 알리를 위로 끌어올리지 않기로 했다. 형들이 말했다.

"이제 양치기와 낙타 치던 목동과 소 치던 목동이 우리를 잘못 판단했다는 걸 알게 되겠지. 어서 가서 아버지의 산투르를 되찾고 왕을 죽인 사람이 바로 우리 두 사람이라고 말하자."

집으로 돌아오는 길에 두 아들은 양치기와 낙타 치는 목동과 소 치는 목동을 만나서 산투르를 보여 주며 자초지종을 이야기했다.

"우리가 해냈어요."

그러나 아무도 그 말을 믿지 않았고, 오히려 그 일은 알리가 한 것이라고 생각했다. 큰아들과 작은아들이 집으로 돌아오자 아버지와 어머니는 알리가 어디 있느냐고 물었다. 그러나 두 형은 알리를 보지 못했다고 거짓말을 했다.

한편 비정한 두 형 때문에 우물에 갇힌 알리는 큰 칼을 하나 들고 우물 벽을 파기 시작했다. 한참을 계속하니 그 틈으로 한 줄기 빛이 들어왔다. 알리는 어느 들판 밖으로 머리를 쑥 내밀게 되었다. 그곳에서는 농부 한 명이 땅을 갈고 있었다. 알리는 농부에게 다가가서 여기가 어디냐고 물었다.

그러자 농부가 대답했다.

"여기서는 큰 소리로 말을 해서는 안 된다네. 여기는 요괴의 땅이거든. 만약 요괴에게 발각되는 날이면 당장 죽은 목숨일세."

"물이랑 빵 좀 주세요. 목이 마르고 배가 고파서 거의 죽을 지경이거든요."

농부가 빵과 물을 가지러 자리를 뜨자 알리는 농부 대신 밭을 갈았다. 농부에게 빵과 물을 받아 요기를 한 알리는 기운을 차리고 농부와 헤어졌다. 그러고는 원래 가려던 길을 계속 갔다.

한참을 가다가 맑은 물이 솟아나는 샘가에 이르렀다. 그 샘가에는 오래된 나무 한 그루가 하늘 높이 솟아 있었다. 알리는 목을 축인 다음 나무 그늘에서 잠시 쉬기로 했다.

그런데 나무 꼭대기에서 새 몇 마리가 짹짹거리는 소리가 들려 고개를 들어 보니 커다란 구렁이 한 마리가 불사조 새끼들을 향해 다가가고 있었다. 절름발이 알리는 허리춤에 차고 있던 칼을 꺼내서 구렁이를 찔러 죽였다. 그러자 불사조 새끼들은 잠잠해졌고 알리 역시 나무 그늘 아래서 곤히 잠을 청할 수 있었다.

그렇게 한참을 자고 있는데 어미 불사조가 나타났다. 불사조는 나무 그늘 아래서 잠들어 있는 인간의 모습을 보고 혼잣말로 중얼거렸다.

"여기에 웬 인간이 있지?"

불사조는 다시 날갯짓을 해서 산으로 날아가서는 커다란 돌판을 하나 집어 들고 돌아왔다. 불사조가 그 돌판을 알리에게 던지려는 찰나 불사조의 새끼들이 큰 소리를 내며 막았다.

"만일 이 사람이 없었다면 지금쯤 우리는 구렁이 배 속에 들어가 있을 거예요."

"그래? 그렇다면 이 청년에게 보답을 해야겠구나."

알리가 잠에서 깨자 어미 불사조는 인사를 하며 말을 건넸다.

"젊은이, 여기서 무엇을 하고 있는 거요?"

알리는 지금까지 겪은 일을 처음부터 끝까지 들려주었다. 알리의 이야기를 듣고 감동한 불사조는 그를 부모에게 데려다 주겠다고 약속하고 등에 태웠다.

한참을 날아가던 불사조와 알리는 어느 성에 도착하게 되었다. 성에서는 혼례식이 벌어지고 있었다. 알리는 불사조에게 그곳으로 내려가자고 부탁했다. 불사조가 땅에 내려앉자 알리가 말했다.

"자, 이제 당신은 새끼들 곁으로 돌아가세요. 만약 당신이 필요하게 되면 그때 다시 부를게요."

그러자 불사조는 날개에서 깃털 하나를 뽑아 주며 말했다.

"이 깃털을 불에 태우면 언제든지 날아오겠소."

알리가 성 안에 들어가서 보니 혼례식에 장작이 필요해 보였다. 그래서 그는 장작을 모아 주고 수고비를 받았다.

밤이 되자 알리는 성 안에 남아 혼례식에 참석했다. 그리고 다음 날 아침 일찍 불사조의 깃털에 불을 붙였다. 얼마 지나지 않아 불사조가 성 안에 모습을 나타냈다. 알리는 불사조의 등에 올라타고 고향으로 날아갔다. 그런데 날아가는 도중에 불사조는 허기가 지고 배가 고파 날갯짓이 점점 느려졌다. 그래서 알리는 허리춤에 찬 칼로 자신의 허벅지 살을 조금 도려내 불사조에게 건네주었다. 그러자 불사조는 허벅지 살을 다시 돌려주며 말했다.

"내가 어떻게 당신의 살을 먹을 수 있겠어요? 차라리 땅으로 내려가 사냥을 하겠어요."

땅으로 내려온 불사조는 알리의 허벅지 살에 자신의 침을 묻혀 원래 자리에 다시 붙여 주었다. 그런 다음 둘이서 사냥하여 배를 채웠다. 배가 부른 알리와 불사조는 다시 하늘로 날아올랐다.

불사조는 한참 동안 날아 마침내 알리의 집 지붕 위에 다다랐다.

불사조가 자신을 지붕 위에 내려 주기 전에 알리는 불사조에게 자기 집에서 쉬었다 가라고 부탁했다. 그러나 불사조는 슬픈 표정으로 말했다.

"새끼들이 배가 고플 거예요. 새끼들을 돌봐 줄 이가 아무도 없어요."

불사조는 알리를 꼭 한 번 안아 준 뒤 날아가 버렸다. 둘은 아쉬운 마음을 뒤로한 채 헤어졌다.

마침내 알리는 집으로 돌아와 아버지와 어머니, 그리고 두 형을 만나 몹시 기뻐했다. 그러나 지금까지 있었던 일은 말하지 않았다.

그런데 다음 날 알리의 아버지가 어떻게 알았는지 밖으로 나가 냄새 나는 양파 껍질과 개똥을 모아 온 다음 첫째와 둘째아들을 불이 붙은 양파 껍질과 개똥 속으로 밀어 넣어 버렸다.

어레프와 공주

옛날 옛날 아주 오랜 옛날에 한 나라가 있었다. 그런데 이 나라의 왕은 종교를 갖고 있지 않았다. 백성들도 모두 종교가 없었다. 그러나 왕의 딸인 공주는 섬기는 신이 있었다. 한편 어레프라는 이름을 가진 키가 훤칠한 젊은이도 헤즈르 성인[1]의 보살핌을 받아 신을 섬기고 있었다.

어느 날 밤 공주와 어레프는 서로 만나는 꿈을 꾸었다. 꿈에서 그들은 서로에게 반해 사랑하는 사이가 되었다. 그러나 공주에게는 이미 정혼자가 있었으니, 바드테시라는 이웃 나라의 왕자였다. 바드테시는 복수심이 아주 강하고 이기적인 젊은이였다.

어레프는 꿈속에서 만난 처녀를 찾아 이 마을 저 마을, 이 도시 저 도시로 떠돌아다니기 시작했다. 공주 역시 날마다 궁전 첨탑에 올라가 사방을 둘러보며 꿈속에서 만났던 젊은이가 나타나서 애타는 자기 마음을 식혀 주고 달래 주기만을 기다렸다. 그러나 며칠이 지나도 꿈속의 젊은이는 나타나지 않았다. 그래서 공주는 아주 층

직한 하녀에게 자신이 꿈속의 젊은이를 기다린다는 사실을 털어놓았다. 그 하녀는 늙었지만 아주 현명한 여자였다.

늙은 하녀가 물었다.

"그 젊은이는 어떤 특징을 갖고 있었나요?"

"고난을 당하더라도 피하지 않고 오히려 당당하게 맞서는 용감한 청년이었어."

사흘째 되는 날 하녀는 공주가 말한 대로 용감해 보이는 젊은이가 성문에 들어서는 것을 보게 되었다. 하지만 확신이 서지 않아서 고개를 갸우뚱거리며 의심에 찬 눈초리로 젊은이를 관찰했다. 마침내 젊은이도 그 노파가 공주의 하녀임을 알아차리고 말을 건넸다.

여보세요, 할머니. 여보세요, 할머니. 그 눈길이 좀 이상하네!
지나다니는데 무슨 흙먼지가 그리도 이는가!
내 손을 잡아 집에 있는 연인의 머리맡으로 데려가 주게.
연인의 머리에 빗질을 해 주고 싶으니.

노파는 이 젊은이가 찾고 있던 바로 그 사람이라는 확신이 들어 공주한테로 갔다.

공주가 물었다.

"찾았느냐?"

늙은 하녀가 머리를 끄덕였다.

"그럼 어서 가서 그 젊은이를 궁전 근처로 데려오렴."

하녀는 그 길로 다시 돌아가 젊은이를 부르고는 살짝 귀띔을 해 주었다.

"공주님은 궁전 첨탑 위에 있답니다. 궁전 가까이로 가세요."

젊은이는 궁전 가까운 곳으로 갔다. 공주는 그를 보자 시 한 수를 읊었다.

당신이 어레프, 당신이 바로 나의 어레프.
한밤중이 되어야 오시니 내가 어찌 당신을 알아보겠어요.
당신은 한밤중에 와서 한밤중에 가 버리겠네요.
어디 한 곳에 앉아 봐요. 내가 당신인 줄 알아볼 수 있도록.

그런 다음 공주는 물을 한 동이 쏟아부으며 길을 내었다.
"이 물이 흐르는 곳을 따라오세요."
그러고는 거울을 쳐다보며 덧붙였다.
"밤이 깊어지면 오세요."
밤이 깊어지자 어레프는 공주를 만나기 위해 물로 된 길을 따라서 궁전 안으로 들어갔다. 하지만 불운하게도 보초를 서던 병사가 이를 눈치 채고 공주가 어느 남자를 방으로 불러들였다는 사실을 왕에게 고했다. 왕은 처음에는 이 사실을 믿지 않다가 잡혀 온 젊은이를 보고 몹시 기분이 상했다. 왕은 병사들을 내보내고 나서 젊은이에게 물었다.
"너는 누구냐? 어디에서 온 녀석이지?"
"저는 공주님을 꿈속에서 만났습니다. 그래서 공주님을 만나기 위해 먼 길을 달려왔습니다."
왕은 어레프의 기개에 놀라 돈이 가득 든 주머니를 건네주며 말했다.
"이 돈 주머니를 받아라. 그리고 이곳을 떠나라."
그러나 어레프는 이렇게 대답했다.

"이 세상에 제가 원하는 것이 있다면 그건 오로지 공주님뿐입니다. 돈 따위는 관심 없습니다."

결국 왕은 어레프를 잡아다가 감옥에 집어 넣어 버렸다. 이 사실을 안 공주는 감시병에게 뇌물을 주고 어레프를 만나러 감옥으로 들어 갔다. 묶인 어레프를 본 공주는 이번에도 시 한 수를 읊었다.

저 귀하고 귀한 이들을, 아름다운 갈색을 가진 말들을
무정하고 무심한 사람들아, 이 젊은이의 발목을 묶어 놓았네.
여보게 환관, 내 연인을 내주게.
연인이여, 내 닷새 뒤 그대 손을 잡으리라.

어레프도 시로써 응수했다.

당신을 만나게 해 준 신의 은혜에 감사할 뿐이오.
닷새 뒤에는 당신의 아버지가 내 명령에 따르게 되리니.

공주는 감옥을 지키고 있던 병사를 매수해 왕이 물어 보면 "왕이 닷새의 말미를 주실 거요."라고 고하라고 시켰다.

한편 왕은 감옥의 감시병을 불러 죄인의 동태가 어떠한지를 물었다. 감시병은 죄인의 행동에 전혀 이상하거나 수상한 점이 없다고 고했다. 왕이 다시 물었다.

"죄인이 뭐라고 말한 것은 없더냐?"
"예, 있습니다. 전하."
"그게 무엇이더냐?"
감시병이 아뢰었다.

"'왕이 닷새의 말미를 주실 거요.' 라고 했습니다."

이 말에 화가 난 왕은 병사에게 당장 죄인을 대령하라고 명했다. 죄인을 대령하자 왕이 물었다.

"내게 원하는 것이 있느냐?"

어레프는 같은 말을 되풀이했다.

"오로지 공주님만을 원합니다."

"좋다. 그렇다면 공주를 너에게 주겠노라. 그러나 단 한 가지 조건이 있다. 7일 내로 돈 주머니 일곱 개를 마련해 오너라."

어레프는 조건을 받아들이고 곧장 길을 떠나 해 질 무렵 어느 노파의 집에 이르게 되었다.

"할머니, 지나가는 나그네인데 신세 좀 져도 될까요?"

그러자 노파가 말했다.

"어서 들어오게. 손님은 신이 주신 소중한 선물일세."

어레프는 노파에게 지금까지 겪었던 일을 모두 털어놓았다. 젊은이의 처지를 딱하게 여긴 노파가 말문을 열었다.

"왕이 젊은이한테 공연한 일을 시켰구먼. 내일이 공주님의 결혼식이란 걸 젊은이는 몰랐나?"

"몰랐어요, 할머니."

노파는 젊은이가 안타까웠다.

"사랑의 열병을 앓는 것보다 더 고약한 병은 없는 법이지, 암. 젊은이, 왔던 곳으로 돌아가게나. 혹시 아는가? 젊은이에게 행운이 따를지."

어레프는 서둘러 다시 성 안으로 돌아갔다. 아니나다를까 성 안은 잔치 준비로 시끌벅적하니 소란스러웠다.

"대체 무슨 일이오?"

"공주님의 결혼식이래요."

어레프는 몸을 숨긴 채 공주의 뒤를 밟으며 그녀한테서 눈을 떼지 않았다. 잔치가 끝나자 시녀들이 신부를 목욕탕으로 데리고 갔다. 목욕을 마치면 신부는 곧장 신랑이 살고 있는 이웃 나라로 떠날 터였다. 목욕탕 문 앞에 다다른 신부는 순간 어레프가 와 있음을 느끼고 정신을 잃고 쓰러졌다. 그러자 그는 목욕탕 앞에 있는 버드나무 꼭대기로 올라가 공주에게 시를 읊었다.

버드나무 같은 나의 연인이여,
튤립이 가득 핀 꽃밭 공주의 붉은 뺨을 의미함 을 보았다오.
흑단 같은 머리가 물결 치는 것을 보았다오.
아래로 내려가 그대의 손을 잡고 싶을 뿐
저 아래에는 개와 몸종들이 가득한 광경만 보일 뿐이오.

공주도 정신을 차리고 어레프의 목소리를 들었다. 그는 계속 말을 이었다.

"이제는 어쩌면 좋단 말이오?"

공주가 대답했다.

"신부 행렬을 따라오세요."

신부를 태운 행렬이 드디어 이웃 나라로 떠났다. 한참을 가다가 행렬이 어느 숲에 도착하게 되자 공주가 말을 꺼냈다.

"여기서 점심을 먹겠다."

시종들이 말에서 내려 점심을 준비하는 사이 공주는 핑계를 대고 시종들한테서 멀리 떨어져 나와 어레프와 약속한 장소로 달려갔다. 그는 나무 아래에서 잠들어 있었다. 하지만 공주는 그를 깨우고 싶지 않았다.

그대는 잠이 들었으나 당신의 연인은 왔다 갑니다.
당신을 만나게 해 주신 신에게 감사를 드릴 뿐이에요.
맛있는 음식이 입 안에 잠깐 동안만 머물러 있듯
달콤한 당신의 연인도 잠깐 왔다 그냥 갑니다.

어레프는 그녀의 목소리에 몸을 떨며 잠에서 깨어 말을 받았다.

만일 내가 당신이 온 걸 알았다면
당신이 오시는 길목마다 향기로운 재스민 꽃을 심어 놓았을 것을.
내가 직접 심어 예쁘게 가꾸어 놓았을 것을.
밟고 오시는 그 길목의 흙을 내 두 눈에 뿌려 놓은 듯 당신을 기다렸을 텐데.

말을 마친 어레프와 공주는 끝내 울음을 터뜨리고 말았다. 신부 행렬이 있는 곳으로 돌아간 공주는 너무 마음이 아파서 아무것도 먹을 수가 없었다. 신부를 태운 행렬이 다시 길을 움직여 어느 도시에 다다랐을 때 어레프가 다시 시를 읊었다.

자, 이제 그대는 가는구려. 신께서 언제나 그대와 함께하기를.
태양과 달과 별들이 당신의 앞길을 인도해 주기를.
그대가 어디를 가든지 나는 당신이 머물 곳이 되겠소.
신과 예언자 모하마드와 알리가 당신 곁에 함께하기를.

●──이란 민담

이에 공주도 시로써 화답했다.

하늘의 태양이 다시 뜬다고 해도 제가 어쩌겠어요?
제 운명이 이러하다면 이제 와서 어쩌겠어요?
신의 은혜에 감사를 드릴 뿐이나
신이 원하시는 바가 이러하다면 제가 어쩌겠어요?

신부를 태운 행렬이 도시로 들어가자 어레프는 행렬에서 떨어져 나왔다. 어느 노파의 집에 다다른 그는 잠시 신세를 져도 되느냐고 청했다. 노파가 어레프를 손님으로 맞았다. 그러자 어레프가 노파에게 물었다.

"할머니, 성 안에서 무슨 일이 일어났어요?"

"우리와는 아무 상관없는 일이라네."

"그럼 다른 사람들과는 상관 있는 일인가요?"

"사람들이 그러더군, 내일이 왕자님의 혼례식 날이라고. 그런데 신부가 될 공주한테 사랑하는 사람이 생겨 마치 그림자처럼 공주를 따라오고 있다는구먼."

그 말에 어레프는 울음을 터뜨렸다. 딱한 마음이 들어 노파는 측은한 눈빛으로 이 젊은이를 바라보았다. 어레프가 말문을 열었다.

"사랑에 빠진 그 불행한 이가 바로 저예요."

"사실 나도 첫눈에 그걸 눈치 챘지."

"사랑에 빠진 사람한테 무슨 특징이 있나요?"

"사랑에 빠진 이의 눈빛은 다른 사람들의 눈빛과는 다른 법이지. 그 눈빛에 아픔이 서려 있거든."

젊은이가 아무 말도 하지 않자 노파는 말을 이었다.

"참, 오늘은 혼례식에 쓸 쌀을 고르는 날이라네."

그 말을 들은 어레프는 뭔가 떠오르는 게 있었다.

"제가 시 한 수를 읊을 테니, 오늘 쌀을 고르러 가셔서 저 대신 읊어 주실래요?"

"물론이지."

할머니는 선뜻 응했다.

어레프가 시 한 수를 읊어 주자 노파는 잘 들어 두었다가 바드테시의 궁전으로 향했다. 궁전은 이루 말할 수 없이 호화로웠다. 그곳에는 사람이 많이 모여 있었고, 신부도 한쪽 구석에 앉아서 여자들의 일하는 모습을 바라보고 있었다. 노파가 여자들에게 돌아가면서 노래를 한 곡씩 하자고 권하자 모두들 좋다고 했다. 마침내 노파의 차례가 되자 그녀는 공주를 바라보며 노래했다.

보름날 밤에 뜬 달 같은 그대여, 우리 함께하고 있나요?
보름달이여, 그대 약속을 잊지 않았지요?
신의 은혜에 감사를 드립니다.
맹세컨대 지금 우리 생각을 하고 있나요?

그러자 공주도 응수했다.

보름달은 그대와 늘 함께하고 있어요, 꼭.
약속을 잊지 않고 있어요, 꼭.
신의 은혜에 감사를 드립니다.
보름달도 맹세컨대 당신 생각을 하고 있어요, 꼭.

그때 잔뜩 화가 나 있던 바드테시가 공주에게 다가오며 말했다.

오늘 흙먼지가 이는 날씨를 보게 될 거요.
오늘 한 사람에게 마음을 뺏긴 자, 말 위에 올라탄 걸 보게 될 거요.

이 말을 들은 공주는 무서워 몸을 떨며 말했다.

오늘 흙먼지 이는 날씨를 보게 될 거라면 보지 마세요.
오늘 한 사람에게 마음을 뺏긴 자가 말 위에 올라탄 걸 보게 될 거라면 보지 마세요.

공주는 어레프를 찾아가 바드테시가 그를 죽이려고 한다는 사실을 전했다. 그러고 나서 궁전 밖에서부터 바드테시의 방 밑까지 굴을 판 다음 두 사람이 말다툼할 때 굴을 박차고 나와 바드테시를 죽이고 둘이 함께 도망치는 것만이 유일한 살 길이라고 했다.
　어레프는 공주에게 들은 대로 궁전 밖에서부터 굴을 파서 바드테시의 방으로 들어와 그를 죽인 후 공주의 손을 잡고 도망쳤다.
　두 사람은 한참 동안 길을 걸어 공주의 고향으로 돌아왔으나 성 안으로 들어가기란 불가능한 일이었다. 그래서 그들은 성 밖 언덕 위에 천막을 치고 살았다.
　그러던 어느 날 공주가 돌아왔다는 소식이 왕의 귀에까지 들어가게 되었다. 노발대발 화가 난 왕은 어레프에게 반드시 앙갚음을 하겠다고 맹세했다. 그러나 달리 뾰족한 방법이 없었다. 그때 왕의 이발사가 왕 앞으로 나오더니 말했다.
　"왕이시여, 허락만 해 주신다면 머리를 다듬어 준다는 핑계를 대어 그 젊은이에게 접근해 죽이고 오겠습니다."

"만약 그놈을 죽여 준다면 너에게 금화 백 냥을 주겠노라."

그래서 이발사는 이발 도구를 챙겨 언덕 위로 올라갔다. 그러나 영리한 어레프는 이발사가 다른 꿍꿍이가 있어서 왔다는 사실을 한눈에 알아보았다. 그가 이발사에게 말했다.

"그래, 왕의 명으로 나를 죽이려고 왔소?"

이발사는 몸을 부들부들 떨면서 아니라고 거짓말을 했다. 그러자 어레프가 다시 말했다.

"당신을 죽이지 않고 그냥 살려 줄 테니 어서 왔던 길로 돌아가시오."

결국 이발사는 뜻한 바를 이루지 못하고 돌아갔다.

이발사에 이어 중매쟁이가 약혼식을 해 주겠다는 핑계를 대고 어레프를 죽이러 왔으나, 그 역시 겁을 주어 쫓아 버렸다. 이러지도 저러지도 못하게 된 왕은 전갈을 보내 더 이상 어레프를 괴롭히지 않겠다는 뜻을 전했다. 그러자 어레프는 왕에게 맹세를 하라는 전갈을 보내왔다. 왕은 사람들을 불러 놓고 두 사람 앞에서 맹세하는 척했다. 공주는 어레프에게 절대 물이나 음식에 입을 대지 말라고 충고했다.

어레프와 공주가 언덕 아래로 내려오자 하인들이 그에게 과일즙을 한 잔 가지고 왔다. 그러나 공주의 말을 깜빡 잊은 어레프가 그만 즙을 마시고 말았다. 그 모습을 본 공주가 말했다.

그대 어레프여, 과일즙을 마시지 마요.
내가 했던 말을 잊지 마요.
잠이 들더라도 정신을 똑바로 차리고 있어야 해요.

그때 왕이 어레프를 향해 말했다.

"젊은이, 그대가 원하는 게 뭔지 말하라! 재산이냐 아니면 지위와 명성이냐?"

어레프가 대답했다.

"사랑에 빠진 사람이 연인의 사랑 말고 원하는 게 또 있겠습니까?"

이 말을 들은 왕은 화가 치밀어 그를 돌로 쳐 죽이라는 명령을 내렸다. 근위병들은 울고불고 애원하는 공주는 신경도 쓰지 않은 채 어레프를 질질 끌고 나가서 돌팔매질을 했다. 한참 동안 통곡을 한 공주는 왕에게 어레프의 옷만이라도 갖게 해 달라고, 그리고 그의 시체를 사원에 안치해 달라고 부탁했다. 어쩔 수 없게 된 왕은 공주의 청을 받아들였다.

한밤중이 되자 헤즈르 성인이 사원에 나타나 어레프를 불렀다.

"어레프야, 어레프야."

어레프한테서는 아무런 대답이 없었다. 헤즈르 성인이 다시 그의 이름을 불렀다. 마침내 어레프가 눈을 떴다. 그러나 자기는 이제 병약하고 아무것도 할 수 없는 처지가 되었다고 말했다. 헤즈르 성인이 그의 손을 잡았다.

"일어날지어다."

그러자 신기하게도 어레프는 잃었던 기력을 되찾았다. 다시 건강을 찾게 된 그는 몹시 기뻤다.

헤즈르 성인이 말했다.

"옷을 입어라."

어레프는 공주의 처소 앞으로 가서 자기 옷을 돌려 달라고 했다. 공주는 기뻐서 입을 다물지 못한 채 그에게 옷을 입혀 주었다.

"대체 어떻게 다시 살아난 거예요?"

어레프는 헤즈르 성인이 자기의 수호신이라 다시 살아날 수 있었다고 대답했다. 왕은 다시 살아난 어레프를 보자 몹시 두려웠다. 두려움이 너무 컸던 나머지 그는 꼼짝도 하지 못하고 혼잣말로 중얼거렸다.

"아니, 어레프가 성인의 보살핌을 받고 있었다니……. 어쩌면 나와 내 가족을 몰살할 수도 있겠구나."

왕은 맨발로 허둥지둥 어레프 앞으로 달려가 물었다.

"여보게, 원하는 게 뭔가?"

어레프는 인정머리라고는 하나도 없는 왕의 두 눈을 쳐다보며 대답했다.

"왕이시여, 당신은 뭘 원하십니까?"

"자네가 내 사위가 되어 주길 바랄 뿐이라네."

그래서 어레프는 웃음을 지으며 공주의 손을 잡았다. 곧 어레프와 공주의 혼례식이 성대하게 치러졌다. 두 사람의 혼례식은 너무 성대해서 아직까지도 끝나지 않았다고 한다.

●──주

1 이슬람교에서 말하는 신비로운 인물로, 생명수를 마셔 절대로 죽지 않으며 사람들의 소원을 들어준다고 알려져 있다. 이 성인이 가는 곳이면 어디든지 주변과 자연이 초록색으로 바뀐다고 한다.

거짓말쟁이 노예

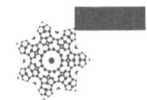

　옛날에 어느 노예 주인이 자신의 노예를 팔기 위해 시장에 데리고 나갔다. 사람들이 물었다.
　"이 노예는 얼마요?"
　"아주 싼 값에 팔아요. 1게런^{이란의 옛날 화폐 단위}만 줘요."
　노예는 건장해서 일을 민첩하게 잘할 것처럼 보이는 데다가 눈빛도 영리해 보였다. 사람들이 다시 물었다.
　"이 노예한테 무슨 문제라도 있나요? 이렇게 싼 값에 내다 팔려고 하는 걸 보니 말이오."
　노예 주인이 대답했다.
　"이 노예는 도둑질도 안 하고 음탕하지도 않아요. 은혜를 모르는 것도 아니고 다른 사람의 험담도 안 하죠. 단 한 가지 흠이 있다면 거짓말을 잘한다는 겁니다."
　이 말을 들은 사람들은 모두 그 노예한테서 고개를 돌려 버렸다. 그러나 한 상인이 그 노예를 사서 집으로 데리고 왔다. 상인은 일단 노예를 배불리 먹인 다음 물었다.

"여봐라."

노예가 공손히 대답했다.

"예, 주인님."

"일 년에 몇 번이나 거짓말을 해야 하느냐?"

"일 년에 적어도 열 번은 해야죠."

"그건 너무 많지 않느냐?"

"그러면 주인님을 봐서 일 년에 다섯 번만 거짓말을 할게요."

"그래도 너무 많구나."

오랫동안 이야기를 주고받은 뒤 상인과 노예는 일 년에 딱 두 번만 거짓말을 하기로 합의를 보았다. 상인은 속으로 생각했다.

'일 년에 거짓말 두 번 하는 게 뭐 그리 대수겠어? 그렇다고 하늘이 무너지는 것도 아니고, 다른 사람의 집에 불이 나는 것도 아닐 텐데 말이야.'

그런 다음 상인은 상점과 집안일을 모두 노예에게 맡겼다. 노예는 실수 하나 없이 일을 잘 해냈다.

그러던 어느 날이었다. 노예는 거짓말을 하고 싶은 충동이 일었다. 거짓말을 안 하려고 무척 애를 써 봤지만 아무 소용이 없었다. 그래서 노예는 상인의 집으로 가서 그 아내에게 말했다.

"주인마님, 왜 이러고 앉아 계시는 거예요? 주인님한테 다른 여자가 생겼다고요."

상인의 아내가 놀라서 물었다.

"남편에게 여자가 생겼다고? 말조심해라. 우리 남편은 물보다도 더 깨끗한 양반이란다."

노예도 지지 않고 맞섰다.

"제 두 눈으로 똑똑히 보았다니까요. 주인님이 어떤 여자랑 노닥거리고 계시더라니까요. 그러면서 그 여자한테 조만간 혼례를 올리자고 약속하시는 걸 제 귀로 똑똑히 들었다고요."

그런데도 상인의 아내는 그 말을 믿지 않았다. 노예는 포기하지 않고 계속 말했다.

"만약 오늘 밤에 주인님이 식사를 안 하시고 피스타치오만 드시면 제 말이 사실이라고 믿으셔야 됩니다요."

그다지 영리한 여자가 아니었던 상인의 아내의 마음에 슬슬 의심이 싹트기 시작했다.

"만약 네 말이 사실이라면 이제 나는 어쩌면 좋겠느냐?"

그러자 노예가 대답했다.

"밤에 주인님이 잠드시면 면도칼로 주인님의 턱수염을 반만 밀어 버리세요. 사람들 앞에서 망신 좀 당하시게요."

노예는 다시 가게로 돌아가서 이번에는 상인에게 거짓말을 하기 시작했다.

"지금 왜 이러고 앉아 계시는 거예요? 마님이 다른 남자한테 마음을 빼앗기셨다고요."

하지만 상인 역시 노예의 말을 믿지 않았다.

"집사람이 그랬다고? 이런 눈도 없는 놈아. 지금까지 하늘에 떠 있는 태양조차 집사람의 얼굴을 본 적이 없는데, 왜 그런 쓸데없는 말을 하는 거냐?"

그 말에 노예는 낄낄거리며 말했다.

"이런! 주인님도 참 한심하십니다. 마님이 집 안으로 웬 녀석을 끌어들여 온갖 시중을 다 들어 주면서 푹 빠져 계시는 걸 제 두 눈으로 봤다니까요."

상인의 마음에도 점점 의심이 싹트기 시작했다.

"만약 네 말이 사실이 아니면 어쩔 테냐?"

"제 목숨을 기꺼이 주인님께 드리지요."

"좋다. 이 소식을 알려 준 대가로 뭘 받고 싶으냐?"

"아무것도 받고 싶지 않습니다. 오로지 주인님의 안녕만 빌 뿐입니다."

상인은 골똘히 생각하더니 온몸을 부들부들 떨었다. 이런 상황에서는 이성이고 뭐고 다 필요 없었다.

"네 생각은 어떠냐? 집사람을 시험해 보는 것이 좋겠느냐?"

노예가 대답했다.

"피스타치오 한 줌을 주머니 속에 넣고 집으로 돌아가서서 음식에는 입도 대지 말고 피스타치오만 드세요. 마님이 의아해서 계속 어찌 된 일이냐고 물으셔도 절대 대답하시면 안 됩니다. 그런 다음 자는 척하세요. 뭔가 양심에 찔리는 일이 있다면 마님은 몰래 다가와서 주인님을 불행하게 만드는 일을 하실 겁니다."

상인은 씩씩거리고 화를 내며 집으로 돌아갔다. 노예도 그 뒤를 따랐다. 상인의 아내가 상을 차려 왔지만, 상인은 음식에 손도 대지 않고 피스타치오만 먹어 댔다. 그걸 본 상인의 아내는 얼굴색이 싹 바뀌었다.

'노예 녀석의 말이 맞나 보군. 분명 다른 여자가 생긴 거야. 이렇게 쌀쌀맞은 얼굴로 뾰로통해서 앉아 있는 걸 보니.'

이윽고 상인은 노예의 말대로 잠이 든 척했다. 아내는 한동안 망설이다가 결국 악마의 꼬임에 넘어가고 말았다. 그리하여 남편의 턱수염 한쪽을 밀기 위해 면도칼을 들고 가까이 다가갔다. 그 순간 상인이 두 눈을 번쩍 뜨더니 아내의 손에서 면도칼을 빼앗아 배를 찔러 버렸다.

한편 거짓말쟁이 노예는 펑펑 울면서 상인의 처가로 가서 도와달라고 외쳤다.

"지금 왜 이러고 앉아 계신 거예요? 주인님이 주인마님을 죽였다고요."

그런 다음 노예는 상인의 친척집으로 가서 엉엉 울며 말했다.

"지금 이렇게 앉아 계실 때가 아니라니까요. 주인님의 처갓집 사람들이 와서 주인님을 흠씬 패고 있어요."

얼마 후 상인의 처가 쪽 친척들이 상인의 집에 당도해 상인의 아내가 죽어 있는 걸 발견하고는 마치 늑대처럼 상인한테 덤벼들어 흠씬 두들겨 팼다. 그때 반대편에서 상인의 친척들이 당도했다. 그들은 상인이 얻어맞고 있는 모습을 보고 상인의 처가 쪽 친척들과 한데 뒤엉켜 싸움을 벌였다. 서로를 얼마나 때렸는지 확인해 보니 죽은 사람만 일곱에, 다친 사람은 열둘이나 되었다.

이런 모습을 본 노예도 마음이 좋지만은 않았다. 기분이 잔뜩 가라앉은 채 그는 계단에 앉아 생각했다.

'거짓말 한 번 해서 일곱이 죽고 열둘이 다쳤으니, 거짓말을 두 번 했다가는 무슨 소동이 일어나겠는가?'

그러면서도 그는 두 번째 거짓말은 어디 가서 할까 궁리했다.

목화송이

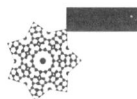

옛날에 참새 한 마리가 높다란 벽 위에 둥지를 틀고 살았다. 어느 날 참새가 마실 물과 먹이를 찾아 들판을 돌아다닐 때였다. 저 멀리 목화 밭에서 목화 씨 하나가 바람을 타고 날아와 참새 앞에 툭 떨어지는 게 아닌가. 참새는 목화 씨를 물고 둥지로 날아가 이웃집 참새에게 보여 주며 물었다.

"이게 뭔지 알아?"

이웃집 참새는 그것이 목화 씨라고 알려 주었다.

"이건 무엇에 쓰는 물건이지?"

이웃집 참새가 설명해 주었다.

"사람들이 이걸 땅에다 심으면 목화송이가 나오거든. 그 목화송이를 쪼개서 솜을 만들지. 그 솜으로 실을 잣고, 그 실을 가지고 천을 짜는 거야. 그런 다음 그 천을 염색해서 예쁘게 물이 들면 바느질을 해서 가버^{남자용 웃옷으로 길이가 길고 앞이 트였음}를 만들어 입는 거야."

이 말을 들은 참새는 기분이 좋아져서 목화 씨를 물고 밭으로 갔

●──이란 민담

다. 밭에서는 한 농부가 씨를 뿌리려고 밭을 갈고 있었다. 참새가 농부에게 말했다.

"심어요, 심어요, 이걸 심어 줘요. 반은 내가 갖고 반은 당신이 가져요."

농부는 승낙하고 목화 씨를 심었다. 시간이 얼마 지나자 떡잎이 파랗게 돋아나더니 금세 목화가 자랐다. 농부는 목화송이를 따서 반은 자기가 갖고 나머지 반은 참새에게 주었다. 참새는 기뻐하며 목화송이를 받아 실 잣는 곳으로 가져갔다.

"자아요, 자아요, 이걸로 실을 자아요. 반은 내가 갖고 반은 당신이 가져요."

실 잣는 아저씨도 좋다고 하며 실을 잣기 시작했다. 실이 다 자아지자 아저씨는 나무 실패에 실을 감아 자기 몫을 챙기고 참새에게도 정해진 몫을 주었다. 실을 받은 참새는 기뻐하며 천 짜는 가게로 갔다.

"짜요, 짜요, 이걸로 천을 짜요. 반은 내가 갖고 반은 당신이 가져요."

천 짜는 직공도 흔쾌히 천을 짰다. 그러고는 자기 몫의 천을 챙기고 나머지는 참새에게 주었다. 참새는 신이 나서 천을 받아 들고 염색하는 가게로 향했다.

"물들여요, 물들여요, 이 천을 물들여요. 반은 내가 갖고 반은 당신이 가져요."

"그래, 좋다."

염색공 아저씨는 그 천에 하늘색 물을 들인 다음 잘 마르라고 햇볕이 잘 드는 곳에다 줄을 매어 널어 놓았다. 그때 참새가 와서 그 광경을 보고 혼잣말로 중얼거렸다.

"우아, 세상에! 어쩌면 이리도 색깔이 고울까. 이렇게 색깔이 고운 천을 저 염색하는 아저씨한테 준다고 생각하니 너무 아까운걸! 염색하는 아저씨가 바빠서 정신이 없을 때 내가 이 천을 얼른 걷어 가는 게 좋겠어."

그러고는 살금살금 다가가 부리로 천을 물고 날아가 버렸다. 참새가 하늘로 날아오르고 난 뒤에야 천이 없어진 걸 알게 된 염색공 아저씨는 부랴부랴 참새의 뒤를 쫓아왔다.

"이봐, 참새야. 반은 네가 갖고 반은 내 몫이라고 하지 않았느냐? 내 몫은 어디 있는 게냐?"

이 말을 들은 참새가 쏘아붙였다.

"누가 그래요? 언제 그랬어요?"

참새는 옷감을 들고 재단사에게 갔다.

"바느질해요, 바느질해요, 이 천으로 옷을 만들어요. 하나는 내가 갖고 다른 하나는 당신이 가지세요."

그래서 재단사는 보기 좋은 가버를 두 벌 지어서 옷걸이에 걸어 놓았다. 참새가 멀리서 이 광경을 지켜보며 혼잣말로 중얼거렸다.

"이렇게 예쁜 가버를 재단사에게 준다는 건 너무 아까운 일이야. 저 가버 두 벌을 내가 몽땅 가져야겠어."

재단사가 나무 막대기로 다른 옷의 치수를 재고 있는 동안 참새는 살금살금 다가가 가버 두 벌을 물고 날아가 버렸다. 이를 본 재단사가 소리를 질렀다.

"한 벌은 네가 가지고 다른 한 벌은 내 몫이라고 분명히 말하지 않았느냐?"

그러자 참새가 쏘아붙였다.

"어머나, 누가 그랬어요? 언제 그랬어요?"

그런 다음 참새는 가버를 몰러 이슬람교 성직자에게 가져갔다.

"여보세요. 몰러님. 이 가버 두 벌을 몰러님께 맡겨 두고 싶어요. 날씨가 추워지면 와서 찾아갈게요. 맡아 주시는 대가로 가버 한 벌을 드릴게요. 나머지 한 벌은 제가 갖고요."

몰러도 좋다고 승낙했다.

"그래, 좋다. 이걸 대신 맡아 주겠다. 날씨가 추워지면 한 벌은 내가 입고, 다른 한 벌은 너에게 돌려주마."

가버를 찬찬히 살펴보던 몰러는 혼잣말로 중얼거렸다.

"이 가버 한 벌을 짹짹 지저귀는 참새한테 준다는 건 너무 아까운 일이야. 두 벌 다 내가 가져야겠어."

여러 날이 지나 선선한 바람이 불기 시작하더니 날씨가 점점 추워졌다. 참새는 맡겨 두었던 가버가 생각나서 몰러가 사는 집으로 갔다. 참새가 오는 걸 눈치 챈 몰러는 기도를 드리러 안으로 들어가 버렸다. 참새는 몰러의 기도가 끝날 때까지 오랫동안 기다릴 수밖에 없었다.

"몰러님, 어서 제 가버를 돌려주세요."

몰러가 대답했다.

"무슨 가버를 말하는 것이냐?"

"제가 예전에 맡겨 두었던 가버 두 벌 있잖아요. 몰러님이 지난번에 그러셨잖아요. 날씨가 추워지면 한 벌은 몰러님이 입고 다른 한 벌은 제게 주신다고요."

몰러는 시치미를 뗐다.

"누가 그러더냐? 언제 그랬더냐?"

참새는 억울했다.

"날씨가 점점 추워지고 있다고요. 이러다가 감기에 걸리겠어요."

"네가 감기에 걸리지 않도록 기도를 해 주마."

"기도 따위는 필요 없어요. 제 가버만 돌려주세요."

그러나 몰러는 또다시 기도를 올린다고 안으로 들어가 버렸다. 참새는 속이 너무 상해 계속 몰러의 집 주위를 맴돌았다.

그러던 어느 날이었다. 참새가 멀리서 보니 몰러가 가버를 빨아 말리려고 빨랫줄에 널어 놓고 기도를 드리러 들어가는 것이었다. 참새는 잽싸게 가서 빨랫줄에서 가버를 걷어 왔다. 그 모습을 본 몰러는 기도를 다 끝내지도 못하고 허둥지둥 뛰어나와 소리를 질렀다.

"참새야, 그 가버들을 어디로 가져가는 게냐? 네가 말한 대로 하마. 한 벌은 내가 입고 다른 한 벌은 너에게 주겠다."

"어머, 그걸 누가 믿어요?"

그로부터 이틀이 지났다. 참새가 다시 몰러의 집 근처로 가 보니 몰러가 머리에 썼던 터번을 우물가에 벗어 놓고 기도를 드릴 준비를 하고 있었다. 참새는 후다닥 날아가 터번을 낚아챘다. 그 모습을 본 몰러가 소리쳤다.

"이런 세상에! 내 터번을 어디로 가져가는 게냐? 날씨가 추워서 내 머리가 꽁꽁 언단 말이다."

"몰러님, 머리가 동상에 걸리지 않도록 기도해 드릴게요."

참새는 얄밉게 말하고는 새끼들의 둥지를 만들어 줄 양으로 터번을 물고 날아갔다. 그런데 문득 가버를 시장에 내다 팔면 겨울 동안 먹을 양식을 마련할 수 있을 거라는 생각이 떠올랐다. 그래서 가버를 가지고 시장으로 향하는데 거센 눈보라가 몰아치기 시작하더니, 가버 밑으로 바람이 들이쳐 물고 있던 가버를 놓치고 말았다. 참새는 가버를 다시 잡으려고 갖은 애를 써 보았지만 아무 소용이 없었다.

바람은 가버 한 벌을 재단사의 가게 문 앞에 떨어뜨려 놓았다. 가버를 만들어 주었던 바로 그 재단사의 가게였다. 그리고 다른 한 벌은 염색공의 가게 앞에 살며시 놓아 두었다. 천에 물을 들여 준 바로 그 염색공이었다.

꿈에 본 양치기

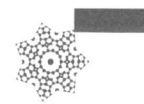

 자식을 여럿 둔 가난한 남자가 있었다. 그는 가난한 탓에 오직 큰아들만 공부를 시킬 수 있었다. 그런데 늘 가난과 배고픔에 시달리는 큰아들은 공부하면서도 가난을 이길 방법을 생각했다. 그러나 아버지의 소망은 그게 아니었다. 어떻게 해서라도 큰아들이 학업을 계속하여 떵떵거리며 살게 되기를 바랄 뿐이었다.
 그러던 어느 날 큰아들이 어머니에게 말했다.
 "배가 너무 고파서 이제는 아무 힘도 없어요. 이 상태로 계속 공부를 한다는 건 저에게는 도저히 불가능한 일이에요. 무슨 좋은 방법이 없을지 찾아보려고 하니 어머니께서 좀 도와주세요."
 어머니가 말했다.
 "이런 불행한 생활에서 우리를 구해 줄 무슨 좋은 방도가 있다는 말이니?"
 "아버지께 말씀드려서 저를 시장에 내다 팔라고 하세요."
 "네 아버지가 이런 일에 순순히 응하시겠느냐?"

그래도 아들은 주장을 굽히지 않았다.

"그렇지 않으면 우리 가족 모두가 굶어죽는다고요."

"너를 내다 판다는 건 말도 안 되는 소리다."

"그럼, 이 방법 말고 달리 생각하시는 게 있다면 말해 보세요. 제가 계속 공부할 수 있게 먹을 빵을 달란 말이에요."

이런 식으로 큰아들과 언쟁을 벌이던 어머니는 급기야 울음을 터뜨리고 말았다. 그때 아버지가 밖에서 돌아와 아내에게 물었다.

"대체 무슨 일이오? 왜 울고 있는 거요?"

"당신 아들한테 직접 물어보세요. 이 아이가 말도 안 되는 소리를 늘어놓고 있잖아요."

아버지가 아들을 향해 물었다.

"대체 어떻게 된 건지 소상히 말해 보아라."

"배가 고파 죽겠는데 어떻게 공부할 힘이 있겠어요? 제발 저를 내다 파세요. 그러면 그 돈으로 다만 며칠이라도 가족들이 먹고 살 수 있잖아요."

아들의 말을 들은 아버지는 마음이 심란해져 길게 한숨을 내쉬었다. 그런 아버지를 본 아들이 물었다.

"한숨은 왜 쉬시는 거예요?"

"너를 내다 팔면 내 눈에서 눈물이 마르지 않을 것이다."

"아내와 자식들이 모두 배고픔에 시달리는 것보다는 그게 나을 거예요!"

그러나 아버지는 아들의 말을 들으려 하지 않았다. 아들은 할 수 없이 다시 공부하러 갔다.

다음 날 아버지와 어머니는 공부하러 간 아들이 어떻게 하고 있는지 몰래 보러 갔다. 서당에서는 몰러가 학생들 하나 하나에게 질문을 하고 있었다. 이윽고 큰아들이 대답할 차례가 되었다. 몰래 엿듣고 있던 아버지와 어머니는 큰아들이 다른 어느 학생보다도 대답을 잘하는 걸 보고 기뻐하며 말했다.

"저 아이는 어디에 갖다 놓건 무슨 일을 시키건 나중에 큰 인물이 될 거요."

그날 늦게 아버지와 어머니는 공부를 마치고 돌아온 큰아들을 보고 말했다.

"너를 내다 팔아서 너나 우리 가족 모두가 이 지긋지긋한 가난에서 벗어날 수 있고, 더 나아가 네 뜻을 펴는 데도 도움이 된다고 생각한다면 가자꾸나. 너를 노예 시장에 데려가서 팔겠다."

한편 그 나라의 왕에게는 혼기가 찬 공주가 있었다.

어느 날 밤 공주는 시장에 가서 좋은 하인 한 명을 사는 꿈을 꾸었다. 잠에서 깬 공주는 시종을 불러 일렀다.

"금은보화가 가득 담긴 주머니 하나와 노새 한 마리를 끌고 시장으로 가거라. 그런 다음 제일 먼저 눈에 띄는 하인을 한 명 사서 궁으로 데리고 오너라."

시장에 간 공주의 시종은 웬 나이 든 남자가 외모가 출중한 청년을 데리고 있는 것을 보고 물었다.

"저 청년을 어디로 데려가는 길이오?"

"시장에 팔려고 데려가는 중이라오."

"그렇다면 공주님을 대신해서 내가 저 청년을 사겠소."

그리하여 아버지는 큰아들을 공주의 시종에게 넘겨주었고, 시종은 그 대가로 노새 한 마리와 금은보화가 가득 든 주머니 하나를 주었다.

시종이 데려온 큰아들을 보고 공주는 매우 흡족해했다. 그러고는 큰아들에게 양 치는 일을 맡기면서 하녀에게 그를 도우라고 명했다.

그리하여 아침이면 공주는 빵과 음식을 챙겨 청년의 봇짐에 직접 넣어 주었고, 하녀와 함께 청년은 양 떼를 이끌고 들판으로 나갔다. 정오가 되어 점심 먹을 때가 되면 청년은 두 눈에 눈물을 머금고 혼자서 중얼거렸다.

"나는 여기서 이렇게 공주님의 보살핌을 받으며 잘 지내는데, 우리 가족들은 어떻게 지내는지 알 길이 없구나."

그러던 어느 날 정오였다. 청년이 밥을 먹으려고 바닥에 천을 깔면서 두고 온 부모님 생각에 눈물을 글썽거리고 있는데, 지팡이를 짚은 노인이 다가와 말을 건넸다.

"젊은 양치기 양반, 먹을 빵을 앞에 두고도 왜 눈에 눈물이 괴어 있는 건가? 무슨 일이라도 있는가?"

"멀리 있는 가족들 생각에 마음이 편치 않아 그렇습니다."

그러자 노인은 청년의 가족을 아주 잘 알고 있는데 편하게 잘 지내고 있으니 염려 말라고 했다. 그 말을 들은 청년은 마음이 다소 안정되었다. 그는 배고픈 채로 길을 떠나는 노인이 안쓰러워 양젖을 짜고 자기가 갖고 있던 빵을 함께 차려 놓으며 노인더러 같이 먹자고 청했다. 노인은 청년의 말을 받아들여 같이 식사하던 중 갑자기 그를 향해 입을 열었다.

"젊은이, 자네에게 할 말이 있으니 잘 새겨듣게나."

"예, 말씀하세요. 명심하겠습니다."

"오늘 밤 양 떼를 우리로 데려가거든 공주의 보리 창고가 어디 있는지 물어보게나. 그리고 보리 창고가 어디 있는지 알았으면 양 떼를 끌고 가서 창고 안에 풀어 놓게나."

말을 마친 노인은 양치기 청년을 떠나갔다. 그때 양 치는 일을 도와주던 공주의 하녀가 들판 저쪽에서 청년을 향해 오고 있었다. 청년은 하녀에게 공주의 보리 창고가 어디 있는지 알려 달라고 했다. 그러자 그녀는 시큰둥하게 대답했다.

"공주님의 보리 창고가 어디 있는지 알아서 뭐 하게요?"

"내가 공주님의 보리 창고가 어디 있는지 좀 안다고 해서 죄가 될 것도 없잖소?"

결국 하녀는 보리 창고가 어디 있는지를 가르쳐 주었다.

밤이 되자 청년은 자리에서 일어나 양 떼를 몰고 보리 창고로 향했다. 양들은 창고에 보관된 보리를 죄다 짓밟고 난리를 피웠다.

다음 날 아침 창고지기는 보리 창고가 엉망진창이 된 것을 알고 공주에게 가서 일러 바쳤다. 그러나 공주는 그 문제를 별로 대수롭지 않게 넘기며 말했다.

"아무도 양치기에게 뭐라고 하지 마라."

다음 날도 공주는 사람들에게 일러 양치기의 봇짐 속에 빵과 음식을 챙겨 주게 하고는 하녀 하나를 딸려 보냈다. 그러나 청년은 양들이 저질러 놓은 일 때문에 마음이 몹시 상해 한쪽 모퉁이에 앉아 이 생각 저 생각을 하며 애처로운 시를 읊조리고 있었다. 바로 그때 어제 만난 노인이 다시 나타나 물었다.

"또 무슨 일이 있었기에 그렇게 불만스러운 말들을 내뱉고 있는 건가?"

"지난 밤에 있었던 일 때문에 마음이 편치 않습니다."

"양젖이나 짜게. 같이 한 잔 마신 다음 내가 어찌해야 하는지를 일러 주겠네."

청년은 양젖을 짜고 바닥에 보자기를 편 다음 노인과 같이 나누어 마셨다. 노인은 양젖을 마시면서 말했다.

"지난 밤에 있었던 일로 마음이 상하고 불편하겠지만 오늘 밤에도 반드시 내가 이르는 대로 해야만 하네. 오늘은 공주의 옷을 넣어 두는 창고가 어디 있는지 물어보게나. 어디인지 알게 되면 밤에 문을 부수고 들어가 그 안에 양 떼를 풀어 놓게."

"아니요, 할아버지. 더 이상은 그런 일을 하지 않을 겁니다."

"내가 이르는 일은 결코 잘못된 일이 아니라네. 그 일이 장난이라고 생각하는가!"

"이번에는 제 목숨을 빼앗길 거라고요. 우리 가족한테도 피해가 갈지 모르잖아요."

"미련한 인간이 바로 내 앞에 있었구먼."

노인은 이 말을 남기고 가 버렸다. 사실 그 노인은 헤즈르 성인의 심부름꾼이었다.

그날 밤 공주는 양탄자 마흔 장을 포개어 쌓아 놓고 그 꼭대기에 앉은 다음 시녀에게 일곱 종류의 음식을 쟁반에 담아 가져오게 하였다. 그러고는 양치기 하인을 불렀다.

양치기가 공주 앞에 모습을 나타냈다. 그러나 공주가 앉아 있는 양탄자 위로 올라가지 않았다. 그런 양치기의 모습을 본 공주는 마음속에 담아 두었던 비밀을 시로 읊었다. 공주가 읊은 시를 들은 양치기는 자신이 뭔가 아주 위험한 일에 직면해 있다는 사실을 직감했다. 목숨을 소중히 여긴 양치기는 위험을 무릅쓸 만한 일을 안 할 작정으로 양탄자를 향해서는 한 발짝도 떼지 않았다. 주위에 아무도 없다는 것을 알아챈 공주는 마음속에 담아 두었던 욕구를 더욱 거침없이 털어놓았다. 그러나 양치기는 너무 두려웠기 때문에 공주의 말을 귀담아들을 수가 없었다. 그는 어찌할 바를 몰라 당황하다가 그 자리에 털썩 주저앉고 말았다.

밤이 깊어 공주는 양탄자 위에서 잠들어 버렸고, 양치기 청년은 양탄자 아래 앉아서 뜬눈으로 밤을 새웠다.

한편 성 한쪽에서는 재상의 아들과 재판관의 아들이 서로 내기를 해서 공주가 차린 일곱 가지 음식을 먼저 먹는 사람이 공주를 차지하기로 했다. 그래서 먼저 재상의 아들이 몰래 공주가 있는 곳으로 갔다. 그런데 양탄자 마흔 장을 살금살금 밟고 올라가 보니 공주가 잠들어 있는 것이 아닌가. 그는 좋아라 하고 차려 놓은 음식을 먹기 시작했다. 네 번째 음식을 먹으려는 순간 공주가 잠에서 깼다. 양치기가 와서 음식을 먹고 있다고 생각한 공주는 눈을 감은 채로 말을 꺼냈다.

"이제야 내 부탁을 들어주어 양탄자 위로 올라와 음식을 먹는군요. 마음껏 먹어요."

그때 아래에서 공주의 목소리를 들은 양치기가 말했다.

"공주님, 제가 아닙니다."

공주는 깜짝 놀랐다.

"그럼 누구냐?"

"저 키 큰 젊은이가 누군지 저는 모릅니다."

"저놈 잡아라."

공주가 소리를 지르자 양치기는 도망치려고 하는 재상의 아들을 잡아 손발을 묶었다. 공주는 재상의 아들을 궁전 담에 매달라고 명령했다.

새벽에 예배 시간을 알리는 임무를 맡은 신하는 궁전 지붕 위로 올라갔다가 재상의 아들이 손발이 꽁꽁 묶인 채로 담에 매달린 것을 보고 재상과 왕에게 그 사실을 알렸다. 재상이 자기 아들 앞으로 다가와 어찌 된 일인지를 물었다. 재상의 아들은 처음부터 끝까지 있는 그대로 다 이야기했다.

화가 난 재상은 당장 양치기를 잡아 오라고 명령했다. 이 소식을 들은 공주는 "어느 누구도 양치기를 잡아 갈 권리가 없다."라고 하며 직접 왕의 궁전으로 가서 어떻게 된 일인지 자세히 밝혔다. 사건의 전모를 알게 된 왕은 생각에 잠겨 재상과 의논을 했다. 재상이 아뢰었다.

"공주님을 하루빨리 혼인시키는 것 말고는 달리 방도가 없겠습니다."

왕은 공주에게 편지를 써서 재상의 아들과 재판관의 아들 중 누구를 배우자로 삼고 싶은지를 물었다. 공주는 답장을 써서 양치기를 제외하고는 어느 누구도 받아들이지 않겠다고 했다.

왕은 어처구니가 없어서 "이런 일로 나를 파멸시키려 하는 거냐? 백성들 앞에서 아비를 망신시키려고 하는구나."라고 편지를 써 보냈다. 그러나 공주도 이에 지지 않고 "말씀드린 방법 외에는 달리 길이 없습니다."라고 맞섰다. 결국 왕은 공주에게 "어느 한쪽도 피해를 보지 않을 방법으로 해결하겠노라. 세 청년 중 누구든지 며칠 안에 금화 한 닢을 여섯 닢으로 만드는 자를 사위로 삼겠노라."고 편지를 써 보냈다. 공주도 이러한 부왕의 제안을 순순히 받아들였다.

다음 날 왕은 세 젊은이를 불러 각자에게 금화 한 닢과 말 한 필, 옷 한 벌, 먹을 것을 주며 길을 떠나라고 했다. 한편 공주는 신기료 장수에게 많은 돈을 주고 한 짝에 금화 30냥씩을 숨길 수 있는 신발을 만들게 했다. 그리고 목수에게는 은화 30냥이 들어갈 수 있는 지팡이 하나를 만들도록 했다.

공주는 궁전으로 돌아온 뒤 양치기를 찾아 그에게 신발과 지팡이를 주며 말했다.

"사람들이 안 보는 곳으로 가 숨어 있어요. 그런 다음 때가 되면 돌아와 신발과 지팡이 속에 숨겨진 금화와 은화를 꺼내 왕에게 보이세요. 그리고 그때는 반드시 당신 스스로 애써 일하여 모은 것이라고 말해야 합니다."

그러나 양치기는 신발과 지팡이를 거절했다.

"제 스스로 이 금화들을 마련할 수 있도록 해 주세요."

하지만 공주가 계속 우기자 양치기도 더 이상 어쩔 수 없어 마지못해 공주의 말에 따르겠다는 표정을 지었다.

공주의 청혼자 세 명은 길을 떠나기에 앞서 왕을 알현하러 갔다. 공주가 한 일이 내내 못마땅했던 양치기는 왕에게 말했다.

"왕이시여, 도끼를 가져오라고 해 주십시오."

그러자 왕은 도끼를 대령하라는 분부를 내렸다. 양치기가 도끼로 신발과 지팡이를 내리치자 그 안에 있던 금화와 은화가 우르르 쏟아져 나왔다. 왕이 깜짝 놀란 건 두말할 필요도 없었다. 양치기는 그 내막을 설명해 주며 이렇게 다짐했다.

"공주님께서 제게 이러한 친절을 베푸셨습니다. 그러나 저는 제 힘과 노력으로 제가 공주님의 배우자로 합당하다는 것을 당당하게 보여 드리고 싶습니다."

왕이라고 이러한 양치기의 태도가 싫을 리가 없었다. 마침내 시간이 되어 왕은 세 젊은이에게 이제 길을 떠날 때가 되었음을 선포했다.

떠나기에 앞서 재상의 아들과 재판관의 아들은 이미 한통속이 되어서 양치기를 몰아내기로 계략을 꾸몄다.

세 젊은이는 길을 나섰다. 한참을 가자 갈림길이 나타났다. 하나는 숲으로 이어지는 길이었고, 다른 하나는 숲에서 다소 떨어진 곳으로 이어졌다. 세 사람은 그곳에서 헤어지기로 하고 이런 계획을 세웠다.

"대리석 조각 세 개를 구해서 여기 숨겨 놓자고. 그리고 나중에 여행에서 제일 먼저 돌아온 사람이 대리석 조각을 치우는 거야. 그러면 우리 셋 중에서 누가 가장 먼저 마을로 돌아왔는지 알 수 있을 거야."

그런 다음 재상의 아들과 재판관의 아들은 양치기에게 숲 속으로 들어가라고 했다. 숲 속에는 많은 위험이 도사리고 있어 짐승들이 양치기를 잡아먹을지도 몰랐다.

그러나 양치기는 이에 대해 아무 말도 하지 않은 채 두 사람과 헤어졌다. 재상의 아들과 재판관의 아들은 한참 길을 가다가 마침내 어느 도시에 이르렀다. 그 도시에는 도박사가 많이 살고 있었다.

"이봐, 우린 철학하는 학자도 아니잖아. 잠시 앉아서 도박 좀 하다 가도 큰일 날 것 없다고."

둘은 도박꾼들과 어울려 도박을 하기 시작했다. 그러나 금세 가지고 있던 말과 옷가지들을 모두 잃고 빈털터리가 되고 말았다.

"이제 우린 어쩌면 좋지?"

그러나 아무리 후회해도 때는 이미 늦었다. 시간이 흐르고 흘러 배가 너무 고픈 두 사람은 하나는 빵집의 종업원으로, 다른 하나는 음식점의 일꾼으로 일하게 되었다.

한편 어쩔 수 없이 위험천만한 숲 속으로 들어간 양치기는 계속해서 걸으며 과연 앞으로 무슨 일이 생길까 생각하고 있었다. 그러던 중 밤이 되었다. 피곤해진 양치기는 나무에 말을 묶고 허기를 채우기 위해 바닥에 천을 깔았다. 그러나 이 생각 저 생각을 하다 보니 어느새 눈꺼풀이 무거워지면서 잠이 들고 말았다. 얼마 지나지 않아 양치기는 문득 누군가가 머리맡에 서 있는 듯한 느낌에 눈을 번쩍 떴다. 여우와 늑대의 모습으로 변한 요정들이 머리맡에 서 있었다. 양치기는 꼼짝하지 않고 아무 말도 하지 않았다. 이윽고 사자 한 마리가 다가와서 여우에게 물었다.

"여우 양반, 일 년 사시사철 여기 와서 고개를 하늘로 쳐들고 한숨을 푹푹 내쉰 다음 다시 길을 가는 이유가 뭔가?"

"사자님, 당신은 우리의 대장이잖아요. 그러니 사자님이 먼저 말씀해 보세요. 대체 무슨 일로 여기까지 왔다가 심란한 마음으로 돌아서시곤 하는 건가요?"

"이제는 말할 수밖에 없군. 실은 이 숲 속 언덕 아래 땅 속에 수백 하르버르^{약 300킬로그램에 해당하는 무게의 단위}나 되는 값진 물건이 있다네. 하지만 노새 60마리와 궤짝 120개 정도는 있어야 그것들을 실어 갈 수 있을 거야."

"그랬군요. 그렇게 마음을 불편해하시면서 이 궁리 저 궁리를 하실 만도 하네요."

이번에는 사자가 여우한테 물었다.

"자, 이제는 여우 양반의 얘기나 들어 보세."

"사자님, 저 구석에 있는 석류나무 보이시죠? 저 석류나무로 막대기를 만들어 악마의 머리를 내리치면 정신을 똑바로 차리게 되어 영리해진대요."

여우의 말을 들은 사자는 늑대에게 고개를 돌려 물었다.

"자네도 뭔가 할 말이 있는 게 아닌가?"

이번에는 늑대가 입을 열었다.

"사자님, 저기 있는 뽕나무 보이시죠? 저 뽕나무 잎을 빨아서 그

즙을 천으로 한 번 거른 다음 앞을 못 보는 사람의 눈에 부으면 당장 앞을 볼 수 있게 된답니다. 그리고 뽕나무 막대기로 눈을 한 번 문지르면 그 눈이 하늘의 태양보다도 더 빛나게 된대요."

새벽이 되기 전 세 마리 짐승이 숲 밖으로 나가자 양치기는 자리에서 일어났다. 그는 우선 언덕 밑 땅을 파서 금은보화를 꺼내 주머니에 가득 넣은 다음 뽕나무와 석류나무의 잎을 따고 나뭇가지를 꺾어 겨드랑이 사이에 끼고 길을 나섰다.

양치기는 한참을 걸어 어느 낯선 나라에 이르렀다.

"여기에서 방을 구해 며칠 동안 머무르는 게 좋겠군."

양치기는 혼잣말을 중얼거린 다음 한 노파를 찾아가서 물었다.

"할머니, 저 대신 노란 기름과 양 기름 좀 구해 주실 수 있어요?"

"돈만 준다면야 뭐든 다 구해 주지."

노파가 대답했다.

양치기는 값진 보화를 한 줌 꺼내 노파에게 건네주며 말했다.

"시장에 가서 저를 위해 기름 좀 사다 주세요."

밤이 되자 휴식을 취한 양치기는 마음이 한결 편안해졌다. 그러나 이상하게도 영 잠이 오지 않아서 다시 노파를 찾아가 물었다.

"할머니, 오늘 보니까 마을이 좀 이상하던데요. 남녀노소 할 것 없이 끼리끼리 모여 있던데, 대체 무슨 일인지 말씀 좀 해 주세요."

노파가 사정을 설명해 주었다.

"이 나라 왕에게 따님이 한 분 있는데, 그 따님이 실성했거든. 지금까지 갖은 애를 다 써 봤지만 아무 소용이 없었어. 마법사든 의사든 안 다녀간 사람이 없을 정도라네. 공주님이 계속 정신이 나간 상태로 있어 왕께서도 슬픔에 차 계시다네."

양치기가 이 말을 듣고 대뜸 말했다.

"할머니, 저를 양자로 삼아서 왕에게 데려가 주세요. 그리고 공주님을 구할 수 있는 아들을 데려왔노라고 말씀해 주세요."

노파는 그 말을 듣고 극구 말렸다.

"젊은이, 정신 단단히 차리게나. 공주님은 늘 벌거벗은 채로 계셔서 말이야. 만약 공주님을 고쳐 보겠다고 나섰다가 못 고치는 날에는 목이 달아난다고."

그래도 양치기는 고집을 꺾지 않고 말했다.

"할머니, 제 주머니 속에는 금은보화가 가득해요. 만약 제가 갔다가 못 돌아오면 금은보화를 할머니가 다 가지세요."

이 말을 들은 노파는 속으로 생각했다.

'아이고, 이렇게 좋은 일이 있다니. 이 젊은이는 갔다가 죽을 게 뻔하니 결국 금은보화는 내 차지구먼.'

그리하여 노파는 군말 없이 양치기를 데리고 궁으로 갔다. 왕 앞에 나선 노파가 아뢰었다.

"저한테 아들 녀석이 하나 있는데, 수년간 다른 왕국에 가서 의술을 공부했으니 공주님을 낫게 해 드릴 수 있을 겁니다."

왕은 노파의 말이 못 미더운 눈치였다.

"보아하니 구부정한 몸에 이가 다 빠진 노파인데, 어찌 된 연유로 하나밖에 없는 아들의 목에 칼을 들이대려고 하느냐? 공주의 병은 쉽게 낫지 않을 게다."

그래도 노파는 계속 우겼다.

"운명이 어떻게 될지는 아무도 모릅니다."

그러고는 집으로 돌아와 양치기를 궁으로 보냈다. 양치기를 마주 대한 왕은 의구심이 먼저 들었다.

'이렇게 젊은 청년이 대체 무슨 수로 공주의 병을 고칠 수 있다

는 말인가?'

 그러나 석류나무 가지를 몸에 지니고 있어 아무것도 두려울 것이 없었던 양치기는 왕에게 공주의 방으로 안내해 달라고 청했다.

 신하들은 양치기를 공주의 방으로 안내했다. 벌거벗은 공주는 양치기를 보자마자 그에게 달려들었다. 그러나 양치기가 석류나무 가지로 공주를 몇 대 치자 이내 온순해졌고, 이윽고 제정신으로 돌아왔다. 왕은 크게 기뻐하며 양치기에게 공주를 주었다.

 양치기는 며칠 동안 공주와 함께 지내다가 왕에게 말했다.

 "왕이시여, 저는 그 노파의 아들이 아닙니다. 실은 청이 하나 있습니다. 제가 여행을 떠나려고 하니 노새 60마리와 궤짝 120개와 하인 몇 명만 내려 주십시오. 이는 공주님께도 득이 될 것입니다."

 이리하여 숲 속 언덕 밑에 있는 보물을 손에 쥐게 된 양치기는 공주에게 전후 사정을 설명하고 왕에게 받은 것을 모두 돌려준 다음 조용히 그 나라를 떠났다.

 한참 길을 가다가 어느 나라에 닿은 양치기는 온 나라가 소란스러운 걸 보게 되었다. 그러다 한 노파를 만나 친하게 되자 그는 보물을 조금 쥐어 주고 노파에게 노란 닭고기와 양 기름, 그리고 하얀 밀가루를 사다 달라고 부탁했다.

 노파도 양치기가 원하던 것들을 다 마련해 주었다. 기운을 되찾은 양치기가 노파에게 물었다.

 "할머니, 온 나라가 소란스럽던데, 유명한 사람이 죽었거나 아니면 죽어 가나 보죠? 대체 무슨 일이에요?"

 이 말은 들은 노파가 설명해 주었다.

 "이 나라 왕에게 따님이 한 분 계시는데 그만 장님이 되었다네. 지금까지 온갖 치료를 다 했지만 효과를 보지 못했지. 슬픔에 찬 왕이 궁전에만 계셔서 나라 꼴이 말도 아니라네."

"할머니, 제가 부탁 하나만 드려도 될까요?"

"뭘 원하는가?"

"왕에게 가서 장님을 고치는 의술을 가진 아들이 하나 있다고 해 주시기만 하면 돼요. 공주님의 눈을 고칠 수 있다고 하세요."

이에 노파가 궁으로 가서 양치기의 말대로 하자 왕이 말했다.

"만약 그자가 이 일을 할 수만 있다면 공주를 그에게 주겠노라. 하지만 그렇지 못할 경우에는 그자의 목을 치겠다!"

양치기는 뽕나무 잎을 으깨서 주머니에 넣고 노파에게 말했다.

"만약 제가 돌아오지 못하면 제 주머니에 든 보물은 할머니가 다 가지세요."

이번에도 역시 양치기는 뽕나무 잎을 공주의 눈에 뿌려 공주를 치료할 수 있었다. 왕은 약속대로 공주를 양치기와 결혼시켜 7일 밤낮으로 혼인식을 성대하게 치러 주었다.

얼마 후 양치기는 왕을 찾아가 말했다.

"왕이시여, 사실 저는 노파의 아들이 아닙니다. 저는 다른 나라에서 온 사람입니다. 허락만 해 주신다면 제 고향으로 돌아가고 싶습니다."

이 말을 들은 왕은 별다른 말을 하지 않고 신하들에게 일러 양치기와 공주가 떠날 수 있도록 준비를 해 주라고 명령했다. 양치기와 공주는 말을 타고 달려 그 나라를 떠났다.

한참을 가다가 양치기는 예전에 미친 공주를 고쳐 준 적이 있는 나라에 다다랐다. 양치기는 잠시 헤어져 지냈던 그 공주를 다시 만나 말 등에 태웠다. 혼자 떠나 왔던 양치기의 뒤를 어느새 수많은 노새와 하인의 행렬이 따르고 있었다.

숲 속 갈림길에 다다르자 양치기는 일행에게 가던 길을 계속 가라는 지시를 내린 후, 자신은 혼자 예전에 대리석 조각을 숨겨 두었던 곳을 찾았다. 양치기는 대리석 세 개가 모두 그대로 있는 걸 보게 되었다. 그는 일행에게 근처에 천막을 치고 기다리라고 명령을 내리고 나서 재상의 아들과 재판관의 아들을 찾아 길을 나섰다.

한참 길을 간 양치기는 마침내 두 사람이 일꾼으로 일하고 있는 마을에 다다랐다. 양치기는 얼마 돌아다니지 않고도 두 사람을 찾을 수 있었다. 변장하고 있던 양치기는 음식점 요리사의 조수가 되어 있는 재상의 아들과 빵집 일꾼이 되어 있는 재판관의 아들과 잠시 이야기를 나눠 본 후, 두 사람의 상황을 눈치 채고 말했다.

"만일 내가 당신들의 몸에 낙인을 찍을 수 있도록 해 준다면 충분한 양의 금은을 줄 뿐만 아니라 두고두고 나에게 감사할 만한 일을 해 주겠소."

두 사람은 기쁘게 승낙했고, 양치기는 쇠를 달구어 둘에게 낙인을 찍었다. 두 사람의 비명은 하늘 꼭대기까지 치솟았다. 그런 다음 보물과 말을 건네주자 두 사람은 한시라도 빨리 공주에게 돌아가려고 서둘렀다.

재상의 아들과 재판관의 아들은 둘 다 같은 시각에 마을에 도착해 공주에게 갔다. 그들은 뻔뻔스럽게도 제비를 뽑아 둘 중 하나를 가리자고 서둘러 댔다. 그러나 공주의 마음속에는 오직 양치기뿐이었다. 그래서 공주는 왕을 찾아가 30일의 여유를 달라고 애원했다.

한편 양치기는 일행이 머무르고 있는 천막으로 돌아가 길을 떠나라는 명을 내렸다. 일행은 마을 어귀에 이르러 다시 천막을 쳤다.

동이 채 트기 전에 기도 시간을 알리는 신하가 궁전의 지붕 꼭대기로 올라갔다. 그는 궁전에서 조금 떨어진 곳에 웅장하고 화려한 천막과 막사가 세워져 있는 모습을 보고 재빨리 왕에게로 가서 그 사실을 알렸다. 이에 왕은 양치기의 막사에 사신을 보내어 주인이 누구이며 원하는 게 무엇인지를 물었다. 양치기가 말했다.

"내 노예 중 둘이 도망쳐서 이 마을로 숨어들어 갔기에 찾으러 왔습니다."

사신은 돌아가서 왕에게 들은 대로 전했다. 왕은 그런 노예가 성에는 없다고 답했다. 전갈을 들은 양치기는 다시 왕에게 말했다.

"만일 모든 백성을 성문 앞에 대령시킨 뒤 친히 나와 주신다면 제 노예가 누구인지 직접 보여 드리겠습니다."

왕은 백성들을 성문 앞으로 불러 모은 다음 재상의 아들과 재판관의 아들을 대동하고 몸소 성문 앞으로 나갔다. 왕은 백성들을 일일이 살펴 낙인이 찍힌 노예가 있는지 밝혀 내라고 명령했다. 그러자 양치기는 왕에게 가서 넌지시 말했다.

"왜 백성들에게 피해를 주려 하십니까? 제가 찾고자 하는 노예 두 명은 바로 왕의 곁에 서 있는 저 젊은이들입니다."

왕은 이 말을 믿을 수가 없어 버럭 화를 냈다. 그러나 양치기는 그에 아랑곳하지 않았고, 결국 왕도 두 젊은이에게 정말로 낙인이 찍혀 있는지 살펴보도록 허락했다. 결국 낙인을 확인하고 나자 나머지는 더 이상 말할 필요도 없었다.

이제나저제나 양치기만 기다리고 있던 공주에게도 이 소식이 들어갔다.

'분명 양치기 그 사람일 거야. 꿈속에서 나는 그 사람 이마 위에서 미래를 보았어. 분명 그 사람이 확실해. 내가 실수할 리가 없어.'

이렇게 생각한 공주는 하녀에게 말했다.

"내 말이 믿기 어려우면 가서 보아라. 그 사람 턱 아래에 까만 점이 있을 거야."

　하녀가 가서 보니 과연 양치기가 맞았다. 하녀에게 이 소식을 들은 공주는 기쁘게 목욕하고 단장을 했다. 그리하여 오랫동안 헤어졌던 연인은 마침내 다시 만나 부부의 연을 맺게 되었다. 양치기는 세 나라의 공주 셋을 아내로 맞이하였고, 양치기와 세 공주는 오래오래 행복하게 살았다.

불가능한 일

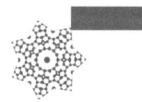

옛날 옛날 아주 오랜 옛날 재산이 많지만 혼자 사는 남자가 있었다. 그는 한평생 재산을 모으려고 온갖 고생을 다한 까닭에 인생의 말년에 아내를 얻었다가 얼마 지나지 않아 자신이 죽고 가지고 있던 재산을 전부 엉뚱한 사람한테 넘겨주게 되면 사람들의 비웃음거리가 될까 봐 두려웠다.

그리하여 이런저런 궁리를 하던 중에 전 재산을 팔아서 그 돈으로 금과 보물을 산 다음, 궤짝에 넣어 남의 물건을 잘 맡아 주기로 명성이 높은 고을의 재판관한테 가져가 맡겨 놓고 순례^{이슬람교의 성지인 메카를 순례하는 것을 뜻함}를 떠나기로 결심했다.

그래서 남자는 전 재산을 팔아 순례 여행에 필요한 돈 일부를 남겨 두고 나머지는 전부 금과 보물을 사 버렸다. 그런 다음 그것들을 궤짝에 넣고 뚜껑을 단단히 닫은 뒤 봉인해서 재판관의 집으로 가져갔다. 궤짝을 재판관의 집에 맡겨 놓은 남자는 마음놓고 순례 여행을 떠났다.

그런데 공교롭게도 도중에 남자가 속해 있던 순례 행렬에 일이 생겨 정해진 순례 기간보다 이삼 일 늦게 메카에 도착하게 되었다. 남자는 속으로 생각했다.

'내가 순례를 와서도 하지^{성지 메카를 순례하고 돌아온 남자에게 붙이는 칭호}가 되지 못하고 돌아가면 사람들이 날 비웃으면서 놀릴 거야. 그렇다고 거짓말로 하지가 됐다고 둘러대는 것도 죄를 짓는 일이 될 테니 차라리 내년 순례 철이 될 때까지 여기서 일 년 동안 머물면서 일을 하다가 무사히 순례를 마치고 고향으로 돌아가는 편이 낫겠다.'

그리하여 함께 순례를 떠났던 다른 사람들은 모두 고향으로 돌아가고 남자 혼자 메카에 남았다. 그러나 사람들은 돌아가서 남자를 보지도 못했고 지금 어디에 있는지도 모른다고 전했다. 이 소식을 들은 재판관은 속으로 생각했다.

'분명히 그자는 도중에 죽었을 거야. 그러니까 사람들이 아무 소식도 모르지. 그러니 내가 그의 금과 보물을 썼다고 해도 나쁠 건 없겠지.'

그러면서 금은보화가 든 궤짝에서 조금씩 보물을 꺼내 팔다가 끝내는 그 돈을 몽땅 써 버렸다.

다음 해에도 사람들은 순례 여행을 떠났다. 그런데 사람들이 여행에서 돌아와서 하는 말이 남자를 보았는데 아주 잘 지내고, 사람들 모두에게 안부를 전했다고 했다. 특히 재판관의 안부를 물으면서 작년부터 메카에서 포목 가게를 열어 일을 했는데, 이제는 가게를 정리하여 며칠 내로 고향으로 돌아가겠다고 하더라는 것이었다.

재판관은 이 소식을 듣고 기분이 몹시 상해 이 궁리 저 궁리를 하다가 마침내 좋은 방법을 생각해 냈다. 텅 빈 궤짝에 돌을 가득 채워 넣고 예전과 같은 모양으로 봉인해서 구석에 그대로 놓아 두자는 생각이었다.

 순례 여행에서 돌아와 하지가 된 남자는 이삼 일이 지나서 재판관을 찾아갔다. 재판관은 반가워하며 궤짝을 돌려주었다. 남자도 순례에서 사 온 선물을 재판관에게 전해 주고 감사 인사를 하며 궤짝을 가지고 돌아갔다. 그러나 집에 도착해서 궤짝의 뚜껑을 열어 보니 온통 돌덩이와 모래뿐이었다. 남자가 다시 재판관에게 가서 항의하자 재판관은 매우 언짢아하며 말을 꺼냈다.

 "여보시오, 부끄럽지 않소? 순례를 갔다 오고도 거짓말을 하는 거요? 이 궤짝 안에 뭐가 들었는지 내가 어찌 알겠소? 아무도 이 상자의 봉인을 뜯지 않았다는 걸 당신 두 눈으로 보고도 그런 말을 하는 거요?"

 재판관이 이렇게 한바탕 소란을 피우면서 하지에게 차마 입에 담지 못할 비난을 퍼부어 대자, 불쌍한 하지는 속이 상했지만 그 자리를 뜰 수밖에 없었다. 골목을 걸어가는 하지의 모습은 마치 미친 사람 같았다. 그는 웃다가 울다가 울다가 웃다가 꼬마들의 놀림감이 되어 버렸고, 사람들도 모두 그가 제정신으로 돌아오기는 틀렸다고 여겼다.

 얼마 후 관리가 감찰을 하러 나오게 되었다. 감찰관은 그 도시의 사정, 특히 재판관의 일처리에 대해 좀 더 소상히 알아보려고 미친 사람처럼 행동하며 다녔다. 감찰관은 당나귀 등에 올라탈 때도 앞뒤 반대 방향으로 타고 옷도 뒤집어 입은 채 골목을 누비고 다녔다. 그렇게 하루 이틀이 지나 드디어 감찰관과 하지가 서로 만나게 되었다. 어느 정도 친해지자 감찰관이 먼저 하지에게 말을 건넸다.

 "여보게, 친구. 나도 자네처럼 미친 사람이라네. 그러나 자네의 근심 걱정이 뭔지 말해 준다면 내가 자네를 도와줄 수도 있을 것 같네만."

이 소리를 들은 하지는 처음에 그냥 웃어 넘겼다. 그러나 감찰관이 하도 이리저리 캐어 묻는지라, 마침내 하지도 자신의 이야기를 털어놓았다. 이야기를 다 들은 감찰관은 위로의 말을 건넸다.

"너무 낙심하지 말게. 이 일을 해결하는 방법은 아주 쉽다네. 자네는 그저 40일 뒤에 와서 자네의 보물을 찾아가기만 하면 되네."

이 말을 들은 하지는 어이가 없어 웃음만 나왔다.

"자네가 나보다 더 미친 사람인 게 분명하군."

감찰관은 이 말에 미소를 지으며 말했다.

"아니라네. 난 절대 미친 사람이 아니라니까. 자네 역시 미친 게 아니라 속이 상한 나머지 그럴 수밖에 없었다는 걸 내가 누구보다 더 잘 알지. 사실 난 감찰관이라네. 그러나 진정으로 자네의 보물을 되찾고 싶다면, 이 사실을 어느 누구에게도 말하지 않겠다고 약속해 줘야겠네."

하지는 친구의 말이 못미더웠지만 마지못해 고개를 끄덕였다.

"그럼 좋네, 친구. 40일 후 다시 만나세."

그리고 그는 그 자리를 떠났다.

감찰관은 그날로 화려한 관리의 옷으로 갈아입고 가짜 수염도 모두 떼어 버리고는 재판관을 만나러 갔다. 그리고 재판관과 이야기를 나누면서 수차례에 걸쳐 정의와 자녀 교육에 대한 이야기를 꺼냈다. 그러던 중 특별히 재판관에게 자식들을 잘 교육시켜야 한다고 충고해 주며 이렇게 말했다.

"제가 듣자 하니, 재판관님은 아주 똑똑한 아드님이 둘 있다면서요? 조정에서 저한테 특별한 임무를 하나 주었는데, 이 도시에 머무르는 한두 달 동안 특별히 재판관님의 자제분들에게 정의와 판결하는 법에 대해 가르쳐 주라는 임무를 받았습니다. 그러면 나중에 재판관님처럼 공정하고 훌륭하신 재판관 두 분이 새로 생길 뿐 아니라 백성들도 미래의 재판관으로부터 정의와 인간애를 체험할 수 있을 테니까요. 그래서 말인데 앞으로 40일 동안 두 아드님을 제게 맡겨 주시고 어느 누구에게도 방해를 받지 않았으면 합니다. 심지어는 재판관님조차도 두 아드님을 만나지 않으시면 좋겠습니다. 지시를 받은 몸이라 저도 어쩔 수 없습니다."

재판관은 마지못해 이를 승낙했다. 그는 두 아들에게 입을 맞추며 작별 인사를 나누고 감찰관에게 넘겨주었다. 감찰관은 재판관의 두 아들을 집으로 데려갔고, 그 아이들을 돌봐 줄 사람을 하나 고용했다. 그런 다음 본격적으로 계획을 실행에 옮기기 시작했다.

감찰관은 집에서 원숭이 두 마리를 키우고 있었는데, 아무도 원숭이가 있다는 사실을 몰랐다. 감찰관은 그날 조각가를 찾아가 엄청난 돈을 주면서 하루 만에 재판관 복장을 하고 있는 조각상을 만들어 달라고 했다. 다음 날 조각상이 완성되자 감찰관은 그것을 가져다 방 한구석에 놓았다. 그런 다음 그 방에 있는 다른 물건들은 모두 치워 버렸다. 결국 방 안에는 조각상 외에 아무것도 남지 않았다.

감찰관은 원숭이들을 이삼 일 굶겼다가 조각상이 있는 방으로 데려가 풀어놓았다. 물론 그 이전에 조각상이 입고 있는 옷의 주머니와 터번 속에다 먹을 것을 약간 넣어 두었다. 원숭이들은 한참 동안 이리저리 왔다 갔다 하다가 우연히 먹을 것을 찾아냈다. 이런 일이 몇 번 반복되자 원숭이들은 곧바로 조각상 쪽으로 가 어루만지며 먹을 것을 찾게 되었다.

40일째 되는 날 아침에 재판관은 감찰관의 집으로 갔다. 아들들을 다시 데려오기 위해서였다. 그러나 뜻밖에도 감찰관은 몹시 슬픈 표정을 지으며 이렇게 말했다.

"정말 죄송하지만 안 좋은 일이 벌어졌습니다."

그러자 재판관은 불안한 마음을 감추지 못한 채 물었다.

"도대체 무슨 일인데요? 애들이 아프기라도 한가요? 행여 죽기라도 했다는 말인가요?"

"그런 건 아닌데, 아주 괴상한 일이 벌어졌습니다. 유감스럽지만 아드님들이 원숭이로 변해 버렸답니다."

재판관은 뜻밖의 이야기에 어리둥절했다.

"아니, 대체 사람이 원숭이로 변한다는 게 말이 됩니까? 지금 거짓말을 하고 있군요? 제 아이들한테 안 좋은 일이 생긴 게 분명하지요?"

재판관은 고함을 지르며 소란을 피우기 시작했다. 그 소리를 들은 수많은 마을 사람이 대체 무슨 일이 났나 하고 그곳으로 모여들었다.

감찰관은 어떻게 된 일인지 사람들에게 설명해 주었지만 재판관은 계속 못미더워하는 눈치였다.

"그럼 내 아이들이 원숭이가 되었다는 사실을 증명해 보이시오. 안 그러면 이후로 어떤 일을 당하든 당신이 자초한 거요."

감찰관은 마을 사람들을 향해 말했다.

"여러분도 아시다시피, 원숭이는 야생 동물이라서 낯선 사람하고는 친해지는 법이 없습니다. 저 원숭이들은 여태까지 재판관을 본 적이 없기 때문에 그를 알아보지 못하며, 이 사실은 당사자인 재판관도 인정하는 사항입니다. 그런데 지금 여러분이 보는 앞에서 원숭이들이 재판관 쪽으로 달려가 알은체하고 친한 체하면 원숭이들이 재판관의 아들들이라는 사실을 믿으시겠습니까?"

이 말을 들은 사람들은 그렇게 하겠다는 뜻으로 고개를 끄덕였다. 그런 다음 일제히 커다란 방으로 갔다. 재판관도 항상 그래 왔던 것처럼 제일 상석에 자리를 잡고 앉았다. 감찰관은 다른 방에서 원숭이들을 데리고 와서 문을 열고 풀어놓았다. 이삼 일 동안 아무 것도 먹지 못한 원숭이들은 곧장 재판관을 향해 달려가 주머니와 터번을 뒤지기 시작했다. 이 모습을 본 사람들은 처음에는 겁을 먹고 놀랐으나 차츰 수군거리기 시작했다.

"저것 좀 봐. 감찰관의 말이 사실이네. 아이들이 자기 아버지를 알아보는 것 좀 봐. 이런 세상에! 이건 신께서 하신 일일 거야."

재판관은 원숭이들을 뿌리치려고 했지만 아무 소용이 없었다. 아무리 애를 써도 떨어지지 않았다. 그곳에 모여 있던 사람들도 감찰관의 말이 사실이라는 점을 인정하며 하나 둘 그 자리를 떠났다. 감찰관과 단둘이 남게 되자 재판관은 울음을 터뜨렸다.

"사실대로 말해 주시오. 제 아이들은 대체 어디 있는 겁니까?"

"그럼 제가 지금까지 거짓말을 했다는 겁니까? 당신의 두 아들은 바로 이 원숭이들이라니까요."

재판관은 계속해서 애원했다.

"대체 이성적으로 볼 때 사람이 원숭이로 변했다는 것이 믿어지는 일이냐고요?"

"그렇다면 지금 재판관님께 직접 보여 드리지요."

그러면서 감찰관은 방에서 나가더니 얼마 후 하지를 데리고 들어왔다. 하지를 본 재판관은 그제야 어찌 된 일인지를 알아차렸다. 그렇지만 겉으로 드러내지는 않았다.

감찰관이 재판관에게 물었다.

"재판관은 이 남자를 아시지요?"

재판관이 대답했다.

"예, 알죠. 이곳에 사는 사람인데 정신이 멀쩡하지가 않습니다."

감찰관이 이에 맞섰다.

"이 남자가 주장하는 바로는 보물이 든 궤짝 하나를 맡겼는데, 재판관은 이 사람한테 돌덩이들을 돌려주었다고 하던데요."

"저자가 거짓말을 하는 겁니다. 아니, 대체 어떻게 뚜껑이 단단히 닫혀 있고 봉인까지 된 궤짝에 든 보물이 돌덩이로 변할 수 있단 말입니까?"

"그건 재판관의 아드님들이 원숭이로 변한 것과 똑같은 이치입니다."

감찰관한테서 결정적인 대답을 들은 재판관은 아무리 애를 써서 부인해 봐도 소용없다는 걸 눈치 챘다. 그래서 그날 당장 하지에게 보물을 돌려주고, 그 대신 아무 탈 없이 건강한 두 아들을 감찰관으로부터 돌려받았다.

엄지동자

　아주 먼 옛날 어느 시골 마을에 나무꾼이 아내와 살고 있었다. 부부에게는 자식이 없었다. 그래서 신이 자식을 점지해 주시기를 간절히 기원하며 사람들이 말하는 방법을 죄다 동원하여 노력해 보았지만 아무 소용이 없었다.
　그러던 어느 날 밤이었다. 이웃에서는 꼬마들이 소리를 지르면서 신나게 서로를 잡으려고 뛰어다녔다. 나무꾼의 아내는 그런 아이들의 모습을 바라보다가 자식이 없는 자신의 처지를 생각하니 슬픈 마음이 들었다. 너무 마음이 상한 나머지 그녀는 길게 한숨을 쉬며 말했다.
　"신이시여, 우리한테도 아이가 하나 있다면 얼마나 좋겠습니까? 그 아이로 인해 우리 삶이 얼마나 행복하겠어요. 만약 우리한테 아이 하나만 주신다면 설령 그 아이가 손가락만 하더라도 더 이상 바랄 게 없겠어요."
　나무꾼이 그런 아내를 달랬다.

●──이란 민담

"너무 슬퍼하지 마시오. 신은 자애로우시니까 우리를 실망시키지 않으실 거요."

얼마 후 신이 정말로 이 부부에게 자식을 하나 점지해 주었다. 그런데 뜻밖에도 아이는 엄지손가락 크기만 했다. 그러나 전지전능하신 신이 보살피신 덕분에 그 외에는 아무런 모자람이 없었다. 눈, 귀, 입, 손발 모두가 정상이고 멀쩡했다. 아이는 어느 정도 나이가 되어도 별로 자라지 않았고 체구도 작았다. 대신에 아주 영리하고 총명했다.

어느 날 밤 아이가 아버지에게 말했다.

"아버지, 아버지도 이제 많이 늙으셨잖아요. 제가 아버지를 도와드리겠어요. 밖에 일하러 나갈 때 저를 데려가시면 아버지 대신 장작을 패서 당나귀 등에 싣고 읍내로 가져갈게요."

나무꾼이 대답했다.

"아들아, 너는 지금 이대로도 내게 너무 소중하단다. 그 일들은 네가 할 수 없는 일이란다."

이 말에 엄지동자는 아무 대꾸도 하지 않았다.

어느 날 엄지동자는 어머니를 졸라 마구간에서 당나귀 한 마리를 끌고 나오게 하고는 말했다.

"저를 당나귀 머리 위 두 귀 사이에 태워 주세요. 들로 나가 아버지를 돕겠어요."

어머니는 아들이 부탁한 대로 해 주었다. 들로 나간 엄지동자가 아버지를 향해 소리쳤다.

"아버지, 도와드리려고 왔어요. 이리 오셔서 저 좀 당나귀 머리에서 내려 주세요."

그때 엄지동자의 작은 키와 체구를 보고 좋아하게 된 사람들이 그 아버지에게 제안을 했다.

"이 아이를 우리에게 파시오."

나무꾼이 대답했다.

"싫소. 이 아이가 우리한테 어떤 아이인데……."

그러나 엄지동자는 아버지에게 눈짓으로 자기를 팔라고 하면서 팔려 가도 다시 돌아올 테니 걱정하지 말라고 했다.

이렇게 해서 그들은 금화 백 냥을 주고 엄지동자를 샀고, 그중 한 사람이 엄지동자를 자기 주머니 속에 넣고 갔다. 왕에게 데려가 보여 주기 위해서였다. 그러나 엄지동자는 주머니에 구멍을 내고 살짝 빠져나왔다.

고향을 향해 발걸음을 옮기던 엄지동자는 밤이 되자 숲에서 자란 한 줄기 풀에 몸을 의지해 잠을 잤다. 그런데 아침이 되어 풀을 뜯던 마을 촌장의 소가 엄지동자를 풀과 함께 삼켜 버리고 말았다. 아침에 일어나 자신이 소의 배 속에 들어와 있음을 알게 된 엄지동자는 소리를 지르기 시작했다.

"소가 풀을 뜯어 먹으면 안 돼요."

소의 배 속에서 사람 말소리가 나자 소 주인은 영문도 모른 채 겁에 질려 소를 마을 촌장한테 데려갔다. 소가 미쳤다고 생각한 마을 촌장은 푸줏간 주인을 불러 소를 잡게 했다. 그리하여 엄지동자는 푸줏간 주인이 소 배를 가르기가 무섭게 팔짝 뛰어나왔다. 그런데 이번에는 엄지동자를 쥐라고 생각한 고양이가 후닥닥 뛰어들어 그를 꿀꺽 삼켜 버리고 말았다. 엄지동자는 물 웅덩이에서 간신히 빠져나와 다시 우물 속으로 빠져 버린 셈이 되었다. 엄지동자가 고양이에게 말했다.

"배 터지게 밥을 먹고 싶으면 아무개 동네의 아무개네 집으로 가

보렴."

  엄지동자는 고양이에게 길을 가르쳐 주어 나무꾼의 집으로 데리고 가서는 창고 안으로 들어가게 했다. 고양이가 창고에서 이것저것 주워 먹느라 정신이 팔린 사이 엄지동자는 힘차게 소리를 쳤고, 이 소리를 들은 엄지동자의 부모가 서둘러 창고로 왔다. 엄지동자가 고양이의 배 속에서 말했다.

  "저 좀 구해 주세요. 지금 고양이의 배 속에 있어요."

  나무꾼은 즉시 고양이를 잡아서 배 속에서 엄지동자를 꺼냈다. 깨끗이 씻기고 새 옷으로 갈아입히자 엄지동자는 다시 기운을 차렸다. 그 후로 부부는 더욱 정성껏 엄지동자를 보살폈다.

알리와 호랑이

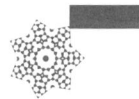

옛날 옛적에 마음은 착하지만 약간 모자라는 청년 알리가 숲 속을 지나가고 있었다. 그런데 갑자기 근처에서 짐승의 울부짖는 소리가 들려왔다.

'이게 과연 어떤 짐승의 소리일까?'

궁금한 생각이 든 청년은 벌벌 떨면서도 소리 나는 곳을 찾아보기로 했다. 숲 속을 조금 지나가자 덫에 걸려 구덩이에 빠진 호랑이 한 마리가 보였다. 알리가 다가가니 호랑이가 그에게 말을 걸었다.

"이봐, 제발 나 좀 도와줘. 제발 이 구덩이 밖으로 나갈 수 있게 날 좀 여기에서 꺼내 달라고."

"만약 널 풀어 주면 날 잡아먹을 거잖아."

"안 그럴게. 난 그렇게 추악하고 옳지 않은 짓은 안 해. 제발 부탁이야. 나 좀 살려 줘."

알리는 호랑이가 불쌍한 생각이 들어 덫을 풀어 호랑이를 자유롭게 해 주었다. 호랑이는 큰 소리로 으르렁거리며 구덩이 밖으로 뛰쳐 나오더니 돌연 태도를 바꿔 잽싸게 알리를 낚아챘다.

"저 덫에 걸려 며칠째 아무것도 먹지 못했어. 그래서 배가 고파 눈에 보이는 게 없다고. 그러니 너라도 잡아먹어야겠어."

알리는 억울해서 소리쳤다.

"난 너를 도와줬어. 너를 덫에서 꺼내 줬단 말이야. 그런데 어떻게 이런 흉한 짓을 하는 거지. 좋은 일을 해 주고도 이런 대접을 받아야 한단 말이냐? 모두들 너를 은혜도 모르는 나쁜 짐승이라고 욕할 거야."

호랑이도 맞섰다.

"아냐, 그럴 리가 없어. 아무도 그런 말을 하지 못할 거야. 오히려 날 칭찬할걸. 정 내 말을 못 믿겠으면 같이 가자. 그리고 길에서 마주치는 것들에게 물어보자. 물어본 넷 중에서 만약 하나라도 내가 옳지 않다고 하면 그때는 널 잡아먹지 않을게."

알리는 어쩔 수 없어 이 제안을 받아들였다. 둘은 한참을 가다가 수소 한 마리를 만났다. 알리가 지금까지 있었던 일을 모두 수소에게 설명해 주었다. 그런 다음 호랑이가 소에게 물었다.

"좋아, 이제 한번 말해 봐. 내가 저 아이를 잡아먹는 것이 옳은지 그른지 말이야."

소가 대답했다.

"호랑이 네가 이 아이한테 하려는 일에 대해서는 옳다 그르다 말하지 못하겠어. 그렇지만 인간들에 대해서는 한 가지 아는 게 있어. 들어 봐. 사실 난 몇 년 동안 어떤 남자를 위해 죽도록 일했어. 그런데 이제 내가 늙어서 일을 못한다고 그 남자가 나더러 뭐라고 하는 줄 알아? 날 잡아서 고기를 먹고 가죽은 가죽 공장에 주겠다는 거야. 그래서 난 호랑이 네가 하려는 일도 인간들이 하는 짓과 마찬가지라고 생각해. 다시 말해서 잡아먹어도 된다는 말이야."

 알리와 호랑이는 소와 헤어져 한참을 가다가 닭 한 마리를 만나게 되었다. 닭은 언덕 위에서 슬픈 표정을 하고 앉아 있다가 알리가 들려주는 자초지종을 들었다.

 "내가 호랑이한테 좋은 일을 해 주었는데도 호랑이는 나를 잡아먹으려고 해. 이게 과연 옳은 일이니?"

 "난 지난 6년 동안 어느 여자한테 매일 알을 낳아 주었지. 가끔씩 알을 품어 병아리도 깠다고. 그런데 이제는 늙어서 매일 알을 낳을 수 없으니까 나더러 뭐라고 하는 줄 알아? 날 잡아먹겠다는 거야. 그래서 난 호랑이가 옳다고 생각해. 이제 내 생각을 알았으면 제발 날 좀 혼자 내버려두고 가 줘. 난 아주 피곤하고 슬프다고."

 알리와 호랑이는 숲 속으로 들어섰다. 한참을 가니 오래된 과일나무 한 그루가 나왔다. 알리는 과일나무에게 자초지종을 설명해 준 후 물었다.

 "이게 과연 옳은 일이라고 생각해?"

 "여러 해 동안 나는 주인을 위해 신선한 과일을 맺었어. 그런데 이제 고목이 되어 좋은 과일을 맺지 못하게 되니까 나를 베어서 장작으로 태울 거래. 그래서 나도 호랑이의 행동이 옳다고 생각해."

 세 번 모두 호랑이에게 유리한 판결이 내려지자 호랑이가 알리를 보고 말했다.

 "잘 들었지? 소랑 닭이랑 나무가 뭐라고 했는지. 그러면 이제는 내가 너를 잡아먹어도 되겠지?"

 너무 서러워진 알리가 호랑이에게 말했다.

 "아니야, 잠깐만. 너는 이 문제에 대해 네 번 질문을 하기로 나랑 약속했잖아. 그런데 지금까지 우리는 겨우 셋한테만 의견을 물어봤어. 이 근처 숲 속에 원숭이 한 마리가 살고 있어. 그 원숭이한테 가서 이 문제에 대한 생각을 물어보는 것도 나쁘지 않을 것 같은데, 어때? 그 원숭이가 네 편을 들어 주면 그때는 너랑 한 약속을 지키도록 할게."

이리하여 호랑이와 알리는 다시 함께 길을 가기 시작했다. 가는 동안 호랑이는 속으로 생각했다.

'원숭이들은 모든 걸 다 아니까 내 편을 들어 줄 거야.'

얼마 후 알리와 호랑이는 원숭이를 만나 자초지종을 설명했다. 알리의 설명을 다 들은 원숭이가 입을 열었다.

"대체 무슨 소리를 하는지 알아들을 수가 없네."

그래서 알리는 다시 처음부터 이야기를 시작했다. 그의 말이 끝나자 호랑이가 말할 차례가 되었다.

"좋은 일에 대한 대가가 나쁜 일이 될 수도 있는 거잖아? 알리가 나한테 해 준 착한 일에 대한 대가로 내가 알리를 잡아먹으면 안 된다는 법이 어디 있어? 어서 내 말이 옳다고 말해 줘."

원숭이가 대답했다.

"너처럼 큰 호랑이가 어떻게 덫에 걸려 구덩이에 빠졌다는 거야? 그것이 사실이라는 것부터 믿을 수가 없는데, 어떻게 네 말이 맞다고 얘기하겠어?"

그러자 호랑이가 말했다.

"그건 별 문제가 안 돼. 내가 너한테 어떻게 된 것인지 보여 줄 테니 같이 가자고."

호랑이와 알리와 원숭이는 한참을 가다가 마침내 덫이 있던 장소에 이르렀다.

호랑이가 말했다.

"원숭이야, 잘 봐. 내가 이렇게 덫에 걸려 있었다고."

그러면서 호랑이는 다시 구덩이에 몸을 던졌다. 호랑이가 다시 구덩이에 들어간 걸 확인한 원숭이는 잽싸게 구덩이 덮개를 덮으며 말했다.

"자, 이제 너희 둘 다 바보라는 사실을 말해 줘야겠군. 알리, 넌 바보야. 호랑이의 거짓말을 믿고 덫에서 풀어 줬으니 말이야. 그리고 호랑이 너도 바보이긴 마찬가지야. 또다시 덫에 걸려 갇힌 신세가 되었으니 말이야. 너희 둘 다 이것만은 알아둬. 우리 원숭이는 인간이랑 생긴 게 비슷하기는 하지만 더 영리하고 똑똑하거든. 그래서 인간처럼 그런 미친 짓도 하지 않고, 다른 짐승처럼 미련하지도 않아."

다 섯 개 됐 어 요 , 여 섯 개 됐 어 요

옛날 옛날 아주 먼 옛날에 어머니와 딸이 살고 있었다. 그런데 이 딸은 아주 대식가여서 아침밥¹을 먹을 때나 오후에 차를 마실 때가 되면 홍차를 아홉 대접이나 마셨다. 그러던 어느 날 떠돌이 포목 장수가 이 모녀의 집 앞에 이르러 큰 소리로 외쳤다.

"포목 장수가 왔어요. 비단도 있고 벨벳도 있어요."

이 소리를 들은 어머니가 천을 사려고 대문으로 나갔다. 어머니가 둘둘 말린 천들의 색깔과 촘촘하게 짜여진 정도를 살피고 있는데 딸이 다가와 말했다.

"어머니, 어머니."

"왜 그러니?"

"다섯 개 됐어요."

"그래, 알았다."

그러고는 얼마 후 또 나와서 어머니를 불렀다.

"어머니, 어머니."

"왜?"

"여섯 개 됐어요."

이런 식으로 딸은 아홉이라는 숫자를 댈 때까지 계속 왔다 갔다 했다. 어머니는 여느 때와 같이 딸이 홍차 아홉 대접을 마셨다고 생각했다. 그런데 이 광경을 지켜보고 있던 떠돌이 포목 장수는 혼자 이렇게 중얼거렸다.

"딸이 계속 왔다 갔다 하면서 '다섯 개 됐어요, 여섯 개 됐어요.'라고 말하는 이유가 대체 뭐란 말이야? 시간마다 아홉 줌의 목화에서 실을 뽑아서 아홉 타래의 실을 만드나 보지? 그렇다면 딸의 어머니에게 가서 딸을 아내로 삼겠다고 제안해야겠다. 내가 갖고 있는 목화에서 실을 잣고, 실로 천을 짜고, 이 천을 둘둘 말아 팔면 장사가 엄청나게 잘될 거야."

포목 장수는 딸이 말한 아홉이 홍차를 아홉 대접 마셨다는 뜻일 거라고는 꿈에도 생각하지 못했다.

다음 날 포목 장수는 청혼을 하러 그 집 대문을 두드렸다. 어머니는 포목 장수의 청혼을 받아들였고, 얼마 후 아주 성대한 잔치와 함께 혼례가 치러졌다.

그런데 식을 올린 지 얼마 되지 않아 포목 장수가 메카로 순례 여행을 떠나게 되었다. 그는 아내에게 일렀다.

"메카에 다녀오려면 족히 일 년은 걸릴 것이오. 방마다 목화송이를 가득 채워 놓고 갈 테니, 매일 아홉 줌의 목화에서 실을 뽑다 보면 내가 돌아올 날이 될 것이오."

아내는 그렇게 하겠다고 대답하여 남편의 마음을 편하게 해 주었고, 마침내 포목 장수는 메카로 순례 여행을 떠났다.

딸은 남편이 없는 동안 날마다 친정 어머니와 이웃 사람들과 어울려 수다를 떨고 많은 음식을 먹으며 보냈다. 그러는 사이 일 년이 홀쩍 지나가 버렸다.

어느 날 남편이 돌아온다는 소식이 전해지자 사람들은 아내에게 이렇게 말하기 시작했다.

"왜 이러고 앉아 있는 거요? 하지가 된 남편이 돌아온다고요."

"지금 어디 있는데요?"

"성문 밖에 이르렀대요."

아내가 혼잣말로 중얼거렸다.

"이를 어쩐담. 실이라고는 하나도 뽑아 놓은 게 없는데, 남편한테 뭐라고 둘러대지?"

아내는 일단 하지가 된 남편을 환영하는 뜻으로 수프를 한 솥 끓여 놓기로 마음먹었다. 처음으로 아내의 일이란 것을 시작한 셈이다. 그녀는 수프가 가득 든 커다란 솥을 화덕 위에 올려놓고 솥 주위에 목화송이를 놓았다. 실을 뽑는 작은 물레도 하나 가져왔다. 그때 좋은 생각 하나가 아내의 머리에 떠올랐다.

"목화에서 실을 뽑는 방추차로 빗자루의 부드러운 부분을 물레에 묶고 나서 물레의 손잡이를 빙빙 돌리는 거야. 그러면 빗자루의 끝자락이 물레를 한 바퀴 돌아서 수프에 담겼다가 두 바퀴째 돌아서는 내 입에 닿겠지. 그럼 내가 수프를 핥아먹기만 하면 되겠네."

그리하여 그녀는 한 손으로는 방추차를 돌리고 다른 한 손으로는 물레 손잡이를 돌렸다. 빗자루의 부드러운 솔들은 솥 안에 담긴 수프에 잠겼다가 빙빙 도는 물레를 따라 그녀의 입에 닿았다. 그러면 그녀는 그걸 핥아먹으며 노래를 불렀다.

"정말 모르겠네. 그냥 먹을까 아니면 핥아 먹을까?"

그 무렵 요정 나라 공주가 목이 아파 가르랑거리며 여자의 집 근처를 지나고 있었다. 목에 생선 가시가 걸렸는데 온갖 방법과 약을 써 봐도 소용이 없었던 것이다. 그러다가 대식가이자 게으른 여자의 일하는 모습과 수프 먹는 모습, 그리고 노래하는 모습을 보고 심하게 웃다 기침을 하게 되었다. 너무 심하게 웃다 보니 그 힘으로 생선 가시가 목구멍 밖으로 튀어나와 숨을 편하게 쉴 수 있었다. 요정 나라 공주는 사람의 모습으로 변해 아내에게 말을 붙였다.

"지금 무슨 일을 하고 있는 거죠?"

"모르겠어요? 하지가 된 남편이 성문 밖에 도착했는데 먹을 시간이 없는 거예요. 이걸 그냥 먹어 버려야 하는지 훑아 먹어야 하는지 모르겠어요."

요정 나라 공주는 터져 나오는 웃음을 간신히 참으며 말했다.

"그러면 내가 당신을 도와서 이 목화송이에서 실을 모두 뽑아 줄게요."

"그렇게만 해 주신다면 더 이상 바랄 게 없네요."

공주는 재빨리 본래의 모습을 하고 요정 나라 왕에게 갔다. 그런 다음 어떻게 해서 생선 가시가 목구멍 밖으로 나오게 되었는지, 자기를 구해 준 여자의 생김새와 일하는 모양새와 부탁까지 낱낱이 아버지에게 설명했다. 딸이 생선 가시 때문에 괴로워하지 않게 된 것을 알게 된 왕은 기뻐하며 말했다.

"그 여자가 목화송이를 얼마나 가지고 있든지 간에 우리가 실을 뽑아 천을 짜서 포목 단으로 만들어 주는 것이 은혜를 갚는 일이겠구나."

그리하여 요정 나라의 왕과 큰 요정과 작은 요정이 모두 인간의 모습을 하고 공주와 함께 하지의 집으로 갔다. 요정들은 여자가 일하는 모양새를 보고 웃음이 터져 나왔지만 지체하지 않고 눈 깜짝할 사이에 목화송이에서 실을 뽑고 그 실로 천을 짠 다음 둘둘 말아서 차곡차곡 쌓아 두었다. 그런 다음 하지가 집에 돌아올 때를 대비하여 집안 구석구석을 깨끗하게 청소해 주고 돌아갔다. 모든 것이 정돈된 상태에서 남편이 집 안으로 들어왔다.

"이런, 세상에! 집 안에 꽃이 널린 것 같구먼."

천들이 둘둘 말린 채로 차곡차곡 쌓여 있는 모습을 보고 남편은 감탄하여 계속 말했다.

"여보, 정말 대단하구려. 내 아내야말로 세상에서 가장 실한 여자일 거요."

남편은 그 포목들을 모두 내다 팔았다. 일 년도 채 안 돼서 하지는 큰 부자가 되었다. 그리하여 남편은 다시 한 번 메카 순례를 가기로 마음먹고 아내에게 말했다.

"이번에는 방이란 방을 모조리 다 목화송이로 채워 놓겠소, 당신이라면 실을 뽑아서 천을 잘 짜 놓을 거라고 믿소."

이 말을 들은 여자가 혼잣말로 중얼거렸다.

"첫 번째는 도와준 사람들이 있었는데, 이번에는 어떻게 한담. 이런 일을 전혀 못 하는데, 이를 어쩌지?"

그때 아내는 바퀴벌레 세 마리가 벽을 타고 올라가는 모습을 보게 되었다. 그러자 머릿속에 한 가지 묘안이 떠올랐다. 그녀는 자리에서 벌떡 일어나 말했다.

"안녕하세요, 이종사촌 언니, 이모, 새색시. 잘 오셨어요."

아내의 이런 소리를 들은 남편은 온 사방을 둘러봤지만 아무도 보지 못했다. 그래서 혼잣말로 중얼거렸다.

"충격을 받은 모양이네. 이건 분명 혼자 있게 되니까 생긴 증상일 거야. 아무 이유 없이 혼자서 말을 하다니."

남편은 아내를 보고 말했다.

"대체 누구랑 얘기하는 거요? 여기에는 아무도 없는데."

그러자 아내가 항의하듯 대답했다.

"누구랑 얘기를 했느냐고요? 저 벽 좀 보세요. 우리 이모랑 이종사촌 언니랑 이모의 며느리가 여기로 오고 있잖아요."

"바퀴벌레가 무슨 이모, 이종사촌, 이모의 며느리라는 말이오?"

"이 바퀴벌레들을 그런 식으로 보지 마세요. 예전에는 아주 똑똑한 사람들이었다고요. 그런데 일을 너무 많이 한 거예요. 나처럼 이렇게 많은 목화송이에서 실을 뽑아 그 실로 천을 짜서 옷감을 만들었다고요. 이런 일을 하고 하고 또 하다 보니 결국 이 지경에까지 이르러 이렇게 작아진 거예요."

그 소리를 들은 남편은 바퀴벌레를 보며 새삼 무섭고 불안한 마음이 들었다.

"안 돼, 안 된다고. 그렇다면 이제는 당신이 일을 하게 놔두지 않겠소. 목화송이도 안 가져올 것이고 당신이 실을 뽑고 천을 짜도록 하지도 않겠소."

기분이 좋아진 아내는 속으로 실컷 웃어 댔다. 어쨌거나 그녀는 이런 묘안 덕분에 목화에서 실을 뽑아 천을 짜는 고된 일에서 해방될 수 있었다. 그 후 부부는 즐겁고 행복하게 살았다.

●──주

1 이란 사람들은 아침 식사로 홍차와 '넌'이라 부르는 얇은 빵에 하얀 치즈나 버터, 꿀을 곁들여 간단하게 먹는다.

●──이란 민담

구름과 바람의 말

옛날에 마귀들을 지배하는 왕이 살았다. 왕은 준마 한 필을 가지고 있었는데, 그 말은 새끼를 낳을 때면 언제나 사람들 모르게 비밀스러운 곳으로 가서 낳았다. 어느 날 준마가 새끼를 낳게 되자 호기심 많은 막내 왕자가 살그머니 쫓아갔다. 말은 어느 우물가에 닿더니 발을 멈췄다. 그러고는 한쪽 발은 우물의 한편에 다른 발은 다른 편에 걸치고 새끼가 스스로 밖으로 나오도록 했다. 왕자는 기회를 보아 새끼 말을 훔쳐서 돌아와 버렸다. 왕자는 새끼 말이 잘 자라도록 돌보았다.

한편 왕비가 죽자 왕은 새 아내를 맞아들였다. 그런데 계모는 왕자가 가진 새끼 준마를 시기했다. 어느 날 왕이 여행을 떠나자 왕비는 몰래 영지에서 기도문을 써 주는 사람을 찾아가서 청했다.

"왕자가 가진 새끼 준마를 내가 가질 수 있게 일을 꾸며 주게."

"그렇다면 돌아가셔서 아주 짠 음식을 만들어서 왕자에게 먹이세요. 그리고 물 항아리에 뱀을 몇 마리 넣어 두세요. 짠 음식을 먹은 왕자는 목이 말라서 물 항아리를 찾을 겁니다. 그러면 그때 항아리 안에 있던 뱀들이 왕자를 물어 죽일 것이고, 그러면 준마는 자연히 왕비님의 것이 될 거예요."

준마는 이 사실을 미리 알아차리고 왕자에게 물을 항아리에서 바로 마시지 말라고 당부했다. 그리하여 왕자는 짠 음식을 먹고 나서 물 항아리에서 물을 사발에 떠서 마셨다.

이렇게 계획이 실패로 돌아가자 계모는 다시 기도문을 쓰는 사람에게 갔다. 그러자 이번에는 그가 이렇게 일러 주었다.

"우물을 하나 파서 그 밑에 창과 작살을 꽂은 뒤에 그 위에다 조그마한 양탄자를 덮어 두세요. 그리고 나서 왕자가 그 위에 앉도록 하세요. 왕자가 아래로 떨어지면 자연히 죽을 겁니다."

이번에도 준마는 음모를 미리 알아차리고 왕자에게 양탄자 위에 앉지 않도록 당부했다. 왕자는 준마의 말대로 양탄자 위에 앉지 않았다. 연이어 실패한 왕비는 다시 기도문을 쓰는 사람에게 달려갔다. 그는 다른 방법을 알려 주었다.

"내일 왕이 여행에서 돌아오시면 얼굴에 자르드추베_{음식이나 과자에 넣어 노란색을 내게 하는 향료}를 바르고, 아랫도리 안에는 마른 넌을 넣으세요. 왕은 마른 넌이 부서지는 소리를 왕비님의 뼈가 부서지는 소리로 알 거예요. 그러면 이 병을 고칠 수 있는 약은 준마의 고기뿐이라고 말씀하세요."

아침이 되자 왕자는 준마를 보러 갔다. 말은 왕자를 보자 이렇게 말했다.

"사람들이 나를 죽이려고 한단다. 왕비가 몰려와 짜고 네가 집으로 돌아오지 못하도록 막을 거야. 그러니 이제부터 잘 들어 둬. 내가 첫 번째 울음소리를 내면 날 죽이려고 하는 거야. 사람들이 문을 열어 둘 텐데, 두 번째 울음소리는 그들이 나를 잡으려고 하는 거야. 그리고 세 번째 울음소리는 내 목을 자르려고 하는 거야."

왕자가 공부를 하러 가 자리에 앉으려고 하는데 말의 첫 번째 울음소리가 나더니 연이어 두 번째, 세 번째 울음소리가 들렸다. 왕자는 참을 수 없어 밖으로 나가지 못하도록 말리는 몰러의 머리를 내려치고 도망 나와 집으로 향했다. 사람들이 준마를 죽이려는 것을 본 왕자는 아버지에게 계모인 왕비와 자신이 함께 말을 타고 정원을 한 바퀴 돌도록 허락해 달라고 애원했다. 그러고 나서 말을 죽여도 좋다고 했다. 왕은 아들의 간청을 응낙했다. 왕자는 준마를 타고 왕비를 뒷자리에 앉힌 다음 마귀의 나라를 떠나 지상을 향해 출발했다. 어느 정도 가서 왕비를 말에서 밀어 버리자 그녀는 땅으로 떨어져 죽었다.

왕자는 준마와 지상에 닿을 때까지 가고 또 갔다. 그곳에서 한 무리의 양 떼를 보게 되었다. 마귀 왕국의 왕자는 목동을 붙잡고 사정하여 양고기를 구워 먹고 가죽을 머리에 써서 지상에 사는 인간처럼 변했다. 준마는 갈기의 털 몇 올을 뽑아 왕자에게 주며 말했다.

"왕자여, 만일 내 힘이 필요하면 언제든지 이 털 중 하나에 불을 붙여라. 그러면 곧 내가 나타날 것이다."

왕자는 지상에 사는 어느 왕의 정원에 닿을 때까지 가고 또 갔다. 그곳에서 인간 왕의 막내딸을 보고 사랑하게 된 왕자는 준마의 털 중 하나에 불을 붙였다. 그러자 곧 준마가 나타났다. 왕자는 그에게 말했다.

"나도 여기 사는 인간들 같은 옷과 외모를 가졌으면 좋겠어."

말은 그 말을 듣자마자 왕자가 원하는 것을 전부 준비해 주었다. 왕자는 옷을 입고 정원으로 갔다. 공주들은 그곳에서 물놀이를 하고 있었다. 막내 공주도 마귀 나라의 왕자를 보자마자 첫눈에 사랑에 빠졌다.

그다음 주가 되어 왕은 공주들에게 사과를 한 알씩 주며 각자 좋아하는 사람에게 사과를 던져 남편감을 택하라고 했다. 첫째 공주는 재상의 아들을 향해 오른쪽으로 사과를 던졌다. 둘째 공주는 재판관의 아들을 향해 사과를 왼쪽으로 던졌다. 그리고 막내 공주는 마귀 나라의 왕자를 향해 사과를 던졌다. 왕은 유독 막내 공주의 선택을 못마땅하게 여겼다. 그렇지만 사랑하는 연인들 사이를 어찌지 못하고 그만 허락하고 말았다. 하지만 다른 언니들과 달리 막내 공주는 조촐하게 혼례식을 치르게 했다.

어느 날이었다. 왕은 부마들에게 사냥을 떠나라고 명을 내렸다. 그런데 두 부마에게는 아주 날쌘 말 두 필을 내주고 막내 부마에게는 잘 달리지 못하는 말을 주었다. 왕자는 잠시 말을 몰아 보더니 준마가 주었던 털에 불을 붙였다. 준마가 나타나자 왕자는 그 말을 타고 사냥감을 많이 잡았다. 그러나 두 부마는 어떤 사냥감도 잡지 못했다.

빈손으로 돌아오던 두 부마는 막내 부마를 보고도 그를 알아보지 못하고 훌륭한 사냥꾼이라고만 생각했다. 그러자 왕자는 그들에게 말했다.

"만일 내가 당신들에게 소인 찍는 것을 허락한다면 사냥감을 나눠 주겠소."

부마들은 이를 수락했다. 왕자는 원하던 대로 그들에게 소인을 찍고 그 대가로 사냥한 것을 주었다. 그러자 부마들은 사냥감을 들고 궁전으로 향했다.

왕자는 영지 근처까지 준마를 타고 오다가 왕궁이 가까워지자 왕이 주었던 말로 바꿔 탔다. 궁에 도착한 세 부마는 각자 아내에게 자신이 사냥한 짐승을 주어 음식을 만들도록 했다. 첫째와 둘째 공주의 음식은 맛이 없었지만 막내 공주가 만든 음식은 맛이 훌륭하여 왕이 매우 흡족해했다.

아침이 가까워지자 신하들 중 하나가 왕에게 궁전 근처에 훨씬 더 멋지고 웅장한 궁이 세워졌다고 알렸다. 마음이 언짢아진 왕은 누구의 궁전인지 알아내려고 부하들을 보냈다. 한편 왕자는 자신을 알아보지 못하도록 얼굴과 모양을 바꿨다. 그러고는 왕의 부하들에게 답했다.

"난 하인 둘을 잃어버렸소. 그래서 그들을 찾으러 이곳까지 온 거요. 그 하인들에게는 소인이 찍혀 있소."

왕은 이 말을 듣고 모두들 옷을 벗어 그 궁에서 찾는 하인이 누구인지 알아보도록 했다. 마침내 부마들이 옷을 벗자 소인이 찍힌 것이 발각되었다. 왕은 부마들에게 잔뜩 화가 나서 그들이 소유하고 있던 재산을 모두 빼앗았다. 왕자는 준마의 도움으로 다시 부마의 모습이 되었고 가지고 있던 모든 보물을 왕에게 주었다. 그러자 왕은 왕위를 왕자에게 물려주었고, 모두 행복하게 살았다.

죽은 아내와 함께 무덤에 갇힌 상인

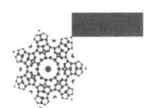

옛날에 어느 짐꾼이 살고 있었다. 하루는 짐꾼이 짐을 어깨에 메고 길을 가다가 으리으리한 정원에 다다르게 되었다. 그는 어깨에 멘 짐을 정원 문턱에 내려놓고 말했다.

"오, 신이여, 저는 신의 노예랍니다. 이렇게 으리으리한 정원을 가진 부자도 당신의 노예란 말입니까!"

바로 그때 우연히 집 맨 꼭대기의 다락방에 있던 집주인이 짐꾼의 불평을 들었다. 주인은 다락방의 좁은 문으로 고개를 내밀고는 짐꾼에게 말했다.

"짐꾼장."

"예."

"자네의 짐을 갖다 놓고 여기로 다시 오게. 옮길 짐이 있네. 자, 여기 1토만을 선불로 주겠네. 잊지 말고 다시 오라는 의미일세. 빨리 와야 하네."

"예, 좋습니다. 그렇게 하고말고요."

짐꾼은 자신의 짐을 갖다 놓아야 할 곳에 재빨리 놓고 돌아왔다. 주인은 짐꾼이 오는 소리가 들리자 다락방의 좁은 문으로 다시 고개를 내밀고는 말했다.

"여보게, 짐꾼. 이리로 올라오게!"

이 말을 들은 짐꾼은 계단을 통해 위로 올라갔다. 올라가 보니 으리으리한 가재 도구에 둘러싸인 한 사람이 양털로 된 양탄자를 깔아 놓고 화려하게 짠 휘장을 친 채 등받침을 대고 왕처럼 앉아서 말했다.

"짐꾼장."

"주인님, 맡기실 짐을 옮기려고 하는데 어디 있습니까?"

짐꾼이 물었다.

"우리 짐은 바로 여기 있소. 자, 당황해하지 말고 일단 앉으시오. 그런데 그냥 담배를 피우겠소, 물담배를 피우겠소?"

"물담배를 피우겠습니다."

"애들아, 물담배를 가져오너라!"

하인이 물담배를 가지고 오자 주인은 짐꾼에게 건네주었다. 짐꾼이 말했다.

"자루는 어디 있습니까? 뭘 가져갈까요?"

"자루는 없소. 하루 버는 돈이 얼마나 되오? 난 자네를 좋아하게 되었소. 하루치 벌이를 주겠으니 오늘은 일을 쉬고 내 손님이 되어 주시오."

"예, 좋습니다."

"자, 짐꾼장, 내 말을 잘 들으시오. 자네에게 지금까지 내가 살아온 이야기를 말해 주고 싶소."

그러면서 주인은 자신의 이야기를 들려주었다.

난 장사꾼의 아들이었지. 아버지는 내게 항상 충고를 하시곤 했소.
"얘야, 떠돌이 아이들과 사귀지 마라. 그런 아이들과 상종을 마라. 너에게 나쁜 이름이 붙으면 너도 떠돌이 취급을 받게 된단다."
나도 당시에는 말 잘 듣는 아이였소. 그래서 아버지의 말씀을 귀담아듣곤 했지. 아버지가 돌아가시고 나서 나는 아버지의 자리를 대신하게 되었소. 하인들도 내게 왔소. 아버지의 동업자들이 내게 와서 아버지처럼 무역을 하러 가야 한다는 말을 하기 전까지 나는 아버지를 대신해 일을 잘 꾸려 나갔소. 그러다 그들의 말을 듣고 나도 무역을 하러 떠나기로 했지. 우리 사업은 어느 정도 자리를 잡아 언제나 열에서 열두 척의 배로 항해를 하게 되었다오. 어느 날 우리가 배 위에 앉아 있는데 반대편에서 거센 바람이 불어왔소. 선장이 말했지.
"여러분, 지금 심한 바람 때문에 배가 난파할 위기에 처했소! 나도 내 생명을 포기했소. 마치 내가 헛것에 정신이 팔린 것은 아닌지, 눈 앞에 벌어진 일을 믿을 수 없을 지경이오."
난 언제나 가지고 다니던 보물 상자를 어깨에 멨지. 마침내 배는 난파되고 말았소. 사람들은 바다에 빠졌고 사 둔 물건은 몽땅 바다에 잠겼소. 사람들은 겨우 나무 파편만 잡을 수 있었지. 나도 파편에 몸을 실었다오.
이틀하고도 하룻밤 동안 어느 섬에 닿을 때까지 물 위에서 갈증과 싸웠다오. 우리 대여섯 명은 말했지.
"친구들이여, 이 섬에 열매나 입에 댈 수 있는 먹을 것이 있는지 찾아봅시다."
꼬박 일주일 동안 우리는 낮에 돌아다니면서 숲의 열매를 따 먹었다오. 밤에는 짐승들이 무서워서 나무 위에서 자곤 했지. 그런데 어느 날 숲에서 맑은 물이 있는 샘을 발견했는데 이 샘의 물이 흐르고 흘러서 결국 바닷물과 섞이는 것이었소. 그래서 난 혼잣말로 되뇌었소.
"이 샘물을 따라가서 어디에 닿는지 봐야겠어."
그리하여 우리는 샘의 줄기를 따라 걷기 시작했고 우연하게도 어느 도시의 성문에 닿게 되었소. 난 도시로 들어가 주머니의 돈을 꺼내 넌과 물을 사려고 했소. 그런데 사람들이 말하기를 여기서는 이런 돈을 사용하지 않는다는 거였소. 그래서 메고 있던 보물 상자를 열어 금화를 다 꺼냈지. 그러자 사람들이 말했소.
"여보시오, 이것을 환전상으로 가지고 가서 잔돈으로 바꾸시오."
환전상으로 가서 잔돈으로 바꾸려고 하니 환전상이 말했소.
"이런 돈을 어디서 가지고 왔소?"
"제 것인데요."
가만히 보니 그가 그 돈 때문에 나를 의심하는 것 같았소. 그래서 내 이야기를 처음부터 끝까지 들려주었소.
원래 상인이고 이러저러해서 여기까지 왔다고 말하니 환전상은 나를 좋아하게 되었고 이렇게 말했소.
"그럼 자넨 이 도시가 낯설겠구먼. 자, 내 집으로 가세. 대상인 숙소에는 머물지 말게."
그리하여 상인은 우리를 자기 집으로 데리고 갔소. 이삼 일이 지나서 나는 마당에 한 아가씨가 왔다 갔다 하는 모습을 보게 되었소. 그 아가씨는 아주 아름다웠소. 난 그 아가씨가 누구의 딸인가를 환전상에게 물었소. 환전상이 이렇게 답했소.
"오 형제여, 만일 아내가 없다면 가지시게."
그래서 가지고 있던 자본도 많고 해서 나는 그 아가씨를 아내로 맞았소. 그 환전상 앞에 가게 자리도 하나 잡고, 그 도시에 머물며 환전하는 일을 했지.

우린 이 도시를 구경하는 한편으로 환전하는 일을 하다가 다음 사실을 알게 되었다오.

이 도시에서는 아내가 죽으면 땅에 묻는데, 빵과 물 한 병과 함께 남편도 구덩이에 묻어 버린다는 것이었소. 남편이 죽어도 아내를 그렇게 하고 말이오. 이 사실을 알고 나서 우리 일행은 이렇게 말했지.

"에구머니! 아주 못쓸 법을 가진 나라에 오고 말았군."

나는 처소로 와서 슬며시 여자에게 다가가 물었소.

"만일 우리 중 하나가 여기서 혼인하면 아내를 데리고 다른 도시로 갈 수 있소?"

여자는 대답했소.

"아니요."

"그럼 이 도시에 이혼법은 있소?"

"아니요."

"좋아, 그렇다면 아내나 남편이 이 도시를 떠나고 싶으면 그럴 수 있는 거요?"

"성의 허락 없이는 불가능한 일이에요. 왜냐하면 성의 허가 없이는 떠날 수 없거든요. 그래서 만일 여자가 그러기를 원하면 사람들은 그녀의 남편이 죽었다고 하고, 만일 남자가 원하면 그의 아내가 죽었다고 해요."

그리하여 우리는 이 도시에서 벗어날 방법이 전혀 없다는 사실을 깨닫게 되었소.

어느 날 밤 우리가 집으로 돌아오니 우리와 같이 지내던 여자가 침대에서 잠을 자고 있었소. 한데 그 가엾고 약한 여자는 머리가 아팠던 거요. 결국 나흘 동안 앓더니 죽어 버렸지. 그 후 사흘 동안 놔두었다가 마지막 가는 길에 드는 비용을 모두 지불했소. 사람들은 그녀를 묻으려고 오면서 우리에게 줄 빵과 물도 잊지 않았소. 우린 소리를 지르며 아우성을 쳤지.

"아이고, 우린 다른 도시 사람들이란 말이오."

"이건 명령이오. 당신네 돈과 소유물과 보물 때문에 우리가 이런다고 생각하는 거요? 그렇다면 여기 보물 상자가 있으니 어서 가지고 들어가시오."

사람들은 우리에게 윽박질렀소.

"우리는 자네들의 소유물에 대해 말하는 것이 아니오."

그러고서 사람들은 우리 허리를 묶더니 전부 구덩이 안으로 집어넣어 버렸소.

바닥에 닿아서 보니 그곳은 1000자르으 ^{1자르으는 약 104미터에 해당함}에 달하는 광활한 구덩이인 데다가 주위에는 뼈들이 여기저기 널려 있었소. 우리를 위해 준비한 물과 빵은 고작 사흘치뿐이었소. 우린 서로 이야기했소.

"만일 사흘 동안의 식량을 전부 먹어 버린다면 우린 굶어 죽을 거야. 아마 누군가 또 떨어질 테니 기다렸다가 내려오는 사람과 협조하는 게 좋을 것 같소."

우리는 자리에서 일어나 수북하게 쌓여 있는 뼈 더미에서 길쭉한 것을 집어 삽질을 했소. 그것으로 널려 있는 뼈들을 한쪽으로 밀어 놓았지. 다른 쪽도 고물상처럼 되었소. 사람들이 옷을 던져 주면 옷들도 한쪽에 모아 두었지.

이틀 동안 그 안에서 지내고 있는데 한 사람이 밑으로 떨어지는 것이었소. 그 가엾은 이는 구덩이 바닥에 이르자마자 기백을 잃고 죽었소. 짐꾼, 우린 그렇게 7년 동안 죽은 자들 곁에서 지냈소. 사람들은 밑으로 떨어질 때마다 스스로 죽거나 아니면 그들이 가지고 온 빵과 물을 빼앗기 위해 우리가 목을 졸라 죽였소. 그러던 어느 날 한 젊은이가 떨어졌는데 그때 우리는 음식과 물이 다 떨어져 오랫동안 굶은 상태여서 배가 너무 고팠소. 그가 오자 즉시 물병을 빼앗아 물을 마셨지. 그랬더니 젊은이가 내 팔목을 잡고 물었소.

"여기서 뭘 하고 있소? 당신 누구요?"

"난 여기 주인이다."

"잘못 말했겠지. 나도 여기 주인인데."

"이봐, 자넨 지금 막 왔잖아. 나도 처음에 왔을 때는 아직 수염이 나지 않은 젊은이였지. 그러나 지금은 턱수염이 허리까지 덮여 숄처럼 되었고 머리카락은 여인네처럼 되었네. 그런데 자네가 여기 주인이라고? 이런 빵과 물만 먹다 보니 우린 바싹 마른 푸크시아^{바늘꽃과의 관상목 일종}같이 돼 버렸다고."

결국 우리는 힘으로 그의 목을 졸라 죽여 버렸소. 그 짓을 하고 나서 우리는 마주 앉아 신에게 울부짖었소.

"신이여, 이 가엾고 하찮은 이에게 우리가 무슨 짓을 했습니까? 이런 죄를 대가로 치를 만한 삶은 살지 않았잖습니까."

우리는 울고 또 울다가 누워 잠이 들었소.

그런데 바닥 저쪽 편 웅덩이에서 고양이 한 마리가 나와 신선한 고기를 가지고 가서 날름 먹어 버리는 것이었소. 그 광경을 보고 내가 말했소.

"어, 이 고양이는 어디서 왔지? 이 녀석이 다시 오면 뒤를 따라가 봐야겠어."

다음 날 고양이가 다시 와서 고기를 가져가려고 할 때 나는 그 뒤를 쫓아갔소. 그런데 구덩이 끝까지 가자 복도가 나오더군. 그래서 계속 고양이 뒤를 따라갔는데 복도가 이어졌소. 이것을 보고 난 말했소.

"신이여, 끝까지 가 보겠습니다. 하고자 애쓰면 무슨 일이든 이루어지겠지요!"

얼마 후 나는 한 줄기 빛을 보게 되었소. 그 빛을 따라가 보니 바닷가에 닿았소. 나는 너무 좋아 신에게 엎드려 기도를 드리며 말했소. "이보다 더 좋을 수가 있나요! 가서 옷을 가져오겠습니다."

나는 왔던 길을 되짚어 다시 복도를 갔소. 그리고 그 안에 있던 죽은 자들의 옷과 구두와 모자 들을 챙겼소. 빵을 넣었던 보자기들을 서로 묶어 침구 싸개로 만들어 그 안에 옷들을 전부 넣고 복도를 따라 밖으로 나왔소.

나는 이틀 낮과 하룻밤을 바다 곁에 머물렀소. 그런데 배 한 척이 지나가는 것이 보였소. 일어나서 나뭇가지를 꺾어 그 끝에 천 조각을 매달고 흔들기 시작했소. 배가 앞으로 왔을 때 해상 무역을 했던 바로 그 배임을 알았다오. 나는 가서 죽은 자들의 옷을 몽땅 팔았소. 7년 동안 구덩이 안에 있었고 2년 동안 아내를 두고 살았지만 9년의 세월 동안 나와 떨어져 있었던 하인과 일꾼들을 다시 모을 수 있었소. 그리고 내가 가지고 있던 모든 옷을 팔아 이 정원을 산 지 꼭 25일이 되었소. 반면 자네는 자네 의지대로 자유롭게 아침에 일어나 두세 번 짐을 옮겨다 주고 나서 밤이 되면 아내와 함께 지냈소.

이윽고 이야기를 마친 주인이 짐꾼에게 물었다.

"짐꾼장, 자네는 그런 생활을 하면서 조금 전에 짐을 바닥에 놓더니 '저는 신의 노예랍니다. 한데 이렇게 으리으리한 정원을 가지고 있는 부자도 당신의 노예란 말입니까!' 라고 말했소. 자, 내 이야기를 듣고 난 지금도 그런 불평을 하는 게 마땅하다고 생각하는 거요?"

정원 주인이 짐꾼에게 이 긴 이야기를 들려준 목적은 바로 "고생과 수고를 하지 않는 한 부자가 될 수 없다."라는 교훈을 짐꾼에게 가르쳐 주는 것이었다.

위대한 압바스 왕의 반지

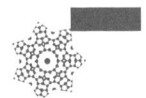

하지 네마트는 이스파한에 있는 큰 첼로케밥^{숯불에 구운 양고기에 밥과 채소를 곁들인 음식} 식당의 주인이었다. 그는 식당에 찾아오는 손님에게 존경심을 가지고 예의 바르게 대했기 때문에 곧 그 도시에서 유명해졌다. 사람들은 누구나 첼로케밥을 먹고 싶으면 그의 식당으로 가곤 했다. 이리하여 이스파한의 다른 식당들은 장사에 지장을 받게 되었다. 바로 이런 이유로 다른 식당 주인들은 하지 네마트가 외부 사람들의 첩자라는 거짓 소문을 퍼뜨렸다.

이 소문은 압바스 왕의 귀에까지 들어갔다. 압바스 왕은 자초지종을 정확히 알기 위해 어느 날 대신과 함께 변장을 하고 하지 네마트의 첼로케밥 식당으로 갔다. 두 사람은 음식을 맛있게 먹고는 주인인 하지 네마트에게 말했다.

"우린 돈이 없소."

하지는 그들이 누구인지 알 수 없었다. 그러나 그는 미소 띤 얼굴로 말했다.

"괜찮습니다. 언제든지 돈이 생기면 갚으십시오."

그러자 왕은 자신의 반지 하나를 저당 잡으라고 주었다. 하지는 처음에는 거절하였지만 끈질긴 요구에 어쩔 수 없이 반지를 받았다.

밤이 되자 압바스 왕은 야경꾼에게 하지의 식당에 가서 상자 속에서 반지를 빼내 와 자얀데 강^{이스파한에 있는 강}으로 가져오라고 했다. 야경꾼은 이 일을 아주 능숙하게 해냈다. 그런데 압바스 왕은 대신과 자얀데 강가를 거닐다가 그만 반지를 강에 빠뜨리고 말았다.

그날 밤을 보내고 다음 날 압바스 왕은 수행원에게 음식값을 건네주며 말했다.

"하지의 식당으로 가서 돈을 주고 나서 반지를 달라고 해라. 만일 시간 여유를 달라고 하면 주도록 해라."

그리하여 수행원은 식당으로 가서 식대를 치렀다. 한편 하지는 아무리 반지를 찾아도 찾을 수 없자 어쩔 수 없이 수행원에게 이렇게 말했다.

"반지는 내일 드릴게요."

말은 이렇게 했지만 하지는 두려운 마음에 잔뜩 찌푸린 얼굴로 집에 돌아왔다. 그런데 하지의 아내가 그날 저녁 식사를 준비하려고 생선을 사서 그 배를 가르니 반지 하나가 나오는 것이었다. 아내는 반지를 깨끗하게 씻어서 선반에 놓아두고는 남편에게 심기가 안 좋은 까닭을 물었다. 하지는 지금까지 있었던 일을 낱낱이 말해 주었다. 이에 아내도 생선 배에서 반지를 발견하게 된 상황을 모두 들려주었다. 하지는 반지를 보고 그것이 압바스 왕의 것임을 알고 매우 놀랐다.

다음 날 하지는 반지를 왕의 시종에게 주었다. 시종은 반지를 압바스 왕에게 가지고 갔다. 왕은 반지를 보고 매우 놀랐다. 그리고 반지가 어떻게 그의 손에 들어갔는지 알기 위해 하지를 불렀다. 하지는 이야기를 하나도 빼놓지 않고 말했다. 압바스 왕은 그에 관한 소문이 전부 사람들의 시기와 질투심에서 나온 것임을 알고 하지 네마트에게 많은 돈과 관복을 내려 치하했다.

해와 달과 별

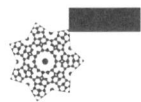

　어느 날 압바스 왕이 두꺼운 옷감으로 옷을 만들려고 재단사를 찾아갔다. 옷 짓는 사람은 한 달간 여유를 달라고 하고는 스승인 에브러힘과 함께 옷을 짓기 시작했다. 20일 정도가 지나 어느 정도 진행되고 있는가를 보기 위해 압바스 왕은 변장을 하고 옷 짓는 사람을 찾아갔다. 그런데 바로 그때 옷 짓는 이가 에브러힘에게 말했다.
　"압바스 왕의 옷에 달 꽃들을 꿰매게. 끝내야 할 시간까지 얼마 남지 않았어."
　그때 에브러힘은 낮잠을 자는 중이었다. 이 말을 들은 그는 잠이 덜 깬 상태로 답했다.
　"해와 달과 별을 보는 꿈을 꾸고 있는 중이었는데……. 그냥 놔 두지 않고."
　압바스 왕은 이 말을 듣고 궁으로 돌아와 에브러힘을 불러 꿈 이야기를 해 달라고 청했다. 그러나 에브러힘은 이 명령을 거절했고 왕은 그를 감옥에 가두었다.

얼마 후 어느 왕국의 술탄이 압바스 왕에게 세 가지 문제를 보내며 이를 해결하지 못하면 전쟁할 각오를 하라고 위협했다. 첫 번째 문제는 이런 것이었다.

칼집에 들어 있는 단도의 처음과 끝을 분명하게 밝혀라.

압바스 왕은 나라 안의 모든 학자를 불러 모았다. 그렇지만 단도의 비밀을 알아낼 수 없었다.
어느 날 왕의 딸이 감옥을 둘러보다가 에브러힘을 보고 그만 사랑에 빠졌다. 그리하여 에브러힘 앞으로 다가가 말했다.
"아버지에게 공주와 혼인하게 해 준다면 문제를 풀겠노라고 말하세요. 만약 아버지가 허락하시면 칼집을 하늘을 향해 세 번 던지세요. 그렇게 해서 세 번째에 떨어지는 쪽이 손잡이예요."
공주는 이 말을 남기고 궁전으로 돌아갔다. 드디어 사람들이 에브러힘에게 문제를 풀어 달라고 찾아왔다. 에브러힘은 왕에게 공주를 주겠다는 언약을 받고 나서 공주가 말한 대로 하여 문제를 해결했다. 압바스 왕이 답을 술탄에게 보내자 "그것도 문제라고 이제야 풀었는가?"라고 하며 자기 나라에서는 열여섯 살 난 젊은이도 해결할 수 있는 문제라고 답을 보냈다. 그러고 나서 이번에는 같은 키에 똑같은 옷을 입고 모습이 동일한 젊은이 두 명을 보낼 텐데 그 둘 중에 누가 아들이고 누가 딸인지 알아내라고 했다.
이런 청을 받은 압바스 왕과 신하들은 다시 한 번 무능함을 실감했다. 공주는 에브러힘에게 가서 문제를 해결할 답을 말해 주었다. 그때 압바스 왕은 에브러힘이 다시 생각나서 그를 불러오도록 명령했다.

다음 날 에브러힘이 왕에게 와서 공주와 결혼시켜 주겠다는 약속을 원하자 왕은 이를 수락했다. 그러자 에브러힘은 왕에게 금으로 된 허리띠 하나와 금으로 된 팔찌 하나를 원했다. 허리띠와 팔찌를 큰 쟁반에 넣고 두 젊은이 앞으로 가지고 가자 한 젊은이는 팔찌를, 한 젊은이는 허리띠를 집었다. 이 모습을 본 에브러힘은 말했다.

"팔찌를 잡은 사람은 딸이고 다른 한 사람은 아들이오."

압바스 왕이 수수께끼의 해답을 술탄에게 보내자 술탄은 또다시 수수께끼를 냈다.

이것도 문제라고! 우리나라에서는 열여섯 살 난 젊은이도 푼다고. 세 번째 문제는 키와 모양이 같은 말 두 필을 보낼 테니 어느 쪽이 어미이고, 어느 쪽이 새끼인지 맞혀 보아라.

공주는 이번에도 수수께끼의 답을 에브러힘에게 가르쳐 주었다. 한편 이번에도 수수께끼를 풀 수 없었던 압바스 왕은 다시 에브러힘을 불렀다. 그는 다시 공주와 결혼시켜 주겠다는 약속을 받고 나서 보리 망태 두 개를 달라고 했다. 그러고는 그중 하나에 독을 넣어 말들 앞에 놓았다. 이윽고 말들 중 한 필이 울음소리를 내면서 독이 든 망태로 가자 다른 말은 나머지 망태로 갔다.

에브러힘은 말했다.

"독이 든 쪽으로 간 말이 어미고, 다른 쪽으로 간 말이 새끼요."

압바스 왕은 수수께끼를 낸 술탄에게 답을 보내면서 이와 같이 써서 보냈다.

이것도 수수께끼라고! 우리나라에서는 이런 수수께끼는 열여섯 살짜리 젊은이도 풀 수 있소.

그 후 압바스 왕은 사흘 밤과 낮 동안 모든 곳에 불을 밝히고 공주를 에브러힘과 혼인시켰다.
한편 이웃나라 술탄은 압바스 왕에게 서한을 보냈다.

당신은 반드시 열여섯 살 젊은이를 나한테 보내시오. 그러지 않겠다면 전쟁할 준비를 하시오.

에브러힘의 아내가 된 공주는 남편에게 말했다.
"아버지께서 당신을 그 나라의 술탄에게 보낼 거예요. 당신은 이 공을 가지고 가서서 그 나라 공주의 궁전 가까이 닿으면 공을 그쪽을 향해 던지세요. 그러면 공주가 당신을 도울 거예요."
다음 날 압바스 왕은 에브러힘을 술탄에게 보냈다. 술탄의 영지에 닿았을 때 그는 아름다운 궁전을 보았는데 어여쁜 처녀가 베란다에 나와 있었다. 에브러힘이 힘껏 공을 던지자 그녀는 공을 잡으며 말했다.
"밤에 당신에게 가겠어요."
에브러힘은 술탄에게 갔다. 그러자 술탄은 그를 감옥에 집어넣었다. 공주는 몰래 에브러힘을 찾아와 수수께끼의 답을 그에게 알려주며 술탄인 아버지에게 공주와 결혼시켜 달라는 조건을 걸라고 청했다.
다음 날 술탄 앞으로 불려 간 에브러힘이 말했다.
"저는 수수께끼를 풀 수 있습니다. 공주와 혼인시켜 준다고 약속해 주신다면 이 수수께끼의 답을 말하겠습니다."

술탄은 에브러힘의 조건을 받아들인 다음, 그에게 꽃잎으로 자신을 위해 웃옷을 하나 만들어 달라고 했다. 그러자 에브러힘이 답했다.

"그럼 꽃잎 세 그릇을 주십시오."

술탄의 명령으로 신하들은 꽃잎 세 그릇을 가지고 왔다. 다시 에브러힘이 술탄에게 청했다.

"술탄께서는 꽃잎으로 된 가위 한 개와 꽃잎으로 된 실 한 그릇를 만드세요. 저는 나머지 꽃잎을 잘라 옷을 만들겠습니다."

이 말을 들은 술탄이 말했다.

"열여섯 살 젊은이여, 어떻게 해서 꽃잎이 실과 가위가 될 수 있단 말인가!"

그러자 에브러힘이 되물었다.

"그럼 전 어떻게 꽃잎으로 옷을 만들 수 있나요?"

그러자 술탄은 웃으면서 그를 칭찬했고, 그 후 자신의 딸을 그와 혼인시켰다. 얼마 후 에브러힘은 압바스 왕의 공주인 아내한테서 아들을 얻게 되었다.

어느 날 에브러힘은 궁전의 베란다에 앉아 있었다. 압바스 왕의 공주는 그의 오른편에, 이웃 나라 술탄의 공주는 그의 왼편에 앉고, 그는 무릎에 아들을 안고 있었다. 에브러힘은 궁전으로 들어오는 압바스 왕을 본 순간 몇 년 전 꾸었던 꿈이 떠올라 왕에게 말했다.

"그날 저는 이런 꿈을 꾸었답니다. 오른편에는 해, 왼편에는 달, 무릎 위에는 별이 앉아 있었답니다. 해는 왕의 딸이고, 달은 술탄의 딸이고, 별은 나의 아들이었던 거지요."

"그런 꿈을 꾸다니 정말 놀랍군. 게다가 얼마나 그럴싸한 해석인가!"

압바스 왕은 경탄을 금치 못했다.

염소예요, 당나귀예요

옛날에 한 남자가 염소 한 마리와 당나귀 두 마리를 가지고 있었다. 형편이 어려워지자 어느 날 그는 당나귀 두 마리 중에서 한 마리를 팔기로 결심하고 시장으로 갔다. 그런데 시장에서 떠돌던 부랑자 넷이 그를 속여 아주 싼 값에 당나귀를 사기로 계략을 꾸몄다.
  첫 번째 부랑자가 그에게 다가와서 말했다.
  "자네 염소가 얼만가?"
  "이건 염소가 아니라 당나귀예요."
  "이건 염소야. 당나귀가 아니라고."
  이렇게 부랑자 넷이 남자에게 차례대로 와서 같은 말을 되풀이하였다. 결국 남자는 자기가 가진 것이 당나귀가 아닌 염소라고 믿게 되었고, 당나귀를 염소 값으로 그들에게 팔고 말았다.
  남자는 집에 돌아와서야 그들에게 속았다는 사실을 깨닫고, 다시 한 번 염소를 끌고 시장으로 갔다. 그런데 불운하게도 또다시 부랑자 넷에게 걸려 새끼 염소 값으로 염소를 팔게 되었다. 이번에도 남자는 집으로 돌아와서야 속은 것을 알게 되었다.
 남자는 자신이 받은 손해를 그들에게 받아 내기로 결심했다. 남자는 두 번째 당나귀의 꼬리에 금화 한 냥을 묶더니 시장으로 데리고 갔다. 부랑자 넷이 다가왔다. 남자는 때를 놓치지 않고 그들에게 말했다.
 "이 당나귀는 똥 대신 금화를 싼답니다."
 부랑자 넷은 이 말을 믿고 엄청난 가격을 주고 당나귀를 샀다. 그러고 나서 며칠 밤을 기다렸지만 당나귀는 금화는커녕 오물만 쏟아 내었다.
 한편 집으로 돌아온 남자는 집 곁에 무덤 하나를 팠다. 그리고 화로와 꼬챙이 몇 개를 가지고 무덤 안으로 들어가면서 아내에게 말했다.
 "자, 무덤을 덮어."
 부랑자 넷이 남자의 집으로 오자 아내는 무덤을 보여 주며 천연덕스럽게 말했다.
 "남편은 죽었어요."
 그러자 부랑자들은 자신들의 바지를 벗고 남자의 무덤 위에 소변을 보려고 했다. 그때 남자가 무덤 안에서 달군 꼬챙이로 그들의 넓적다리를 달구었고 부랑자들은 꼬챙이에 데어 울면서 돌아갔다.
 다음 날 남자는 변장을 하고 시장으로 가서 물건을 조금 샀다. 이번에도 부랑자들이 남자 앞으로 오더니 말했다.
 "형제여, 그 물건들 얼마요?"
 "당신들 넷은 내 하인이오. 내 소인이 자네들의 넓적다리에 있을 거요."
 남자의 말에 부랑자들은 깜짝 놀라며 그제야 자신들이 남자에게 속았음을 깨닫고 당나귀를 염소 가격으로 산 것이 잘못임을 시인하며 잘못을 빌었다. 남자는 염소와 당나귀 값을 보상 받고 기뻐하며 집으로 돌아왔다.

게으름뱅이 아흐마드

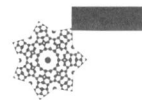

　옛날 옛날 아흐마드라는 사람이 살았는데, 그는 너무 게을러서 어떤 일에도 손을 대지 않았다. 그런 남편을 견디다 못한 아내는 그를 집에서 쫓아내 버렸다. 게으른 아흐마드는 어느 들판에 닿을 때까지 가고 또 갔다. 죽은 당나귀 사체가 놓여 있고 조금 떨어진 곳에 나무 막대기와 몽둥이가 바닥 위에 있었다. 그는 자신의 생명이 위태롭다고 느껴 막대기와 몽둥이 위에 이렇게 써 놓았다.

　나는 1,000명을 죽였고, 2,000명은 부상당하게 했고, 3,000명은 도망가게 했다.

　그런 다음 당나귀 곁에 누워 잠을 자며 머리맡에 막대기와 몽둥이를 놓아두었다.
　얼마 후 마귀 하나가 그 들판을 지나다가 자고 있는 남자를 보자 먹고 싶어졌다. 그런데 나무 막대기와 몽둥이에 무시무시한 글귀가 씌어 있는 것이 아닌가. 마귀는 겁에 질려 줄행랑을 쳤는데, 가고 또 가서 마귀의 대장에게 그 사나이에 대해 설명했다. 마귀 대장은 몇몇 신하들에게 그 남자의 심기를 건드리지 말고 그를 데려오라고 명령을 내렸다. 하얀 마귀들은 길을 나서 드디어 게으름뱅이 아흐마드를 끌고 왔다. 아흐마드는 마귀들이 자신을 매우 두려워한다는 사실을 알아차리고는 먹을 것을 달라고 했다. 음식을 다 먹고 나서는 따뜻한 목욕을 하고 싶다고 말했다. 마귀들은 어김없이 그의 청을 들어주었다.

하얀 마귀 대장이 말했다.

"이 남자는 우리 전쟁에 반드시 필요한 존재다."

그리고 아흐마드를 보고 말했다.

"내일 모레 우리는 검은 마귀들과 전쟁을 벌일 계획이오."

전쟁이 있는 날 아흐마드가 말했다.

"내 다리를 말에 꽉 묶으시오. 그리고 양손은 그냥 풀어 두시오."

이렇게 하여 아흐마드는 하얀 마귀들의 군대를 진두 지휘했다. 그런데 검은 마귀들의 군대가 진격해 오는 걸 본 순간 너무 겁이 나서 말을 세우기 위해 나뭇가지를 잡고 매달렸다. 그러나 잡은 나무가 썩은 가지여서 그만 뿌리째 뽑히고 말았다. 검은 마귀들은 아흐마드가 군대 맨 앞에 서서 나무를 뿌리째 뽑아 오는 것을 보고 무서워서 줄행랑을 쳤다.

그리하여 하얀 마귀들은 승리하여 집으로 돌아왔다. 아흐마드는 겁에 질려 아랫도리를 찔끔 적셨지만, 이것도 사나이의 땀으로 위장해서 목욕탕으로 데려가 달라고 청했다.

한편 하얀 마귀들의 대장은 다른 마귀들에게 말했다.

"이 남자는 위험한 존재야. 그러니 그를 죽이는 게 좋겠어."

이 말을 엿듣게 된 아흐마드는 한밤중에 자신의 침대에 나무 그루터기를 놓고 구석에 몸을 숨겼다. 이 사실을 모르는 마귀들이 커다란 돌덩이를 가지고 와서 아흐마드의 침대에 던져 놓고는 도망쳤다. 그러자 아흐마드는 숨어 있던 곳에서 나와 큰 소리로 말했다.
　"어이구, 이제야 허리가 조금 부드러워졌군."
　마귀들은 이 말을 듣고 더더욱 겁에 질려 도망가 버렸다. 아흐마드는 마귀들의 열쇠를 가지고 가서 지금까지 마귀들에게 붙잡혀 감옥에 갇혀 있던 사람들을 풀어 주었다. 그리고 마귀들이 가지고 있던 모든 재산을 챙겨 고향으로 돌아왔다.

가시나무꾼 아버지[1]

옛날 아주 오랜 옛날 신 외에는 아무도 없던 때의 이야기다. 가시나무를 캐는 일을 하는 남자가 작은 집에서 아내와 딸과 살고 있었다. 그는 매일 가시나무를 캐서 생계를 이어 나가고 있었다.

어느 날 아침 가시나무꾼 아버지는 물담배가 피우고 싶어 집에 잠깐 들러 딸에게 말했다.

"애야, 물담배에 불을 좀 붙이렴. 담배가 피우고 싶구나."

그래서 딸은 불을 얻으려고 옆집으로 갔다. 옆집에서는 사람들이 앉아서 까기 어려운 어질땅콩, 호두, 건포도, 도토리, 뽕나무 열매, 아몬드 등 마른 열매들을 총칭함을 다듬고 있었다. 딸은 그들과 함께 앉아 일했다. 딸도 매달 까기 어려운 어질을 사서 신에게 아버지의 힘든 일이 술술 풀리게 해 달라고 기원했다. 어질을 다듬는 일을 하고 나서 이웃에서 불씨를 얻어 가지고 와서 아버지의 물담배에 불을 붙였다.

며칠이 지난 어느 날 아버지는 들로 일을 나갔다가 커다란 가시덩굴을 보게 되었다. 그것을 파 보니 밑동 아래 돌이 하나 있었다.

돌을 치우자 계단이 나왔다. 계단을 내려가 보니 금이며 보물들이 수북이 쌓여 있었다. 아버지는 보물을 챙겨서 가지고 올라왔다. 그러고는 돌로 다시 덮어 두고 보물을 시장으로 가져가서 필요한 물건을 조금 사서 집으로 돌아왔다. 아버지는 그날 있었던 일을 아내와 딸에게 말했다. 그리고 금과 보물을 판 돈으로 좋은 궁을 지었다.

한편 이 마을의 영주가 사냥을 나왔다가 우연히 가시나무꾼의 궁을 보고 매우 감탄하였다. 영주는 물을 달라는 핑계로 문을 두드렸다. 가시나무꾼 아버지는 문을 열어 주고 금으로 된 잔에 물을 떠 가지고 왔다. 그리고 영주에게 금으로 된 잔까지 선물로 주었다. 한편 영주의 딸이 이런 사실을 알고 가시나무꾼의 딸과 친구가 되기를 원했다. 나무꾼의 딸이 영주의 딸을 만나러 가려고 하자 어머니가 딸에게 말했다.

"집으로 돌아올 때 잊지 말고 까기 어려운 어질을 사 오너라."

"어머나, 어머니! 까기 힘든 어질을 깔 인내심은 가져서 뭐 하시게요."

어느 날 영주의 딸이 가시나무꾼의 딸과 함께 물장구를 치려고 샘으로 갔다. 영주의 딸은 목걸이를 나뭇가지에 걸어 두었다. 그때 까마귀 한 마리가 와서 그만 목걸이를 물고 날아가 버렸다. 그러자 사람들은 나무꾼의 딸에게 죄를 씌워 그 부모와 함께 감옥에 넣었다.

한편 그들의 궁은 신의 권한으로 사라져 버리고 말았다. 나무꾼의 아내는 딸에게 말했다.

"넌 겸손하지 못했어. 만일 네가 신의 뜻을 만족시켰다면 지금 우리의 처지가 이렇지는 않았을 거야."

딸은 이 말을 듣고 울고 또 울다가 잠이 들었다. 그런데 꿈에 녹색 숄과 녹색 옷을 입고 광채가 나는 남자가 나타나 딸에게 말했다.

"네 어머니가 네가 행할 일을 다하지 않았다고 말해 주었지만 결국 넌 하지 않았어. 그래서 그 대가를 치르는 거란다. 자, 이제 일어나 감옥 문턱을 살펴보아라. 한 그루의 플라타너스를 발견할 것이다. 그것을 주고 다듬기 힘든 어질을 사라. 그래서 너의 기원을 행하도록 해라."

잠에서 깬 딸이 꿈에서 들은 대로 문턱을 보니 과연 플라타너스 한 그루가 있기에 마침 그곳을 지나던 할머니에게 작은 완두콩과 건포도를 사 달라고 주었다. 할머니는 어질을 사서 딸에게 주었다. 딸은 어질을 깨끗하게 다듬고 코란의 서장(序章)을 읊었다. 딸은 할머니의 몫도 챙겨 주었다.

사람들은 까마귀가 영주 딸의 목걸이를 샘물에 던져 놓은 사실을 알게 되었다. 딸의 목걸이를 되찾은 영주는 가시나무꾼 아버지와 어머니 그리고 딸을 감옥에서 풀어 주었다. 그 뒤 그들은 행복하게 살았다.

●──주

1 이란 중남부 지역인 시라즈에서는 어질을 까기 힘들어하면 이 이야기를 들려준다고 한다.

농사꾼과 곰

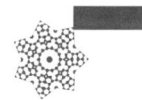

아주 오랜 옛날 농사지을 땅을 조금 가진 노인이 살고 있었다. 노인은 농사를 지어 한 해 먹을 식량을 마련해 딸 일곱을 부양했다. 어느 날 노인이 땅을 갈고 있는데 곰 한 마리가 다가왔다.

"백부님, 수고하시네요! 저를 백부님의 동업자로 써 주세요."

"그래, 너를 동업자로 하마."

노인은 두려운 나머지 이렇게 말했다.

"밭을 갈고 계시네요. 밭에 물을 줄 때 다시 올게요."

노인이 아무 말도 하지 않았는데도 곰은 훌쩍 제 갈 데로 갔다. 노인은 곰이 가 버리자 마음이 홀가분해져 이렇게 생각했다.

'곰은 본래 우둔하니까 다시는 돌아오지 않겠지. 나도 내 일이나 해야겠다.'

드디어 땅을 일구는 일이 끝났다. 농지에 씨를 뿌리고 나서 물을 주고 있는데 곰이 나타나더니 그에게 말했다.

"백부님, 수고가 많으시네요. 제가 늦게 도착해서 벌써 땅에 물을 주고 계시네요. 전 갔다가 잡초를 뽑을 때 돌아올게요."

노인이 그러라고 하자 곰은 또 제 갈 데로 갔다. 이윽고 밀이 파릇파릇 싹을 틔우고 쑥쑥 자라났다. 드디어 수확해야 할 시기가 가까웠다. 그러나 곰한테서는 아무런 소식도 없었다.

노인이 잡초 뽑는 일을 끝내고 마지막으로 밭에 물을 주고 있는데 곰이 나타나서 말했다.

"백부님, 수고가 많으시네요. 피곤하지 않도록 조심하세요. 그런데 지금 필요 없는 잡초를 뽑고 있는 것을 보니 제가 조금 늦게 온 것 같네요. 전 갔다가 수확할 때 돌아올게요."

드디어 수확의 계절이 되었는데도 곰에게서는 아무런 소식도 없었다. 노인이 추수를 해서 밀단을 차곡차곡 쌓고 있는데 곰이 나타나 말했다.

"백부님, 안녕하세요. 수고가 많으시네요. 제가 밀을 수확할 때 오지 않아서 벌써 밀을 쌓고 계시군요. 전 갔다가 탈곡할 때 와서 도울게요."

노인이 아무 말도 하지 않자 곰도 가 버렸다. 노인은 딸들이 도와주어서 탈곡할 준비를 했다. 곰이 나타나지 않자 노인이 말했다.

"올해는 수확이 잘 되고 밀도 좋은 걸 보니 은혜를 많이 받은 거야! 신이시여, 곰이 더 이상 오지 않았으면 좋겠어요."

마침내 바람이 불어 밀을 까부르기 시작했다. 무사히 탈곡이 끝나자 짚단과 밀이 산더미처럼 쌓였다. 딸들은 밀과 짚단을 가져가려고 커다란 삼베 자루들을 가지고 왔다. 노인이 첫 번째 자루를 펴서 밀을 담으려고 하는데 곰이 나타나서 말했다.

"백부님, 수고가 많으시네요. 일이 다 끝나서 몫을 분배하는 시간인가 봐요. 그런데 제가 너무 늦게 왔군요. 땅은 신의 것이고, 백부님이 수고를 많이 하셨으니까 몫을 더 많이 가지셔야겠죠? 그러니 작은 밀 더미는 제게 주시고 큰 짚 더미는 백부가 가지세요."

　노인은 어처구니가 없었지만 무서워서 아무 말도 못 했다. 그저 수확물을 쳐다보고 있으려니 손발에 기운이 빠졌다. 노인은 추수해 놓은 곳에서 약간 떨어진 언덕에 앉아 슬픔에 잠겼다. 마침 여우 한 마리가 그쪽을 지나가다가 노인을 보고 가까이 와서 말했다.

　"어르신, 무슨 불편한 일이 있는 것 같네요?"

　노인은 밀과 곰에 대한 일을 낱낱이 설명해 주었다. 그러자 여우가 말했다.

　"슬퍼하실 일이 아니에요! 저에게 모든 곰을 훈계하고 더 이상 까불지 못하고 이쪽을 쳐다보지도 못하게 할 방안이 있으니 보여드릴게요. 제가 저 마주하고 있는 언덕 위로 가 있을게요. 거기서 저는 꼬리로 땅을 팔 거예요. 곰이 무슨 일이냐고 묻겠지요? 그러면 왕자의 눈이 멀어서 말 탄 신하들을 보내 왕자의 약을 만들 곰의 기름을 구하러 곰 사냥을 나왔다고 하세요. 그러면 곰이 두려워서 '전 이제 어떻게 하지요?' 라고 물을 거예요. 그러면 곰을 자루에 넣어 입구를 단단히 묶으세요."

　노인은 이 말을 듣고 매우 기뻐하면서 곰이 있는 곳으로 돌아가서 추수한 밀 곁에 앉았다. 한편 곰은 추수해 놓은 밀을 자루에 담다가 문득 언덕 위를 보고는 하던 일을 멈추고 노인에게 물었다.

　"백부님, 저 언덕 위에서 올라오는 먼지와 흙들은 뭐예요?"

　"왕자가 눈이 안 보이게 되어서 말 탄 병사들이 곰의 기름으로 치료약을 만든다고 곰을 찾는 중이란다."

　그러자 곰은 너무 무서워서 노인에게 숨겨 달라고 애원했다. 노인이 말했다.

"이 자루 안으로 들어가렴. 그럼 내가 자루를 묶어 짚을 넣은 자루들 사이에 놓아둘 테니까."

곰은 그러겠다고 하고 곧 자루 안으로 들어갔다. 노인은 지체하지 않고 자루 입구를 단단한 끈으로 묶고 딸들을 불렀다. 딸들은 저마다 몽둥이를 가지고 와서 곰을 마구 때렸다. 얼마나 무지막지하게 때렸는지 곰의 뼈가 산산이 부서질 정도였다.

노인은 마치 신께서 아들 일곱을 준 것처럼 기뻤다. 자루들을 밀로 가득 채워서 집으로 가지고 가려고 하는데 여우가 나타나서 말했다.

"백부님! 제가 곰을 없앴지요. 그러니 그 몫을 저에게 주세요."

화가 난 노인이 잠깐 생각을 하고 나서 손가락으로 목구멍을 꽉 누르자 갑자기 바람이 획 밖으로 나왔다.

여우가 물었다.

"이게 무슨 소리예요?"

노인이 말했다.

"지금 이쪽으로 마을의 개들이 몰려오고 있구나."

이 말에 여우는 무서워서 바람이 미치지 않는 방향으로 도망갔다.

여러분의 마음도 좋고 기분도 좋지요?*구연할 때 이야기를 맺는 말*

암흑의 나뭇잎

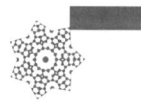

아주 오랜 옛날 세 아들을 둔 앞 못 보는 왕이 살고 있었다. 왕은 병을 고치려고 의원이란 의원에게 다 보여 봤지만 소용이 없었다. 그러던 어느 날 학식이 풍부한 남자가 말했다.

"왕의 병을 낫게 할 약은 바로 암흑의 잎이라오."

이 말을 들은 왕은 세 아들에게 돈을 주고 암흑의 잎을 찾아오라고 보냈다.

첫날 밤 큰아들과 둘째아들은 노름을 해서 가지고 있던 돈을 몽땅 잃었다. 아침이 되자 두 형이 막내에게 말했다.

"자, 네 돈을 가지고 우리 집으로 돌아가자. 아버님은 결국 명을 다하면 돌아가실 거고, 그러면 우리 중에 하나가 왕이 되어 편안하게 살 것이다."

그러나 막내아들은 형들의 말대로 할 수가 없어서 그들을 찻집에 놔두고 혼자 길을 갔다. 그렇게 한참을 가던 중 어느 궁전에 닿게 되었는데, 궁으로 한 줄기 빛이 비치는 것이 보였다. 막내아들이 빛을 따라가니 아주 잘 꾸며진 방이 나왔다. 거기에는 마침 홍차와 물담배가 준비되어 있었다. 막내아들이 한구석을 차지하고 앉으니 웬 마귀가 다가와 말했다.

"이봐, 여기서 뭘 하는 거야?"

"왜 소리는 지르고 그래요? 우리 레슬링이나 한판 할래요? 누구든지 지는 쪽이 죽는 거예요."

막내아들이 내기를 청했다.

그리하여 둘은 레슬링 자세로 서로 부둥켜안았다. 몇 차례 엎치락뒤치락한 끝에 아들은 마귀를 바닥에 넘어뜨렸다. 그러자 마귀가 말했다.

"오, 젊은이. 모슬렘이슬람교 신도를 칭함인 자네가 나를 죽이기를 원하나? 만일 나를 죽이지 않고 살려 준다면 영원히 자네의 하인이 되겠네."

아들은 마귀를 죽이지 않았다.

그러자 마귀가 말했다.

"우린 삼형제인데 말이야, 만일 자네가 내 두 형도 넘어뜨린다면 얼마나 좋을까!"

아들이 둘째 마귀도 이겨 하인으로 삼자 두 마귀가 말했다.

"만일 큰형이 우리가 모슬렘의 하인이 된 것을 알게 되면 우릴 죽이려고 할 텐데……. 만일 형과 레슬링을 해서 이기면 그가 빨간 표지 책에 맹세하지 않는 한 절대 풀어 주어선 안 된다네."

아들은 큰형 마귀의 궁으로 가서 이번에도 수월하게 그를 바닥에 넘어뜨렸다. 마귀가 풀어 달라며 맹세를 거듭했지만 들은 척도 하지 않다가 결국 빨간 표지의 책에 맹세를 하자 풀어 주었다. 큰형 마귀 역시 아들의 하인이 되어 그에게 말했다.

"오, 모슬렘이여! 이 궁전을 지나서 7일 동안 가면 언제나 암흑인 곳에 닿을 거요. 그곳이 바로 암흑과 어둠의 세계라네. 그곳에 있는 잎을 따서 돌아오게. 그러면 일곱 낮과 일곱 밤을 길에서 보내게 될 걸세."

아들은 걷고 또 걸어서 드디어 암흑의 세계에 닿았고, 마귀의 말대로 잎을 땄다. 그러자 돌연 한 줄기의 빛이 비쳤다. 그쪽으로 가 보니 잘 꾸며진 40계단이 있는 집이 있고, 계단마다 금으로 된 꽃병이 놓여 있었다. 그 계단으로 올라가서 어느 방으로 들어가니 아가씨 40명이 자고 있었다. 그중 한 아가씨의 머리 위에는 금으로 된 등이, 발 아래에는 은으로 된 등이 타고 있었다.

막내아들은 아가씨의 오른쪽 뺨에 입을 맞추고 왼쪽 뺨을 깨물었다. 그러고는 아가씨들의 옷을 서로 바꿔 놓고 밖으로 나왔다.

마침내 암흑의 잎을 구한 막내아들은 가고 또 가서 형들이 남아 있던 찻집으로 돌아왔다. 형들은 막내가 암흑의 잎을 따 온 사실을 알고 계략을 꾸몄다. 집으로 돌아가는 중 구덩이 안으로 막내 동생을 던지자는 계략이었다. 형들은 계략대로 막내아들을 구덩이에 빠뜨리고 암흑의 잎을 빼앗아 고향으로 돌아갔다.

막내아들의 말은 주인을 잃고 구덩이 둘레를 맴돌고 있었다. 여행을 하던 나그네가 이 모습을 보고 구덩이 안에 어미 말이 빠진 것으로 생각하고, 몇 사람과 힘을 합쳐 젊은이를 구덩이에서 꺼내 주었다. 말은 등을 숙여 자기 주인인 막내아들을 태우고 고향 나라로 돌아왔다. 고향에 닿은 막내아들은 아버지의 눈이 나은 것을 알고는 일부러 가난뱅이 옷을 차려입고 왕 앞에 자신의 모습을 드러내지 않았다.

시간이 흘렀다. 어느 날 웬 아가씨가 찾아와서 암흑의 잎을 따 간 젊은이를 찾는다는 포고문을 왕의 궁전 벽에 붙였다. 이에 왕은 큰아들을 그 아가씨한테 보냈다. 아가씨가 물었다.

"당신이 잎을 땄나요?"

"예."

"그렇다면 증거를 대 보세요."

아가씨의 말에 큰아들은 아무 대답도 못 했다. 아가씨는 다른 포고문을 붙였다. 왕은 이번에 둘째아들을 보냈다. 하지만 그도 증거를 댈 수 없기는 마찬가지였다. 두 번이나 실망을 맛본 아가씨는 그 나라와 전쟁을 하기 위해 군대를 준비시켰다. 그 소식이 알려지자 왕은 화급히 사람을 보내 막내아들을 찾았다. 그제야 막내아들은 옷을 갈아입고 아버지 앞으로 나왔다. 왕이 물었다.

"네가 암흑의 잎을 땄느냐?"

"예. 하지만 나중에 자세히 설명해 드리겠어요."

그런 다음 막내아들은 마귀의 머리카락에 불을 붙였다. 그러자 세 마귀가 와서 함께 아가씨의 군대가 있는 막사로 향했다. 아가씨는 그들을 멀리서 보고 바로 그가 암흑의 잎을 따 간 젊은이임을 알았다. 그들이 닿자 아가씨가 아들에게 물었다.

"당신이 암흑의 잎을 땄나요?"

막내아들은 "예."라고 답하고 지금까지 있었던 일을 설명했다. 아가씨는 그에게 남편이 되어 달라고 청했다. 이 소식은 곧 왕에게 전해졌다. 왕은 크게 기뻐하며 잔치를 벌이라고 명을 내리고 다른 두 아들은 교수형에 처했다.

털옷 만드는 아스캬르

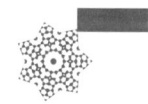

옛날에 여우가 꼬불꼬불한 길을 걷다가 표범을 만나 말했다.
"표범아, 나 너랑 같이 가도 돼?"
표범은 그런 여우가 안돼 보여서 승낙했다.
"그래, 좋아. 대신 내 길동무가 되어 주는 거다."
그렇게 한참 길을 가던 여우와 표범은 늑대를 만나게 되었다. 늑대가 표범을 보고 말을 건넸다.
"표범아, 나도 너랑 같이 가도 돼? 그러면 혹시 먹이가 뭐라도 하나 걸려들까 싶어서 그러는데……."
늑대가 딱하다고 생각한 표범은 그도 길동무로 받아들였다. 여우와 표범과 늑대는 그렇게 한참을 걸어가다가 우물가에서 풀을 뜯고 있는 양 떼를 만나게 되었다. 오랜만에 만난 좋은 기회였지만 여우가 서두르며 허둥대다가 우물 바닥으로 빠지고 말았다. 궁지에 몰리게 된 여우는 안절부절못하며 혼잣말로 중얼거렸다.
"어쩌지? 이를 어쩌지? 표범과 늑대도 나랑 똑같은 일을 당하도록 그냥 내버려둘까 말까?"

한참 동안 이 궁리 저 궁리를 하던 여우는 마침내 크게 소리를 질렀다.

"여기로 와 봐, 여기로 와 보라니까. 여기 양 한 마리가 있다고. 양이 어찌나 크고 통통한지 깜짝 놀랐다니까."

그러자 그 말을 들은 늑대가 우물 안으로 뛰어들었고, 표범도 그 뒤를 이어 뛰어들었다. 그러나 우물 안에는 여우를 빼고는 아무것도 없었다. 표범은 몹시 화가 나서 말했다.

"이 못된 여우야, 여기에는 아무것도 없잖아!"

그러더니 표범은 여우를 갈기갈기 찢어 죽이려고 했다. 그러나 여우가 울며불며 애원하고 통사정하자 이번만 용서해 주기로 했다.

며칠이 지났다. 여우, 늑대, 표범 세 마리는 우물 안에서 배가 고파 굶어죽기 직전이었다. 그때 여우가 표범에게 슬그머니 눈짓을 하며 말했다.

"표범아, 이 늑대 녀석이 대체 우리 사이에서 뭘 하는 거지? 늑대가 너랑 대체 무슨 사이라고 너랑 같이 길동무를 하고 네 옆에 자리를 떡하니 차지하고 있는 건데? 그러지 말고, 이리 와 봐. 우리가 굶어죽기 전에 저 늑대를 잡아먹자."

표범은 어찌할 바를 몰라 한동안 망설이다가 결국 늑대의 목을 쳐서 죽여 버렸다. 여우와 표범은 늑대 고기로 겨우 허기를 면할 수 있었다. 그런데 여우는 표범이 눈치 채지 못하게 늑대 창자를 우물 한쪽 구석에 숨겨 두었다.

2주가 지났다. 그동안 여우는 몰래 늑대 창자를 꺼내 혼자 먹었다. 어느 날 표범이 무슨 눈치를 챘는지 말을 꺼냈다.

"여우야, 너 뭐 먹니? 나한테도 좀 주지 않겠니?"

"굶지 않으려고 내 창자를 꺼내서 먹는 거야."

"그래? 나도 그러는 게 좋겠구나."

표범은 갖은 애를 다 써 봤지만 아무리 해도 여우가 말한 대로 할 수 없다는 것을 알고 물었다.

"여우야, 아무리 노력해도 내 창자를 밖으로 꺼낼 수가 없어. 그러니 네가 어떻게 좀 해 줘."

"그렇지만 난 네가 갑자기 화를 내며 날 한입에 잡아먹어 버릴까 봐 두려운걸."

"내가 왜 화를 내? 내게 어떻게 해야 하는지 알려 줘. 그러면 시키는 대로 할게."

"그럼, 내 창자로 너를 묶을게. 네 창자를 밖으로 꺼낼 때 아프지 않게 하려고 그러는 거야."

이 말을 들은 표범은 그렇게 하라고 했다. 그러자 여우는 표범을 미리 숨겨 두었던 늑대의 창자로 단단히 묶고 나서 천천히 표범을 잡아먹기 시작했다. 며칠이 채 지나지 않아 표범은 아무 형체도 남지 않게 되었다.

그 후 일주일이 지났다. 여우는 우물 안에서 굶주림에 시달리며 비축해 왔던 체력을 소모하고 있었다. 그때 밖에서 양 울음소리가 들려왔다. 여우는 "어이!" 하고 소리를 질렀다. 그 소리를 들은 양치기가 다가와 우물 안으로 고개를 들이밀고 물었다.

"너는 누구니?"

"나는 털옷을 만드는 아스캬르라고 해."

양치기가 다시 물었다.

"그럼, 겨울에 감기에 안 걸릴 만한 털옷을 얼마에 만들어 줄 수 있니?"

"돈은 안 받아도 돼."

여우의 이 말에 양치기가 대답했다.

"에이, 그럴 수야 없지!"

그러자 여우는 마지못해 말했다.

"그럼 100토만만 줘."

"좋아."

"털이 복슬복슬한 양 한 마리를 여기로 내려보내. 그러면 내가 후닥닥 털옷을 만들어 주지."

양치기는 양 떼 한가운데로 가서 털이 복슬복슬한 양을 한 마리 골라 우물 안으로 던졌다. 그러자 여우는 그 양을 조각조각으로 나누어 며칠에 걸쳐 먹어 치웠다.

새로운 한 주가 시작될 무렵 양치기가 우물가로 와서 소리 지르며 여우를 찾았다.

여우가 그 소리를 듣고 "누구냐?"라고 물었다.

"털옷이 다 완성됐니?"

"지난번에 내려보낸 양으로는 털옷의 한쪽밖에 완성하지 못했어. 나머지 부분을 완성하려면 양이 더 필요해."

어떻게 된 사정인지 까마득히 모르는 양치기는 털이 복슬복슬한 양 한 마리를 우물 안으로 던져 주고 또다시 한 주를 기다려 보기로 했다.

또 일주일이 지나 양치기는 우물가로 와서 소리를 질렀다. 그 소리를 들은 여우도 대답을 했는데, 이번에도 털옷은 완성되지 않았다. 그러자 양치기가 재차 물었다.

"그럼 이제 나더러 어쩌라는 거니? 겨울이 다 끝나 가고 있는데, 너는 아직도 털옷을 다 못 만들었잖아!"

"이제 양쪽 소매만 남았어. 양 한 마리만 더 내려보내면 며칠 안으로 일을 끝마칠 수 있을 거야."

양치기는 또 다른 양 한 마리를 우물 안으로 던져 주고 한 주를 더 기다려 보기로 했다. 일주일이 지나 양치기는 다시 우물가로 와서 "어이!" 하고 크게 불렀다. 우물 안에서도 "어이!" 하는 소리가 들렸다. 양치기가 물었다.

"털옷 만드는 일이 다 끝났지?"

여우가 대답했다.

"물론 끝났고말고! 자, 이제 밧줄 하나만 밑으로 내려보내 주면 내가 털옷을 올려 보낼게. 그런데 한 가지 조건이 있어. 내가 말하기 전까지는 두 눈을 감고 있어야 해. 왜냐하면 털옷이 너무 예쁜 나머지 시샘하는 눈빛 때문에 부정을 탈까 봐 그러는 거야."

이 말을 들은 양치기는 밧줄을 아래로 내려보냈다. 여우는 밧줄을 자기 몸에 꽉 묶고 양치기더러 밧줄을 당기라고 했다. 밧줄을 당기던 양치기가 투덜거렸다.

"이렇게 무거운 털옷을 뭐에다 쓰라는 거야?"

"그런 걱정은 하지도 마. 넌 그냥 두 눈만 꼭 감고 있다가 나중에 놀라기만 하면 돼."

우물 밖으로 나온 여우는 두 눈을 꼭 감고 있는 양치기를 놔두고 허리에서 밧줄을 풀고 잽싸게 도망치며 말했다.

"난 간다!"

이 말을 들은 양치기가 눈을 떴을 때 여우는 이미 멀리 도망가고 없었다. 양치기는 재빨리 개들을 풀어 여우를 뒤쫓게 했다. 여우는 어느 구멍 속으로 몸을 숨겼다. 한참이 지나도 개들은 지치지 않고 수색을 계속했다.

"대체 무슨 개들이 이렇게 끈질긴 거야?"

한참 후에 드디어 개들을 따돌렸다고 생각한 여우가 구멍 밖으로 나오려고 한 순간 꼬리가 무엇에 걸렸는지 빠지지 않았다. 아무리 애를 써 봐도 빠지지 않더니 급기야 꼬리가 몸에서 떨어지고 말았다. 꼬리가 떨어진 여우는 들판으로 발길을 돌려 하염없이 걸어가다 승냥이 무리를 만났다. 승냥이들은 꼬리가 없는 여우를 보자 "이 여우 좀 봐."라고 비웃으며 신이 나서 낄낄거렸다. 그 모습을 보고 약이 오른 여우가 혼잣말로 중얼거렸다.

"신이 나서 낄낄거리고 있는 요것들을 어떻게 하면 나처럼 만들어 줄 수 있을까?"

그런 다음 여우는 입을 우물거리며 승냥이들이 다 듣도록 큰 소리로 중얼거렸다.

"슬슬 돌아다니며 포도밭에서 배나 채워야겠다."

그러자 승냥이 한 마리가 앞으로 나서며 여우에게 물었다.

"너처럼 좋은 친구는 아마 세상에 없을 거야. 그런데 그 포도밭은 어디에 있니?"

"앞장을 설 테니 내 뒤를 따라오렴. 같이 포도밭으로 가자."

꼬리가 없는 여우와 승냥이 무리가 길을 떠났다. 그렇게 한참을 걷다가 포도밭에 닿자 여우가 말을 꺼냈다.

"거봐, 내가 한 말이 참말이었지? 자, 그럼 이제 서로가 서로를 속이는 일이 없도록 하기 위해 포도를 먹기 전에 각자 자기 꼬리를 포도나무에 묶자."

승냥이 무리는 여우의 말을 듣고 시키는 대로 했다. 승냥이들의 그런 모습을 본 여우는 안심하고 포도밭 주인을 찾아가 정색을 하며 말했다.

"지금 왜 이러고 앉아 있는 거예요? 승냥이 떼가 와서 포도를 몽땅 먹어 치우고 있다고요."

포도밭 주인은 나무 몽둥이를 하나 챙겨들더니 개들을 풀어놓았다. 개들은 승냥이 떼한테 마구 덤벼들었다. 겁이 난 승냥이 떼는 도망을 치려고 발버둥치다가 꼬리가 모두 떨어지고 말았다.

승냥이 떼의 도망치는 모습을 보면서 여우가 빈정거렸다.

"이봐, 승냥이들아. 나를 그렇게 비웃더니, 그 웃음은 다 어디로 간 거지?"

괴물 독수리

　이 이야기는 아주 먼 옛날에 있었던 일이다. 옛날에 유세프라는 이름을 가진 남자가 살고 있었다. 유세프의 직업은 비단을 짜는 것이었다. 어느 날 유세프는 집과 가족을 떠나 그동안 모아 두었던 돈으로 세상 구경을 하기로 마음먹었다. 그래서 돈을 주머니에 넣은 다음 아버지와 어머니에게 작별 인사를 하고 아라비아로 가는 배에 몸을 실었다.
　며칠 동안 바다를 항해한 배는 마침내 아라비아의 바닷가에 도착했다. 바닷가에 첫발을 디딘 유세프는 항해가 탈 없이 무사히 끝난 것에 대해 신께 감사를 드린 후에 돈 주머니를 어깨에 둘러메고 도시 구경을 하러 나섰다. 그는 여러 가지 신기하고 희한한 도시 풍경을 보고 감탄과 놀라움을 금할 수가 없었다. 구경을 마친 그는 너무 피곤하고 배가 고파서 여관에 들었다.
　여관에는 여러 나라와 여러 지방에서 온 여행객들이 가득했다. 모두가 유세프처럼 그 도시를 처음 찾은 사람들이었다. 어느 정도 피곤함이 가시자 유세프는 다른 여행자들과 이야기를 나누기 위해 여관 마당으로 나갔다. 그런데 이게 웬일인가! 그가 마당에 들어서려는 순간 갑자기 하늘이 새까매지더니 하늘의 태양이 사라져 버린 것이다. 그리고 바람이 세차게 불면서 천둥 같은 무시무시한 울음소리가 들려왔다.

여관 주인이 마당 한가운데로 뛰어나오며 소리쳤다.

"손님들, 목숨이 아까우면 어서들 도망치거나 숨으세요. 괴물 독수리가 지금 우리 머리 위에 있어요."

눈 깜짝할 사이에 모든 여행객은 각자의 방 안으로 뛰어들어 갔다. 그러나 유세프만은 여관 마당 구석에 놓아둔 돈 주머니를 집으러 달려갔다. 그런데 돈 주머니가 놓여 있는 곳에 미처 도착하기도 전에 괴물 독수리가 내려왔다. 괴물 독수리는 날개 한 짝만 해도 강만큼이나 넓었고 깃털은 구리로, 부리는 쇳덩이로 되어 있는데 그 크기가 실로 엄청났다. 발톱은 창처럼 아주 날카로웠고 쇠로 되어 있었다. 날갯짓하는 소리는 수천 개의 쇠사슬이 부딪치며 내는 소리 같았고, 날개가 일으키는 바람이 얼마나 거센지 여관 마당의 나무가 모두 쓰러질 정도였다.

바람에 밀려 땅바닥에 넘어진 유세프는 뭐라 한 마디 말을 하기도 전에 괴물 독수리의 날카로운 쇠 발톱에 차이고 말았다. 날카로운 발톱이 유세프의 옷을 뚫고 들어왔고, 그 힘이 어찌나 세던지 절로 비명이 나왔다.

유세프가 소리를 질렀다.

"여보시오, 힘센 독수리님. 왜 나를 잡아가는 거요? 나를 좀 놔 주시오. 독수리님의 발톱이 너무 아파서 참을 수가 없단 말이오."

그러자 독수리는 바다의 거대한 파도가 해안에 부딪힐 때 나는 소리처럼 우렁차고 무시무시한 소리로 울부짖으며 대답했다.

"이 보잘것없고 나약한 자야, 만일 너를 대신할 다른 사람을 데려올 수만 있다면 너를 놓아주겠다. 난 매년 12월이면 제물이 될 인간 하나를 요괴들의 나라로 데려가야 한다. 이것이 내 운명이자 의무이니라."

유세프는 자기를 대신할 사람이 없다는 것을 잘 알고 있었지만, 그래도 혹시나 하는 기대감으로 독수리한테 애원해 보았다. 하지만 누구도 이 일을 대신하겠다고 나설 사람이 있을 리 없었다. 괴물 독수리가 말했다.

"만일 네 아들을 신혼 첫날밤에 내게 준다고 약속한다면 너를 놓아주겠노라."

자식은커녕 아직 결혼도 하지 않은 유세프에게 아들이 있을 턱이 없었다. 그러나 유세프는 괴물 독수리가 낸 조건을 듣고 기뻐하며 신혼 첫날밤에 아들을 독수리에게 바치겠다고 약속하고 말았다. 그러자 괴물 독수리는 유세프를 놓아주고 하늘로 날아올랐다.

유세프는 여행을 계속하여 세상 곳곳을 구경한 후 집을 떠난 지 일 년 만에 다시 집으로 돌아와 예쁘장한 처녀와 혼인했다. 그리고 얼마 지나지 않아 아들 무샴이 태어났다. 일 년 뒤에는 딸 주러이도 태어났다.

유세프는 다복하고 안락한 생활을 하며 재산도 꽤 많이 모았다. 유세프의 아들 무샴은 나날이 덩치가 커지고 힘도 세졌고 딸 주러이는 자라면서 더 예뻐졌다.

무샴이 스무 살이 되자 유세프와 그의 아내는 며느리를 맞아야겠다는 생각을 했다. 그래서 딸을 며느리로 주고 싶다는 이웃 사람과 혼담을 주고받다가 마침내 12월 1일 밤에 혼례식을 치르기로 합의

하였다.

　예정된 날짜가 되었다. 유세프의 집은 기쁨과 흥겨움으로 가득 찼다. 친척들과 친구들이 혼례식을 보러 유세프의 집으로 몰려들었다. 신부는 하얀 색 예복을 입고, 신랑은 머리부터 발끝까지 비단으로 된 옷을 입고 정원에 마련된 의자에 앉아 있었다.

　혼례식이 시작되어 악사들이 악기를 연주했다. 그런데 이게 어찌 된 일인가! 갑자기 하늘이 어두컴컴해지더니 세찬 바람이 불고 천둥 같은 무시무시한 소리가 하늘 저편에서 들려왔다. 괴물 독수리가 나타난 것이었다. 괴물 독수리는 날카로운 쇠 발톱으로 무샴을 낚아서 날아가 버렸다.

　사람들 모두 겁에 질려 그 자리에서 꼼짝도 못 하고 얼어 있는데, 오로지 신부만이 말문을 열었다.

　"에구머니, 아직 괴물 독수리한테 잡힌 남자의 정식 아내가 아니니 이 얼마나 다행한 일인지! 평생 과부로 살 뻔했네."

　신부는 이렇게 말하더니 혼례식이 거행되기로 한 정원을 빠져나가 버렸다.

　창처럼 날카로운 괴물 독수리의 발톱이 어찌나 세게 죄었는지 무샴은 고통에 찬 비명을 질렀다. 아들의 비명을 더 이상 듣고 있을 수 없었던 유세프는 수년 전 독수리에게 했던 약속을 떠올리며 그 발밑에 엎드려 애원했다.

　"힘센 독수리님, 차라리 나를 요괴 나라의 제물로 데려가시고 우리 아들은 놓아주세요. 이제 나는 늙었고 죽을 날이 얼마 안 남았으니 아들 대신 제물이 되겠소."

　그래서 괴물 독수리는 무샴을 놓아주고 유세프를 쇠 발톱으로 움켜잡았다. 독수리의 발톱은 순식간에 유세프의 가슴을 파고들었고,

그는 비명을 질렀다. 유세프의 비명을 들은 그의 아내가 독수리 발밑에 엎드리며 애원했다.

"차라리 저를 데려가 요괴 나라의 제물로 삼으세요. 남편 대신 제가 제물이 되겠어요."

그러자 독수리는 유세프를 놓아주고 그의 아내를 쇠 발톱으로 꽉 움켜잡았다. 독수리 발톱이 유세프 아내의 연약한 두 어깨를 파고들자 그녀는 비명을 질렀다.

그러자 이번에는 유세프의 딸 주러이가 어머니의 비명을 듣고 독수리의 발 아래 엎드리며 소리쳤다.

"저를 제물로 삼으세요. 저는 아직 결혼도 안 했고 남편과 딸린 자식도 없으니 어머니 대신 제가 제물이 되겠어요."

그러나 주러이도 독수리의 발톱에 걸리자 비명을 질렀다. 이번에는 연로한 유세프의 어머니가 앞으로 나와 스스로 제물이 되겠다고 간청했다. 그러나 그녀 또한 날카로운 발톱의 고통을 견뎌 낼 수가 없었다.

결국 무샴이 다시 나서서 독수리에게 말했다.

"아버지가 하신 약속은 제가 지켜야 하니 저를 잡아가세요. 이제는 쇠 발톱에 상처가 나더라도 비명을 안 지르겠어요."

독수리는 다시 무샴을 날카로운 발로 움켜쥐었다. 그의 비단 옷은 금세 피로 흥건히 물들었다. 독수리가 수천 개의 쇠사슬이 한꺼번에 부딪치는 듯한 무시무시한 소리로 날갯짓을 하며 날아오르려는 찰나 비록 다 낡아빠진 옷을 입었지만 젊고 예쁘장한 처녀가 겁에 질려 있는 하객들 사이에서 큰 소리를 지르며 뛰쳐나왔다.

"독수리님, 저를 잡아가세요. 제발 저를 잡아가 주세요. 그리고 무샴을 놔주세요."

누군가 말릴 틈도 없이 그 처녀는 독수리의 발밑에 엎드려 버렸다. 그러자 괴물 독수리는 무샴을 놓아주고 대신 불쌍한 처녀를 움켜쥐었다. 독수리의 쇠 발톱이 처녀의 낡아빠진 옷을 찢고 연약한 어깨 살을 파고들었다. 그러나 그녀는 외마디 비명조차 지르지 않았다. 독수리는 강만큼 넓은 구리로 된 두 날개로 빙글빙글 원을 그리며 하늘로 날아올랐다. 하객들은 겁에 질려 불쌍한 예쁜 처녀를 바라보았다. 누군가가 그 처녀를 놓아 달라고 독수리에게 애원해 보았지만, 독수리는 들은 척도 하지 않고 높이 올라가기만 했다. 그런데도 처녀는 불평 한마디 하지 않았다.

독수리는 원을 그리며 점점 멀어져 결국 하늘 위에 찍힌 점처럼 보이게 되었다. 사람들은 대성통곡을 하며 자신의 가슴과 머리를 치기 시작했다. 그런데 그 순간 놀랍고 믿을 수 없는 일이 벌어졌다. 하늘이 다시 어두컴컴해지더니 괴물 독수리가 돌아온 것이다.

사람들은 모두 겁에 질려 집 안으로 도망가 버렸다. 그러나 무샴과 주러이는 손을 꼭 붙잡고 서서 걱정스러운 마음으로 독수리가 다시 내려오는 것을 지켜보고 있었다. 독수리는 사뿐히 내려와 허름한 옷을 입은 처녀를 아주 정중하게 정원의 풀밭 위에 내려놓았다. 처녀는 온몸이 피로 얼룩지고 숨이 가빴지만 신음 한번 내뱉지 않았다. 무샴과 주러이는 처녀에게 달려가 소리쳤다.

"도대체 당신은 누구신데 우리 대신 희생하려고 했나요?"

그런데 처녀가 미처 대답하기도 전에 정원이 순식간에 밝아지기 시작했다. 마치 수천 개의 달이 떠서 세상을 은빛으로 물들이는 것 같았다. 무샴과 주러이와 젊은 처녀는 놀라서 주변을 둘러보았다. 구리로 된 괴물 독수리의 두 날개가 점점 작아지더니 마침내 사라져 버렸다. 강철로 된 부리는 작은 투구로 변하고 큼지막한 쇠 발톱은 칼로 변했다. 얼마 후 괴물 같았던 독수리는 빛나는 구리 갑옷을 입고 강철 투구를 쓰고 번쩍이는 칼을 찬 젊은 용사로 바뀌었다.

젊은 용사는 아무 말도 하지 않은 채 남루한 옷을 입은 처녀에게 다가가 손을 내밀며 말했다.

"일어나세요. 당신은 사악한 주문에 걸린 나를 구해 주었어요. 나는 들의 용사랍니다."

그러면서 사람들에게 자초지종을 설명해 주었다.

어렸을 때 참새 한 마리를 죽인 일이 있는데, 그에 대한 벌로 새들의 대왕이 주문을 걸어 괴물 독수리로 변하게 한 것이라고 했다. 그래서 어쩔 수 없이 매년 12월 1일 밤에 인간 하나를 요괴 나라의 제물로 데려갈 수밖에 없었으며, 주문을 풀기 위해서는 날카로운 독수리 발톱 아래서도 아프다는 비명을 지르지 않고 죽음을 두려워하지 않는 사람을 찾아야만 했다고 말했다.

들의 용사가 남루한 옷을 입은 처녀에게 말을 건넸다.

"자, 이제야 당신이 내 주문을 풀어 준 것이오. 내 발톱 아래서도 고통스럽다는 불평 한마디 하지 않았고 죽음을 두려워하지도 않았소. 도대체 당신은 누구요? 무슨 이유로 비명도 지르지 않고 죽음조차 두려워하지 않는 거요?"

허름한 옷을 입은 처녀가 대답했다.

"용사여, 저도 다른 사람들처럼 죽음이 두렵기는 마찬가지입니다. 그러나 저는 무샴을 제 목숨보다도 사랑합니다. 저는 양치기의 딸인데 어려서부터 무샴을 좋아했습니다."

무샴이 그 처녀를 애정 어린 눈빛으로 바라보았다. 그녀는 어렸을 때 무샴과 늘 같이 놀았던 양치기의 딸이었다. 그는 혼잣말로 중얼거렸다.

"이런 세상에! 하마터면 무서워서 나만 남겨 두고 도망가 버린 여자를 신부로 맞이할 뻔했군."

그는 양치기의 딸 곁으로 가서 아내가 되어 달라고 청혼했다. 평생 그 소망을 갖고 있던 양치기의 딸은 흔쾌히 무샴의 청혼을 받아들였다.

무샴은 양치기의 사랑스러운 딸과 혼례를 올렸고, 하객들은 집 밖으로 나와 잔치를 벌였다. 그들은 서로 사랑하며 오래오래 행복하고 즐겁게 살았다.

철로 된 상자

아들 셋과 딸 셋을 가진 한 노인이 아내를 잃고 혼자 살고 있었다. 어느 날 노인은 혼자 지낼 수 없을 정도로 아주 중한 병에 걸려 갖은 고생을 해 가며 큰아들의 집을 찾아갔다. 그런데 큰며느리는 시아버지가 머물도록 허락하지 않았다. 그래서 그는 할 수 없이 큰딸의 집으로 향했다. 그런데 이번에는 큰사위가 거절했다. 나머지 아들과 딸들도 찾아가 봤지만, 아무도 아버지를 모시려고 하지 않았다.

노인은 혼자 생각했다.

'어떻게 해야 하지? 어떻게 하면 좋을까?'

문득 묘안이 떠올랐다.

노인은 큰아들에게 중요한 일이 있다고 전갈을 보냈다. 큰아들이 오자 늙은 아버지가 말했다.

"넌 우리 집안의 가장 큰 자식이다. 실은 나한테 철로 된 상자가 하나 있단다. 죽을 때까지 열쇠는 내가 갖고 있겠지만, 내가 죽으면 네가 맡아야 할 것이다. 상자에는 많은 돈과 문서와 보석이 들어 있단다. 그런데 이 사실은 너와 나 사이의 비밀로 간직해 다오. 동생들에게는 절대로 말하지 마라."

노인은 이런 이야기를 다른 아들딸에게도 들려주고 자식들 모두에게 이 비밀을 다른 형제에게 말하지 말라고 당부했다. 노인은 인생의 종말을 맞는 날까지 편안하게 대접을 받으려고 꾀를 낸 것이다. 며느리와 사위들은 그 비밀을 듣고 난 날부터 모두 노인을 애지중지하며 보살펴 주었다. 병이 깊어져 죽음을 맞는 날까지 노인은 이 딸 집에서 먹고, 저 아들 집에서 자며 편히 지냈다.

장례식이 끝난 후 큰아들이 상자를 찾아보았다. 그러나 상자 안은 텅 비어 있었다. 곧 다른 형제들도 자초지종을 알게 되었다. 그리하여 자식들은 힘도 없고 능력도 없는 노인에게 얼마나 사랑과 보살핌이 필요한지를 비로소 깨닫게 되었다.

●──이란 민담

이방 청년인 압바스 왕의 아들

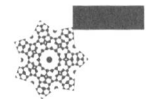

압바스 왕은 탁발승 옷을 입고 이 도시 저 도시, 이 마을 저 마을로 돌아다니는 버릇이 있었다. 하루는 머잔다런^{이란의 북쪽 카스피 해와 맞닿아 있는 주}에서 이 마을 저 마을을 돌아다니다가 어느 노인과 여행을 함께 하는 친구가 되었다.

노인은 말이 없는 편이었다. 탁발승으로 변장한 왕이 말했다.

"노인장, 우리가 가고 있는 이 길을 사다리로 짧게 하는 게 좋지 않겠소?"

노인은 마음속으로 말했다.

'미쳤군! 도대체 길을 어떻게 사다리로 짧게 하느냐고!'

그러나 노인은 이 생각을 입 밖으로 내지 않았다. 더 나아가자 이번에는 강에 닿았다. 탁발승이 다시 말했다.

"노인장, 다리를 만드는 게 좋지 않겠소?"

노인은 멸시하는 눈초리로 탁발승을 바라보며 생각했다.

'참으로 놀라운 말이군! 어떻게 우리 두 사람이 다리를 만들 수

있느냐고.'

노인이 바짓부리를 접고 강물을 건너가자 탁발승도 그의 뒤를 따라갔다. 그들은 밀밭에 이를 때까지 가고 또 갔다. 다시 탁발승이 물었다.

"노인장, 이 밀을 먹을까요 말까요?"

노인은 이번에도 깜짝 놀라 탁발승을 바라보았다.

"정말 이상한 스님이야. 말도 많고 미친 게 분명해!"

노인은 혼잣말을 중얼거렸다.

"먹든지 말든지 마음대로 하시오!"

노인은 이렇게 말하고 앞서서 걸어갔다. 몇 걸음 가지 않아서 사람들이 죽은 사람 하나를 공동묘지로 끌고 가는 것을 보았다. 이번에도 탁발승이 물었다.

"노인장, 저 사람은 살았을까요 죽었을까요?"

노인은 탁발승의 눈을 들여다보며 생각했다.

'눈을 보아서는 미쳤다는 생각이 안 드는데 내뱉는 말은 모두 이상한 말뿐이라니.'

하지만 노인은 아무렇지도 않은 듯 대꾸했다.

"신의 자식이여! 죽은 사람은 죽은 거지, 죽은 사람이 살아나는 것 보았소?"

그들이 마을에 도착했을 때는 이미 해가 저물어 있었다. 노인은 탁발승에게 자신의 집으로 함께 가자고 권했다. 그러자 탁발승은 사원에서 묵겠다고 대답한 후 노인과 헤어져서 길을 나섰다. 그런데 작별 인사를 나눌 때 그가 말했다.

"집에 도착하면 기척 없이 들이닥치지 마시오."

노인은 그 말을 흘려듣고 집을 향했다. 집에 도착해 기척 없이 안으로 들어가자 거의 반나체로 앉아 있던 딸이 불평했다.

"아버지, 적어도 문을 두드렸어야지요."

노인은 비로소 탁발승이 했던 말들의 의미를 새겨 보았다.

아버지의 멍한 표정을 보고 딸이 말했다.

"아버지, 여행길에 무슨 일이라도 있었어요?"

"이상한 탁발승과 함께 여행을 했단다."

"어떤 분이었는데요?"

"얼굴과 모습은 훌륭했는데, 자꾸 의미 없는 말을 지껄였어. 아니, 의미 없는 말은 아니었나 본데 내가 이해할 수가 없었어."

"무슨 말을 했는데요?"

탁발승이 한 말들을 들려주자 딸은 웃으면서 말했다.

"아버지, 그 사람은 참 지혜로운 분이세요. 지금 어디 계세요?"

"내가 우리 집에 와서 묵을 것을 청했다만 수락하질 않았어. 사원에서 자겠다고 하더구나."

"어서 찾아가 집으로 모셔 오세요. 질문의 답을 제가 알아요."

노인은 내키지 않았지만 사원으로 가서 탁발승을 찾은 후 한 시간쯤 지나 돌아왔다. 딸은 탁발승에게 저녁 식사를 대접한 다음 말했다.

"스님, 제가 물음에 대한 답을 하겠어요."

탁발승은 의심스러운 눈으로 딸을 바라보았다. 딸의 두 눈은 총기로 반짝거렸다.

그녀는 말했다.

"길을 사다리로 짧게 하자고 하신 말씀의 의도는 이런 겁니다. 말을 좀 나누면서 가자는 것이었지요. 대화는 사람의 마음을 다른 곳으로 집중시켜 긴 길을 짧게 하지요."

"그래, 옳은 말이다."

"강가에서 다리를 만들자고 하신 말씀은 이런 거지요. 한 사람을 업고 건너 한 사람의 옷이라도 젖지 않게 하자는 것이었지요."

"따님에게 칭찬을 보내오!"

"밀을 먹을 건지 아닌지 물으신 건 밀이 팔릴 것인지 아닌지를 말씀하신 것이었지요."

탁발승은 놀란 기색으로 딸을 바라보았다.

"놀랍군! 정말 똑똑한 딸이야. 그 대답도 정확하다."

"그리고 '죽었을까 살았을까?'라고 하신 건 죽은 사람에게 후손이 있는지 없는지 물으신 거지요. 만일 죽은 사람에게 자식이 있다면 대를 이을 것이므로 살아 있는 사람과 다를 바 없지만, 만일 그 반대라면 곧 그의 이름이 잊혀질 테니 죽은 사람이지요."

"잘했다! 잘했어!"

탁발승은 다음 날 딸에게 청혼을 했다. 마침 딸은 그때까지 지혜롭고 학식 있는 사람을 기다리고 있던 차라 흔쾌히 수락하여 며칠 후 두 사람은 혼인했다. 한 달이 지나 탁발승이 말했다.

"아내여, 탁발승의 습관이란 한 곳에 오래 머무는 게 아니오. 그래서 나는 내일 탁발을 떠날 것이오."

아내가 침묵하자 탁발승은 그녀에게 팔찌를 주며 말했다.

"만일 딸을 낳으면 이 팔찌를 팔아 생활을 하시오. 그러나 만일 아들이면 이것을 그 아이의 팔뚝에 끼워 훗날 나를 찾도록 하시오."

"그렇다면 이제 안 돌아오시나요?"

"신이 더 잘 알 게요."

다음 날 아침 탁발승은 길을 나섰다. 그 후 아홉 달이 지나 아내는 여기저기 가깝고 먼 곳에서 구경 올 정도로 잘생긴 아들을 낳았다. 아들은 성장하여 공부를 해야 할 때가 되었다. 아들은 총명하고 똑똑해서 곧 다른 학생들보다 앞서 나가기 시작했다. 선생님은 아들에게 말하지 말아야 할 것과 묻지 말아야 할 것을 가르치며 아끼고 사랑했다. 그러나 선생님이 아들에게 사랑을 베풀 때마다 다른 아이들은 비웃었다.

아들이 왜 웃느냐고 물으면 아이들은 입을 비쭉이며 말하곤 했다.

"좋아! 그래 그렇다고! 과부 어머니를 둔 학생에겐 선생님도 친절하시단 말이야."

선생님은 나이가 지긋한 분이었기 때문에 아들은 이런 말이 거짓임을 알고 있었다. 하지만 이런 일이 되풀이되자 아들의 마음은 마치 불 위에 놓은 고기처럼 지글지글 타게 되었다.

어느 날 아들은 한 아이와 싸움을 하게 되었다. 그 아이는 짓궂은데다 겸손함이라고는 찾아볼 수 없는 막돼먹은 아이여서 아들을 보고 이렇게 말했다.

"사생아니까 하고 싶은 말이 있으면 다 해 봐."

아들은 마음이 상심할 대로 상심해서 집으로 돌아와 어머니에게 말했다.

"어머니!"

"그래, 아들아!"

"물어볼 게 있어요. 만일 사실대로 말씀하시지 않으면 어머니가 저를 가슴아프게 하셨으니 차라리 죽어 버리겠어요."

"말해 봐라, 애야! 무슨 일이 있었느냐?"

"아이들이 저를 사생아라고 놀려요. 아버지는 어디 계세요?"

"네 아버지는 바로 그 선생님이다."

"제가 무엇을 묻는지 어머니도 잘 알고 있잖아요. 제 말은 늙으신 선생님 말고 저를 낳아 주신 아버지가 어디 계시냐는 거예요. 살아 계세요, 돌아가셨어요?"

어머니는 어쩔 수 없이 현명하고 지혜로웠던 탁발승과 혼인하게 된 이야기를 아들에게 들려주었다.

"지금은 어디 계세요?"

"신만이 알고 계시겠지. 마치 성인과 왕의 모습 같으셨단다. 그러나 탁발승이셨지."

다음 날 아침 아들은 옷을 갈아입고 길에서 먹을 빵을 챙기더니 말했다.

"아버지를 찾으러 가겠어요."

"넌 아직 어려 아버지를 찾으러 갈 나이가 되지 않았단다."

하지만 아들은 어머니의 말을 들으려 하지 않았다. 결국 어머니는 체념하고 말했다.

"굳이 네가 떠난다고 하니 어쩔 수 없구나. 이 팔찌를 껴라."

팔찌를 손목에 끼워 주자 아들은 길을 나섰다. 머잔다런의 산과 숲들을 지나가고 또 가니 어느 나라의 수도가 나왔다. 꿈에서도 본 적이 없는 아름답고 큰 도시였다.

어느 식료품 가게에 들어가니 중년 남자가 금고 뒤에 앉아서 부채질을 하고 있었다. 앞으로 다가가 인사하자 그가 답례를 했다.

아들이 물었다.

"어르신, 상점에서 일할 직원이 필요하지 않으세요?"

상점 주인은 아직 열서너 살의 소년이지만 얼굴이 말쑥하고 예의 바르게 말할 줄 아는 아들을 쳐다보았다.

"이런 일을 해 본 적이 있느냐?"

"얼마 동안 어르신 밑에서 일해 보지요, 뭐. 만일 그때도 저를 받아들이시면 아주 좋고요, 아니면 제 아픔을 스스로 견딜게요."

"공부는 했니?"

"무학은 아니에요."

"어디서 왔느냐?"

"머잔다런 출신이에요."

"이름은?"

"이방 청년."

"이방 청년도 이름이 되나?"

"혼인하면 그때 가서 이름을 바꾸지요."

아들의 시원스러운 대답에 상점 주인은 웃음을 터뜨렸다. 그는 아들이 마음에 들어 당장 집으로 데려가 음식을 주었다. 아들이 얼마나 부지런하고 열심히 일했던지 몇 달이 지나자 상점은 손님들로 가득했다. 때로는 어찌나 붐비는지 머리를 넘길 여유조차 없었다. 주인은 모든 것이 함께 일하게 된 아들 덕분이라고 생각했다. 그는 아들을 좋아해서 어디를 가든 사람들에게 자기 아들처럼 소개했다. 아들은 차츰차츰 성장하여 열여덟 살이 되자 수려하고 빼어난 외모의 소유자가 되었다. 사람들은 모이기만 하면 온통 이방 청년에 관한 이야기뿐이었고 그를 흠모하는 여자의 수는 하늘의 별만큼 많을 정도였다.

어느 날 주인에게 아들이 말했다.

"어르신, 왜 어르신과 마님은 성지 메카 순례를 가지 않으세요?"

"메카라고? 이 상점을 두고 어떻게 가겠느냐?"

"어르신, 저를 못 믿으세요?"

"난 내 자신보다 너를 더 믿는단다. 그리고 내가 소유한 모든 것은 네 것이라 해도 과언이 아니지."

"그렇다면 메카에 다녀오세요. 이 상점을 잘 돌볼 테니 돌아오셔서 즐기기만 하세요."

그리하여 주인과 마님은 메카로 떠났다. 아들은 혼자 있는 동안 상점을 재정비하여 이전보다 훨씬 크고 훌륭하게 만들어 놓기로 결심하고 열심히 노력하여 마침내 나라의 수도를 대표하는 상점으로 키웠다. 신이여, 시기하지 않도록 해 주소서! 상점이 커지자 아들은 하인과 일꾼을 두었다. 손님이 너무 많아서 상점 안은 바늘구멍조차 낼 여지가 없을 정도였다.

• • •

한편 왕자의 약혼녀인 대신의 딸은 울라타고 싶을 만큼 탐스럽고 긴 머리카락, 아름다운 눈썹, 그리고 빛나는 검은 눈동자를 가진 미모의 여인이었다. 그녀를 한번 본 사람이라면 누구나 연인이 되고 싶다고 생각할 정도였다.

어느 날 대신의 딸이 하녀를 아들의 상점으로 심부름을 보냈는데 아무리 기다려도 돌아오지를 않았다. 하녀는 해가 지자 비로소 집으로 돌아왔다.

화가 난 딸이 물었다.

"어디에 있었느냐?"

아무리 물어도 하녀는 대답하지 않았다가 매를 들자 그제야 겨우 답했다.

"만일 아가씨께서도 그곳에 계셨다면 해 질 녘까지 돌아오지 못했을 거예요."

"도대체 어떤 곳인데 그러느냐?"

"한 청년이 있는데, 마치 태양처럼 빛나는 외모를 가져 해가 질 때까지 그를 구경했어요."

딸은 그 말을 믿으려 하지 않았다. 그래서 하녀가 딸의 손을 잡고 그곳으로 데려갔다. 대신의 딸은 그를 보자마자 그만 사랑에 빠져 매일 핑계를 대고 가게를 찾았다. 그런 그녀의 모습은 마침내 아들의 눈에 띄었고 아들도 그녀를 사랑하게 되었다. 아들이 말했다.

"약혼자가 있잖소?"

"있지요. 왕자님이에요. 하지만 끝났어요."

"언제부터 끝났다는 거요?"

"당신을 보게 된 뒤부터요."

아들은 끈질기게 거절했지만 그녀의 발길은 계속되었다. 그러던 어느 날 그녀가 아들에게 죽음으로 위협을 가하자 그는 두려워서 딸이 무슨 말을 하든지 무조건 "예, 그러지요!"라고 답했다.

사실 아들도 대신의 딸을 깊이 사랑하게 되어 한순간도 잊지 못할 지경이 되었다.

어느 날 대신의 딸이 아들에게 말했다.

"밤마다 내게 오세요. 우리 함께 놀아요."

"어떻게 가죠?"

"당신 상점에서 내 방까지 굴을 파세요."

대신의 딸은 완곡하게 말했다.

옛날부터 사람들은 사랑을 하면 눈이 먼다고 말했다. 이런 일은 결과가 좋지 않다는 사실을 알면서도 아들은 사랑하는 사람이 시키는 대로 상점에서 대신의 딸이 거처하는 방까지 굴을 팠다. 그런데 아들의 하인들 중 한 사람이 자신의 이익을 위해 왕한테 가서 이 사실을 고했다.

"왕이시여! 내 눈은 멀고 귀도 들리지 않는답니다. 하지만 왕자의 약혼녀에 대해 알게 되었답니다. 한 청년이 매일 밤 그녀의 방으로 간답니다."

왕은 이 말을 듣고 분개하여 아들을 교수대에 매달라고 명령을 내렸다. 어느 날 밤 병사들이 아들을 단단히 묶어 매단 채 궁전으로 데려오자 왕이 물었다.

"출신도 없는 청년, 그대는 어디서 왔는가?"

"머잔다런에서 왔습니다."

"무엇 때문에 내 나라에 들어왔는가?"

"아버님을 찾으러 왔습니다."

"자네 아버지가 누군가?"

"본 적이 없습니다."

왕은 놀라서 아들을 바라보았다.

"자네는 나를 아는가?"

"틀림없는 압바스 왕이시지요."

"자네와 대신의 딸에게 사형이 내려졌음을 아는가?"

"알고 있습니다."

바로 그 순간 왕자와 대신의 딸이 방 안으로 들어왔다. 아들의 두 눈에는 두려움도 희망도 보이지 않았다.

대신이 말했다.

"왕이시여! 체면도 윤리도 없는 이 젊은이와 내 딸을 함께 처형해 주십시오."

압바스 왕은 큰 소리로 말했다.

"망나니!"

붉은 옷을 입은 망나니가 손에 큰 칼을 들고 들어왔다.

"저자의 목을 베라!"

망나니가 아들의 웃옷을 벗기고 목을 단두대에 올리고 있는데 아들의 팔찌가 밖으로 드러나 왕의 눈에 띄었다. 왕은 다급히 소리쳐 망나니를 막았다.

"멈춰라."

왕은 아들에게 다가가 팔찌를 살펴보았다. 노인의 현명한 딸을 기억나게 하는 팔찌였다. 왕은 아들의 눈을 자세히 보았다.

"이 팔찌는 어디서 났느냐?"

"어머니께서 주셨습니다. 아버지의 추억이 담긴 물건입니다. 전 아버지를 잃어버렸습니다."

"만일 아버지를 만난다면 알아보겠느냐?"

"아니요."

압바스 왕은 아들을 껴안고 울면서 말했다.

"내 아들아, 너의 잃어버린 아비가 바로 나다!"

왕의 큰아들인 왕자는 동생을 위해 대신의 딸을 단념하고 두 사람의 혼인을 축복해 주었다.

영웅 로스탐 이야기

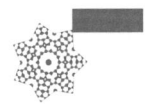

 옛날 옛날에 두 명의 왕비를 둔 왕이 살았다. 왕은 두 왕비 중에 하나는 끔찍이 사랑했지만, 다른 하나는 탐탁하게 여기지 않았다.
 그런데 어느 날 왕의 마음에 들지 못했던 왕비에게서 왕자가 태어났다. 아이의 이름은 로스탐이라고 지었다. 로스탐 왕자가 오륙 개월 되었을 무렵 왕은 재상과 판관을 불러 의논했다.
 "난 저 왕비가 영 마음에 들지 않는구나. 어떻게 해서든 저 왕비한테서 벗어나고 싶으니 좋은 방법을 생각해 보라."
 그러자 재상과 판관은 입을 모아 말했다.
 "왕이시여, 만수무강을 기원하며 아뢰옵니다. 왕이 왕비와 이혼하는 법은 없습니다. 만일 그랬다가는 왕을 불평하는 백성들의 소리가 높아질 뿐 아니라 우리를 지지하는 사람들이나 적들에게도 좋지 못한 모양새를 보이게 됩니다. 저희 소견으로는 좋은 생각이 아닌 듯합니다."
 왕이 재차 물었다.

●──이란 민담

"그렇다면 나더러 어쩌란 말이냐?"

왕의 한탄을 들은 판관이 다시 말했다.

"왕이시여, 약간의 먹을 식량과 돈과 마실 물을 준비해 주시면 저희가 왕비님과 왕자님을 모시고 나가 산과 들에 버리고 오겠습니다. 빵과 물이 다 떨어지면 왕비님과 왕자님은 다른 나라로 가서 저희를 찾으실 수 없을 것입니다."

그리하여 왕은 왕비에게 줄 약간의 빵과 물 등을 준비한 다음 왕비에게 말했다.

"오늘 재상과 판관이 궁 밖으로 나갈 것이오. 만일 왕비가 원한다면 왕자를 데리고 그들과 동행해서 바깥 구경을 나가도 좋소. 밖으로 나가서 구경도 좀 하고 야외에서 식사도 한 뒤 궁으로 돌아오도록 하시오."

왕비는 6개월 된 왕자를 데리고 재상과 판관을 따라 길을 나섰다. 산을 몇 개 지나고 언덕을 몇 개 넘은 후 재상과 판관은 왕비와 왕자의 자리를 마련해 놓고 말했다.

"두 분은 여기 계십시오. 저희는 이 근처를 한번 둘러보고 오겠습니다."

재상과 판관은 이 말을 마치고 왕이 있는 궁으로 돌아가 버렸다.

홀로 남은 왕비와 왕자는 사흘 동안 가지고 왔던 식량으로 버티며 재상과 판관이 되돌아오기를 기다렸다. 그러나 아무리 기다려도 그들은 돌아올 기미가 없었다.

며칠이 지나자 왕비의 젖도 더 이상 나오지 않았다. 어린 왕자는 배가 고파 울음을 터뜨렸다. 그때 신이 도움의 손길을 뻗어 주었다. 신은 코뿔소에게 하루에 세 번씩 어린 왕자에게 가서 젖을 주도록 했다.

왕비는 코뿔소의 젖을 짜서 한 대접은 왕자에게 먹이고 자신도 조금 마셨다. 코뿔소는 왕자가 서너 살이 될 때까지 찾아와 젖을 주었다.

그러던 어느 날이었다. 사냥감을 찾아 밖에 나와 있던 요괴가 왕비와 왕자를 보고 말을 건넸다.

"여인이여, 여기서 무얼 하는가?"

왕비가 대답했다.

"아무것도 하지 않는다오. 어떤 사람이 나를 여기다 남겨 두고 가 버렸을 뿐이라오."

그러자 요괴가 왕비에게 말했다.

"그럼 어서 일어나라. 너를 우리 집에 데려가겠다. 내 마누라가 죽었는데 너를 데려다가 아내로 삼으리라. 나한테는 자식이 셋 있지만 네 자식도 내 친자식처럼 길러 주겠노라."

왕비는 어쩔 수 없이 요괴의 제안을 받아들여 그 집으로 갔다. 여러 날이 흐르고 몇 년이 흘러 어느 정도 자란 왕자가 어머니에게 물었다.

"어머니, 저 요괴는 대체 누구예요?"

그러나 왕비는 자신이 요괴의 아내가 되었다는 사실을 아들이 알게 될까 봐 거짓말로 둘러댔다.

"저 요괴는 우리의 이웃이란다. 설명하자면 아주 길단다. 하지만 이것 하나만은 꼭 기억해 두길 바란다. 네 아버지는 어느 나라의 왕이란다."

한편 요괴는 그때까지 왕자의 이름조차 모르고 있다가 어느 날 갑자기 왕비에게 물었다.

"당신 아들의 이름이 뭐요?"

"내 아들의 이름은 로스탐이라오."

왕비의 대답을 들은 요괴가 깜짝 놀라 말했다.

"이런 세상에! 드디어 우리 집이 망했구나. 내가 점괘를 보니 로스탐이라는 이름을 가진 사람이 멀리서 찾아와 나를 죽인다고 나와 있더군."

그 말을 들은 왕비는 어이가 없었다.

"그런 소리라면 집어치우세요. 대체 다섯 살밖에 안 된 어린아이가 어떻게 당신을 해칠 수 있단 말이에요? 말도 안 되는 소리 그만하고 어서 나가요."

왕비는 다른 핑계를 대고 요괴를 밖으로 내보냈다.

여러 날이 흘러 왕자는 어느덧 열 살이 되었다. 어느 날 요괴가 왕비에게 말했다.

"불안해서 더 이상은 도저히 안 되겠소. 당신 아들을 꽁꽁 묶어 우물 속에 던져 버려야겠소. 그 아이가 살아 있으면 언젠가 반드시 나를 죽일 거요!"

어느 날 밤이었다. 요괴는 왕비가 눈치 채지 못하게 로스탐 왕자를 밧줄로 꽁꽁 묶었다. 그러나 로스탐 왕자는 몸을 움직여 밧줄을 끊어 버렸다. 다음 날 밤 요괴는 또다시 로스탐 왕자를 양의 내장으로 만든 밧줄로 꽁꽁 묶었다. 양의 내장으로 만든 밧줄은 너무 강해서 끊으려고 하면 더욱 살을 파고들 뿐 끊어지지 않는 성질을 가지고 있었다. 그뿐 아니라 요괴는 로스탐 왕자의 두 눈알을 파내서 땅바닥에 내팽개치기까지 했다.

그런데 로스탐 왕자에게는 강아지 한 마리가 있었다. 강아지는 땅에 떨어진 왕자의 두 눈알을 물어 혓바닥 아래에 잘 넣어두었다. 요괴는 왕자를 이불로 둘둘 말아 우물 안으로 집어던졌다. 왕비가 아침에 보니 왕자의 모습이 보이지 않았다. 그제야 왕비는 요괴가 왕자에게 몹쓸 짓을 한 사실을 알아채고 울며불며 소란을 피우기 시작했다. 그러자 요괴는 왕비를 감옥에 가두어 버렸다.

한편 로스탐 왕자의 강아지는 왕자가 혹시 우물 안에서 무슨 소리라도 내면 들릴 것 같아 우물 안을 조심스럽게 살펴보았다. 요괴는 로스탐 왕자를 양의 내장으로 만든 튼튼한 밧줄로 꽁꽁 묶었을 뿐 아니라 온몸에 소금까지 뿌려 두었다.

이렇게 며칠이 지났다. 그동안에도 계속 왕자의 강아지는 이쪽저쪽에서 빵 부스러기들을 주워다가 우물 속으로 던져 주었다.

그러던 어느 날 이란의 북서부에 있는 타브리즈라는 지방에서 온 나그네 둘이 우물가를 지나게 되었다. 마침 타고 오던 말에게 물을 먹일 때가 되어 한 나그네가 말했다.

"저 우물에서 물을 길어 말한테 먹이는 게 좋겠네."

우물로 가까이 다가간 나그네들은 강아지 한 마리가 웅크리고 앉아 목을 쭉 빼고 근심 어린 눈초리로 우물 안을 들여다보고 있는 모습을 보게 되었다.

두 나그네가 말했다.

"우물 안에 무언가 있는 게 분명하군. 우리 중 하나가 우물 안으로 들어가 어떻게 된 일인지 한번 살펴보세나."

나그네는 허리에 밧줄을 묶고 우물 안으로 내려갔다. 그는 일단 말에게 먹일 물을 두레박으로 두 번 퍼서 위로 올려 보냈다. 그때였다. 우물 한가운데 어떤 사람이 이불에 싸여 고통스럽게 울부짖고 있었다.

우물 안의 나그네가 위에 있는 친구에게 말했다.

"여보게, 밧줄을 내려 보내게. 여기 웬 사람이 빠져 있어. 내가 이 사람을 위로 올려 보낼 테니 자네가 밖에서 꺼내게."

우물 안에 있는 나그네가 로스탐 왕자의 몸을 밧줄로 묶자 우물 밖에 있는 친구가 왕자를 위로 끌어 올렸다. 그런 다음 우물 안으로 내려갔던 사람도 위로 올라왔다.

그들은 서둘러 이불을 벗기고 로스탐 왕자를 꺼냈다. 양의 내장으로 만든 질긴 밧줄이 왕자의 온몸에 친친 감겨 있었다. 두 나그네가 왕자의 몸에서 밧줄을 잘라 내자 피가 줄줄 흘렀다.

이를 본 두 나그네가 말했다.

"이렇게 상처 입은 사람을 여기에 그냥 남겨 둘 수는 없지 않은가. 이 사람을 우리 집으로 데려가는 것이 좋겠네. 의사를 데려다가 상처를 치료해 주자고."

그때 다른 한 나그네가 말했다.

"그런데 이 사람한테는 눈이 없군. 앞을 못 보는 건 어떻게 치료하지?"

"그건 신께서 어떻게 해 주시겠지. 일단 이 사람을 데려가자고. 나중 일은 천천히 생각해 보면 되니까."

강아지도 두 나그네를 따라 나섰다. 이를 본 한 나그네가 말했다.

"아무래도 이 강아지가 뭔가를 알고 있는 것 같으니 그냥 우리를 따라오도록 놔두는 게 좋겠네."

두 나그네는 왕자를 집으로 데려가서는 커다란 솥으로 물을 하나 가득 데워 목욕을 하게 해 주었다. 그런 다음 두 나그네는 의사를 불렀다. 의사는 처방전을 써 주었다. 며칠이 지나자 로스탐 왕자의 건강은 어느 정도 회복되었다. 어느 날 로스탐 왕자는 지붕 배수관 위에 새 두 마리가 앉아 있는 걸 느낄 수 있었다. 그중 한 마리가 말을 꺼냈다.

"언니, 언니."

그러자 다른 한 마리가 대답했다.

"왜 그러니?"

"로스탐 왕자가 만약 잠이 든 거라면 일어나야 하고, 깨어 있는 상태라면 이 말을 잘 들어야 해. 우리가 이 자리에서 일어나면 맞은편에 있는 나무에서 나뭇잎 두 장이 떨어질 거야. 왕자가 만일 그 나뭇잎을 주워서 돌 위에 놓고 잘 찧어 즙을 낸 다음 그 즙으로 눈알을 잘 씻어 원래 있었던 자리에 넣으면 앞을 볼 수 있을 거야. 강아지가 혓바닥 밑에 왕자의 눈알을 잘 보관하고 있으니까."

로스탐 왕자는 땅에 엎드려 벌벌 기어서 나무 밑까지 간 뒤 새들이 얘기한 나뭇잎 두 장을 찾아내어 나뭇잎을 잘 빻았다. 그런 다음 강아지가 왕자의 눈알을 가져오자 나뭇잎에서 짜낸 즙으로 잘 씻었다. 왕자는 너무 기뻐 자신이 지금 무슨 일을 하고 있는지도 몰랐다. 그래서 왼쪽 눈에 오른쪽 눈알을 끼우고, 오른쪽 눈에 왼쪽 눈알을 끼우고 말았다. 하지만 신이 도우사 왕자는 두 눈을 다시 제대로 끼울 수 있었다. 아침이 되자 로스탐 왕자는 잠에서 깨어났고, 왕자를 집으로 데려왔던 나그네들은 그를 보고 깜짝 놀랐다. 로스탐 왕자가 아주 훌륭한 모습으로 변해 있었기 때문이다.

그중 한 나그네가 말을 꺼냈다.

"참으로 다행스럽게도 내게 과년한 딸아이가 하나 있는데, 이 젊은이와 짝을 지어 줘야겠군."

그러면서 로스탐 왕자에게 물었다.

"내 딸아이를 자네와 혼인시키고 싶네."

로스탐 왕자는 기억나는 모든 일을 이야기해 주었다.

"제 아버님은 왕이십니다. 저는 이제 가서 요괴를 죽일 거예요.

만일 따님을 주신다면 그녀도 데려가겠습니다."

그러자 나그네의 딸이 로스탐에게 말했다.

"가지 마세요. 요괴가 당신을 죽일 거예요. 요괴의 아들들도 다 장성했어요. 그들은 다섯이고 당신은 혼자잖아요."

그러나 로스탐은 딸의 말을 듣지 않았다.

"열이라고 해도 난 반드시 가야 해요. 스물이라고 해도 꼭 가야 한다오."

이리하여 길을 나선 로스탐 왕자를 요괴가 베란다에 나와 앉아 있다가 보게 되었다. 그 걷는 모습이 어찌나 늠름한지 성난 먹구름이 금방이라도 비를 뿌릴 것 같은 태세였다. 그 모습을 본 요괴는 집 안으로 뛰어들어 가며 말했다.

"우리 집안은 다 망했다. 로스탐이 오고 있다. 햇빛을 받은 저 칼자루가 너무 빛나 제대로 쳐다볼 수가 없구나. 어디라도 좋으니 제발 나를 좀 숨겨 줘."

요괴는 자식들 손에 코란 한 권을 쥐어 주며 일렀다.

"로스탐한테서 이 코란을 걸고 절대 나를 해치지 않겠다는 다짐을 받아 오너라."

이 말을 마치자마자 요괴는 계단 밑으로 들어가 몸을 숨겼다.

로스탐이 오는 모습을 본 요괴의 자식들이 말했다.

"당신은 우리 형이잖아요. 이 코란에 맹세코 제발 우리를 죽이지 마세요."

그러자 로스탐이 대답했다.

"두려워할 것 없다. 난 너희를 해치지 않을 테니 걱정하지 마라."

로스탐 왕자는 먼저 어머니를 감옥에서 구해 냈다.

"어머니, 요괴가 있는 곳을 알려 주세요. 요괴를 죽일 겁니다. 그러니 어디 있는지 말씀해 주세요."

그러자 요괴의 자식들은 로스탐의 발밑에 엎드린 채 통사정했다.

"로스탐 형, 우리를 봐서라도 제발 우리 아버지를 죽이지 말아 주세요."

그러나 로스탐은 단호히 거절했다.

"안 돼, 반드시 죽이고야 말겠어."

그러자 왕비가 계단 아래에 난 문을 열어 요괴가 숨은 곳을 알려 주었다. 로스탐 왕자는 요괴를 밖으로 끌어내서 칼로 요괴의 목을 쳐 지옥으로 보내 버렸다. 그러고는 남아 있는 요괴의 자식들을 향해 말했다.

"자, 이제 너희는 이 집에서 너희의 인생을 살아라. 나는 이제 떠날 테니 잘 지내렴."

로스탐 왕자는 어머니를 모시고 장인이 사는 마을로 갔다.

장인을 만난 로스탐이 말했다.

"제 아버님은 어느 나라의 왕입니다. 장인어른도 제 아버님을 만나러 같이 가시죠. 제 아버님께서 우리를 받아 주신다면 그곳에 머물고, 만약 우리를 받아 주시지 않으면 다시 여기로 돌아오면 되니까요. 제가 태어난 지 6개월이 되었을 때 아버님이 저를 내쫓으셨거든요."

그리하여 그들은 함께 길을 나섰다. 그리하여 길을 물어 물어 산을 넘어 어느 강가에 도착하게 되었다. 강을 건너자 두 남자 아이가 놀고 있는 모습이 보였다. 로스탐 왕자가 소년들에게 부탁했다.

"너희는 지금 바로 왕에게 가서 아들 로스탐이 오고 있으니 맞으러 나오고 싶으면 그렇게 하시라고 전하려무나."

두 소년은 신이 나서 왕한테로 달려가 이 소식을 전했다.

"왕이시여, 왜 이렇게 앉아 계시는 겁니까? 왕자님이 오고 있답니다."

이 소식을 들은 왕은 기뻐서 어쩔 줄 몰랐다. 왕은 재상에게 제단을 준비하라고 명을 내렸다. 그러고는 길목마다 물을 뿌려 깨끗하게 비로 쓸고 왕자를 맞을 만반의 준비를 하라고 시켰다. 그런 다음 왕은 직접 왕자를 맞으러 나갔다. 왕자는 늠름한 청년이 되어 있었다. 예부터 내려오던 『왕서사나마』라는 신화집에 나오는 주인공인 로스탐과 맞먹을 정도의 체격과 외모를 지니고 있었다. 왕은 왕자의 귀환을 축하하며 양을 몇 마리 잡아 감사의 제사를 지냈다.

로스탐 왕자는 자신의 아내를 아버지에게 소개시켰다. 그러자 아버지는 화답했다.

"내 너를 위해 직접 혼례식을 치러 주겠노라."

그런 다음 왕은 7일 밤낮 동안 로스탐 왕자의 혼인 잔치를 열어 주었다. 길목마다 촛불과 초롱이 밝혀졌고 악사들이 악기를 연주하며 노래를 부르자 온 백성이 다 같이 잔치를 즐겼다.

혼례식이 끝난 후 왕이 로스탐 왕자에게 말했다.

"이제는 너에게 왕위를 물려주겠노라. 왕관도 옥좌도 이제 모두 네 것이다."

이리하여 왕의 후계자가 된 로스탐 왕자는 장인과 장모를 모셔와 다 같이 즐겁게 살았다.

아버지의 탐욕과 저주

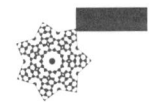

옛날 어느 도시에 영주가 아내와 사별하고 딸 하나와 살고 있었다. 딸이 어느 정도 성장하자 아버지가 말했다.

"얘야, 넌 신부가 되어야 하겠다."

"제게 청혼한 사람이 누군데요?"

"나다."

딸은 너무 놀라서 아버지에게 말했다.

"이런 일은 죄예요. 어떻게 딸이 아버지의 반려자가 될 수 있나요? 우리 이슬람 법을 해석하는 울라마에게 가서 물어보세요. 만일 죄가 없는 일이라고 하면 저도 아무 말 하지 않고 아버지의 아내가 되겠어요."

영주는 울라마에게 가서 물었다.

"나무 한 그루를 어릴 때부터 물을 주고 보살펴서 다 자라 열매를 맺게 되었는데 내가 이 나무의 열매를 따 먹으면 죄입니까?"

영주의 속셈을 알 길 없는 울라마가 답했다.

"아니요, 절대 아닙니다. 죄가 없소. 당신은 잘 익은 열매를 따서 먹을 수 있소!"

영주는 집으로 돌아와서 딸에게 말했다.

"내가 너와 혼인할 수 있다고 울라마도 지지했다. 그는 전혀 죄가 없다고 말했다."

"그렇다면 제게 일주일의 여유를 주세요."

딸이 청했다.

영주가 이를 수락하자 영주의 딸인 공주는 가까운 친구를 불러 말했다.

"대신의 딸을 이리로 좀 불러다 줘."

한 시간 뒤 대신의 딸이 공주에게 와서 인사했다. 그러나 공주는 답례는커녕 아무 말도 하지 않았다. 공주가 아무 말도 하지 않으니 대신의 딸은 아랫사람으로서 행할 일은 아니지만 작별 인사를 하고 나갈 수밖에 없었다. 그러자 공주는 뒤를 쫓아가서 쪼개진 나무 틈 사이로 들어가 몸을 숨기고 대신의 딸이 어머니에게 하는 말을 엿들었다.

"저와 아무 말도 하지 않으셨어요."

이 말을 듣고 공주는 혼잣말을 했다.

"저 애는 안 되겠군. 비밀을 지키지 못하겠어. 내 비밀을 간직할 수 없겠어."

그리하여 공주는 대신의 둘째딸을 불러오라고 했다. 하지만 둘째딸 역시 언니와 같이 비밀을 지킬 수 없는 성품이었다. 마지막으로 셋째딸을 불러 인사를 받고 역시 아무 말도 하지 않았다. 막내딸은 지체하지 않고 작별 인사를 하더니 가 버렸다. 공주는 막내딸의 뒤를 따라가 쪼개진 나무 틈에 숨어서 그녀가 어머니에게 하는 말을 엿들었다.

"공주님은 친절하게 저와 이야기하셨어요. 언니들이 거짓말을 한 거예요!"

공주는 혼자서 되뇌었다.

"저 아이는 내 비밀을 지키겠구나. 내 비밀을 저 아이에게 말해야지."

이리하여 공주는 다시 막내딸을 불러 지난 일을 낱낱이 말해 주었다.

"공주님, 제가 해야 할 일을 말해 주세요. 공주님을 위해서라면 뭐든 할게요."

"내일이 되면 나는 아버지와 혼인해야만 한단다. 그때 넌 나와 떨어지지 말고 꼭 내 곁에 있어야 한다."

그러고 나서 공주는 목수를 불러 말했다.

"목수 어른, 저를 위해 상자를 하나 만들어 주세요. 손뼉을 치면 하늘로 올라가고 다시 손뼉을 치면 땅으로 내려오는 그런 상자 말이에요."

목수는 혼례식이 있는 밤까지 상자를 만들어서 공주에게 전달했다. 영주는 이미 일곱 도시를 거울로 장식해 놓았다. 신방으로 들어갈 때가 되자 공주가 영주에게 말했다.

"화장실에 가고 싶어요."

대신의 막내딸도 공주와 약속했던 대로 그녀의 뒤를 따라갔다. 두 사람이 화장실 곁에 놓아둔 상자 뚜껑을 열고 안으로 들어가서 손뼉을 치니 상자가 하늘로 올라갔다.

영주와 혼례식을 준비했던 사람들은 그런 일이 있는 줄도 모르고 한참을 기다리다가 점점 당황하기 시작했다. 그제야 화장실을 뒤졌지만 공주를 찾을 수 없었다. 영주는 화가 머리끝까지 치밀어 도시 구석구석을 다 뒤지라고 명령을 내렸다.

공주를 담은 상자는 하늘을 날아가다가 우연히 사냥을 하던 어느 왕자의 눈에 띄게 되었다. 왕자가 새처럼 하늘을 날아가는 상자를 보고 신기하게 여겨 활을 당겨 화살로 상자를 정확하게 맞히자 손뼉을 치는 강한 소리가 들렸다. 상자는 아래로 아래로 내려와 결국 은 땅에 떨어졌다. 왕자는 상자의 뚜껑도 열어 보지 않은 채 상자를 말 안장에 얹고 출발했다. 목적지에 도착하자 왕자는 상자를 자기 방과 이어지는 벽장 안에 놓아두었다.

그런데 그날부터 신하들이 아침, 점심, 저녁상을 차려 놓으면 누군가 음식에 손을 댄 흔적이 있었다. 왕자는 이를 보다 못해 어느 날 대신과 그 문제를 상의했다.

"왕자님께서 어딘가 숨어 계시면서 두 눈을 똑바로 뜨고 무슨 일이 일어나는지 잘 살펴보세요."

그래서 대신의 말대로 상을 차려 놓고 기다려 보니 상자 안에서 웬 아름다운 아가씨가 나와 모든 음식을 한 입씩 먹더니 다시 상자가 있는 벽장으로 돌아가는 것이었다. 왕자는 벽장으로 돌아가려는 아가씨의 손을 꽉 잡고 말했다.

"여보시오, 이렇게 아름다운 아가씨가 상자 안에 있는 줄 나 혼자 알지 못했단 말이오? 당신은 내 아내가 되어야 하오."

왕자는 그녀를 부모님에게 데리고 가서 며칠 뒤 혼례식을 올렸다. 일 년이 채 되지 않아 아내는 아기를 갖게 되었다.

한편 딸을 찾기 위해 영주는 철로 된 지팡이를 들고 연철로 만든 신을 신고 수도승 복장을 하고 길을 나섰다. 여기저기 떠돌아다니다가 마침내 딸이 왕자비로 있는 나라에 오게 되었다. 그 나라에 들어서서 여기저기 살피면서 가던 중 한 여자가 아이에게 젖을 먹이고 있는 것을 보게 되었다. 수도승은 그 여자를 한눈에 알아보았다. 딸 역시 자신을 쳐다보는 이가 늙고 마르고 초라해졌지만 자신의 아버지임을 알아차리고 몸종에게 말했다.

"어서 가서 저 수도승에게 자선을 베풀고 오너라."

몸종은 수도승에게 쌀 한 사발을 갖다 주었다. 그러자 그는 이를 거절하며 말했다.

"부인에게 가서 말해라. 자신을 내게 자선하라고 말이다."

몸종은 돌아와서 왕자비에게 말했다.

"수도승이 말하기를 마님 자신을 자선하래요."

왕자비가 대문 안으로 들어가려고 하자 수도승이 말했다.

"딸아, 넌 나를 눈이 빠지게 기다리게 했지. 그렇다고 네게 저주하고 싶지는 않다. 그러나 신의 보살핌으로 네 아기가 기다리도록 하루만 사슴이 되어라."

왕자비는 즉시 상자가 있던 벽장으로 달려가 상자 안으로 들어갔다. 그곳에는 함께 왔던 대신의 막내딸이 숨어 있었다. 왕자비는 그녀와 문제를 상의하며 말했다.

"넌 나와 아주 닮았어. 그러니까 내가 사슴으로 변하면 나를 대신해서 아기를 보살펴 다오!"

대신의 막내딸은 상자에서 밖으로 나와 공주의 옷을 입고 아기를 안았다. 한편 왕자비는 사슴으로 변해 들로 달아났다. 그녀의 발길은 남편인 왕자가 사냥을 하러 간 사냥터로 향했다. 왕자는 사슴을 보자 자신의 아내인 줄은 꿈에도 모르고 화살을 당겨 사슴의 발을 맞혔다. 그러고는 쓰러진 사슴을 들어 올려 말안장 위에 실으려다가 사슴의 가슴에서 젖이 흐르는 것을 보게 되었다. 그 모습을 본 왕자는 손수건을 꺼내 사슴의 발에 묶어 주며 혼잣말을 했다.

"이 사슴도 내 아내처럼 젖먹이가 있군. 틀림없이 배고픈 새끼가 어미 오기를 기다리고 있을 거야. 풀어 주어야겠어."

그렇게 하루가 지나자 왕자비는 다시 사람의 모습으로 돌아왔다. 무사히 집으로 온 왕자비는 대신의 딸에게 아기를 받았고, 대신의 딸은 다시 상자 안으로 들어갔다. 밤이 되자 왕자가 사냥에서 돌아와 두 사람은 잠자리에 들었다. 그런데 왕자가 아내의 발에 묶인 손수건을 보고는 깜짝 놀라 물었다.

"난 분명 이 손수건으로 사슴 발을 묶어 주었는데, 당신 발에 이것이 묶여 있다니 대체 무슨 일이오?"

아내는 잠시 생각한 뒤 대답했다.

"비밀을 말할게요."

그녀는 그동안 살아온 이야기를 들려준 다음 말했다.

"왕자님, 대신의 막내딸도 저와 함께 있답니다."

"어디 있단 말이오?"

"당신이 화살로 쏜 바로 그 상자 안에요."

왕자는 재빠르게 상자 뚜껑을 열고 대신의 막내딸을 상자 밖으로 꺼낸 다음 그 나라 대신의 아들과 혼인시켰다. 그리하여 모두 인생이 끝나는 날까지 행복하게 살았다.

탁발승의 계략

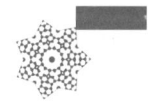

 옛날 옛적 백성을 사랑하며 공정한 정치를 펴는 왕이 있었다. 어느 날 왕은 거울 앞에서 자신의 희끗희끗한 수염을 보고 혼잣말로 중얼거렸다.
 "이제 무덤에 갈 날도 얼마 남지 않았는데 후계자가 없다니……."
 며칠이 지나 탁발승을 만난 왕이 말했다.
 "아내 40명을 두고 있는데도 신은 내게 자손을 허락하지 않으셨소. 그리고 말 40필이 있는데 새끼가 한 마리도 없소."
 이 말을 들은 탁발승은 주머니에서 사과를 하나 꺼내 둘로 나누어 왕에게 주며 말했다.
 "왕이시여, 이 사과 반을 40등분하여 40명의 왕비님께 한 조각씩 드리고, 나머지 반도 40등분하여 말들에게 먹이세요. 그러면 모두 잉태하게 될 겁니다. 뒷날 다시 올 테니 그때 아이들 중 하나와 말들 중 한 마리를 제게 주십시오."
 왕은 그 제안을 수락했다. 탁발승이 떠나고 나서 그의 말대로 하니 과연 왕비들과 말들 모두 잉태하게 되었다.

　세월이 지나 다시 돌아온 탁발승은 자신의 말대로 된 것을 확인하고는 약속대로 딸 하나와 새끼 말 한 마리를 데리고 갔다. 탁발승은 딸을 말에 태우고 말 고삐를 잡은 채 가고 또 가서 어느 정원에 닿았다. 정원 문을 열려던 그는 열쇠를 가져오지 않았다는 사실을 알고 딸에게 말했다.

　"넌 여기 있어라. 내가 가서 열쇠를 가지고 오마."

　탁발승이 떠나자 말이 딸에게 말했다.

　"탁발승의 목적은 너를 죽이는 거야. 만일 내 말을 못 믿겠으면 정원 안을 들여다봐."

　딸이 벽을 타고 정원 안을 들여다보니 정원 한가운데 건물이 한 채 있고 그 안에는 사람들이 줄에 묶인 채 천장에 매달려 있었다. 딸은 돌아와서 자신이 본 것을 말에게 설명해 주었다. 말이 황급히 말했다.

　"자, 어서 내 등에 타. 이 고장을 벗어나야 해."

　말은 사실 요정의 후손이었다. 며칠 밤을 지나 낯선 도시에 다다른 딸이 말에게 물었다.

　"자, 우린 이제 어떻게 해야 하지?"

　"사람들이 널 알아보지 못하도록 남자 옷을 입고 이 도시에 남아 있어. 그리고 내 갈기에서 털을 몇 가닥 뽑아."

　딸은 말이 시키는 대로 했다.

　어느 날 딸은 너무 외로워서 말의 갈기 중 하나에 불을 붙였다. 그러자 말이 나타나더니 그녀를 태우고 도시 외곽으로 갔다. 딸은 말과 함께 신나게 사냥하다가 마침 사냥터에 있던 왕자와 친구가 되었다. 왕자는 딸을 데리고 가서 왕비에게 소개했다.

"왕자야, 네가 데려온 사람은 남자가 아니라 여자란다. 겉모습만 남자로 변장한 거야."

그러나 왕자는 왕비의 말을 믿지 않았다.

어느 날 이웃 나라 왕이 군대를 이끌고 왕자의 나라로 침입해 왔다. 딸이 말에게 가서 물었다.

"어떻게 해야 하니?"

"나를 광장으로 몰고 가. 그러면 반드시 이길 거야."

딸은 말이 일러 준 대로 하여 적을 물리칠 수 있었다.

어느 날 밤 딸이 잠을 자고 있는데, 왕자가 가서 보니 뱀 한 마리를 목에 둘둘 말고 있는 게 아닌가. 놀란 왕자가 왕비에게 알리니 왕비가 와서 딸의 목을 보고 말했다.

"왕자야, 네 친구는 여자란다. 목에 있는 것은 뱀이 아니라 머리카락이란다."

다음 날 아침 모든 비밀이 드러난 것을 알게 된 딸은 부인하지 않았다. 그리하여 두 사람은 혼인하고 7일 낮과 7일 밤 동안 잔치를 벌였다. 얼마 후 왕이 아들에게 3년 동안 파견을 나가도록 명을 내렸다. 왕자는 아내와 작별하고 길을 나섰다.

● ● ●

한편 탁발승이 돌아와 보니 딸과 새끼 말은 흔적조차 없었다. 그는 화가 잔뜩 나서 말했다.

"그 둘을 가만두지 않겠다."

그들을 찾아 나선 탁발승은 오래지 않아 둘을 찾아냈고, 딸이 왕의 며느리가 되었음을 알게 되었다. 탁발승은 그 도시에서 그리 멀지 않은 변두리의 찻집에 머물렀다. 얼마 후 그는 그곳을 지나는 모든 여행객이 어디서 와서 무슨 일로 어디를 가는지 낱낱이 알 정도로 성 안의 모든 소식을 꿰고 있었다.

하루는 전령이 그가 머물고 있는 찻집에 왔다. 탁발승은 그에게 몇 가지를 물어보고 그가 딸의 남편인 왕자의 편지를 전하려고 하는 왕자의 사자임을 알아차렸다. 탁발승은 정신을 잃게 하는 약을 물에 타서 전령에게 먹이고 몰래 편지를 뜯어 보았다. 편지에는 이렇게 씌어져 있었다.

어머니! 제 안사람을 잘 돌보아 주세요. 아내가 불편하지 않도록 말입니다.

내용을 다 읽고 나서 탁발승은 편지를 고쳐 썼다.

사랑하는 나의 어머니! 제 아내가 어떤 사람과 친구가 된 꿈을 꾸었어요. 진상을 알아내 답장을 보내 주세요.

탁발승은 고쳐 쓴 편지를 전령의 주머니에 도로 넣어두었다. 한 시간이 지나 깨어난 전령은 서둘러 궁전으로 향했다. 그는 편지를 왕비에게 전했다. 왕비는 편지를 읽고 나더니 당황하여 즉시 답장을 썼다.

왕자야, 네 아내 문제는 안심해라.

그리하여 전령은 편지를 갖고 출발하여 또다시 탁발승이 머무는 찻집에 이르러 잠시 쉬어 가기로 마음먹었다. 탁발승은 이번에도 자신이 쓴 편지와 왕비가 쓴 편지를 바꿔치기했다. 바꿔치기한 편지에는 아내가 다른 사람에게 마음을 빼앗겼다고 씌어져 있었다. 전령은 그런 줄도 모르고 편지를 왕자에게 가지고 갔다. 왕자는 편지를 읽고 피가 끓어올라 즉시 펜을 들어 어머니에게 답장을 썼다.

제가 갈 때까지 아내를 어떻게 해서든지 데리고 있으세요.

그러고 나서 전령에게 편지를 주었다. 전령이 다시 찻집으로 가자 탁발승은 이번에도 편지를 바꿔치기했다.

제 아내를 반드시 화형시켜 주세요.

왕비는 이 답장을 받고 너무 놀라 며느리에게 자초지종을 설명했다. 그러자 며느리가 말했다.
"어머님, 시키는 대로 하세요. 잘 해결될 거예요."
사람들이 장작을 준비해서 불을 붙이는 동안 딸은 새끼 말의 갈기 중 하나에 불을 붙였다. 그러자 곧 말이 나타났다. 딸은 말을 타고 타오르는 불 사이를 무사히 가로질렀다. 그러나 아무것도 모르는 왕비는 며느리가 불에 타 죽었다고 생각하고 며칠 동안 비통에 잠겼다.
한편 왕자는 일을 마치고 고향으로 돌아와 아내가 불에 타 죽었음을 알게 되었다. 전령을 불러 캐물은 결과 탁발승의 계략 때문임을 알게 되었다. 왕자는 탁발승을 찾아서 죽이라고 명을 내린 후 정처 없이 들로 발길을 옮겼다.
한편 딸은 불길을 무사히 빠져나와 가고 또 가서 어느 샘에 닿았다. 그때 말이 말했다.

"내 간이 타 버렸어. 이 자리에서 난 터져 버릴 거야. 그러면 내 몸뚱이는 너를 위해 궁전으로 가고 내 한 귀는 연주자, 또 다른 귀는 가수가 될 거야."

딸은 얼마 동안 그곳에 머무르다가 들로 발길을 옮겼다.

어느 날 샘가에 닿은 딸은 나무 위로 올라갔다. 때마침 5년 동안 들에서 방황하던 왕자 역시 그 샘에 닿게 되었다. 딸이 먼저 그를 알아보고 나뭇가지 사이로 몸을 숨겼다. 왕자가 물을 마시려고 하는데 가지 사이로 딸의 그림자가 물 위에 비쳤다. 그것을 보고 왕자가 말했다.

"요정인지 인간인지 나오너라."

"오, 젊은이, 당신은 무슨 용건이 있나요? 전 옷이 없어요. 그래서 당신 앞에 모습을 드러낼 수가 없답니다."

딸이 대답했다.

그러자 왕자가 딸의 옷을 가지고 왔다. 딸은 옷을 입고 나무 아래로 내려왔다. 왕자는 금세 아내를 알아보았고, 모든 오해를 푼 뒤 장인의 나라로 돌아갔다. 왕은 딸과 사위를 만난 기쁨으로 백성에게 7년 동안 세금을 면제해 주었다.

목이 긴 이모

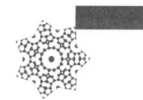

옛날 옛날에 한 부부가 살고 있었다. 남편은 단순하고 철없는 아내가 못마땅했지만 달리 뾰족한 해결 방법이 없었다. 남편은 가끔 아내에게 약간의 돈을 주면서 일러 주곤 했다.

"이 돈을 라마단 월_{이슬람력 아홉 번째 달로, 이 기간에 이슬람 교도는 금식을 함}을 위해 잘 보관해 두시오."

남편의 이 말은 축복 받은 라마단 월을 대비해서 저금을 해 두라는 뜻이었으나, 철없는 아내는 남편이 라마단이라는 이름을 가진 사람을 위해 이 돈을 모아 두는 것이라고 생각했다.

그날부터 아내는 집 근처에 서서 지나가는 아무 남자나 잡고 이렇게 물었다.

"이름이 라마단인가요?"

아내는 매일 그 일을 되풀이했다. 그런데 우연하게 그곳을 여러 번 지나치게 된 한 남자가 있었다. 그는 철없는 아내가 지나가는 남자마다 붙잡고 이름이 라마단이 아니냐고 질문을 해 댄다는 사실을 눈치 채고 계략을 꾸몄다.

다음 날 남자가 철없는 아내의 집 앞을 지나자 아내는 여지없이 그를 붙잡고 질문을 던졌다.

"당신 이름이 라마단인가요?"

그러자 남자가 대답했다.

"예, 맞아요. 제 이름이 라마단입니다."

"그럼, 잠깐만 기다려요. 당신한테 전해 줄 물건이 있으니까요."

그러면서 아내는 집 안으로 들어가 돈을 몽땅 가지고 나와 그 남자에게 주었다. 하지만 남편에게 이 일에 대해서는 아무 말도 하지 않았다.

시간이 한참 흘러 라마단 월이 시작되자 남편이 아내에게 말했다.

"가서 그동안 라마단을 위해 모아 둔 돈을 가져오구려."

그러자 아내는 태연하게 남편의 말에 대꾸했다.

"라마단이 와서 자기 물건을 찾아갔는데요."

"무슨 라마단을 말하는 거요? 내가 말한 라마단은 라마단 월을 가리키는 것이었소. 당신, 정말 뭘 몰라도 한참을 모르는 사람이구려. 어찌 이리도 미련한 거요!"

남편은 화가 나서 급기야 아내에게 손찌검을 했다. 화가 난 아내는 집을 나가 어느 허름한 폐가로 들어갔다. 그때 닭 한 마리가 폐가 안으로 들어와 땅을 파헤치며 먹이를 찾기 시작했다. 그 모습을 본 철없는 아내가 혼잣말로 중얼거렸다.

"보나마나 남편이 날 데려오라고 이 닭을 보낸 게 틀림없어. 그렇지만 난 절대 안 돌아가. 꼬꼬댁 이모와는 절대 안 돌아가."

얼마 후 폐가의 담장 위를 지나가는 고양이를 보고 철부지 아내가 말을 이었다.

"가서 내 남편한테 전해. 야옹이 이모와는 절대 집으로 안 돌아갈 거라고."

얼마 후 개 한 마리가 그곳을 지나게 되었다. 그러자 아내는 개를 보고 말했다.

"여기서 사라져. 꼬꼬댁 이모와도 야옹이 이모와도 절대 안 돌아가자 이번에는 남편이 멍멍이 이모를 나한테 보냈네. 그렇지만 난 안 돌아갈 거야."

그로부터 또 얼마 후 이번에는 낙타 한 마리가 그곳을 지나가게 되었다. 그 낙타는 왕의 낙타였는데 길을 잃고 헤매는 중이었다. 남편이 이 낙타를 자기한테 보냈다고 생각한 철없는 아내가 혼자서 중얼거렸다.

"목이 기다란 이모와는 돌아가야지."

그러고는 낙타의 고삐를 잡고 집으로 돌아가 대문을 두드렸다.

남편이 대문을 열어 주자 아내가 남편에게 말했다.

"당신이 꼬꼬댁 이모를 보냈지만 안 돌아왔고, 당신이 야옹이 이모랑 멍멍이 이모를 보냈지만 안 돌아왔는데, 이번엔 당신이 목이 기다란 이모를 보내서 같이 돌아왔어요."

이 말을 들은 남편이 낙타를 찬찬히 살펴보니 왕의 낙타라는 문양이 새겨져 있는 게 아닌가.

'이거 큰일 났군. 이제 낙타 도둑으로 몰리게 생겼어. 이 일을 어쩌면 좋지?'

남편은 아내에게 일단 대문 안으로 들어오라고 했다. 남편은 낙타 등에서 값비싼 장신구와 안장 등을 벗겨 내고 낙타를 잡은 다음 그 고기를 토막 내어 마당 화단에 묻은 뒤 아내에게 말했다.

"절대 다른 사람들한테 우리가 낙타를 잡았다는 얘기를 하지 마시오."

그런데 공교롭게도 그때 왕이 심어 놓은 염탐꾼 노파가 집집마다 기웃거리며 이런저런 핑계를 대고 그 집에 낙타 고기가 있는지 물어보며 다녔다. 그렇게 해서 누가 낙타를 훔쳤는지 알아내려는 속셈이었다.

염탐꾼 노파가 철없는 아내의 집 앞에 이르러 물었다.

"집에 낙타 고기가 있소?"

그러자 철없는 아내는 좋아라고 대답했다.

"물론 있죠. 제 남편이 낙타를 잡아서 그 고기를 마당 화단에 묻어 두었거든요."

그때 막 집으로 돌아온 남편은 철없는 아내가 노파에게 이야기해 버린 사실을 알아채고 노파가 아무 말도 할 수 없도록 그녀의 혀를 잘라 버렸다. 노파는 피가 뚝뚝 흐르는 잘린 혀를 잡고 이들 부부가 사는 집 대문에 표시를 해 두고 왕의 신하들한테 이 소식을 알렸다. 왕의 신하들이 이 표시를 보고 이 부부의 집을 찾아내 남편을 잡아갔다. 남편은 왕의 신하들한테 끌려가며 아내에게 대문을 잘 지키라고 일렀다.

철없는 아내는 몇 시간 동안 잘 참았다. 그러나 한참이 지나도 남편한테서 아무런 소식이 없자 결국에는 대문을 뜯어내어 머리에 인 채로 감옥에 갇힌 남편을 만나러 길을 나섰다.

이 소식은 왕의 귀에까지 들어가게 되었다.

"이 부부는 제정신이 아닌 게 분명하다. 따라서 이 두 사람이 도둑질을 했을 리가 없다."

그리하여 왕은 철없는 아내의 남편을 풀어 주었다.

오렌지 세 개

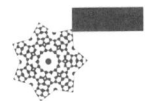

 옛날에 아들 셋을 둔 상인이 있었다. 어느 날 상인은 중한 병에 걸려 자리에 눕게 되었고, 저승사자가 문 앞에 와 있는 것을 알고 세 아들을 머리맡으로 불러 말했다.
 "내가 죽을 날이 멀지 않았다. 내가 죽거든 너희 셋이서 순서를 정해 처음 사흘 밤 동안 내 무덤 곁을 지키거라."
 그런데 상인이 죽음에 임박해 있던 바로 그때 그 나라의 왕이 백성에게 다음과 같이 알렸다.
 "나한테는 딸이 셋 있는데, 이 딸들을 시집보내려고 한다. 누구든지 유리 기둥 꼭대기에 올라가 그 위에 놓인 오렌지를 가져올 수 있다면 내 사위로 삼겠노라."
 왕은 계속 말을 이었다.
 "유리 기둥 꼭대기에서 제일 큰 오렌지를 가져오는 사람에게는 내 큰딸을 줄 것이고, 중간 크기의 오렌지를 가져오는 사람에게는 둘째딸을 줄 것이고, 제일 작은 오렌지를 가져오는 사람에게는 막내딸을 주겠다."

상인은 바로 그날 세상을 떠났고, 드디어 아들들이 묘지에서 처음으로 밤을 보낼 시간이 다가왔다. 그러나 아들 삼형제 중 맏이는 묘지로 갈 생각을 하지 않았다.

"한밤중에 묘지에 가야 한다니, 무서워서 안 되겠어."

그러자 막내아들이 말했다.

"형, 이건 아버지가 남긴 유언이잖아. 그러니 당연히 따라야지."

이 말에 맏이는 펄쩍 뛰며 말했다.

"아버지가 공연한 유언을 남기신 거야. 난 절대 묘지에 안 가."

막내아들은 자기가 묘지로 가서 아침이 될 때까지 아버지의 무덤을 지키는 것 외에는 달리 방법이 없음을 알았다. 그래서 그는 아버지의 무덤가에 구덩이 하나를 파고 그 속에 들어가 몸을 숨겼다.

한밤중이 되자 어디선가 말 탄 기사 하나가 나타나 아버지의 무덤가로 다가오더니 무덤에 불을 지르려고 했다. 막내아들은 구덩이 밖으로 뛰쳐나와 그 기사를 말 등에서 떨어뜨려 죽인 뒤 다시 구덩이 속으로 들어갔다. 바로 그때 그 자리에 서 있던 말이 고개를 돌려 막내아들에게 말했다.

"내 갈기에서 털을 하나 뽑으세요. 그리고 이 기사의 옷을 내 등에 묶어 주세요. 언제든지 어려운 일을 당했을 때 그 털을 불에 태우면 내가 나타날 거예요."

막내아들이 말의 갈기에서 털을 한 가닥 뽑고 기사의 옷을 말 등에 묶어 주자 말은 순식간에 사라졌다. 막내아들은 다시 구덩이 속으로 들어가 새벽이 올 때까지 숨어 있었다. 그러다 아침이 되자 구덩이 밖으로 나와 집으로 돌아왔다.

다시 해가 졌다. 이번에는 둘째아들이 아버지 무덤을 지킬 차례가 되었다. 그러나 둘째아들도 이를 거절하며 말했다.

"난 아버지 무덤에 안 갈 테야. 아버지가 살아 계신 것도 아닌데 뭐 하러 거길 가겠어."

"아버지의 유언을 따라야 해. 안 그러면 아버지께서 무척 슬퍼하실 거야."

막내아들이 설득했지만 아무리 애를 써도 둘째아들은 말을 듣지 않았다.

이번에도 어쩔 수 없이 막내아들 혼자서 아버지 무덤으로 갔다. 그날은 무덤가에 파 놓았던 구덩이에 바로 들어가 몸을 숨기고 자지 않고 깨어 있었다. 한밤중이 되자 또다시 말 탄 기사가 무덤 가까이 달려오더니 불을 지르려고 했다. 막내아들은 서둘러 말 탄 기사에게 달려가 그를 말 아래로 떨어뜨린 다음 죽여 버렸다. 기사를 죽인 막내아들이 다시 구덩이 속으로 들어가려고 하는데 말이 큰 소리로 말했다.

"내 갈기에서 털을 한 가닥 뽑으세요. 그리고 저 기사의 옷을 내 몸에 묶어 주세요. 언제든지 어려운 일이 닥치거든 그 털을 불에 태우세요. 그러면 내가 나타날 거예요."

막내아들은 말 갈기에서 털을 한 가닥 뽑고 기사의 옷을 말 등에 묶어 준 다음 다시 구덩이 속으로 들어갔다. 말은 멀어져 갔다.

막내아들은 해가 중천에 뜨기 전에 구덩이 밖으로 나와서 세 번째 밤은 자신이 아버지 무덤을 지킬 차례라고 생각하며 집으로 돌아왔다.

밤이 되자 착한 막내아들은 다시 묘지로 향했다. 하늘에는 별이 총총하여 사방이 훤했다. 막내아들은 이번에도 구덩이 속으로 들어가 무덤 주위를 감시했다.

한밤중이 되자 또다시 기사 한 명이 말을 타고 달려와 무덤에 불을 지르려고 했다. 막내아들은 쏜살같이 뛰어나와서 말 탄 기사를 말에서 떨어뜨려 죽였다. 이번에도 역시 말이 말했다.

"내 갈기에서 털을 하나 뽑고 이 기사가 입고 있는 옷을 내 몸에 묶어 주세요. 그리고 나중에 어려운 일이 닥치거든 언제든지 그 털을 불에 태우세요. 그러면 내가 나타날 겁니다."

막내아들은 말 갈기에서 털을 한 가닥 뽑고 기사의 옷을 말 등에 단단히 묶어 주고 나서 다시 구덩이 속으로 들어갔다. 말은 멀어져 갔다.

아침이 되자 집으로 돌아온 막내아들은 두 형과 작별하고 오렌지를 가져온 사람에게 공주를 아내로 준다는 왕이 있는 나라를 향해 길을 나섰다. 한참 걸어 드디어 그 나라에 도착했다. 수많은 사람이 광장에 모여 있었다 유리 기둥 꼭대기에 놓인 오렌지를 가져올 수 있는 기사는 왕의 딸을 아내로 맞이할 수 있었기 때문이다. 막내아들이 올려다보니 기둥 꼭대기마다 오렌지가 하나씩 놓여 있었다.

막내아들이 입은 옷은 다 낡아 찢어졌고 얼굴 역시 햇볕에 그을리고 흙먼지를 뒤집어써서 시꺼메졌다. 그렇게 멀리서 광장을 바라보던 막내아들은 두 형이 광장 쪽으로 다가오는 모습을 보았다. 두 형도 오렌지를 손에 넣으려고 온 것이었다.

막내아들이 말의 털에 불을 붙이자 순식간에 말이 나타났다. 막내아들은 말 위에 올라타고 광장을 향해 돌진했다. 그러고는 기적과도 같이 제일 큰 오렌지를 기둥 꼭대기에서 집어 들었다. 광장에 모여 있던 사람들 사이에서 환호성이 일었다. 유리 기둥 뒤에 숨어 있던 첫째 공주 역시 기뻐서 어쩔 줄을 몰랐다. 처음 있던 자리로 돌아온 막내아들은 다시 말의 털에 불을 붙인 뒤 두 번째 유리 기둥을 향해 돌진해 나갔다. 이번에도 막내아들은 역시 기적과도 같은 모습으로 오렌지를 손에 넣었다. 군중이 환호성을 지른 것은 당연한 일이었다. 둘째 공주 역시 기뻐서 어쩔 줄을 몰랐다. 세 번째 기회가 왔다. 가장 작은 오렌지만 남은 것이다. 왕의 셋째 공주가 달덩이처럼 아름답다는 소문을 익히 들었던 막내는 광장의 한 모퉁이로 가서 말의 세 번째 털에 천천히 불을 붙였다. 그러고는 마지막 기둥을 향해 돌진했다. 요정과도 같은 모습으로 이 모습을 지켜보던 셋째 공주도 막내아들이 오렌지를 기둥 꼭대기에서 사뿐하게 집어 드는 모습을 보고 좋아서 어쩔 줄을 몰랐다.

사람들은 막내아들의 얼굴을 보려고 아우성이었다. 이 젊은 기사가 누구인지 왕도 궁금하기는 마찬가지였다. 막내아들이 왕 가까이 다가가자 왕이 말했다.

"자, 그대에게 내 세 딸을 전부 주겠노라. 그대가 원하는 대로 해도 좋다."

바로 그 순간 두 형이 다가와 알은척을 했다.

"저는 작은 오렌지를 갖고 나머지 두 오렌지는 두 형에게 주겠습니다."

그러면서 막내는 오렌지 두 개를 두 형에게 나눠 주었다. 그들은 모두 함께 혼례를 올리고 7일 밤낮으로 잔치를 베풀어 모든 백성과 기쁨을 함께 나누었다. 그로부터 며칠이 지났다. 막내아들이 왕의 사랑을 독차지하고 있다는 것을 눈치 챈 두 형의 마음속에 시샘과 증오가 피어오르기 시작했다.

"무슨 수를 써서라도 막내를 없애 버려야겠어."

그러던 어느 날 삼형제는 사냥을 하러 들로 나가게 되었다. 한참을 간 삼형제는 어느 우물에 도착하여 말에서 내렸다. 그때 갑자기 두 형이 막내의 목덜미를 잡더니 입고 있던 옷을 벗긴 다음 우물 속으로 던져 버렸다. 돌아가는 길에 두 형은 비둘기 한 마리를 잡아 막내아들의 옷에 그 피를 묻힌 다음 궁전으로 돌아가 태연히 거짓말을 늘어놓았다.

"들에 사냥을 나갔다가 사나운 짐승을 만났습니다. 저희는 간신히 살아 돌아올 수 있었지만 동생은 그만 짐승에게 잡아먹히고 말았습니다."

그러면서 피 묻은 막내의 옷을 들어 왕에게 보여 주었다. 이 소식을 들은 셋째 공주는 대성통곡을 하였다.

그로부터 사흘 뒤 왕은 병사들을 이끌고 사냥을 나가게 되었다. 오후가 되자 왕과 병사들은 말에게 물을 주려고 우물을 찾아갔다. 그런데 물을 길으려고 두레박을 우물로 던져 넣자 그 안에서 무슨 소리가 들려왔다. 병사들이 깜내 신내 수줌하사 왕이 말에서 내려 큰 소리로 물었다.

"거기 아래 누가 있느냐?"

그러자 젊은 남자의 목소리가 들렸다.

"일단 저를 밖으로 끌어 올려 주시면 제가 누군지 말씀드리겠습니다."

막내아들은 무사히 밖으로 나왔다. 그러나 어찌나 빼빼 말라 있던지 아무도 그를 알아보는 사람이 없었다.

왕이 물었다.

"자, 이제 어찌 된 사정인지 말해 보아라."

"일단 먹을 것 좀 주세요. 배가 너무 고픕니다. 이야기는 차차 해 드리지요."

허기를 달랜 젊은이가 말을 이었다.

"저는 왕의 사위입니다. 두 형이 저를 이렇게 만들었습니다."

이 말을 들은 왕은 그제야 막내 사위를 알아보았다. 궁궐로 돌아온 왕은 장작에 불을 지피고 두 형을 불 속에 던져 버리라고 명령을 내렸다. 얼마 후 왕은 왕관과 왕위를 막내 사위에게 물려주었다.

신을 보고
신의 말씀을 들은 사람의 이야기

아주 먼 옛날 어느 부부가 시골 마을에 살고 있었다. 이 부부는 아주 정직하고 존경할 만한 사람이었다. 그러나 그들의 운명 안에는 그다지 복이 많지 않았는지 아무리 열심히 일하고 애를 쓰고 고생해도 지독한 가난을 면할 수가 없었고 빚만 산더미처럼 쌓였다.

어느 날 아내가 남편에게 말했다.

"더는 이런 식으로 살 수 없어요. 우상 앞에 가서 우리 앞일이 잘 풀리게 해 달라고 빌어 보세요."

그래서 남편은 우상 앞으로 가서 소원을 빌었다.

"더는 이런 식으로 살 수 없어서 저희 일 좀 잘 풀리게 해 달라고 빌러 왔습니다."

그러고는 집에 있는 아내 곁으로 돌아와 소원이 이루어지기를 기다렸다. 여러 날이 흘렀다. 그러나 궁색한 생활이 나아질 가망은 전혀 보이지 않았다.

아내가 다시 남편에게 말했다.

"몸집이 작은 우상한테 가서 소원을 비니까 아무것도 이루어진 게 없잖아요. 더 이상 이렇게는 못 살겠어요. 이번에는 몸집이 더 큰 우상 앞에 가서 제발 우리 형편이 좀 펴게 해 달라고 소원을 빌어 보세요."

그래서 남편은 지난번보다 몸집이 큰 우상을 찾아가서 소원을 말했다.

"저희는 이런 식으로 더 이상 살 수가 없습니다. 제발 저희 형편이 펴지게 해 주세요."

우상에게 소원을 빈 남편은 집에서 기다리고 있는 아내 곁으로 돌아와 소원이 이루어지기만을 학수고대했다. 그러나 이번에도 역시 달라진 것이라고는 아무것도 없었다.

그러던 어느 날 아내가 다시 남편에게 말했다.

"작은 우상도 큰 우상도 우리 소원을 들어주지 않았어요. 그러니 이번에는 타브리즈^{이란의 북서부에 있는 지명}로 가 보세요. 거기 가면 알리라는 이름을 가진 남자가 있대요. 그 사람한테 가서 '알리 님, 생활이 곤란해 살기 힘드니 제발 저희 형편 좀 펴게 해 주세요.' 라고 빌어 보세요."

그러자 남편은 시큰둥한 반응을 보였다.

"작은 우상도 큰 우상도 우리 소원을 들어주지 않았는데, 알리라는 사람이라고 달리 뾰족한 수가 있겠소?"

그러나 아내의 뜻은 확고했다.

"잔말 말고 알리라는 사람한테 가서 소원이나 빌고 와요."

남편은 하는 수 없이 타브리즈를 향해 길을 떠났다. 성문 가까이에 도착한 남편은 키가 크고 건장한 체격을 한 남자가 땀을 뻘뻘 흘리면서 대추야자나무 밑에서 괭이질을 하고 나무에 물을 주고 있는 모습을 보게 되었다. 시골에서 온 남편은 가던 길을 멈추고 그 모습을 구경하다가 그에게 다가가 말을 건넸다.

"여보시오, 혹시 알리라는 사람의 집이 어딘지 아시오? 만약 아시거든 내게 좀 가르쳐 주시오. 그 대신에 내가 당신 일을 도와드리리다."

그러자 키 큰 남자가 물었다.

"무슨 일인데 그러시오?"

"내 마누라가 알리라는 분을 찾아보라고 했어요. 혹시라도 그분이 우리 문제를 해결해 줄지도 모른다면서요."

"무슨 문제인지는 모르겠지만 나한테 말해 보시오. 나와 알리라는 사람이 다른 게 없으니."

"내 마누라가 알리라는 분한테 가서 더 이상 이런 식으로는 살 수가 없으니 제발 우리 앞일이 잘 풀리게 해 달라고 소원을 빌라고 했소."

실은 그 건장한 체격의 남자가 바로 알리[이란의 국교인 시아파 이슬람교의 제1대 이맘이자, 예언자 모하마드의 사촌이며 사위인 인물임]였다. 건장한 체격의 남자가 대답했다.

"좋소이다. 지금 당장 고향으로 돌아가 묘지로 가시오. 묘지에 도착하거든 무덤 여섯 기는 그냥 지나치고, 일곱 번째 무덤을 파 보시오. 그러면 그 속에서 해골 일곱 개가 나올 것이오. 그 해골 일곱 개를 내게 가지고 오시오."

남편은 고향으로 돌아가 묘지로 갔다. 여섯 기의 무덤은 그냥 지나치고 일곱 번째 무덤을 파기 시작했다. 무덤을 다 파내고 보니 과연 해골 일곱 개가 나왔다. 남편은 가지고 온 자루를 열고 그 속에 해골을 담아 왔던 길로 다시 돌아갔다. 그런데 얼마 가지 않아서 알리가 전과는 다른 얼굴을 하고 남편이 가는 길목에 나타나더니 말을 건넸다.

"자, 이리 와서 점심이나 같이 먹구려."

그러자 남편이 대답했다.

"이 자루 속에는 점심으로 먹을 빵이며 음식이라고는 하나도 없소이다."

"알고 있소. 그 해골을 어서 꺼내 보시오."

남편은 자리에 앉아서 자루를 열었다. 알리는 해골을 하나씩 집어 올려 옆으로 던져 버렸다. 그러나 해골 한 개만은 던지지 않고 집어 들더니 흔들었다. 그러자 해골의 귓구멍에서 매우 커다랗고 아름다운 루비 하나가 나왔다. 알리는 그 루비를 남편에게 주면서 말했다.

"만약 당신이 이 루비를 팔 생각이 있다면 내가 사겠소이다."

남편은 그 루비를 알리에게 팔았고, 그는 그 대가로 남편이 가지고 있던 자루에 황금을 하나 가득 채워 주었다.

고향으로 돌아온 남편은 아내에게 모든 이야기를 처음부터 끝까지 들려주었다. 그러자 아내가 대답했다.

"당신이 만났다는 그분이 바로 우리를 이 고생에서 구해 주신 알리 님이었다고요."

부부는 자루 가득 든 황금으로 그동안 진 빚을 모두 갚고 소와 양과 땅을 사서 넉넉한 생활을 하게 되었을 뿐 아니라 진정으로 알리를 섬기게 되었다.

그로부터 얼마의 시간이 지났다.

어느 날 남편은 문득 이런 생각이 들었다.

'알리 님은 그냥 던져 버린 나머지 해골 여섯 개 속에 루비가 들어 있지 않았다는 걸 어떻게 알았지?'

그래서 남편은 다시 타브리즈를 향해 길을 떠났다. 성문에 도착해 보니 알리는 장미 꽃밭을 손질하며 가시를 떼어 내고 있었다.

"제가 그 일을 하도록 허락해 주세요. 가시에 손을 다치실까 염려됩니다."

"가시가 다른 사람들의 손에는 상처를 낼지언정 내 손에는 아무 상처도 내지 않는다오. 이 가시들은 인간의 마음을 파내는 악마의 속임수이자 책략일 뿐이오."

이 말을 마친 알리가 남자에게 무엇 때문에 다시 왔느냐고 묻자 남편이 대답했다.

"당신께서 그냥 던져 버리신 나머지 해골 여섯 개 속에 루비가 들어 있지 않는지 질문을 드리러 이렇게 다시 왔습니다."

그러자 알리는 자상하게 대답해 주었다.

"나머지 해골 여섯 개 속에는 루비가 들어 있지 않았소. 루비가 든 해골은 생전에 신의 말씀을 잘 섬겼던 어느 사람의 것으로, 당신이 보았던 그 루비가 바로 신의 말씀의 증거라오."

가짜 점쟁이

옛날에 할머니와 할아버지가 살고 있었다. 이 노부부는 지독하게 가난해서 가진 것이 아무것도 없었다. 그러던 어느 날 할아버지가 말했다.

"할멈, 어쩌면 좋지? 어떻게 살아야 하지? 먹을 빵을 어디서 무슨 수로 구해야 할까?"

"그러면 점쟁이 옷을 한 벌 구해 손에 책이라도 한 권 들고 시내를 돌아다니며 사람들을 속여 보구려. 그렇게 해서라도 먹고살 빵을 구해야 할 것 아니에요."

할아버지는 늙은 아내가 시키는 대로 했다.

할아버지는 시내를 이리저리 돌아다니다가 왕자가 다른 아이들과 원반을 가지고 노는 모습을 보게 되었다. 그런데 왕자가 가지고 놀던 원반이 그만 공중을 날다가 어느 틈 사이로 들어가 버리고 말았다. 아이들이 왕자의 원반을 찾으려고 애를 써 봤지만 찾을 수가 없었다. 그 틈은 겉이 흙으로 발라져 있었는데, 하필 원반이 그 속으로 들어가 버렸던 것이다. 왕자는 울며불며 왕비에게 달려갔다. 가짜 점쟁이는 왕자의 원반이 어디로 날아갔는지 처음부터 다 지켜보고 있었다. 왕비가 왕자와 아이들이 놀던 곳으로 와 보니 점쟁이 하나가 앉아 있는 게 보였다. 왕비가 가짜 점쟁이를 보고 말했다.

"네가 정말로 점을 칠 줄 안다면 내 아들의 원반이 어디로 갔는지를 말해 보아라. 그리고 그 원반을 찾아오너라."

"왕비님께서는 돌아가서 기다리십시오. 한 시간 후에 원반을 가지고 가겠습니다."

왕비가 그 자리를 떠나자 가짜 점쟁이 노인은 틈 사이에서 원반을 꺼내 왕비에게 가지고 갔다. 왕비는 가짜 점쟁이 노인에게 금화를 상으로 주었다. 집으로 돌아온 가짜 점쟁이는 이름이 골리인 늙은 아내에게 말했다.

"여보, 골리 할멈. 어찌하다 보니 오늘 먹을 빵을 구했구려. 내일 일은 내일 가서 봅시다."

다음 날 가짜 점쟁이 노인이 왕의 정원으로 가니, 이번에는 공주가 재상의 딸과 진주 구슬을 가지고 놀고 있었다. 그런데 진주 구슬이 공주의 손에서 미끄러진 틈을 타 재상의 딸이 구슬을 슬그머니 집어 들더니 겨드랑이 사이에 감추었다. 가짜 점쟁이는 이 모든 것을 지켜보고 있었다.

진주 구슬이 없어졌다는 소식은 왕비의 귀에까지 들어가게 되었다.

"공주님이 가지고 놀던 진주 구슬이 사라졌습니다."

그러자 왕비는 점쟁이를 불러오라고 했다.

"여보게, 점쟁이. 공주의 진주 구슬이 사라져 버렸다네. 제발 부탁이니 진주 구슬을 찾아 주게나."

가짜 점쟁이 노인이 대답했다.

"왕비님은 궁으로 돌아가셔서 편안한 마음으로 계시기만 하면 됩니다. 제가 진주 구슬을 찾아 드리겠습니다."

그런 다음 가짜 점쟁이는 재상의 집으로 가서 대문 뒤에 자리를 잡고 앉았다가 재상의 딸이 집으로 돌아오자 말했다.

"어찌하여 공주님의 진주 구슬을 겨드랑이 밑에 숨기고 있는 거요? 사실대로 실토하지 않으면 톡톡히 망신을 주겠소."

이 말을 들은 재상의 딸은 겁이 더럭 나서 겨드랑이 밑에서 진주 구슬을 꺼내 가짜 점쟁이에게 주었다. 점쟁이는 그 구슬을 받아 왕비에게 바쳤다. 왕비는 점쟁이에게 금화 몇 냥을 상으로 내렸다. 집으로 돌아온 가짜 점쟁이가 아내에게 말했다.

"골리 할멈, 오늘도 금화 몇 냥을 벌었지. 이제 한동안 먹고 살 수 있겠지만 결국에는 모든 게 들통나서 큰일을 치르게 되지 않을까 두려워 죽겠어."

그러나 이런 근심 걱정을 비웃기라도 하듯 가짜 점쟁이의 명성은 나날이 높아졌다.

그러던 어느 날 밤 왕의 보물 창고에 도둑 일곱이 들어와서 금이란 금을 모조리 훔쳐 가 버렸다. 그러자 왕은 가짜 점쟁이를 다시 불러서 일렀다.

"24시간 동안 시간을 주겠다. 가서 도둑맞은 황금을 찾아오너라. 만약 못 찾을 경우에는 네 목을 자르겠노라."

가짜 점쟁이는 걱정과 슬픔에 가득 차서 집으로 돌아왔다.

"골리 할멈, 이제 난 죽었어."

그러나 도둑들도 신통한 점쟁이가 있다는 소문을 들어 알고 있었기 때문에 한밤중에 몰래 가짜 점쟁이 노인의 집 뒤로 찾아왔다. 점쟁이가 대체 무슨 소리를 하는지 엿듣기 위해서였다.

"저 점쟁이 노인이 대체 무슨 소리를 하는지 한번 들어 보자고."

일단 도둑 둘이 지붕으로 올라가서 지붕에 난 구멍 사이로 말을 엿들었다. 한편 가짜 점쟁이의 집 마당에는 병아리 일곱 마리가 있었다. 그런데 그중 두 마리가 문 틈을 통해 방 안으로 들어왔다. 그걸 본 가짜 점쟁이가 아내에게 말했다.

"두 마리가 왔네. 나머지 다섯은 남아 있겠구먼."

지붕 꼭대기에 올라가 있던 도둑 둘은 아래로 뛰어내려 헐레벌떡 나머지 도둑들한테로 가서 이 소식을 전했다.

"젠장, 우리가 지붕 위로 올라가자마자 점쟁이 노인이 그러더군. '두 마리가 왔네. 나머지 다섯은 남아 있겠구먼.' 하고 말이야."

도둑들은 더럭 겁을 집어먹고 이번에는 일곱 명 모두가 구멍 사이로 점쟁이가 하는 말을 엿듣기 위해 몰려들었다 바로 그때 나머지 병아리들도 문 틈을 통해 방 안으로 들어왔다. 그러자 점쟁이가 아내에게 말했다.

"아이고, 이제는 일곱이 다 왔구먼!"

이 소리를 들은 도둑들은 너무 겁을 먹은 나머지 모두 지붕에서 내려와 점쟁이에게 갔다.

"저희가 왕의 황금을 훔쳤습니다. 제발 왕이 저희를 죽이지 않도록 해 주십시오. 이렇게 부탁드리겠습니다."

그러자 가짜 점쟁이는 아주 태연하게 대답했다.

"내가 어제 그 자리에서 너희의 소행임을 일러바칠 수도 있었음을 명심하여라. 다만 너희 처자식들이 불쌍해서 참았을 뿐이다. 지금 당장 가서 왕의 보물 창고에서 훔친 물건들을 죄다 내 앞으로 가지고 와라. 그러면 너희 소행이라고 일러바치지 않겠다."

도둑들은 황금을 모두 가짜 점쟁이 집으로 가져왔다. 그뿐 아니라 각자 금화 몇 냥씩을 가짜 점쟁이한테 찔러 주며 사정했다.

"제발 우리 이름을 알리지 말아 주시오."

날이 어두워지기 시작하자 왕은 곧바로 가짜 점쟁이의 집으로 시종들을 보냈다. 시종들이 와서 가짜 점쟁이에게 말했다.

"왕께서 당신을 찾으십니다."

이 말에 가짜 점쟁이는 능청맞게 대답했다.

"지금 돌아가서 황금을 찾아가시라고 전해 주시오."

그러자 왕은 시종들을 데리고 몸소 점쟁이의 집을 찾아왔다.

"여보게, 점쟁이. 도둑들의 이름을 말해 주게나."

"왕이시여, 그럴 수는 없습니다. 제가 모시는 선인이 허락을 해 주지 않기 때문입니다."

결국 왕은 도둑들의 이름을 듣지 못했다. 왕은 자신의 황금을 도로 찾아가면서 점쟁이에게 상으로 황금이 가득 담긴 그릇을 상으로 내려 주었다.

그러던 어느 날 가짜 점쟁이가 방앗간에서 집으로 돌아가는 길에 궁전 옆을 지나가게 되었고, 궁전의 발코니에 서서 밖을 구경하고 있던 왕과 왕비가 이 모습을 보게 되었다.

왕이 말했다.

"저기 좀 보구려. 우리 점쟁이가 방앗간에서 이쪽으로 걸어오고 있구려."

마침 가짜 점쟁이는 수염에 밀가루가 묻어 있어 손을 들어 수염에 묻은 밀가루를 털어 냈다. 그러나 그 모습을 본 왕과 왕비는 점쟁이가 자기들을 부르는 것이라 생각하고 내려와 점쟁이한테로 갔다. 그런데 공교롭게도 왕과 왕비가 아래로 내려오자마자 발코니가 무너져 내리는 것이 아닌가.

너무 놀란 왕과 왕비는 큰 소리로 감탄사를 연발했다.

"장하오, 점쟁이. 발코니가 무너져 내릴 것이라는 걸 대체 어찌 아셨소? 당신이 우리 목숨을 구했구려."

왕은 감사에 대한 표시로 황금이 가득 담긴 그릇을 두 개나 내려 주었다. 이리하여 가짜 점쟁이의 명성은 온 나라에 널리 퍼졌다.

그러던 어느 날 이웃 나라 왕이 조그마한 상자에 흙을 담아 그 위에 꽃을 잔뜩 뿌린 뒤 점쟁이가 사는 나라의 왕에게 보냈다. 사신이 그 상자를 왕 앞에 내려놓으며 아뢰었다.

"이 나라의 점쟁이에게 이 상자 안에 무엇이 들어 있는지 맞혀 보라고 하십시오."

이에 왕이 곧바로 점쟁이 노인을 데려오라는 분부를 내렸다.

"지금 당장 이 상자 안에 무엇이 들었는지 말하시오. 안 그러면 목을 베어 버릴 것이오."

이 말을 들은 가짜 점쟁이는 너무 낙심한 나머지 한숨을 푹푹 내쉬다가 "아, 골리^{이란으로 '꽃'이라는 뜻} 할멈, 아아, 골리 할멈."이라고 아내의 이름을 부르며 괴로워했다. 그런데 상자를 열어 보니 정말로 흙과 꽃이 들어 있는 게 아닌가!

왕은 크게 기뻐하며 말했다.

"장하오. 정말 장하오. 제대로 맞혔구려."

그러면서 왕은 점쟁이의 몸무게만큼 금의 무게를 달아서 그 금을 전부 상으로 주었다.

다음 날 가짜 점쟁이는 왕을 찾아가서 말했다.

"왕이시여, 이제 더 이상 점을 칠 수 없게 되었습니다. 제가 모시는 선인께서 만일 계속 점을 친다면 저를 장님으로 만들어 버리겠다고 위협하셨습니다. 이런 제가 가엾지 않으십니까, 왕이시여!"
 그러자 왕도 점쟁이를 가엾게 여겨 더 이상 점을 치지 않아도 좋다고 허락했다. 그 뒤 가짜 점쟁이와 늙은 아내는 행복을 누리면서 여생을 편안하고 안락하게 살았다.

문이 넷 있는 집

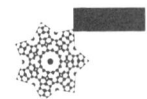

옛날에 어느 유대 인이 집을 한 채 가지고 있었다. 이 집에는 문이 네 개가 있었다. 하루는 아흐마드라고 부르는 젊은이가 골목길을 거닐고 있는데 유대 인이 물었다.

"무슨 볼일이라도 있소?"

"일거리를 찾고 있습니다."

"그럼 내 하인이 되게."

"좋습니다! 하지만 그전에 월급을 분명히 정해야만 합니다."

"아니지, 한 달 동안 우리 집에서 일하는 걸 보고 나서 월급을 정하겠네."

젊은이는 유대 인의 말을 수락하지 않고 가 버렸다. 그러자 유대 인은 다른 문으로 해서 밖으로 나와 방금 전에 했던 말을 되풀이했다. 그래도 젊은이가 듣지 않자 이번에는 세 번째 문, 다시 네 번째 문으로 나와 같은 말을 되풀이했다. 네 번째 문에서 아흐마드가 유대 인의 제안을 수락했다. 그러자 유대 인이 말했다.

"자네와 할 말이 있네. 만일 내 밑에서 계속 일하기를 원한다면 반드시 이 점을 알아 두어야 하네. 무엇이든 절대로 먹어서는 안 되네. 아침에는 소들을 끌고 나가야 하고, 내 강아지가 자고 있는 땅은 그곳이 어디가 되었든 일구어서 씨를 뿌려야 한다네. 끝으로 만일 자네가 나를 화나게 하면 그땐 자네의 피부 한 조각을 베어 낼 걸세. 대신 내가 자네를 화나게 해도 똑같이 하기로 약속하지."

아흐마드는 이 모든 조건을 받아들였다.

아침이 되자 유대 인이 빵 한 덩이와 요구르트를 담은 사발을 아흐마드 앞에 갖다 놓았지만 약속을 한 터라 입에 댈 수가 없었다. 아흐마드는 자리에서 일어나서 소들과 강아지를 데리고 나갔다. 강아지는 어느 동산으로 가더니 아흐마드가 올라갈 수 없도록 주저앉아 버렸다. 밤이 될 때까지 아흐마드는 아무 일도 못 하고 있다가 빈손으로 집에 돌아왔다. 그는 주인인 유대 인에게 말했다.

"강아지는 자지 않고 버티고 앉아 있었어요. 더 이상 주인님의 하인 노릇을 못 하겠어요."

그러자 주인은 아흐마드의 피부를 베더니 말했다.

"자, 이젠 가라."

아흐마드는 속상해서 마음이 뒤죽박죽이 되어 집으로 돌아갔다. 아흐마드의 형 모하마드가 사정 이야기를 듣더니 이렇게 말했다.

"그렇다면 이번에 내가 가서 네 피부를 찾아오마."

형은 유대 인의 집으로 가서 같은 조건으로 그 집의 하인이 되었다. 그리고 매달 20토만을 받기로 약속했다. 다음 날 아침이 되자 유대 인은 요구르트 한 사발과 빵 한 덩이를 형 모하마드 앞에 갖다 놓았다. 모하마드는 요구르트 사발 옆에 구멍을 내고, 빵 한가운데 부분을 뜯어 구멍에서 나온 요구르트와 함께 먹었다. 하지만 요구르트 위에 있는 기름에는 손을 댄 흔적이 없었다. 배불리 먹은 모하마드는 소들을 데리고 강아지와 함께 길을 나섰다.

강아지는 가고 또 갔다. 모하마드는 빵 한 조각을 던져 강아지가 먹는 동안 큰 돌로 강아지의 발을 쳐서 불구로 만든 다음 뿌려야 될 밀들은 수로에 던져 버리고, 장작은 아주 조금만 모아서 돌아왔다. 이렇게 며칠이 지났다. 유대 인 주인과 아내는 모하마드가 눈치 못 채게 모든 수단을 써서 스스로 질려 나가게 만들자고 했다. 그러나 모하마드는 이들의 말을 몰래 엿듣고 부부가 빵을 담는 주머니 안에 들어가 숨었다. 그런 줄도 모르고 유대 인 부부는 자루를 묶어서 들고 출발했다. 바닷가에 이르러 강아지 몇 마리가 그들에게 덤벼 들었다. 그러자 유대 인이 말했다.

"에구구, 만일 모하마드가 여기 있었다면 이놈들이 평생 잊지 못할 교훈을 주었을 텐데."

그때 자루 안에 있던 모하마드가 말했다.

"저 여기 있어요."

이 말을 듣고 놀란 부부가 자루를 열었다. 모하마드는 밖으로 나와 개들을 패서 쫓아 버렸다.

그들은 가고 또 가서 바닷가에 이르렀다. 유대 인 부부는 모하마드가 잠이 들면 바닷속으로 던져 버리기로 묘안을 짰다. 모하마드는 그 말을 미리 엿듣고 부부가 잠이 들었을 때 유대 인 남편을 자기 대신 자루에 넣었다. 그런 다음 아내를 깨우며 말했다.

"여보, 일어나. 모하마드가 자고 있으니 바다에 던집시다."

아내는 벌떡 일어나 잠결에 모하마드와 힘을 합쳐 자루에 든 유대 인 남편을 바다에 던져 버렸다. 나중에야 아내는 그 사실을 알고 모하마드에게 불평을 했다. 그러자 모하마드가 말했다.

"이렇게 자꾸 말이 많으면 당신도 바다에 던져 버리겠소."

그들은 집으로 돌아왔다. 그 후 그들은 어느 몰러^{이슬람교의 성직자}의 제안을 받아들여 사람들에게 소식을 알리고 혼례를 올렸다. 그런 다음 두 사람은 함께 모하마드의 집으로 돌아갔는데 동생 아흐마드가 죽었다는 소식을 듣게 되었다. 모하마드는 어머니를 모시고 유대인의 집으로 가서 그가 소유했던 부와 돈을 가지고 행복하게 살았다.

바퀴벌레 아가씨

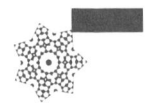

옛날에 바퀴벌레 아가씨가 아버지와 함께 살고 있었다. 어느 날 아버지가 딸에게 말했다.

"얘야, 난 이제 늙어서 더 이상 너를 부양할 수가 없구나. 그러니 네가 앞으로 어떻게 살아야 할지 궁리해 봐라."

"어쩌면 좋지요?"

"내가 듣기로는 북서쪽에 있는 하메단에 라마전이라는 이름을 가진 부자가 사는데, 작고 가녀린 모습의 아가씨를 좋아한다더라. 그러니 가서 여자들의 처소인 하렘에 들어가 그에게 선택을 받도록 해라. 선택을 받으면 넌 팔자가 피는 거다."

그리하여 바퀴벌레 아가씨는 칠보단장하고 집을 나서서 드디어 어느 식료품 가게에 닿았다. 주인이 물었다.

"바퀴벌레 아가씨, 어디 가시나?"

"어머, 저는 꽃보다도 낫고 머리에 관도 썼다고요."

"그럼 뭐라 부를까?"

"'부드러운 비단실 같은 아가씨, 야즈드에는 차도르가 유명하니 야즈드의 차도르와 빨간 구두를 신은 아가씨, 여행길이 무사하기를! 그런데 어딜 가시나?' 라고 물어봐 주세요."

주인이 아가씨가 일러 준 대로 묻자 바퀴벌레 아가씨가 대답했다.

"하메단까지 가요. 라마전이라는 사람과 결혼하려고요. 부자들이 먹는 밀가루에 기름을 넣어 만든 빵을 먹을 거예요. 그리고 크리스털 통으로 물담배를 피우고요. 아버지가 저 때문에 더 이상 고생하시지 않게 말이에요."

"내 아내가 되지 않으련?"

"만일 아내가 된다면 싸울 때 나를 뭘로 때릴 거예요?"

"저울추로 때리지."

"어머! 어머! 싫어요. 그러면 난 죽을 거예요."

바퀴벌레 아가씨는 그곳을 지나갔다. 계속 가니 이번에는 푸줏간에 닿았다. 바퀴벌레 아가씨는 푸줏간 주인과도 식료품 가게 주인과 했던 말들을 나누었다. 바퀴벌레 아가씨가 물었다.

"만일 제가 아내가 된다면 싸울 때 저를 뭘로 때릴 거예요?"

"푸줏간의 큰 칼로 때리지."

"싫어요. 그러면 난 죽을 거예요."

그곳을 지나 계속 가서 이번에는 곡물상에 닿았다. 그녀는 곡물상 주인과도 앞에서 나눈 말들을 반복했다. 곡물상 주인은 아가씨의 물음에 답했다.

"큰 저울 막대로 때리지."

"싫어요. 난 죽을 거예요."

바퀴벌레 아가씨는 길을 가다 흙더미가 있는 곳에 이르렀다. 그곳에는 멋진 옷을 입은 신사 쥐 한 마리가 앉아 있었다. 쥐는 캐시

미어로 된 잠잘 때 쓰는 모자와 리넨으로 된 바지를 입고 있었다. 바퀴벌레 아가씨를 본 신사 쥐는 앞으로 다가와 고개를 숙이며 경의를 표하고 물었다.

"부드러운 비단실 같은 아가씨, 야즈드에는 차도르가 유명하니 야즈드의 차도르와 빨간 구두를 신은 아가씨, 여행길이 무사하기를! 그런데 어딜 가시는지요?"

"리넨 옷을 입은 훌륭한 가문의 신사 분이여, 하메단으로 가서 라마전이라는 사람과 결혼하려고요. 부자들이 먹는 기름을 넣은 밀가루로 만든 빵을 먹을 거예요. 그리고 크리스털 통으로 물담배를 피우고요. 아버지가 저 때문에 고생하시지 않게 말이에요."

"오, 비단실같이 부드러운 아가씨, 생명 중의 생명이여! 가까이 할 수 있을까요? 제 아내가 되어 주시겠어요?"

"물론 아내가 될게요. 왜 안 되겠어요? 그런데 말해 보세요 저를 어디에 재우겠어요?"

"우유를 넣은 가죽 포대 위에 재우겠소."

"누가 그 끈끈한 물건 위에서 자겠어요?"

"그러면 기름을 넣은 가죽 포대 위에 재우겠소."

"누가 그 미끈미끈한 물건 위에서 잔대요?"

"그러면 호두를 넣은 가죽 포대 위에 재우겠소."

"누가 그 울퉁불퉁한 데서 잔대요?"

"그러면 내 무릎 위에다 재우지요."

"내 머리 밑에는 뭘 놓아 줄래요?"

"내 무릎을."

"좋아요. 만일 싸우다가 나 때문에 화가 나면 그때는 나를 뭘로 때릴 거예요?"

"내 부드럽고 가는 꼬리로."

"정말이에요, 정말?"

"아니요, 내 꼬리에 눈에 칠하는 소르메를 묻혀 그대 두 눈에 아름답게 그려 주겠소."

"그 정도라면 당신의 아내가 되겠어요."

그리하여 둘은 혼례를 올렸다.

며칠이 지나서 쥐 신랑은 일터로 가고 아내인 바퀴벌레 신부 혼자 남아 집안일을 했다.

어느 날 바퀴벌레 아가씨가 쥐 신랑의 옷을 빨기 위해 물가로 갔는데 그만 발이 미끄러져 물에 빠지고 말았다. 하릴없이 물살에 떠내려가던 중 온 힘을 다해 풀에 닿아 겨우 멈출 수 있었다. 그런데 바로 그때 왕의 근위병들이 말을 타고 나타났다. 바퀴벌레 아가씨는 소리를 질렀다.

"말 탄 근위병, 오리 같은 말꼬리, 당신에게 하는 말이에요. 여봐요, 말 탄 사람들 말이에요. 꽃이 가득한 옷을 입은 사람에게 하는 말이라니까요. 왕궁의 부엌으로 가세요. 그곳에 있는 쥐 신랑에게 전하세요. 작은 귀에 대고 말이에요. 옷을 입은 부드럽고 얌전한 예쁜 꽃과 같고 반딧불 같은 내가 물 속에 빠졌다고요. 금사다리를 가지고 와서 어서 꺼내 달라고 전하세요."

말 탄 근위병들은 왕궁으로 돌아와서 물에 빠진 바퀴벌레 신부 이야기를 왕과 대신들에게 들려주며 정말 웃기는 일이라고 말했다. 그때 부엌 한구석에 있던 쥐 신랑이 그 말을 듣고 재빨리 물가로 나왔다.

바퀴벌레 신부가 말했다.

"당신께 전했잖아요. 금사다리를 가지고 오시라고요."

쥐 신랑은 이 말을 듣고 채소 가게로 가서 당근을 하나 훔쳐 이빨로 갉아서 물에 던져 넣었다. 소리를 지르며 발버둥을 치던 바퀴벌레 아내는 당근을 잡고 천천히 위로 올라왔다.

다음 날 아침 바퀴벌레 아내는 병이 들었다. 쥐 신랑은 걱정이 되어 의원을 데리러 갔다. 의원이 말했다.

"무처럼 생긴 채소와 고기를 넣어 만든 진한 수프를 먹이게나."

쥐 신랑은 이곳저곳을 돌아다닌 끝에 채소와 까서 말린 완두와 다른 재료들을 훔쳐 불 위에 올려놓았다. 그런데 수프를 저으려다가 그만 솥에 빠지고 말았다.

한편 바퀴벌레 신부는 아무리 기다려도 쥐 신랑이 오지 않자 소리를 지르기 시작했다. 그러나 이름을 아무리 불러도 쥐 신랑은 대답이 없었다. 걱정이 되어 부엌으로 가서 솥 안을 들여다보니 쥐 신랑이 그 안에 빠져 죽어 있었다. 울고 또 울던 바퀴벌레 신부는 끝내 의식을 잃고 말았다. 쥐 신랑을 잃은 바퀴벌레 신부의 이야기는 이웃들에게도 알려졌다. 그녀는 장미수를 얼굴에 뿌리면 잠시 정신을 차렸다가 또 슬퍼하며 울기만 했다.

그 이후 청혼하는 이들이 간간이 찾아왔지만 그녀의 대답은 한결같았다.

"이제부터 저는 두 가지 귀한 일을 하지 않을 거예요. 하나는 남편의 이름을 말하지 않는 것이고, 다른 하나는 검은 옷을 벗지 않는 거랍니다."

그 후로 지금까지 바퀴벌레 신부는 쥐 신랑을 잃은 슬픔 때문에 검은 옷을 입고 있다고 한다.

아들의 웃음과 딸의 빗질

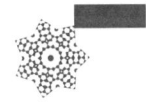

옛날에 세 딸을 둔 가난한 할머니가 살고 있었다. 그러던 어느 날 딸들이 강가에서 빨래를 하며 이야기꽃을 피웠다. 큰딸이 말했다.

"난 내 남편이 부자였으면 좋겠어."

둘째딸이 말했다.

"만약 내 남편이 수천 명의 군인을 거느린 장군이라면 난 그들을 위해서 한 솥의 계란 요리를 만들어 모두를 배부르게 먹일 수 있는 기술이 있어."

마지막으로 막내딸이 말했다.

"만약 내 남편이 왕이라면 딸은 머리카락에 빗질을 하고 아들은 웃으면 금이 쏟아져 나오는 그런 쌍둥이를 낳아 줄 거야."

마침 왕과 대신이 평상복을 입고 돌아다니다가 우연히 그들의 대화를 엿듣게 되었다. 왕은 세 딸을 궁전으로 불러 강가에서 나눈 말을 들었다면서 큰딸과 둘째딸에게 궁 안에서 남편감을 고르라고 하고 자신은 막내딸을 아내로 맞았다.

왕은 이미 왕비가 40명이나 있었지만 어느 왕비도 아이를 낳지 못한 처지였다. 그런데 막내딸이 금세 임신을 하자 40명의 아내가 느낀 시기와 질투는 이루 말할 수 없을 정도였다. 그들은 궁 안의 노파에게 돈을 주어 아이를 죽이거나 막내 왕비를 욕되게 하도록 음모를 꾸몄다.

아홉 달 아흐레 아홉 시간이 지나 막내 왕비는 정말로 아들 하나와 딸 하나를 낳았다. 노파는 쌍둥이와 두 마리 강아지를 바꿔치기하고는 공주와 왕자를 상자에 넣어 강에 띄웠다. 쌍둥이를 보러 온 왕은 아이들 대신 강아지 두 마리를 보게 되었다. 화가 난 왕은 왕비의 머리카락을 말꼬리에 묶고 일곱 개 산을 달리도록 명령을 내렸다. 신하들은 왕이 시킨 대로 했다. 말을 몰던 병사는 어느 들에 닿아서 피에 얼룩진 왕비의 모습을 보자 마음이 아파 그녀의 머리카락을 말꼬리에서 풀어 주었다. 다음 날 아침 한 노인이 왕비를 발견하고 자신의 집으로 데리고 갔다.

한편 어떤 여인이 강가에서 빨래를 하다가 아이들이 든 상자를 건지게 되었다. 그녀의 남편은 양치기였는데 마침 부부에게는 아이가 없었다. 그래서 부부는 아이들이 열다섯 살이 될 때까지 애지중지 길렀다. 아들은 웃을 때마다 이에서 금화가 쏟아져 나왔고, 딸은 머리카락을 빗질할 때마다 금화가 쏟아졌다. 부부는 이 금화들 덕분에 형편이 좋아졌다.

어느 날 남매는 부모에 대한 이야기를 나누게 되었다.

"양을 치는 분은 우리 아버지가 아니야."

남매는 가짜 어머니에게 만일 옳은 답을 해 주지 않으면 음식을 입에 대지 않겠다고 떼를 썼다. 가짜 어머니는 어쩔 수 없이 남매를 강물에서 건진 사연을 들려주었다. 남매는 양치기의 집을 떠나 어느 들판으로 가서 궁전을 짓고 살기로 했다. 남매의 궁전은 매우 훌륭하고 멋있어서 왕의 궁전은 비길 바가 아니었다. 어느덧 이러한 소문이 왕의 귀에까지 들어가게 되었다. 멋진 궁전에 관한 소문을 들은 40명의 왕비는 어떤 궁전인지 알아 오라고 노파를 보냈다.

노파는 들을 향해 가고 또 가서 마침내 남매의 궁전에 들어가 그들과 이야기를 나누게 되었다. 그리고 그들이 바로 그 쌍둥이 남매인 것을 알아차리고 왕비들에게 진상을 알렸다. 왕비들은 어떤 방법을 동원해서라도 쌍둥이 남매를 죽여야 한다고 말했다. 노파는 남매의 궁전으로 가서 말했다.

"아가씨, 이곳에 천국에만 있는 투버나무가 있다면 더 아름다울 텐데요."

노파는 이렇게 누이의 마음에 바람을 불어넣고는 궁으로 돌아갔다. 누이가 투버나무를 청하자 오빠는 동생이 말하는 그 나무를 찾기 위해 길을 나섰다. 아들은 가고 또 가서 다행히 그를 안내해 줄 노인을 만났다. 아들은 노인이 시킨 대로 하여 투버나무를 가지고 돌아왔다.

그러자 노파는 남매의 궁전으로 가서 그 나무를 보고는 딸에게 이렇게 말했다.

"이 나무엔 공작새가 없군요."

오빠가 오자 동생은 공작새를 원한다고 말했다. 이번에도 오빠는 공작새를 찾아서 돌아왔다.

노파는 세 번째로 동생에게 말했다.

"40마리 새끼 말의 어미 말이 없군요."

그러자 동생은 오빠를 40마리 새끼 말의 어미 말을 찾으러 보냈다. 오빠는 가고 또 가서 길에서 한 노인과 만나게 되었다. 노인은 오빠가 무엇을 찾으러 가는지 듣고 나서 말했다.

"집 두 채를 지나가면 샘이 하나 있다네. 기다려 보면 40마리의 새끼를 가진 어미 말이 새끼들에게 물을 주러 올 걸세. 그러면 자네가 물을 돌판으로 막아서 방해하게나. 그리고 샘가에 있는 나무 위로 올라가게. 어미 말이 어미의 젖과 갈기에 두고 다짐할 때까지 기다렸다가 돌판을 치워 새끼들에게 물을 주게. 그러면 자네가 무슨 말을 하든지 들어줄 게야."

오빠는 노인이 시킨 대로 해서 40마리의 새끼를 가진 어미 말을 데리고 왔다. 노파는 어미 말을 보고 궁전으로 돌아가 왕비들에게 말했다.

"이젠 더 이상 핑계를 만들 수 없어요."

그래서 왕비들은 노파에게 남매에 관한 왕의 시기심을 자극해 보라고 일러 주었다. 노파는 가서 왕에게 남매들의 궁전에 대하여 설명했다. 왕은 남매의 궁전으로 가서 물었다.

"너희는 그 많은 재산을 어디서 얻었느냐?"

딸이 머리를 빗질하고 아들이 웃음을 짓자 머리와 치아에서 금화가 쏟아져 나왔다. 왕은 그들이 바로 자신의 자식임을 알아차렸다. 그제야 잘못을 깨달은 왕은 신하들에게 아이들을 낳은 왕비를 찾으라고 명령을 내렸다. 그 뒤 쌍둥이 남매와 왕, 왕비는 모두 모여 행복하게 살았다.

수 정 인 형

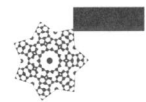

옛날에 자식이 하나도 없는 상인이 살고 있었다. 어느 날 상인은 장사를 할 목적으로 서양으로 갔다. 서양의 상가를 두루 살피던 상인은 수정으로 된 인형을 보게 되었다. 인형이지만 어찌나 사람 같은지 다만 말만 하지 못할 뿐이었다. 수정 인형이 마음에 든 상인은 혼잣말을 했다.

"마누라에게 저 인형을 여행 선물로 사 가지고 가야겠군. 마누라도 자식이 없어 쓸쓸할 거야."

인형을 사고 볼일을 다 본 후 상인은 고향으로 돌아왔다. 상인의 아내는 인형을 보고 정말로 기뻐했다. 아내는 인형을 집의 맨 꼭대기 방 창문 곁의 평의자 위에 앉혀 놓았다. 상인 부부는 매일 한 시간씩 수정 인형 곁에 앉아서 이야기를 나누었다. 그 방은 골목을 향해 있었고, 그 골목을 지나는 사람들은 창으로 안을 들여다보며 상인 부부가 예쁜 딸과 함께 앉아 있다고 생각했다. 남자들은 수정 인형을 예쁜 아가씨로 보고 다들 연인이 되고 싶어 했다. 아무도 그것이 수정 인형이란 사실을 알지 못했다.

　상인의 딸이 아름답다는 소문은 마침내 그 나라 왕자의 귀에까지 들어가게 되었다. 호기심이 발동한 왕자는 어느 날 사냥을 핑계로 궁 밖으로 나가 상인의 집으로 가 보았다. 고개를 들어 올려다보니 아닌 게 아니라 정말 눈부시게 아름다운 아가씨가 창가에 앉아 있었다. 왕자는 그녀를 본 순간 사랑에 빠지고 말았다. 왕자는 손을 뻗어 아가씨의 손에 반지를 걸어 놓고는 왕궁으로 돌아갔다. 그날부터 왕자는 잠도 자지 않고 식음을 전폐한 채 사랑의 시만 계속 읊더니 결국 병이 들어 자리에 눕게 되었다. 약이란 약은 다 써 봤지만 병세는 더욱 나빠질 뿐이었다. 대신들 중 한 사람이 보다 못해 왕에게 말했다.

　"왕이시여, 왕자님의 두 눈을 보면 육체의 병이 든 게 아니라는 것을 알 수 있습니다. 왕자님은 단지 사랑에 빠진 것입니다."

　"그런가? 그렇다면 자네가 물어보게. 누굴 사랑하고 있는지 말이야. 내가 왕자를 위해 그 처녀를 데려오겠네."

　왕이 걱정스럽게 대답했다.

　대신은 사랑하는 아가씨의 처소와 이름을 왕자에게 알아내기 위해 은밀하게 신하들을 보내 온갖 달콤하고 부드러운 말로 유도하여 드디어 왕자가 상인의 딸 이야기를 고백하도록 만들었다. 마침내 뜻을 이룬 대신은 곧 왕에게 가서 알렸다.

　"왕이시여, 왕자님은 어느 상인의 딸을 사랑하고 있습니다."

　왕은 즉시 상인에게 가서 청혼을 넣으라고 명을 내렸다. 상인의 아내는 청혼하러 온 사람들을 보고 말했다.

　"왕자님께서 제 사위가 된다면 제게는 더할 나위 없는 영광이지요. 하지만 애석하게도 저희는 자식이 없답니다."

청혼하러 갔던 신하들은 왕에게 가서 상인의 아내가 한 말을 그대로 전했다. 신하들이 전하는 답을 듣고 왕자는 펄쩍 뛰며 말했다.

"모두 거짓말이다. 내 반지를 그 아가씨에게 주었더니 받아서 손가락에 꼈다."

왕자의 말을 들은 대신은 상인의 상점으로 가서 엄포를 놓았다.

"여보시오, 직접 가서 왕께서 우리에게 명하신 일을 처리하겠소! 자네 딸은 바로 창 곁에 앉아서 왕자님이 주신 반지를 받아 손에 꼈다고 했소."

이에 상인이 미심쩍은 생각이 들어 집으로 돌아와서 문을 열고 방에 들어가 보니 수정 인형 손에 반지가 있었다. 이리하여 상인은 어떻게 된 일인지 알게 되었다.

다음 날 대신이 가게로 찾아왔을 때 상인은 그에게 상황을 설명해 주었다.

"그건 들을 귀도 말할 혀도 없는 조각물에 지나지 않습니다."

"그게 무슨 상관이란 말인가. 왕자님은 바로 그 인형 자체를 원하신단 말일세."

상인은 어쩔 수 없이 혼례를 하기 위해 가족들 앞에서 조건이나 지참금 따위를 약속하는 절차를 가지기로 정했다.

식이 있는 날, 상인은 궁리 끝에 사람들 앞에서 창피를 당하지 않기 위해 수정 인형 대신에 처제의 아름다운 딸을 데려다가 차려 놓은 잔칫상에 앉혔다. 그리하여 무사히 식을 치르고 밤이 되자 상인은 신부와 수정 인형을 함께 신방에 들여보냈다. 상인은 신랑에게 신부의 손을 건네주면서 말했다.

"이 신부가 바로 왕자님이 반지를 끼워 준 그 처녀입니다."

이리하여 모든 일이 정상적으로 처리되었다. 다행히 왕자는 아내가 될 처제의 딸을 마음에 들어 하고 좋아했다.

 이렇게 하여 상인의 처제의 딸이 왕자의 아내가 되었다. 수정 인형도 신부의 인형으로서 오래도록 함께 지냈다.

앵무새

인도에 사는 어느 상인이 훈련을 잘 받은 아름다운 앵무새 한 마리를 사서 집으로 가지고 왔다. 앵무새가 어찌나 달콤하고 예쁘게 말하는지 상인은 새장 앞을 떠날 줄 모르고 생업까지 포기한 채 아침부터 밤까지 지키고 앉아 이야기를 나누었다. 앵무새도 차츰 주인인 상인과 친해져서 새장 밖으로 나와도 날지도 않고 어디로 가지도 않았다.

상인과 앵무새 단둘이 있게 된 어느 날 밤이었다. 상인이 앵무새에게 말했다.

"여보게, 친구. 오늘 밤만 나를 지켜 줘. 내가 마음을 편히 먹고 잘 수 있도록 말이야. 알다시피 여긴 도둑과 사기꾼이 너무 많은 데다 우리 집 울타리는 너무 낮아."

앵무새는 아침까지 뜬 눈으로 잘 지킬 테니 안심하고 자라고 했다. 그런데 한밤중이 되자 도둑이 지붕에서 줄사다리를 타고 살그머니 내려와 구석구석 살피더니 손에 닿는 것은 무엇이든지 자루에 넣고는 내려올 때와 마찬가지로 사다리를 타고 올라가 버렸다.

　아침이 되자 상인은 잠에서 깨어나 집 안이 텅 빈 것을 보게 되었다. 상인이 자고 있던 침대 외에는 아무것도 남은 게 없었다. 앵무새는 주인을 보자 반갑게 아침 인사를 건넸다. 상인은 어처구니없어하며 말했다.

　"잘 자고 못 자고가 문제가 아니라 아무것도 없잖아. 내가 일생 동안 고생해서 모은 재산이 다 없어졌어."

　앵무새가 대꾸했다.

　"주인님, 슬퍼하지 마세요. 양탄자와 살림살이를 모두 가져갔지만 설탕은 남겨 놓았어요."

　"뭐라고? 네가 도둑을 봤단 말이냐?"

　기가 막힌 상인이 버럭 소리를 질렀다.

　"예, 보긴 봤지요. 그렇지만 누군지는 모르겠던데요. 그렇게 오래 머물지도 않았어요. 금방 갔어요. 오, 주인님, 전 너무 기뻐요. 도둑이 양탄자와 금을 가져갔지만, 제가 먹는 설탕만은 제자리에 놓아둔 채 손도 안 댔거든요."

앵무새를 믿지 않은 왕

옛날 옛날 아주 먼 옛날에 마음씨 나쁘고 성격이 못된 왕이 살고 있었다. 그는 주위 사람들이나 백성들에게 무척 거칠고 억압적이었다. 그런데 왕에게는 아주 친절한 앵무새 한 마리가 있었다. 새는 언제나 왕이 모든 사람에게 부드럽게 대하길 바랐고, 왕과 이야기를 나눌 때마다 그렇게 강압적으로 대하지 말라고 충고했다.

어느 날 왕은 앵무새가 머리를 몸에 박고는 아무 말도 하지 않으며 지낸 지가 꽤 되었다는 사실을 알게 되었다. 그래서 앵무새에게 물었다.

"어인 일인고? 왜 슬퍼하는고?"

"마음이 너무 울적해요."

"그래, 좋다. 새장 문을 열어 줄 테니 네 마음이 풀어지도록 한 일주일 동안 자유롭게 날아다니다 오렴."

그래서 앵무새는 새장을 벗어나 궁 밖으로 나왔다. 일주일 후 앵무새는 기분이 좋아져서 왕에게 돌아와 말했다.

"왕이시여, 사과 씨 한 개를 가지고 왔습니다. 정원에 심어 싹을 틔우세요. 다 자라서 사과가 열리면 그걸 드세요. 그러면 20년은 더 젊어지실 거예요."

왕은 앵무새의 말에 그냥 웃을 뿐 믿지 않았다. 왕은 정원사가 보이자 불러 사과 씨를 뿌려 키우라고 명하고는 곧 잊어버렸다. 그 뒤 5년이란 세월이 흘렀다.

어느 날 사과나무에 열매가 맺자 정원사는 왕에게 주려고 열매를 땄다. 정원사가 길을 가는데 대신이 그를 보고 물었다.

"어디를 그리 서둘러 가느냐?"

정원사가 까닭을 이야기하자 영악한 대신은 이렇게 말했다.

"내가 말일세, 전하께 반드시 드려야 할 편지를 가지고 온다는 걸 깜박했지 뭔가. 자, 내게 사과를 주게. 자네가 편지를 가지고 올 때까지 내가 잘 지키고 있겠네."

그런 다음 대신은 정원사가 편지를 가지러 간 사이에 사과에 독을 넣었다. 정원사가 돌아오자 대신은 태연히 독이 스며든 사과를 건네주었다. 아무것도 모르는 정원사는 사과를 가지고 왕에게 가서 말했다.

"왕이시여, 이것은 앵무새가 준 씨로 거둔 첫 번째 사과랍니다."

왕이 사과를 받아 먹으려고 할 때 대신이 말했다.

"왕이시여, 유죄 선고를 받은 죄인 둘에게 먼저 이 사과의 일부를 먹여 보시는 것이 좋겠습니다. 만일 위험이 없다면 나머지를 드시지요."

"좋은 의견이네."

왕은 대신의 말을 받아들였다.

이윽고 죄인 둘이 왕 앞에 끌려와 사과 조각을 받아 먹었다. 그런데 뜻밖에도 죄인들이 그 자리에서 죽어 버리자 왕은 단단히 화가 나서 말할 기회조차 주지 않고 앵무새의 목을 쥐고 힘을 가하며 말했다.

"잘해 준 대가가 바로 이것이란 말이냐? 나를 죽이려고?"

얼마나 강하게 목을 움켜쥐었는지 앵무새는 그만 숨이 막혀 죽고 말았다. 대신은 너무 기뻐하며 왕 앞에서 자신이 해낸 일을 자랑스럽게 여겼다. 뜻밖에도 너무나 큰일을 겪은 정원사는 의기소침한 모습으로 궁을 나왔다. 그리고 저녁 무렵 집으로 돌아와 지금까지 있었던 일을 아내에게 들려주었다. 그러자 아내가 말했다.

"그렇다면 왕께서는 틀림없이 당신과 나도 죽일 거예요."

"바로 그거요. 그래서 빨리 죽으려고 사과 두 개를 따서 가지고 왔소. 왕의 손에 죽기 전에 차라리 우리 손으로 목숨을 끊읍시다."

정원사와 아내는 각각 사과 한 개씩을 먹었다. 몇 분이 지나 두 사람은 서로를 보고 너무 놀랐다. 왜냐하면 둘 다 20년 정도 젊어졌기 때문이었다. 정원사는 기뻐하며 궁을 향해 달려갔으나 왕은 젊어진 그를 알아보지 못했다. 정원사가 말했다.

"왕이시여, 저는 정원사입니다. 앵무새가 주었던 사과나무의 사과를 먹었더니 이렇게 20년은 젊어졌습니다. 그 앵무새는 진실을 말했습니다."

"혹시 사과를 누구에게 맡긴 적이 있는가?"

왕이 신중하게 물었다.

"왜 아닙니까, 왕이시여, 대신에게 맡겼지요."

그러면서 정원사는 편지 이야기를 꺼냈다.

왕은 매우 화가 나서 말했다.

"그럼 이 일은 대신이 꾸민 일이고, 난 정직하고 충실한 앵무새를 이유 없이 죽였단 말이구나. 지난 세월 동안 나의 친한 벗이었던 앵무새를 말이다."

왕은 대신을 벌하도록 명령을 내렸다. 그렇지만 여전히 안정을 되찾지 못하고 아끼던 새를 죽인 자신을 계속 책망했다. 그러나 아무리 후회해 봤자 이제 그를 달래 줄 앵무새는 어디에도 없었다.

휘테메 아가씨

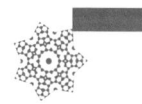

아주 오랜 옛날 휘테메라는 이름을 가진 아가씨가 살았다. 어느 날 휘테메의 어머니가 죽자 아버지는 새 아내를 맞아들였다. 계모는 휘테메에게 아주 못되게 굴었다. 언제나 그녀의 머리를 때리며 말하곤 했다.

"휘테메야, 강아지나 고양이를 볼 눈은 있지만 너를 볼 눈은 없단다, 알겠니?"

계모는 마치 뱀이 푸네^{박하류 식물} 풀을 싫어하는 것처럼 휘테메를 싫어해서 아침부터 밤까지 수천 가지 주문을 외며 욕을 퍼붓곤 했다. 그러나 자신의 딸에게는 꽃보다도 가늘고 섬세하게 말을 하며 아무 일도 못 하게 했다. 저녁 식사 때가 되면 휘테메에게는 마르고 굳은 빵을 주고 계모와 아버지와 의붓딸은 다른 방에서 맛있는 밥을 먹곤 했다. 그녀의 아버지는 우유부단한 남자여서 아내가 무서워 아무런 말도 못 했다.

어느 날 계모가 면실 1만^{3킬로그램에 해당하는 무게 단위}을 휘테메에게 주면

● —이란 민담

서 말했다.

"산 위에 올라가서 저녁 때까지 이걸 전부 짜라."

그러고는 소를 마구간에서 꺼내 와서 말했다.

"이 소도 데리고 가서 풀을 먹이도록 해라. 그리고 이건 네 점심이니 어서 받아라."

계모는 곰팡이가 슨 빵 조금을 손에 쥐어 주며 훠테메를 집 밖으로 내몰았다. 훠테메가 끌고 나온 소는 여느 소들과 달라서 사람의 말을 알아들었다. 그래서 훠테메의 어머니는 죽을 때 이 소에게 딸을 잘 보살펴 달라고 간곡히 부탁했다.

훠테메는 계모가 준 면실을 소의 등에 싣고 길을 나섰다. 그리고 산 꼭대기에 도착하자 면실을 앞에 놓고 짜기 시작했다. 그런데 갑자기 강한 바람이 불어와 면실을 휘감아 가져가 버렸다. 그녀는 바람을 따라 달려가며 소리를 질렀다.

"여봐요, 날개 가진 바람 어르신, 제발 면실을 멀리 가지고 가지 마세요. 계모에게 혼날 거예요!"

그녀의 애원에도 아랑곳하지 않고 바람은 면실을 어느 할머니의 오두막으로 가져갔다. 훠테메는 오두막 앞에 도착해 문을 두드리며 말했다.

"할머니, 바람이 제 면실을 이곳으로 가지고 왔어요. 면실을 가지고 가도록 허락해 주세요."

"오, 아가씨, 들어와서 내 머리카락이 깨끗한지 아가씨 어머니의 머리카락이 깨끗한지 좀 살펴봐."

할머니가 오두막 안에서 말했다.

훠테메가 안으로 들어가서 할머니의 머리카락을 들춰 보니 머리카락 사이사이에 이와 서캐가 가득했다.

"물론 할머니 머리가 깨끗하지요."

할머니가 다시 물었다.

"그래, 좋아. 저기 깔아 놓은 겔림(할깨의 일종)이 있지? 들춰 봐. 그리고 우리 집이 깨끗한지 네 어머니 집이 깨끗한지 말해 줘."

훠테메가 겔림의 구석을 들춰 보니 바퀴벌레와 발이 많이 달린 노래기와 투구풍뎅이가 수백 마리나 득실거리고 있었다.

"어떻게 이런 집을 우리 집과 비교하겠어요? 할머니 댁이 백 배나 더 깨끗한걸요."

"자, 아가씨! 이건 아가씨 거니까 가지고 가. 가는 도중에 샘물을 세 번 만나게 될 거야. 하얀 샘물에서는 몸에, 검은 샘물에서는 머리카락과 눈썹에 물을 칠해. 그리고 빨간 샘물에서는 입술과 뺨에 물을 칠하고."

훠테메는 면실을 가지고 와서 소의 곁에 놓고 하얀 샘물, 검은 샘물, 빨간 샘물로 갔다. 그리고 다시 돌아와 보니 소가 면실을 모두 천으로 만들어 놓았다.

해가 기울자 훠테메가 오는지 보려고 골목 어귀까지 나간 계모는 늦게까지 훠테메가 돌아오지 않는다며 크게 화를 냈다. 그런데 갑자기 골목 저쪽 끝에서 환하고 아름다운 달이 나타나 구석구석 밝게 비추는 것이었다. 하늘을 쳐다보니 달은 언제나처럼 제자리에 있었다. 그래서 다시 골목길을 자세히 보니 훠테메가 걸어오고 있었다. 그녀의 이마 한가운데서 큰 달이 빛나고 있었다. 계모는 너무 화가 나서 훠테메의 머리를 때리며 소리를 질렀다.

"지금까지 어느 무덤에 있었던 거야?"

훠테메는 지금까지 있었던 일을 이야기했다. 계모는 이 이야기를 듣고 안으로 들어가며 생각했다.

'내일은 반드시 내 딸을 보내야지.'

다음 날 계모는 아직 해가 뜨지도 않은 시간에 일어나 맛있는 밥을 만들어 갓 구운 빵과 함께 수건에 싸서 딸에게 주었다. 그리고 휘테메에게 주었던 양의 16분의 1에 해당하는 면실을 주며 말했다.

"산 위로 가지고 가서 짜라."

산에 올라간 계모의 딸은 피곤해지자 면실을 베고 잠을 잤다. 잠에서 깨어나니 한두 시간이 지나 있었다. 계모의 딸은 점심을 먹고 가져 온 면실을 꺼냈다. 그런데 그때 갑자기 바람이 불어와 면실을 낚아채 갔다. 딸은 소리를 지르며 따라갔다.

"바람아, 날개가 확 꺾어져 버려라! 도대체 내 면실을 어디로 가져가는 거야?"

바람은 면실을 할머니의 오두막으로 가져갔다. 딸은 화가 잔뜩 나서 오두막 문을 두드리며 소리를 질렀다.

"늙은 할멈, 빨리 내 면실을 줘요. 그렇지 않으면 할멈이 하는 대로 나도 해 줄 거야!"

할머니가 말했다.

"아가씨, 그만 좀 하지! 자, 들어와서 좀 봐. 내 머리카락이 깨끗해, 아니면 아가씨 어머니의 머리카락이 깨끗해?"

딸은 할머니의 머리카락을 들추고는 이와 서캐가 가득한 것을 보고 말했다.

"아이고, 이가 잔뜩 있어 얼마나 지저분한지!"

"그래, 좋아. 이번에는 겔림 밑이 어떤지 좀 봐."

할머니가 다시 요구했다.

딸이 겔림 구석을 들춰 보니 투구풍뎅이와 바퀴벌레와 노래기가 수두룩했다.

"아이고, 어찌나 더러운지 할멈 인간성과 닮았어! 우리 어머니 집은 꽃보다 깨끗하다고요."

"자, 이제 아가씨 면실을 가져가. 길을 가다 보면 샘물을 세 번 만나게 될 거야. 그러면 검은 샘물에서는 몸에, 빨간 샘물에서는 머리카락과 눈썹에 물을 발라. 그리고 흰 샘물에서는 입술과 뺨에 물을 칠하고."

딸은 밖으로 나와 검은 샘물에서는 몸, 빨간 샘물에서는 머리카락과 눈썹, 하얀 샘물에서는 입술과 뺨에 그 물을 발랐다.

저녁이 되어 계모는 자신의 딸을 마중하기 위해 골목 어귀로 나갔다. 그러나 달 대신 머리카락과 눈썹은 빨갛고, 입술과 뺨은 하얀 괴물이 눈에 띄었다. 그때 어떤 물체가 딸의 이마 한가운데에 매달려 입 안으로 들어간 것을 질겅질겅 씹으며 오고 있었다. 계모는 두 손으로 자신의 머리를 쳐서 기절하고 말았다.

한참 후 정신을 차린 계모는 딸을 데리고 집으로 돌아와서 휘테메를 쓰러질 때까지 때리더니 결국 피곤해져서 자라고 풀어 주었다. 그러나 계모는 잠이 오지 않아서 뱀같이 몸을 돌돌 말며 괴로워했다. 생각을 짜내려고 애썼으나 묘안이 떠오르질 않았다. 마침내 계모는 자신에게 말했다.

"이 모든 일은 소가 저지른 짓일 거야. 그러니 소를 없앨 계략을 짜야겠어."

다음 날 계모는 음식에 넣어 노란 색깔을 내는 자화련을 얼굴과 머리에다 문지르고 허리에는 딱딱하게 굳은 빵을 묶고 마치 병자처럼 꾸민 채 잠을 잤다. 집으로 돌아온 남편이 아내의 노란 얼굴을 보고 물었다.

"어쩐 일이오?"

아내가 몸을 뒤척이며 허리를 비틀자 마른 빵이 부서지며 마치 허리뼈가 심하게 다친 듯한 소리가 났다. 아내는 남편에게 말했다.

"안 보여요? 온몸이 아프단 말이에요. 오늘 의원에게 갔더니 '자네 병은 황소가 약이야.' 하고 말하지 않겠어요."

"그럼 됐네. 별일 아니군. 푸줏간에서 누런 소의 목을 베면 가서 사 오리다."

"아니에요. 모든 황소가 내 약이 되는 건 아니래요. 반드시 집에서 키우는 황소여야 한대요."

그녀의 아버지는 그것이 근거 없는 말임을 알아차리지 못했다. 어떻게 의원이 집에 황소가 있다는 것을 알겠는가. 이런 사실을 알게 된 훠테메가 울며불며 애원했지만 소용이 없었다. 그녀는 마구간으로 달려가 손으로 소의 목을 감싸고는 엉엉 울었다.

그러자 소가 말했다.

"울지 마. 내 고기를 다른 사람이 먹으면 맛이 쓸 거야. 그러나 네가 먹으면 달게 느껴질 거야. 다만 내 뼈를 하나도 남기지 말고 모아서 여물통 밑에 묻어. 그리고 할 말이나 어려운 일이 있을 때마다 내게 와서 말하렴."

이윽고 사람들이 몰려와 황소를 죽였다. 활기를 되찾은 계모는 차도르를 허리에 두르고 쇠고기로 저녁 식사를 만들기 위해 솥을 걸었다.

밤이 되자 사람들은 쇠고기를 먹으려고 식탁에 둘러앉았다. 하지만 첫술을 입에 넣자마자 모두들 바로 뱉고 말았다. 고기가 마치 독처럼 쓰디쓴 맛이었기 때문이다. 계모는 자신들을 위해 빵과 치즈를 가져오더니 먹기 싫은 소의 고기는 훠테메 앞에 놓았다. 그런데 훠테메가 너무 맛있게 먹어 다른 가족들은 질투가 날 정도였다.

며칠이 지나 왕자의 혼례식이 있었다. 계모는 새 옷을 입고 딸을 데려가려고 칠보단장을 시켰다. 그러고는 데려가 달라고 떼를 쓰는 훠테메를 떼어 놓으며 말했다.

"너를 왕자님의 결혼식에? 말도 꺼내지 마라. 망신살이 뻗칠 텐데 그게 될 말이냐!"

계모와 딸은 그렇게 혼례식장으로 갔다. 훠테메는 얼마나 울었는지 눈이 퉁퉁 부었다. 잠시 뒤 수를 놓던 그녀는 갑자기 소의 마지막 말이 떠올랐다. 자리에서 일어난 그녀는 소의 여물통으로 가서 소뼈를 파내 소에게 이야기하듯 사정을 털어놓았다. 그러자 금방 백마 한 필과 흰 옷 한 벌이 준비되었다. 훠테메는 옷을 갈아입고 말을 탔다. 옷에 달린 한쪽 주머니에는 금과 금화가 가득했고 다른 쪽 주머니에는 재가 가득 차 있었다. 그녀는 말을 달려 왕의 궁전으로 갔다. 궁을 지키던 병사들은 아름다운 아가씨의 미모에 반해 손가락을 입에 물고 바라보기만 할 뿐, 아무도 그녀의 앞을 막지 못했다.

훠테메는 안으로 들어가 춤을 추기 시작했다. 참석했던 모든 부인과 처녀들이 훠테메의 발놀림에 감탄하고 아름다움에 매료되었다. 그녀는 춤이 끝나자 금과 금화를 꺼내 참석자들에게 던져 주고, 재는 계모와 딸에게 뿌리고 밖으로 나갔다. 그러자 계모와 딸이 소리를 질렀다.

"아이고, 눈이 멀겠어! 어서 붙잡아요!"

부인들과 처녀들이 서로 웅성거리며 어찌 된 일인지 보러 왔지만 이미 훠테메는 집에 도착한 뒤였다. 훠테메는 계모와 딸이 돌아오기 전에 옷을 갈아입고 뼈들을 다시 묻은 다음 방과 마당을 청소하기 시작했다.

저녁이 되어 돌아온 계모와 딸은 마치 겨울 구름처럼 잔뜩 찌푸린 표정이었다. 그 모습을 보고 훠테메가 말했다.
 "어머니, 무얼 드셨는지, 또 뭘 보셨는지 이야기해 주세요."
 그러자 계모는 저주를 퍼부었다.
 "만일 한 가지만 소원이 이루어질 수 있다면, 그 춤추던 처녀의 살이 한 점도 남아 있지 않게 해 주소서."
 그러고는 훠테메에게 말했다.
 "달과 같이 예쁜 처녀가 왔는데 모두가 놀랄 정도로 춤을 잘 추더라. 그러더니 어느 순간에 귀신이 되어 버렸어. 다른 사람들에게는 금과 금화를 던져 주고 우리에겐 재를 뿌리는 거야. 하마터면 장님이 될 뻔했지 뭐냐."
 "그래서 사람들이 그 처녀를 어떻게 했나요?"
 계모는 훠테메의 물음에는 아랑곳하지 않고 다음 날도 딸과 함께 혼인 잔치에 가기로 했다. 이번에도 훠테메는 애원하며 말했다.
 "어머니, 오늘은 저도 데리고 가세요. 왕자님의 혼례식이 어떤지 보고 싶어요."
 계모는 그녀를 향해 버럭 소리를 질렀다.
 "썩 꺼져! 제발 얼굴 좀 보이지 마라. 난 너를 데리고 가서 창피를 당하고 싶지 않다!"
 계모와 딸이 나가자 훠테메는 다시 소의 뼈가 있는 곳으로 갔다. 소가 이번에는 황마 한 필과 노란 옷 한 벌을 주었다. 훠테메는 옷을 갈아입고 나서 말을 타고 혼례식장에 갔다. 그리고 어제와 똑같이 금과 금화는 참석자들에게 주고 재는 계모와 딸의 눈에 뿌리고 밖으로 나왔다.
 저녁이 되어 계모와 딸이 돌아오자 훠테메가 물었다.
 "어머니, 뭘 보셨어요? 보신 걸 이야기해 주세요."

계모는 다시 악담과 저주를 퍼부으며 말했다.

"오늘도 그 처녀가 왔어. 노란색 옷을 입고 있었지. 춤을 다 추고 나서 우리에게는 재를 뿌리고, 다른 사람들에게는 금과 금화를 뿌렸어."

그러면서 다음 날도 혼례식장에 가기를 원했다.

이번에도 훠테메가 말했다.

"어머니, 저도 한 번만 데려가 주세요. 왕자님의 혼인 잔치를 구경하고 싶어요."

계모는 이번에도 어처구니없다는 듯한 표정으로 대답했다.

"누가 널 데려가겠니? 그런 말은 꺼내지도 마라!"

훠테메는 이번에는 빨간색 옷을 입고 빨간 말을 타고 궁으로 갔다. 또다시 춤을 추고 나서 참석자들을 향해서는 금화를 던져 주고 계모와 딸의 눈에는 재를 뿌리고 밖으로 나왔다. 그런데 오는 도중에 그만 말이 미끄러지면서 금으로 된 신발 한 짝을 샘물에 빠뜨렸다.

그녀는 계모와 딸이 오기 전에 서둘러 집으로 돌아와 옷을 벗고 앉아서 자수를 놓기 시작했다.

돌아온 계모와 딸에게 훠테메가 여느 때와 같이 묻자 계모는 늘 하던 대로 답했다.

며칠이 지나 왕의 막내아들인 왕자가 말에게 물을 먹이려고 샘가로 가게 되었다. 그런데 물을 먹으려던 말이 샘물 안을 들여다보더니 뒤로 물러섰다. 이를 본 왕자가 말했다.

"여봐라, 샘 안에 무엇이 있는지 살펴보아라."

신하들이 샘 안에서 금으로 된 여자 신발 한 짝을 찾아냈다. 왕자는 신발을 보고 그만 사랑에 빠지고 말았다. 왕자는 혼잣말로 중얼거렸다.

"이렇게 신발이 예쁜 걸 보니 주인도 틀림없이 아름다울 거야. 반드시 찾아내서 그녀와 혼인해야겠다."

왕자는 신발 한 짝을 하녀들에게 주며 명을 내렸다.

"자, 어서들 이 나라 방방곡곡을 뒤져 신발 주인을 찾아오너라."

그길로 하녀들은 집집마다 찾아다니며 아가씨가 있으면 신발을 신겨 보았다. 그러나 하나같이 신발이 크거나 아니면 작았다. 왕자의 하녀들은 마지막으로 휘테메의 집에 이르렀다. 계모는 휘테메를 빵 굽는 화덕 안에 가두고 화덕 뚜껑 위에 닭들이 먹을 기장쌀을 쏟아 놓았다.

이윽고 왕자의 하녀들이 대문을 두드리고 안으로 들어와 계모에게 말했다.

"딸을 데려오시오."

계모는 자신의 딸을 데리고 나왔다. 하녀들은 딸에게 신 한 짝을 신겼다. 그런데 처녀의 발이 어찌나 큰지 가지고 온 신에 발가락조차 들어가지 않았다. 그러자 하녀들이 다시 말했다.

"다른 딸은 없소?"

계모는 맹세컨대 딸이 더 없다고 했다. 하녀들이 가려고 일어서는데 갑자기 어디선가 닭 울음소리가 들렸다.

꼬꼬댁!
휘테메가 화덕 안에 있다고요.
하지만 얼굴에서 얼마나 환한 빛이 나오는지요.
재 속에서 바느질을 하고 있지요.
꽃보다 아름다운 수를 놓고 있다고요.

하녀들은 닭 울음소리를 듣고 돌아와서 물었다.

"이 닭이 무슨 말을 하고 있는 거요?"

계모는 한쪽 발로 닭을 차면서 "저리 가!"라고 거칠게 말했다. 하녀들이 돌아서려는데 다시 닭 울음소리가 들렸다.

꼬꼬댁!

훠테메가 화덕 안에 있다고요.

하지만 얼굴에서 얼마나 환한 빛이 나오는지요.

재 속에서 바느질을 하고 있지요.

꽃보다 아름다운 수를 놓고 있다고요.

하녀들은 직접 화덕 뚜껑을 열고 들여다보았다. 그 안에는 햇살 같이 빛나는 얼굴을 가진 아가씨가 재 속에 앉아 꽃수를 놓고 있었다. 그들은 가지고 온 신 한 짝을 아가씨에게 신겨 보았다. 자로 잰 듯이 신발이 딱 맞았다. 하녀들은 기뻐하며 왕자에게 돌아가 이 사실을 알렸다. 그러자 왕자는 기쁨에 겨워 말했다.

"그 닭도 데리고 와서 우리와 함께 지내게 하자."

그리하여 왕자는 7일 밤과 낮 동안 혼례를 거행하고 도시 전체를 아름다운 거울로 장식했다. 드디어 7일째 밤 신하들이 신부를 왕자의 궁으로 데려가려고 하자 계모가 말했다.

"제가 직접 딸을 데려가겠어요."

그러나 계모는 자기가 한 말과 달리 훠테메 대신 자기 딸을 데리고 갔다. 그리고 훠테메는 얼굴과 머리에 검은 흙으로 칠을 해서 다시 화덕 안에 가두어 버렸다. 왕자는 궁으로 온 신부의 얼굴을 자세히 보고 나서 신부가 바뀐 것을 알아차렸다.

"여봐라, 신발 한 짝을 가지고 오너라."

왕자가 신부의 발에 신발을 신겨 보고 신부가 바뀐 사실을 확인한 순간 닭 울음소리가 들렸다.

꼬꼬댁!
휘테메가 화덕 안에 있다고요.
하지만 얼굴에게 얼마나 환한 빛이 나오는지요.
재 속에서 바느질을 하고 있지요.
꽃보다 아름다운 수를 놓고 있다고요.

왕자는 명을 내려 휘테메를 데려오게 했다. 그리고 계모와 딸은 노새의 꼬리에 묶어 산과 들로 제멋대로 끌고 다니도록 했다.

실패와 물레와 바늘

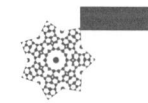

 옛날 옛날에 나이 든 어머니가 딸 하나를 데리고 살았다. 모녀는 아침부터 해가 질 때까지 물레로 실을 잣고 천을 짠 뒤 그 천으로 옷을 만들어 시장에 내다 팔았다. 이렇게 해서 번 돈으로 그날 그날 생계를 꾸리고 남는 돈이 있으면 가난한 사람들에게 나누어 주곤 했다.
 하루는 딸이 늙은 어머니를 보고 말했다.
 "어머니, 우리 방 좀 보세요. 아무것도 없잖아요. 우리도 이렇게 가난한데 남한테 줄 돈이 어디 있어요?"
 그러나 나이 든 어머니는 정색을 하며 말했다.
 "그렇게 생각해선 안 된다. 실패와 물레와 바늘과 실이 있는 한 우리는 세상에서 가장 부유한 사람이란다."
 그러던 어느 날 나이 든 어머니가 더럭 병에 걸리고 말았다. 더 이상 기력이 없어 일을 할 수 없게 된 어머니가 딸을 불렀다.
 "이제 내가 이승을 떠나 저승으로 갈 날도 머지 않았나 보다. 그러나 애야, 물레와 실패와 바늘과 실이 있는 한 너는 절대 혼자가 아니라는 걸 명심해라. 나중에라도 뭔가 필요한 것이 있으면 이 물건들한테 도움을 청하면 될 거다."

이 말을 마지막으로 어머니는 눈을 감았다.

다음 날부터 딸은 혼자 일을 하기 시작했다. 그러면서 어머니가 생전에 그랬던 것처럼 남는 돈이 있으면 가난한 사람들에게 나누어 주곤 했다. 세월은 빨리 흘러갔고, 딸은 계속해서 일을 했다.

한편 딸이 사는 도시의 영주에게는 한 가지 소원이 있었다. 그 소원은 다른 게 아니라 아들이 하루빨리 장가를 드는 것이었다. 그러던 어느 날 영주가 아들한테 말했다.

"나와 네 어머니의 소원은 오로지 한 가지뿐이다. 바로 네가 장가드는 것이다."

그 말을 듣고 영주의 아들이 대답했다.

"저는 부잣집 딸하고는 결혼을 안 할 거예요. 돈 때문에 장가들었다는 소리를 듣기 싫거든요. 그렇다고 가난한 집 딸하고도 결혼할 생각이 없어요. 보나마나 제가 영주의 아들이라서 저한테 시집온 거라고 사람들이 수군댈 게 뻔하거든요. 저를 장가보내시려거든 이 도시에 사는 어떤 부잣집 딸들보다도 더 부유하고, 어떤 가난한 집 딸들보다도 더 가난한 처자를 찾아보셔야 할 거예요."

"아들아. 네가 말하는 그런 아가씨는 이 도시뿐 아니라 다른 어떤 도시를 가도 찾을 수 없단다!"

"그렇다면 제가 직접 그런 아가씨를 찾아볼 수 있도록 허락해 주세요."

영주는 아들에게 그렇게 해도 좋다고 허락했다. 그날부터 영주의 아들은 도시의 골목 골목을 샅샅이 뒤지며 눈에 띄는 젊은 처녀들을 자세히 살펴보았다. 그러나 처녀들은 죄다 부잣집 딸이거나 가난한 집 딸이었다.

그러던 어느 날 영주의 아들은 어머니를 여의고 혼자 남은 딸의 집 앞을 지나가게 되었다. 그는 창문 틈으로 방 안에 있는 딸을 보고 혼잣말로 중얼거렸다.

"정말 아름다운 아가씨구나. 이 도시에 사는 어떤 여자들보다 부유하면서도 제일 가난한 아가씨였으면 좋겠는데. 방 안에는 하다못해 양탄자 하나 깔려 있질 않네."

바로 그때 딸도 영주의 아들을 보고 한눈에 반했다. 그녀는 마치 평생 동안 기다려 온 사람을 본 것처럼 영주의 아들을 넋 놓고 바라보았다. 영주의 아들이 창가에서 저 멀리 사라져 갈 동안 딸은 그의 뒷모습만 바라보고 있었다. 그러다가 영주의 아들에게 말을 건네보고 싶다는 생각이 들었다.

문득 딸은 돌아가신 어머니가 남긴 말이 생각났다. 그렇다. 드디어 물레와 실패와 바늘한테 도움을 청할 때가 왔다.

딸은 실패를 손에 잡고 말했다.

"실패야, 빙빙 돌아라, 빙빙 돌아라. 지금 지나간 청년이 나를 행복하게 해 줄 수만 있다면, 제발 부탁하는데 그를 내 곁으로 데려다주렴."

실패가 딸의 손에서 미끄러져 땅바닥에 떨어졌다. 바닥에 떨어진 다음에도 실패는 빙글빙글 돌았다. 그렇게 한참을 빙글거리며 돌자 실패에 감겨 있던 실이 풀리기 시작했다. 실마리가 방문 틈에 걸리자, 나머지 실은 저 멀리 가 버린 영주 아들의 뒤를 쫓아 계속 빙글거리며 굴러 가는 실패를 따라 땅 위에 길게 늘어졌다.

길을 가던 영주의 아들은 자기 쪽으로 계속 굴러 온 실패를 발견하고는 매우 이상하게 여겼다. 그는 실패를 주워 들고 땅 위에 풀린 실을 따라가기 시작했다. 그 실이 대체 어디서부터 온 것인가 몹시 궁금했기 때문이다.

딸은 창문 틈으로 영주의 아들이 다시 자기 쪽으로 돌아오는 모습을 보고 방 안을 휙 둘러보았다. 그러나 방 안에는 양탄자는 고사하고 커튼조차 없었다. 그때 다시 돌아가신 어머니의 말이 생각났다. 그녀는 이번에는 물레를 손에 잡고 도움을 청했다.

"빙빙빙 돌아라, 내 물레야. 나를 행복하게 해 줄 사람이 지금 내 곁으로 오고 있구나. 그런데 내 방에는 아무것도 없구나. 방에 양탄자가 필요하단다."

이 말이 채 끝나기도 전에 물레가 빙빙 돌면서 금실과 은실로 된 양탄자 하나를 짜서 바닥에 깔아 놓았다.

딸은 이번에는 바늘을 손에 쥐고 도움을 청했다.

"내 바늘아, 바느질을 해 다오. 이 방에 커튼이 필요하구나."

그러자 바늘은 금세 바느질을 해서 수백 가지 색깔의 아름다운 꽃 문양이 있는 커튼을 만들어 문과 창에 걸어 놓았다.

영주의 아들은 실패에 풀린 실을 되감다가 딸의 방까지 오게 되었다.

영주의 아들은 딸을 보자마자 말했다.

"이 실패를 따라오니 결국 여기까지 오고 말았군요."

그러면서 그는 방 안을 한 번 둘러보았다.

"이 앞을 지나갈 때 창문을 통해 보았을 때는 방 안에 아무것도 없이 텅텅 비어 있었는데, 지금은 아름다운 양탄자가 깔려 있고 예쁜 커튼까지 걸려 있군요. 지금까지 이렇게 아름다운 양탄자와 커튼을 본 적이 없소. 이것들은 대체 어디서 난 거요?"

딸은 부끄러운 듯 고개를 숙이고 손에 쥐고 있던 물레와 바늘을 영주의 아들한테 보여 주었다. 그는 물레와 바늘을 보고 말했다.

"이제야 어떻게 된 일인지 알겠소. 물레와 바늘이 당신을 도와준 거로군요. 이 실패와 물레와 바늘만 있으면 당신은 세상의 모든 것을 다 가진 셈이 되지만, 만일 이 물건들이 없다면 아무것도 가진 게 없는 셈이 되는군요. 이 도시에서 가장 부유하면서도 가장 가난한 아가씨가 바로 당신이었어요. 당신을 찾아서 산을 넘고 골목을 헤매고 다녔답니다. 저와 결혼해 주시겠습니까?"

이 말을 들은 딸은 아무 말도 하지 않았다. 그 대신 고개를 들고 영주의 아들을 향해 미소를 지었다.

아 흐 마 드   이 야 기

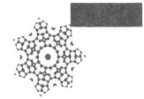

　옛날에 아흐마드라는 이름을 가진 게으름뱅이 아들을 둔 부부가 살고 있었다. 아버지는 매일 아침 일찍부터 밖으로 나가 밭을 갈았지만, 아들 녀석은 해가 중천에 뜰 때까지 집에서 잠만 자고 자리에서 꼼짝도 하지 않았다. 그러다 정오쯤 점심이 준비되면 그제야 자리에서 일어나 밥을 먹고 또 잠을 자기 일쑤였다.
　어느 날 아흐마드의 아버지가 밭을 갈고 있는데 쟁기가 땅 속의 무언가에 걸리는 느낌이 들었다. 그래서 그는 하던 일을 멈추고 바닥에 앉아서 흙을 파기 시작했다.
　그런데 이게 웬일인가. 온갖 보물이 가득 든 항아리 일곱 개가 나란히 땅에 묻혀 있는 것이 아닌가! 이걸 본 아버지는 크게 기뻐하며 항아리를 다시 흙으로 덮은 다음 그 위에 표시를 해 두었다. 그런 다음 반대편 밭을 마저 갈고 집으로 돌아왔다.
　집에 돌아온 아흐마드의 아버지는 모든 이야기를 아내에게 들려주며 덧붙였다.

"만일 우리가 보물을 발견한 걸 아흐마드가 알게 되면 그 아이는 입을 가만두지 않을 거요. 그러면 온 동네 사람이 보물 이야기를 알게 되는 건 시간문제지. 그렇다고 아흐마드한테 얘기를 안 하고 숨기자니 우리 둘이서 보물 항아리를 옮겨 올 수도 없고……."

어느덧 저녁 기도 시간을 알리는 소리가 널리 울려 퍼지고 마을에 어둠이 찾아왔다. 부부는 자루를 들고 아흐마드와 같이 밭으로 나갔다.

아흐마드의 아버지는 흙을 치우고 항아리를 밖으로 꺼냈다. 그런 다음 항아리 속의 보물을 자루에 옮겨 담고 다시 마을로 돌아왔다.

얼마를 걸었을까. 게으름뱅이 아흐마드가 말을 꺼냈다.

"너무 힘들어요. 저는 여기 앉아서 쉴 테니까 아버지와 어머니는 하고 싶은 대로 하세요. 그리고 전 제 보물을 왕에게 갖다 드릴 거예요. 단 하나도 아버지 어머니께 안 드릴 거예요."

이 말을 들은 부부는 언짢아하며 서로를 보고 말했다.

"이제 어쩌지? 이제 어떻게 한담?"

그러다 결국 아들의 마음을 돌려 볼 생각으로 아흐마드를 보고 말했다.

"그래, 좋다. 아무래도 상관없다. 네가 가지고 온 자루를 왕에게 가져다 드린다고 해도 우리는 아무 할 말이 없다. 다만 지금은 깜깜한 밤이니 왕도 주무실 게다. 그러니 일단 집으로 가고, 내일 아침에 보물을 가져다 드리렴."

아흐마드의 부모는 온갖 수단과 방법을 동원하여 아들에게 집으로 가자고 설득했다. 집에 돌아와 저녁을 먹고 난 아흐마드는 보물이 담긴 자루를 베고 잠이 들었다.

'이를 어쩌면 좋지? 어쩌면 좋아? 어떡하면 아흐마드의 생각을 바꿀 수 있을까? 아침이 돼서 보물 자루를 왕에게 가지고 가면 보나마나 다른 자루가 더 있다는 게 들통날 텐데.'

부부는 고민에 고민을 거듭했지만 뾰족한 수가 생각나지 않았다. 이윽고 아내가 남편에게 한 가지 방법을 제시했다.

"지금 밖으로 나가 개울가에서 깨진 그릇이며 접시 조각들을 주워다가 아흐마드의 보물 자루 속에 든 금덩이랑 바꿔치기하는 게 어때요?"

아흐마드의 부모는 깨진 그릇 조각들을 한 자루 모아 왔다. 그런 다음 그 자루를 게으름뱅이 아흐마드의 머리맡에 슬그머니 밀어 넣고 금덩이가 들어 있는 자루를 빼냈다. 마음이 놓인 아흐마드의 부모는 그제야 잠자리에 들었다.

아침이 밝자 아흐마드의 부모는 홍차를 끓이고 아들을 불렀다.

"아흐마드야, 일어나라. 어서 일어나."

그날 따라 아흐마드는 평소와 다르게 일찍 일어났다. 그는 비몽사몽 정신이 아직 덜 깬 상태에서 말했다.

"제가 일어나긴 했지만요, 두 분이랑 같이 홍차를 마시는 일은 없을 거예요. 왜냐하면 제 금을 왕에게 가져다 드리고 거기서 홍차를 마실 거거든요."

"일단 와서 차부터 한잔 마시고 그다음에 가거라."

부모가 아무리 타일러도 아흐마드는 요지부동이었다.

"싫어요. 만약 제가 여기 앉아서 두 분이랑 차를 마시게 되면 보나마나 저를 살살 구슬려 결국은 왕에게 황금을 못 갖다 드리도록 만드실 거잖아요."

게으름뱅이 아흐마드는 후닥닥 자루를 짊어지고 길을 나섰다. 아흐마드가 궁전에 도착하여 문을 두드리자 젊은 두 장정이 나타나 물었다.

"뭐 하는 녀석이냐?"

"내가 뭐 하는 사람이든 무슨 상관이에요? 당신들은 그냥 문만 열어 주면 돼요. 난 반드시 왕을 만나야 한다고요. 왕에게 볼일이 있거든요."

두 장정은 왕에게 가서 말했다.

"왕이시여, 등에 자루 하나를 짊어진 젊은이 하나가 찾아와 뵙고자 합니다."

왕은 아흐마드에게 들어와도 좋다고 허락을 내렸다. 그는 계단 40개를 올라가 왕좌 앞에 당도하여 자루를 바닥에 내려놓았다. 곧이어 등장한 왕은 붉은색의 긴 겉옷 자락을 한 군데로 모으며 왕좌에 앉은 다음 아흐마드에게 물었다.

"뭐 하는 젊은이인고?"

게으름뱅이 아흐마드는 자루를 벌리고 거꾸로 쏟았다. 자루 안에 들어 있던 물건들이 와르르 바닥에 쏟아졌다. 깨진 그릇 조각들이 먼지 하나 없이 깨끗한 궁전의 대리석 바닥 위에 떨어져 쨍그랑 소리를 내며 산산조각이 났다. 게으름뱅이 아흐마드는 너무 놀라 할 말을 잃었다.

깨진 그릇 조각들을 본 왕은 화가 나서 옆에 있던 재상에게 불편한 심기를 드러냈다.

"대체 이게 무슨 일인가? 대체 어찌 된 일이냔 말이다."

"소신도 잘 모르겠습니다."

재상이 대답했다.

게으름뱅이 아흐마드는 당황해서 안절부절못하며 이 궁리 저 궁리를 해 보았다.

"여봐라, 이게 대체 무슨 짓이냐? 이것들이 대체 무엇이기에 왕이 계시는 궁까지 가지고 와서 이곳을 더럽히느냐?"

그 말에 퍼뜩 제정신이 든 아흐마드는 천연덕스럽게 대답했다.

"어디서부터 어떻게 말씀을 드려야 할까요. 제발 북서부에 사는 도자기 만드는 비니스 사람들 좀 어떻게 해 주십시오. 사람들은 비니스 사람들한테 돈을 주고 도자기를 사지만, 이 도자기들은 제대로 구워지지가 않아서 금방 깨지기 십상입니다. 제발 이러한 저희의 사정을 헤아려 주십시오."

그러나 왕은 그 말을 믿을 수가 없었다.

"이 자는 지금 사실을 말하고 있는 게 아니다. 진실을 털어놓을 때까지 마구간에 가두어라."

신하들은 아흐마드를 마구간에 가둔 다음, 그가 혼자 있을 때 대체 무슨 말을 하는지 알아내기 위해 조심스레 엿들었나. 얼마 후 그들은 아흐마드가 혼잣말로 중얼거리는 소리를 들었다.

"처음 자루 속에 들었던 것들은 작았는데, 어쩐 일로 지금은 이렇게 커졌을까? 대체 이게 어찌 된 조화지?"

신하들은 왕에게 가서 아흐마드의 말을 그대로 전했다.

"자루 안에 들었던 것들이 처음에는 작았는데 어쩌다가 그렇게 갑자기 커졌을까요?"

"이 일은 지금 도자기 그릇이 깨지는 것과는 아무 상관이 없다. 분명 다른 사정이 있을 게다. 가서 그를 여기로 데려오너라. 내가 다시 물어보겠노라."

망나니 둘이 아흐마드를 마구간에서 끌어내 왕 앞으로 데려왔다. 망나니의 손에는 시퍼렇게 날이 선 칼이 들려 있었다. 그들은 아흐마드를 보고 말했다.

"만일 사실대로 실토한다면 너를 살려 주겠다. 그러나 만일 거짓을 아뢰었다가는 당장 네 목을 베어 버릴 것이다."

"저는 사실만을 아뢰었습니다. 이제 비니스 사람들한테 따끔한 맛을 보여 주어야 할 때입니다. 그들에게 제대로 일을 하라고 하셔야 한다고요. 만일 그들을 혼내지 않으면 사람들은 늘 깨지는 그릇을 사게 될 거예요."

그 말을 들은 왕은 크게 노했다.

"저자를 다시 마구간으로 데려가서 사실을 실토할 때까지 말똥을 먹여라."

아흐마드는 어쩔 수 없이 다시 마구간으로 끌려갈 수밖에 없었다. 긴 시간이 흘렀다. 밤이 될 무렵 그는 다시 한바탕 소란을 피우기 시작했다.

"이 문 좀 열어 줘요. 나 좀 밖으로 내보내 줘요. 배고파서 죽겠다고요. 제발 문 좀 열어 줘요."

그러자 사람들이 와서 마구간 문을 열고 아흐마드를 밖으로 꺼내 주며 말했다.

"만일 사실대로 고하지 않으면 밥 먹을 생각은 하지도 마라."

"저는 사실만을 아뢰었다고요. 이제 왕께서 백성의 고충에 귀를 기울여 비니스 사람들을 혼내 주셔야 해요. 그릇이 죄다 덜 구워져서 금방 깨진다니까요."

이번에도 아흐마드가 조금도 굽힘 없이 같은 말을 반복하는 걸 본 왕은 또다시 그를 마구간에 넣고 이실직고할 때까지 마구간 앞에 있는 지푸라기에 불을 붙이라고 했다.

지푸라기가 타면서 내는 연기가 안으로 들어와 마구간은 연기로 가득찼다. 아흐마드는 콜록콜록 기침을 했다. 연기 때문에 눈과 코와 목이 따끔거리는 것은 두말할 필요도 없었다. 눈에서는 눈물이 펑펑 쏟아졌다. 그러다 결국 그는 참지 못하고 비명을 지르고 말았다.

"이러다가는 지푸라기에서 나는 연기에 질식해 죽겠다고 왕께 전해 줘요. 여기서 나 좀 꺼내 달라고요."

그러자 망나니들이 대답했다.

"만일 너를 밖으로 꺼내 준다면 이실직고를 하겠느냐?"

"예, 일단 날 꺼내 주기만 하면 다 말할게요."

마구간 문이 열리자 아흐마드는 밖으로 나오며 말했다.

"왕에게 전해 주세요. 말똥을 드셔 본 적이 있다면 두 번 다시 드시지 말라고요. 게다가 이 지푸라기 연기가 사람을 질식하게 만든다고요."

그 말을 들은 재상과 대신들은 터져 나오는 웃음을 참을 수가 없었다. 어찌나 웃음이 나던지 사람들이 와서 손가락을 바늘로 찌른다고 해도 전혀 모를 정도였다. 왕은 재상과 대신들이 배를 잡고 웃어 대는 모습을 보자 심기가 불편해졌다. 그래서 혼잣말로 중얼거렸다.

"대체 세상이 어찌 돌아가기에 게으름뱅이 아흐마드처럼 돼먹지 못한 자가 감히 왕에게 말똥을 먹어 본 적이 있다면 두 번 다시 먹지 말라는 소리나 지껄여 대는 걸까! 그 소리를 들은 재상과 대신들은 화를 내기는커녕 저렇게 웃어 대고 있으니……."

망나니들이 다시 아흐마드를 보고 말했다.

"사실대로 이실직고를 하겠느냐, 아니면 너를 다시 마구간 안에 던져 버릴까?"

그러나 아흐마드는 조금도 굽히지 않았다.

"마음대로 하세요. 나는 사실을 말했을 뿐입니다. 저를 다시 마구간에 던져 넣으실 거라면 어서 그렇게 하세요."

사람들은 아흐마드를 다시 마구간에 집어넣고는 벽에 귀를 대고 엿들었다. 그러다가 그가 혼자 중얼거리는 소리를 듣게 되었다.

"참나, 이게 무슨 꼴이람. 자루 속에 들어 있던 물건들은 이만큼 이었는데, 어쩌다가 요만큼이 되었을까? 대체 이게 무슨 조화지?"

이번에도 신하들은 왕에게 아흐마드가 한 말을 그대로 전했다. 왕은 그를 다시 데려오라고 했다.

"여봐라, 대체 어찌 된 일인지 이제는 사실대로 말하겠느냐?"

게으름뱅이 아흐마드는 오히려 펄쩍 뛰며 노발대발했다.

"대체 뭘 사실대로 고하라는 거죠? 이 떠돌이의 자식, 당신은 진짜 뜨내기의 자식이라고요. 오늘 나를 몇 번이나 감옥에 가두었죠? 어디 두고 보자고요."

"지금 뭐라고 했느냐?"

"나도 더 이상 몰라요. 다만 당신이 떠돌이 뜨내기의 자식이라는 것밖에는요."

지금까지 왕 앞에서 이런 식으로 말한 사람은 아무도 없었다. 왕이 말했다.

"좋다. 이자를 여기에 앉히거라. 내 어머니가 아직 생존해 계시니 가서 모셔 오너라. 내가 진짜 떠돌이 뜨내기의 자식이라면 너를 살려 주겠다. 그러나 내가 떠돌이의 자식이 아니라면 네놈에게 뜨거운 맛을 보여 주겠노라."

아흐마드도 이에 지지 않고 맞섰다.

"더 이상 말하고 말고 할 것도 없어요. 당신은 떠돌이 뜨내기의 자식이에요."

신하들이 왕의 어머니를 모셔 왔다. 왕의 어머니는 이미 많이 늙어서 허리가 구부러져 있었다. 그녀는 손에 지팡이를 짚고 천천히 한 걸음 한 걸음 걸었다.

이윽고 왕의 어머니가 인삿말을 건네며 말했다.

"왕이여, 잘 지내시는가? 무슨 볼일이 있기에 나를 다 찾고 그러시는가?"

"일단 자리에 앉으시지요. 한 가지 여쭤 볼 말씀이 있습니다. 만일 사실대로 말씀해 주시지 않는다면 어머니와 저 청년 모두에게 따끔한 맛을 보여 주겠습니다. 그러니 사실대로 말씀해 주셔야 합니다. 제가 정말로 떠돌이 뜨내기의 자식입니까?"

"왕이여, 내가 사실대로 말해 주리다. 무엇 때문에 내가 거짓말을 하겠소? 사실 나는 딸만 여섯을 낳았지. 아들이 하나도 없었다오. 그렇게 내리 딸만 낳고 있던 어느 날 언니들이 와서 한 가지 얘기를 해 주더군, 이 근방 떠돌이 집시의 아내가 아이를 낳았다고 말이야. 그래서 내가 언니들한테 그랬지. 떠돌이 집시의 아내한테 가서 만약 태어난 자식이 아들이고 내가 낳은 자식이 딸이면 서로의 자식을 바꾸자고 말이오. 대신 그만큼의 보상으로 많은 황금을 내려 주겠다고도 했소. 그런데 우연히도 내가 낳은 자식은 또 딸이었고, 그 집시 여인이 낳은 자식은 아들이었지. 그래서 난 내 딸을 주고 그 떠돌이 아낙으로부터 아들을 받은 것이오. 왕이여, 이 젊은이는 사실을 말했다오. 왕은 떠돌이 집시의 아들이 맞소이다."

그러자 왕이 대답했다.

"만일 아흐마드가 진실을 얘기한 것이라면 내 딸을 그에게 주겠습니다."

그러면서 왕은 아흐마드한테 말했다.

"그대에게 세 가지 질문을 하겠다. 만일 제대로 된 답을 말할 경우에는 내 딸을 그대에게 주겠노라."

"세 가지만 질문하시지 말고 열 가지라도 좋으니 마음껏 하세요. 무슨 질문을 하시더라도 최고의 대답을 해 드리겠습니다."

아흐마드는 자신 있게 대답했다.

"좋다, 잘 듣고 대답을 하여라. 첫 번째 질문은, 대체 어떤 개를 보고 강아지라고 부르느냐? 두 번째 질문은, 사람이 타고 다니는 말과 짐을 나르는 말을 어떻게 구별할 수 있느냐? 세 번째 질문은, 대체 무슨 이유 때문에 일부 황금에 금이 가는 일이 생기느냐 하는 것이다."

그때 천사들이 나타나 아흐마드에게 정답에 대한 영감을 주었다. 천사들에게 영감을 받은 그는 술술 대답했다.

"자, 그렇다면 가서 개 한 마리만 이리로 데려오세요. 그게 다 큰 개인지 아니면 강아지인지 구별해 드릴 테니까요."

아흐마드의 말에 왕은 개 한 마리를 데려오라고 지시했다. 신하들은 재빨리 개 한 마리를 대령했다. 그러자 아흐마드는 그 개를 한 번 슥 쳐다보며 말했다.

"이건 다 큰 개가 아니에요. 아직 강아지라고요. 이 짐승을 마당으로 데려가서 풀어놓고 이 개가 뛰어다니는지 어떤지를 잘 살펴보세요."

이번에는 왕이 신하들에게 마구간에서 말 한 마리를 데려오라고 명령했다. 말을 본 아흐마드가 말했다.

"이건 사람이 타는 말이 아니에요. 아직은 짐 나르는 어린 말일 뿐이죠. 이 짐승은 시냇물 하나도 제대로 건너지 못해요. 만일 누군가가 이 짐승 위에 올라탔다가는 금방 무릎을 꿇고 주저앉고 말 거예요."

정말로 샘으로 가서 그 말이 물을 건너가도록 갖은 애를 써 보았지만 결국 말은 샘을 건너지 못했고, 한 사람이 올라타 보았지만 자리에 털썩 주저앉고 말았다.

신하는 말을 다시 궁전으로 데려와 왕에게 고하였다.

"아흐마드의 말이 맞습니다. 이 말은 짐을 나르는 말입니다. 사람이 올라탈 수 있는 말이 아닙니다."

그러자 아흐마드는 자신만만하게 다음 말을 이었다.

"자, 이제 가서 금을 가져오시죠."

사람들이 그릇에 금을 담아 왔다. 아흐마드는 그 금을 하나씩 따로따로 살펴보다가 그중에서 몇 덩이를 한쪽 옆으로 치워 놓으며 말했다.

"이 금덩이 안에는 벌레가 들어 있습니다. 제 말을 못 믿으시겠다면 금 세공업자를 불러다가 이 금덩이를 녹여 보라고 하세요. 그러면 그 안에 든 벌레를 직접 확인시켜 드리겠어요."

왕은 곧바로 금 세공업자를 불러오라고 명했다. 금 세공업자가 금덩이를 녹이자 정말 놀랍게도 금 속에서 벌레 몇 마리가 기어 나오는 것이었다.

세 가지 질문에 대한 아흐마드의 답변을 듣고 아주 흡족해진 왕이 말을 이었다.

"젊은이, 장하네! 자, 이제 부모님께 가서 여기로 오시라고 하게나. 난 자네를 재상으로 삼을 걸세. 자네는 아주 많은 걸 알고 있으니 말이야."

집으로 돌아온 아흐마드가 부모에게 말했다.

"왕이 제가 아주 마음에 든다고 저를 재상으로 삼으시겠대요. 그리고 공주님을 선보여 준다고 하시면서 어머니 아버지더러 궁전으로 와서 같이 보라세요. 만약 공주님이 제 마음에 들면 아내로 맞을 거예요."

이 말을 들은 아흐마드의 어머니는 깜짝 놀랐다.

"그 말이 정말이냐? 그 말이 참말이라면 빈손으로 갈 게 아니다. 쟁반에 금을 가득 담아 왕에게 가져가야겠구나."

아흐마드의 어머니는 쟁반에 금을 가득 담고 그 위에 천을 덮어 그의 손에 들려 주었다. 모자는 궁을 향해 길을 나섰다.

궁에 도착한 아흐마드의 어머니는 왕에게 인사를 드리고 금 쟁반을 왕 앞에 바쳤다. 왕이 옆에 있는 재상한테 일렀다.

"쟁반 위에 덮인 천을 걷어 보게. 아흐마드가 과연 무슨 선물을 가지고 왔는지 확인해 보세."

쟁반 위에는 금덩이가 가득했다. 금덩이가 번쩍번쩍 찬란하게 빛났다. 왕은 매우 기쁘고 좋아서 어쩔 줄을 몰랐다.

아흐마드의 어머니가 왕에게 말했다.

"만수무강을 기원합니다. 제 아들이 공주님을 뵈러 왔습니다. 저 역시 공주님을 뵙고 제 며느리로 맞이하기 위해 오늘 이렇게 찾아왔습니다."

공주가 오자 아흐마드와 그의 어머니는 그녀를 찬찬히 살펴보았다. 그들은 공주가 아주 마음에 들었다. 그러자 왕이 나섰다.

"아직 가지 마시오. 좀 기다렸다가 혼례를 치른 다음에 가는 게 어떠시오?"

그러면서 왕은 사람들을 시켜 두 사람의 혼인식을 거행하도록 했다. 왕이 아흐마드에게 덧붙였다.

"이제 혼인식을 치렀으니 언제든지 내 딸을 데려가도 좋네. 혹여 내 딸을 자네 집으로 데려가지 않는다고 해도 상관없네. 자네가 우리 곁에 머물면 되니까. 난 자네를 내 아들로 생각한다네."

그러자 아흐마드의 어머니가 나섰다.

"아닙니다요, 공주님을 저희 집으로 모셔가겠습니다. 그리고 공주님께서 원하시면 언제든지 왕을 뵈러 궁전으로 오겠습니다."

그다음 날 모자는 공주를 데리고 입을 옷과 쓸 물건을 몇 가지 챙겨 집으로 데려왔다.

그로부터 서너 달이 지났을 무렵 왕이 문득 말했다.

"사위는 아주 현명하고 지혜로운 사람이니, 내 곁에 머물도록 하는 편이 좋겠어."

그리하여 아흐마드는 공주와 함께 궁으로 들어가게 되었다.

아흐마드의 부모는 평생을 쓰고도 남을 만큼의 금으로 여생을 편안하고 부유하게 먹고 마시며 살았다.

불행한 훠테메

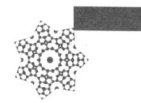

옛날 옛날에 훠테메라는 아가씨가 매일 노파의 집에 기베^{양탄자의 일종}에 쓸 천 짜는 법을 배우러 다녔다. 그런데 노파의 집에 갈 때마다 매번 노파는 이렇게 말하곤 했다.

"왔니? 아유, 불행한 훠테메야."

노파는 이 말을 입에 달고 살다시피 했다. 훠테메가 집을 나서며 노파에게 안녕히 계시라는 인사를 할 때도 마찬가지였다. 노파는 언제나 이렇게 말했다.

"잘 가거라, 불행한 훠테메야."

훠테메는 문득 이런 생각이 들었다.

'대체 이 할머니는 왜 나한테 저런 말을 하는 걸까? 그 까닭이 뭔지 꼭 물어봐야겠어.'

어느 날 훠테메는 천 짜는 법을 배우던 다른 여자들이 모두 집으로 돌아가고 난 뒤 할머니에게 물었다.

"할머니, 왜 만날 저만 보시면 '불행한 훠테메야.' 라고 하시는

●──이란 민담

거예요?"

그러자 노파가 대답했다.

"이곳에서 너는 받을 복이 없으니까 그러는 게야. 네가 받아야 할 복과 누려야 할 행운은 아주 먼 곳에 있거든. 네가 계속 여기 머물러 있는다면 나날이 불행해질 뿐이니, 반드시 너의 행운과 복을 찾아가야만 한단다. 가서 쇠로 신발 일곱 켤레를 만들어 달라고 하렴. 그리고 먹을 것을 챙겨서 저 벌판으로 떠나라. 첫 번째 신발이 다 해지면 그 신발은 버리고 두 번째 신발로 갈아 신어라. 이런 식으로 마지막 남은 신발이 다 해질 때까지 계속해서 길을 가거라. 그러고 나면 네 행운을 찾을 수 있단다. 그러나 이것만은 명심하여라. 아주 많은 고생을 하고 많은 시련을 겪은 뒤에야 비로소 네 몫의 행운에 다다를 수 있다는걸."

휘테메는 할머니가 시킨 대로 신발과 먹을 것을 준비해 몸종 하나를 데리고 넓은 벌판을 향해 길을 나섰다. 어찌나 많이 걸었는지 신발이 차례로 다 해지더니 결국 일곱 번째 신발까지 꺼내 신게 되었다.

일곱 번째 신발이 거의 다 해질 때가 되자 휘테메가 몸종에게 말했다.

"이 신발도 이삼 일 후면 다 떨어질 것 같구나. 저 앞에 보이는 산을 올라가 보면 그 너머에 분명히 광활한 평원이 있을 거야. 어쩌면 거기 도착하면 우리의 행운을 찾을 수 있을지 몰라."

일곱 번째 신발이 다 떨어졌을 때 그들은 이미 산을 내려가고 있었다. 바로 그때 넓은 평원 위에 우뚝 서 있는 아름다운 궁전 하나가 눈에 들어왔다. 휘테메와 몸종은 궁전 안으로 들어갔다. 그러나 아름다운 궁전 안을 샅샅이 뒤져 봤지만, 사람은 고사하고 살아 있는 생명체 하나 발견할 수 없었다. 이번에는 방마다 샅샅이 살펴보기로 하고 2층으로 올라갔다. 하지만 역시 아무것도 없었다. 이번에는 3층으로 올라갔다. 그런데 3층에 있는 왕좌 윗자리에 왕 대신 아주 잘생긴 젊은이 하나가 잠들어 있었다. 어쩐 일인지 그 젊은이의 몸에는 온통 바늘이 꽂혀 있었다. 훠테메는 그 젊은이에게 가까이 다가갔다. 그 젊은이의 머리맡에는 이슬람교의 경전인 코란이 놓여 있고 그 책 사이에 종이가 한 장 끼워져 있었다. 그 종이에는 다음과 같은 글이 적혀 있었다.

이 편지를 읽는 분께
당신은 이제 이 젊은이의 머리맡에 앉아서 코란의 각 장을 처음부터 순서대로 읽으십시오. 그러면서 젊은이의 몸에 꽂힌 바늘을 하나씩 차례대로 뽑으세요. 마지막 바늘을 뽑게 되면 젊은이가 재채기를 하며 깨어날 것입니다. 그리고 당신과 혼인할 것입니다. 신께서 당신에게 행운을 가져다주시길!

훠테메는 혼신의 힘을 다해 코란을 읽기 시작했다. 그리고 젊은이의 몸에서 바늘을 하나씩 천천히 뽑아 냈다. 훠테메는 거의 일주일 동안이나 이 일에 몰두했다. 바늘이 열두어 개 정도 남게 되자 너무 피곤하고 힘이 들어 더 이상 버틸 힘이 없었다. 그래서 훠테메는 몸종에게 일렀다.

"너는 여기 앉아서 이 코란을 읽으며 바늘을 뽑아라. 마지막 바늘 하나가 남게 되면 나를 깨워야 한다."

훠테메의 몸종은 시키는 대로 앉아서 코란을 읽으며 젊은이의 몸에서 바늘을 뽑기 시작했다. 그러나 마지막으로 바늘이 하나만 남게 되자 갈등이 생겼다. 이 마지막 바늘을 자신이 직접 뽑을 것인가, 아니면 주인인 훠테메를 깨울 것인가? 그러다 결국 몸종은 자신이 뽑기로 결심했다.

"난 여러 해 동안 몸종으로 일만 했어. 이제야 겨우 행운이 날 찾아오려 하는데, 내가 그걸 차지해 이 젊은이의 아내가 되면 안 된다는 법이라도 있어?"

훠테메의 몸종이 마지막 바늘을 뽑자 젊은이가 재채기를 하며 깨어나 말했다.

"내 생명의 은인이 누구입니까?"

"접니다."

"나는 당신과 결혼하겠습니다. 이 궁전을 비롯해서 이 안의 모든 것은 전부 내 것입니다. 그런데 여기 잠들어 있는 사람은 누구입니까?"

"제가 부리는 몸종이에요."

훠테메의 몸종은 뻔뻔스럽게 거짓말을 했다.

결국 젊은 왕자는 훠테메의 몸종과 결혼했다. 훠테메가 잠에서 깨어 보니 몸종은 왕자와 정원을 거닐고 있었다. 훠테메가 몸종한테 큰 소리로 말했다.

"거기서 뭐 하는 것이냐? 대체 여기서 무얼 하느냐고? 왜 나를 깨우지 않았느냐?"

그러나 이제 왕자의 아내가 된 몸종은 뻔뻔스럽게 그녀의 말을 가로막았다.

"잔말 마라. 넌 가서 내가 부를 때까지 부엌에서 음식 준비나 하고 있어."

훠테메는 너무 화가 나고 속이 상했지만 어쩔 수가 없었다. 그 후 왕자의 아내가 된 몸종은 끊임없이 엄청난 양의 일을 휘테메에게 시켰다. 그녀는 자포자기한 심정으로 그 많은 일을 다 해내었고, 밤낮으로 울면서 지냈다.

그러던 어느 날이었다. 왕자가 여행을 떠난다며 아내가 된 몸종에게 물었다.

"선물로 뭘 사다 줄까?"

"진주 구슬을 갖고 싶어요. 듣자 하니 악마 계곡에 나무 한 그루가 있는데 그 나무에 진주 구슬이 달린다고 하네요. 그리고 에메랄드로 된 목걸이도 받고 싶어요."

왕자는 그러겠다고 약속했다. 그러면서 휘테메에게도 같은 질문을 했다.

"너는 뭐가 갖고 싶으냐? 여행에서 돌아올 때 갖다 주겠노라."

휘테메가 대답했다.

"저에게 인내석忍耐石 하나만 사다 주세요. 그 돌에게 하소연이나 하게요."

인내석은 사람들이 자신의 슬픔이나 마음의 고통을 이야기하면 사정을 다 들어주고 나서 결국은 산산이 부서져 버리는 돌이었다.

어느덧 여행을 떠났던 왕자가 선물을 사 가지고 궁으로 돌아올 때가 되었다. 휘테메에게 줄 인내석도 함께 사 온 왕자는 문득 그 돌을 살 때 상인이 했던 말이 떠올랐다.

"이 돌을 누구한테 가져다줄지는 모르겠지만, 일단 돌을 주고 나면 문 뒤에 숨어서 그 사람이 하소연을 마칠 때까지 기다리셔야 합니다. 그런 다음 그 사람이 하소연을 끝마치는 순간 곧바로 들어가서 그를 구해 내셔야 합니다. 왜냐하면 이 돌이 산산조각 나며 부서질 때 그 사람도 목숨을 잃을 수 있으니까요."

그래서 왕자는 문 뒤에 몸을 숨기고 훠테메가 과연 무슨 하소연을 하는지 들어 보기로 했다. 그녀는 지금까지 살아온 얘기를 처음부터 끝까지 다 했다. 어떻게 해서 궁에 오게 되었는지부터 시작해서 전후 사정을 죄다 그 돌 앞에 털어놓고 하소연을 했다. 그러다가 마침내 그 돌을 향해 말했다.

"인내석아, 네가 인내심이 많은 거니, 아니면 내가 인내심이 많은 거니?"

그러자 인내석이 대답했다.

"당신이 인내심이 많은 거지요."

훠테메는 마음속에 담아 두었던 마지막 말까지 그렇게 돌 앞에다 털어놓았다.

그때 왕자가 방 안으로 뛰어들어 와서 그녀를 방 밖으로 데리고 나왔다. 바로 그 순간 인내석이 퍽 터지면서 돌 속에 든 한 컵 정도의 독도 방바닥으로 흘러나왔다.

그제야 왕자는 자기를 구해 준 사람이 훠테메이며 몸종이 거짓말을 한 사실을 알게 되었다. 왕자는 몸종을 크게 꾸짖었다.

"너는 어찌하여 네 주인의 몫을 차지하려 했느냐?"

그리하여 왕자는 몸종을 밖으로 내쫓고 훠테메와 둘이서 아주 행복하게 오래오래 살았다.

굳건한 신앙심

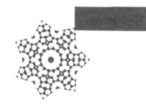

 오랜 옛날 많은 재산을 소유한 왕이 살았다. 그에게는 신앙심이 비길 데 없이 깊은 딸이 있었다. 어느 날 왕은 공주를 보고 말했다.
 "신은 내게 부 이외에는 아무것도 준 게 없구나."
 그러자 공주가 답했다.
 "아버님이 가지고 계신 모든 것은 저의 신앙심 덕분이라고 생각하는데요!"
 왕은 공주의 말을 듣고 매우 화가 나서 복수해 주기로 마음을 먹고 명을 내렸다. 이 세상에서 유일한 아름다움을 가지고 있는 딸에게 모든 면에서 결점투성이인 사위를 찾아 주기로 한 것이다.
 신하들은 온 도시를 뒤진 끝에 결국 노모와 함께 배화교도들이 시체를 놓아두는 장소에 터전을 잡고 사는 절름발이에 귀머거리에 벙어리인 젊은이를 찾아 데리고 왔다. 그리고 왕의 명령대로 그 청년과 공주를 맺어 주었다. 그러고서 혼례 절차도 생략한 채 공주가 낯선 노모와 남편을 따라가도록 했다. 그들은 도시를 벗어나 인가가 몇 채 있는 곳에 이르렀다. 공주가 가진 것이라고는 금과 보석으로 된 반지와 팔찌뿐이었다.

어느 날 공주는 시어머니를 보고 말했다.

"어머님, 이 반지를 가져다 팔아서 그 돈으로 집을 빌리세요."

노모는 며느리의 말대로 반지를 팔아 부락 근처에 집을 하나 빌렸다.

공주는 빌린 집에 터전을 잡고 며칠 동안 이슬람교 경전인 코란을 읽으면서 보냈다. 경전을 다 읽고 나서 그녀는 또 시어머니에게 말했다.

"어머님, 이 팔찌를 시장에 내다 팔아 40일 동안 지낼 수 있는 물건을 사 오세요. 그리고 어머님이 필요하신 것 외에 빵 40개를 따로 준비해 주세요."

노모는 팔찌를 팔아서 장을 보아 집으로 돌아왔다. 공주는 노모가 사 온 빵 40개를 집으며 밀했다.

"저희는 40일 동안 이 방 안에서 지낼 거예요. 건강은 저희가 알아서 챙길게요. 그러니 어머님은 방문을 열지 마세요. 그리고 저희 일에 상관하지 않으셨으면 좋겠어요."

40일 동안 며느리와 아들은 침묵하며 방 안에 박혀 신에 대한 경배를 계속하며 빵 조각만 먹었다. 40번째 밤이 되자 시어머니는 방문을 두드리며 말했다.

"얘야, 40일이 지났구나."

며느리가 대답했다.

"내일 아침 해가 떠야만 완전히 40일이 되는 거예요. 그러니 그때까지 문을 열지 마세요."

다음 날 아직 해가 다 뜨지 않았는데 시어머니는 방문을 열어 보고 그 자리에서 얼어붙을 정도로 깜짝 놀랐다. 아들은 간 곳이 없고 젊고 건강한 청년이 며느리 옆에 있는 것을 본 것이다. 며느리가 어머니의 놀라움을 덜어 주려고 말했다.

"어머님, 놀라지 마세요. 나쁜 생각도 하지 마세요! 제 옆에 있는 사람이 바로 어머님의 아들이에요."

어머니는 너무 기뻐서 눈물을 흘리며 신에게 감사를 드리다 얼마 후에야 정신을 차렸다. 잠시 후 며느리가 아들을 향해 말했다.

"자, 이제 일어나 사람들에게 가서 장사를 하세요."

훌륭한 젊은 청년으로 변한 남편은 성 안으로 가서 일을 찾을 셈으로 길목 어귀에 서 있었다. 얼마 후 한 남자가 와서 그에게 일을 주었다. 남편은 벽돌을 만들어 담을 쌓고 집을 지어 주었다. 그렇게 해가 질 때까지 열심히 일해 드디어 밤이 되자 2토만을 받아 집으로 향했다. 집에 돌아온 남편은 아내에게 일해서 번 돈을 주었다.

아내인 공주가 말했다.

"신이여, 감사합니다! 내일도 당신은 일을 할 거예요."

남편은 매일 벽돌일을 하여 빠르고 숙달된 벽돌공이 되었고, 돈도 많이 받게 되었다.

어느 날 해가 질 무렵 남편이 일을 끝냈을 때 주인이 말했다.

"오늘 밤은 우리 집에서 자게나."

"안 됩니다, 주인어른. 일을 해서 빵 값을 벌어 부양해야 하는 아내와 늙은 어머니가 계신걸요."

"그럼, 잠시 기다리게. 이건 자네 음식이니 집으로 가져가게."

그러고 나서 주인은 음식을 금으로 된 그릇에 담아 아들에게 주었다. 남편이 돌아간 뒤 안주인이 주인에게 물었다.

"만일 금으로 된 그릇을 가지고 가서 다시 나타나지 않으면 어떻게 해요?"

"내가 알고 있는 한 저 사람은 내 모든 재산을 다 맡긴다 해도 한 치의 부족함 없이 지킬걸."

남편이 집에 돌아와 모든 상황을 설명하자 아내가 말했다.

"내일 일터로 가서 일을 끝낸 후 주인에게 모레는 오지 않겠다고 말하세요."

다음 날 남편은 금으로 된 그릇을 챙겨 주인에게 돌려주고는 그 날의 일을 마쳤다. 해가 질 무렵 남편은 아내가 시킨 대로 다음 날은 오지 않을 것이라고 말했다.

다음 날 아침 남편은 아내가 시키는 대로 저축해 두었던 300토만의 돈을 가지고 시장으로 갔다. 그런데 시장에서 어떤 남자가 소리를 지르며 이렇게 말했다.

"말을 사세요."

남편은 자초지종도 묻지 않고 100토만을 주고 충실하고 정직한 진실의 말을 사기로 약정했다. 그러고 나서 다시 말을 파는 사람한테 100토만을 주자 그는 이렇게 말했다.

"해가 졌을 때 어느 나라에 도착하게 되면 거처를 성문 밖으로 정하게. 절대 성 안으로는 들어가지 말게."

다시 남아 있던 100토만을 주자 그는 또 이렇게 말했다.

"여행을 할 때마다 홍수가 나는 곳에서 희망을 걸어 보게."

이리하여 남편은 가지고 있던 돈 300토만을 말을 파는 사람에게 몽땅 주었다. 하지만 그가 건진 것이라고는 오직 말 세 마디밖에 없었다.

남편이 집으로 돌아오자 아내는 어떻게 되었느냐고 물었다.

"300토만을 주고 세 마디 말을 샀소."

그는 지금까지 있었던 일을 설명해 주었다. 아내는 몹시 기뻐하며 말했다.

"생각을 너무 많이 하지 않는 게 좋아요."

그러고는 아무 말도 하지 않았다.

다음 날 남편은 다시 일터로 나가 평소처럼 일했다. 그런데 주인의 원래 직업은 상인이었다. 어느 날 주인이 남편에게 말했다.

"여보게, 자네는 충실하고 정직하고 진실한 사람일세. 그러니 이제부터 장사일을 시작해 보게."

남편은 집으로 돌아가 아내에게 주인의 제안을 말해 주었다. 아내가 말했다.

"좋아요. 이런 말을 들었으니 우리 생활에 축하할 만한 일이 생길 거예요."

다음 날 남편은 주인에게 가서 여행을 할 준비가 되었다고 말했다. 주인은 그를 대상인들에게 부탁하며 말했다.

"장사하는 길과 법을 이 사람에게 잘 가르쳐 주시오."

길을 나선 대상인들은 가고 또 가서 물이 있는 어느 웅덩이에 닿았다. 그렇지만 어느 누구도 웅덩이 안으로 들어가서 물을 떠 올 마음이 없었다. 그러자 남편이 말했다.

"제가 들어갈게요."

남편은 아내가 미리 말해 준 대로 머리부터 웅덩이 안으로 들이밀었다. 그러고 나서 밑으로 들어가니 웬 요술사가 앉아 있었다. 남편은 그녀를 보자 말했다.

"아주머니, 안녕하세요?"

"자네의 달과 같은 얼굴에 평화가 깃들기를."

요술사는 그를 자신의 곁에 앉혔다. 남편은 물을 어느 정도 마시고 나서 대상인들을 위해 물을 떠서 위로 올려 보냈다. 요술사는 남편을 마음에 들어 하며 지금까지 본 적이 없는 아주 커다란 석류를 일곱 알 주었다.

남편은 웅덩이에서 나와 이 석류들을 늙은 어머니와 아내에게 보내야겠다고 생각하고 집으로 돌아가는 대상인들에게 그것들을 맡겼다.

"집에 이것을 좀 전해 주세요."

한편 깊은 신앙심과 깨끗한 마음 때문에 모든 것을 다 빼앗기고 가족과 떨어져 혼자 단조로운 생활을 하고 있던 아내는 남편이 보내 준 석류를 받아 반으로 갈라 보았다. 그러자 그 안에서 석류알 대신에 루비와 보물이 쏟아져 나왔다. 아내는 남은 석류를 모두 쪼개 보았다. 그러나 나머지 석류에서는 첫 번째 석류에서처럼 보물이 나오지 않았다. 그렇지만 아내는 루비와 보물들을 팔아 아주 큰 집을 가지게 되었다.

남편은 대상인들과 합류하여 장사를 하기 위해 여행을 계속했다. 한참을 가고 있는데, 해가 질 무렵 날씨가 추워지더니 홍수가 날 조짐이 보였다. 그래서 남편은 높은 곳으로 가서 자자고 말했다. 그러나 어느 한 사람도 그의 말에 귀를 기울이지 않았다. 그는 혼자서 높은 곳으로 올라가 잠을 청했다.

한밤중이 되자 비가 쏟아지고 강이 범람하여 홍수가 났다. 그 바람에 대상인들은 가지고 있던 물건과 재산을 모두 잃게 되었다. 그들은 남편의 말을 듣지 않아 그렇게 되었다고 후회하였다. 그러나 이제 와서 후회한다고 해도 아무 소용이 없었다. 다음 날 대상인 일행은 다시 목적지를 향해 출발했고, 가고 또 가서 마침내 원하던 장소에 닿았다. 남편은 일행들을 성문 가까이에 멈춰 세우고는 말했다.

"제 말을 들으세요. 이곳에다 짐을 풀도록 해요. 밤을 여기서 지내고 아침에 들어가기로 합시다."

이번에는 대상인들도 아들의 말을 받아들여 성문 근처에 짐을 풀고 자기로 했다.

한편 이 나라의 왕은 왕비가 일곱이나 있었는데, 한 사람도 자식을 낳지 못하다가 그날 밤 막내 왕비가 아들을 낳았다. 그런데 다른 왕비들이 손에서 손을 거쳐 갓 태어난 왕자를 훔쳐 성문에 있던 한 여자에게 넘겼다. 그 여자는 왕자를 도시 밖으로 데려가 머리를 베어 살인을 범하고는 어둠 속에서 길을 가던 중이었다. 아무것도 보이지 않았지만 남편은 깨어서 어둠 속을 바라보고 있었다. 그때 한 사람이 무엇인가를 들고 바로 그의 곁을 지나가고 있었다. 드러누워 있던 아들은 무심코 여자의 발을 잡았으나 그녀가 신고 있던 신발 한 짝만 잡을 수 있었다.

다음 날 이른 아침에 눈을 뜬 왕은 갓 태어난 아들을 도둑맞은 것을 알게 되었다. 궁 안은 발칵 뒤집어졌고, 왕의 기마병들은 왕자를 찾으러 여기저기 다니다 드디어 성문까지 이르렀다. 그곳에서 핏자국을 발견하고 따라가니 결국 대상인들이 있는 곳에 닿았다. 기마병들은 다짜고짜 그들을 붙잡아서 감옥에 가두었다. 다행히 다른 상인들과 멀리 떨어져 있던 남편은 자신의 짐을 들고 도시 안으로 들어갔다. 그는 유유히 팔아야 할 물건들을 다 팔고 나서 왕한테 가서 지금까지 보았던 사실을 말했다. 남편이 가지고 있던 신 한 짝을 보여 주자 왕은 그의 말을 믿었다. 왕은 신발을 여인들의 거처로 가지고 가서 이 일과 관련 있는 여인을 찾아내었다. 얼마 지나지 않아 살인을 한 여자는 대가를 치르게 되었다. 왕은 남편에게 하사품을 내리고 같이 왔던 대상인들을 풀어 주었다.

●──이란 민담

남편은 대상인들과 함께 아내와 늙은 어머니가 살고 있는 집으로 돌아왔다. 한편 자식이 없던 주인은 모든 이야기를 듣고 남편에게 자신의 재물을 물려주었다.

이제 아내인 공주와 남편과 늙은 어머니는 없는 것 없이 다 가지게 되었다. 그러나 무엇보다도 귀한 재산은 명예였다. 마침내 이 소식이 공주의 아버지인 왕에게까지 닿게 되었다. 왕은 공주의 신앙심을 얕잡아보고 딸에게 고통을 주었던 것을 크게 후회하였다. 그리하여 딸과 사위에게 전갈을 보내 백성을 돌보느라 지쳤으니 궁으로 와서 도와 달라고 했다.

왕은 딸과 사위를 보자 말했다.

"너의 신앙심과 믿음에 실수를 했구나. 이제 내가 왕관을 버리고 신을 경배할 시간이 왔노라. 과거에는 절름발이에다 귀머거리에 벙어리였던 자가 건강하고 훌륭한 젊은이로 변했으니 이제는 왕이 되어라."

그리하여 이 세상에는 깨끗한 생각을 가진 아내의 지혜와 신앙심에 아무것도 비길 수 없다는 사실이 밝혀졌다.

일곱 개의 문이 있는 성

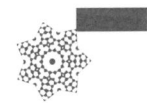

아주 아주 먼 옛날 아름다운 일곱 자매가 커다란 성에서 살고 있었다. 그 성은 아주 높은 산 위에 있었는데, 커다란 문이 일곱 개 있었다.

그러나 누가 그렇게도 높은 산 위에 그 성을 지었는지는 아무도 몰랐다. 또한 일곱 자매가 어디에서 무엇 때문에 이 성에 와서 사는지 아는 사람도 없었다. 부모님을 모시고 사는지 아니면 자매들끼리 사는지도 알려지지 않았다. 혹시 그녀들은 미로 같은 성으로 잡혀 와 갇혀 지내는 바다 요정일지도 몰랐다.

자매들은 매일 밤 순서를 정해 성문을 잠갔다. 일곱 번째 날 해가 질 무렵은 막내 나마키가 성문을 잠글 차례였다.

그러던 어느 날 달빛이 아름다운 밤이었다. 날씨는 덥지도 춥지도 않았다. 나마키는 여느 때처럼 성문을 잠갔다. 그런데 그만 일곱 번째 성문을 잠그는 것을 깜박 잊고 말았다. 공교롭게도 그날 밤 아주 흉측하고 못된 요괴 하나가 성 안으로 들어왔다. 요괴는 성 안

구석을 어슬렁거리다가 자매들을 발견하고 나서 큰 소리로 떠들기 시작했다.

"나마키야, 성문 여섯 개를 잠갔지만 나머지 성문 하나를 안 잠 갔구나. 이리 오너라. 나는 배가 고파 죽을 지경이다."

나마키는 요괴가 자기를 잡아먹으려 한다는 걸 눈치 채고 펑펑 울며 살려 달라고 애원했다. 그러나 요괴는 들은 척도 하지 않고 나 마키를 자루 속에 집어넣고 어디론가 데리고 갔다. 그렇게 한참을 가던 도중에 나마키가 말했다.

"물 좀 마시고 싶어요."

요괴는 어느 샘가에 다다르자 자루를 땅에 내려놓고 자기도 엎드 려 벌컥벌컥 물을 마시기 시작했다. 나마키는 이 틈을 타서 나뭇가 지와 마른 풀을 자루 속에 넣은 뒤 나무 뒤에 몸을 숨겼다. 물을 다 마신 요괴는 자루를 들쳐 업고 다시 길을 갔다. 그런데 자루 속에 든 나뭇가지가 자꾸만 요괴의 등을 꾹꾹 찔렀다.

"나마키야, 좀 얌전히 있지 못하겠니? 안 그러면 지금 당장 잡아 먹을 테다."

요괴가 몇 번이나 이런 소리로 겁을 주었지만 나뭇가지는 계속해 서 요괴의 등을 찔렀다. 그러자 더 이상 참을 수 없을 만큼 화가 난 요괴는 자루를 땅에 내려놓고 나마키를 잡아먹으려 했다. 하지만 나마키가 이미 도망친 것을 알게 된 요괴는 자신이 속았다는 걸 깨 닫고 재빨리 왔던 길로 되돌아갔다. 그리고 아직 샘가에 앉아 있던 나마키를 보게 되었다. 그녀는 다시 요괴에게 잡혀 자루 속에 갇힌 채 끌려갔다.

그렇게 한참을 가다가 나마키가 다시 입을 열었다.

"잠깐만 저 좀 내려 줘요."

요괴가 퉁명스럽게 대답했다.

"이번에는 대체 뭘 하려고?"

"말로는 못 하겠어요."

그제야 나마키가 뭘 하려는지 눈치 챈 요괴는 그녀를 땅에 있는 큼지막한 돌덩이 옆에 내려 주고, 자기는 앉아서 잠깐 쉬기로 했다. 이번에도 나마키는 돌멩이 몇 개를 자루 속에 집어넣고 몰래 도망쳤다. 깜박 잠이 들었다 깬 요괴는 다시 자루를 들쳐 업고 길을 계속 갔다. 얼마 못 가서 마귀가 말했다.

"나마키야, 왜 이렇게 갑자기 무거워졌느냐. 가만히 좀 있어라. 안 그러면 잡아먹겠다."

그러나 나마키는 아무 대답이 없었다. 요괴는 자루를 다시 땅에 내려놓고 그 속을 살펴보았다. 자루 속에는 나마키는 없고 돌멩이만 들어 있었다. 요괴는 부랴부랴 왔던 길을 다시 돌아가 나마키를 찾아서 자루 속에 집어넣고 가던 길을 계속 갔다. 그러다가 어느 시냇가에 다다랐다. 요괴는 아름드리 나무 아래 앉아 나마키를 자루에서 꺼내 준 다음 이렇게 말했다.

"어디 한번 노래하고 춤을 춰 보아라."

나마키는 요괴에게 대답을 하는 대신 양손으로 얼굴을 가리고 주저앉아 울기 시작했다. 그러자 요괴가 으름장을 놓았다.

"만약 춤을 안 춘다면 널 잡아먹어 버리겠다."

그러나 이번에도 나마키는 아무 대답이 없었다. 그러자 화가 난 요괴는 나마키의 머리를 자르고, 몸통은 나무 위에 얹어 놓고 사냥을 하러 가 버렸다.

사냥에서 돌아온 요괴는 흙 속에서 요술 돌멩이 하나를 꺼내 나마키의 머리를 몸통에 다시 붙였다. 그러면서 또다시 그녀더러 노

●──이란 민담

래하고 춤추라고 시켰다. 나마키는 차마 요괴가 시키는 대로 할 수가 없었다. 그러자 요괴는 또다시 그녀의 머리를 잘라 나무 위에 얹어 놓고 자기의 볼일을 보러 가 버렸다.

요괴가 사냥을 하러 멀리 간 사이 나마키의 목에서 시간마다 피가 한 방울씩 시냇물 위로 떨어져 아주 향기로운 꽃으로 변해 흘러 내려 갔다. 그곳에서 시냇물을 따라 한참을 내려간 곳에 한 젊은이가 냇가의 물을 끌어다 밭에 물을 대고 있었다. 그는 아름다운 빨간 꽃 한 송이가 시냇물을 타고 흘러내려 오는 모습을 보게 되었다. 젊은이가 꽃을 건져 향기를 맡아 보니 그 향기가 너무 좋았다. 그런데 얼마 후 또다시 꽃 한 송이가 흘러내려 오는 게 아닌가!

젊은이는 해가 질 무렵까지 꽃송이 몇 개를 더 물에서 건져 냈다. 빨간 꽃들이 과연 어디에서 온 것인지 궁금해진 젊은이는 시냇물을 거슬러 올라가 보기로 했다. 시냇물을 따라 한참 올라가니 마침내 나마키의 몸이 놓인 나무가 나왔다. 놀란 젊은이가 멍하니 그 자리에 서서 목 없는 나마키의 몸을 쳐다보고 있는데, 어디선가 갑자기 무시무시한 고함 소리가 들려왔다. 젊은이는 재빨리 한쪽 구석으로 가 몸을 숨겼다. 그로부터 얼마 후 요괴가 빙글빙글 소용돌이를 그리며 나타났다. 요괴는 홈 속에서 돌멩이 하나를 꺼내 나마키의 목에 쓱쓱 문질렀다. 그러자 나마키가 다시 살아났다. 그러더니 요괴는 잠시 후 다시 그녀의 목을 잘라 나무 위에 올려놓고 어디론가 사라져 버렸다.

요괴가 아주 멀리 가 버린 것을 확인한 젊은이는 요술 돌멩이를 집어 들고 나마키의 목에 쓱쓱 문질렀다. 그러자 나마키가 다시 살아났다. 젊은이가 대체 어찌 된 일인지 까닭을 묻자 나마키가 대답했다.

"저희 일곱 자매는 성문이 일곱 개 있는 성에서 살고 있어요. 매일 밤 순번을 정해 성문을 잠그기로 되어 있었죠. 그런데 제가 성문을 잠글 차례가 된 날 밤에 그만 일곱 번째 성문을 잠그는 걸 잊어버렸지 뭐예요. 그래서 그날 밤 요괴가 성 안으로 들어와서 저를 잡아 여기까지 데리고 온 거예요. 요괴가 저더러 노래를 부르고 춤을 추라고 했는데 제가 싫다고 하자 지금 이 꼴로 만들어 놓았어요."

그 말을 들은 젊은이는 한참 동안 골똘히 생각하더니 나마키에게 말했다.

"제가 당신의 목을 자르고 다시 당신 몸을 나무 위에 올려놓을게요. 요괴가 돌아와서 또다시 당신더러 춤을 추라고 하면 춤을 추긴 하겠지만 한 가지 조건이 있다고 하세요. 그리고 요괴에게 요괴의 목숨이 담긴 유리병을 달라고 하세요."

나마키는 젊은이의 말을 듣고 시키는 대로 하겠다고 했다. 젊은이는 나마키의 목을 다시 잘라 나무 위에 올려놓고 몸을 숨겼다.

사냥을 마친 요괴가 다시 돌아와 나마키를 살려 놓았다. 그러자 나마키가 요괴에게 말했다.

"당신의 목숨이 담긴 유리병을 제가 가지고 놀 수 있게 잠깐만 빌려 준다면 노래를 불러 드리겠어요."

그러자 요괴는 나마키의 조건을 받아들이면서 신신당부를 했다.

"그렇지만 이걸 가지고 놀 때는 아주 조심해야 하느니라. 만약 이게 깨지는 날이면 나도 끝장이다, 알겠느냐?"

나마키는 알았다고 고개를 끄덕였다. 그러자 요괴는 근처 우물가로 가서 그 속에 잘 숨겨 두었던 목숨이 든 유리병을 꺼내 나마키에게 건네주었다. 그러면서 조심해서 다루라고 다시 한 번 당부한 다음 사냥을 하러 갔다.

젊은이가 나마키에게서 유리병을 건네 받아 던지려는 순간 어디선가 요괴가 고래고래 소리를 지르며 나타났다.

"너는 대체 뭐 하는 놈이냐? 무슨 일로 여기서 얼쩡대느냐?"

젊은이도 물러서지 않았다.

"가까이 오지 마라. 안 그러면 이 유리병을 저 돌 위에 던져 깨 버리겠다."

요괴는 이 말을 듣자 겁이 더럭 났다.

"만일 내 목숨이 든 유리병을 깨지만 않는다면 네가 원하는 것을 모두 들어주마."

"그렇다면 우리를 네 위에 태워라."

요괴가 두 사람을 어깨 위에 태우자 젊은이는 다시 명령을 내렸다.

"이 아가씨를 처음 있던 자리로 모셔다 드려라."

요괴는 눈 깜짝할 사이에 두 사람을 일곱 개의 문이 있는 성에 데려다 주었다. 나마키는 성 안으로 들어가 언니들에게 지금까지 겪은 일을 모두 이야기해 주었다. 나마키의 여섯 언니들이 요괴와 젊은이를 보려고 우르르 밖으로 나와 보니 요괴는 그때까지 젊은이한테 살려 달라 애원하고 있었다. 그러나 젊은이는 요괴한테서 멀찌감치 떨어져 유리병을 땅에 힘껏 내던져 깨 버리고 말았다. 순간 요괴는 크게 고함을 한 번 지르더니 연기가 되어 공기 중으로 사라져 버렸다.

요괴가 죽자 모두들 웃으면서 편한 마음으로 성 안으로 들어갔다. 언니들은 아주 성대한 잔치를 베풀고 나마키와 용감한 젊은이를 혼인시켰다. 두 사람은 그 뒤로 오래오래 행복하게 살았다. 더 이상 요괴의 괴롭힘이 없었음은 두말할 것도 없다.

기즈러르 허니

옛날에 젊은 처녀 셋이 친한 친구로 지내고 있었다. 그들은 재상의 딸, 재판관의 딸, 왕의 딸이었다. 그들은 매일같이 모여 춤추고 웃고 떠들고 이야기하며 하루하루를 즐겁게 보냈다.

그러던 어느 날 그들은 누가 먼저라고 할 것도 없이 서로에게 말했다.

"어느 고을에 가면 기즈러르 허니라는 이름을 가진 처녀가 있는데, 사람들이 하는 말을 들으니 그녀는 아주 재미있는 성품을 지니고 있다더라. 만약 그녀가 여기에 와서 우리랑 함께 어울린다면 더 즐겁지 않을까?"

그래서 그들은 신하와 몸종에게 명하여 기즈러니 허니를 데려오라고 시켰다. 기즈러르 허니가 오자 곧 그들은 네 명이 되어 어울리기 시작했다.

그러던 어느 날이었다. 처녀 넷이 궁전의 발코니로 나가 "여기 좀 봐, 저곳도 좀 보라고." 하며 즐겁게 시간을 보내고 있는데, 문득 저 멀리 산 아래에서 무언가 번쩍번쩍 빛이 나는 게 보였다.

공주가 먼저 말했다.

"대체 저기에 뭐가 있는 거지?"

다른 처녀가 대답했다.

"저기에는 도둑들의 소굴이 있어요."

그 말에 기즈러르 허니가 말했다.

"그렇다면 제가 한번 저곳에 가 보겠어요."

그러자 나머지 세 친구들이 극구 말렸다.

"안 돼! 안 되고말고. 누가 저렇게 무서운 곳에 갈 수 있다고 그래? 그랬다가는 도둑들한테 매를 맞고 죽임을 당할 거야."

그러나 기즈러르 허니는 막무가내였다.

"상관없어요. 제가 과연 저곳으로 가는지 못 가는지 두고 보면 알 거예요."

다음 날 기즈러르 허니는 탬버린 하나를 손에 들고 두드리면서 도둑들이 사는 성으로 발걸음을 옮겼다. 그녀가 성문을 두드리자 문 뒤에서 어떤 노인의 목소리가 들렸다.

"누구요?"

기즈러르 허니가 대답했다.

"할아버지, 우리 어머니가 땔나무를 모으러 가셨는데 저희 집에는 홍차 한 잔 마실 물을 끓일 불이 없는 거예요. 그러니 물을 끓이게 불씨 좀 빌려 주세요."

할아버지가 펄쩍 뛰며 말했다.

"얘야, 얼른 돌아가거라. 이곳에 온 사람치고 살아서 집으로 돌아간 자가 하나도 없단다. 여기에 도둑 40명이 산다는 걸 몰랐단 말이냐?"

"도둑들이 돌아오기 전에 불씨를 가지고 가면 되잖아요. 그러면 도둑들은 눈치 못 챌 거예요."

그러자 노인은 하는 수 없이 성문을 열어 주었다. 기즈러르 허니는 성 안으로 들어가 노인을 도와 밥도 짓고 닭과 오리와 생선을 가지고 음식을 푸짐하게 준비했다. 일을 마친 기즈러즈 허니는 사모바르*홍차 끓이는 기구*에 불을 붙인 다음 노인에게 말했다.

"할아버지, 이리 오셔서 이것 좀 드셔 보세요."

두 사람은 앉아서 음식을 맛있게 먹기 시작했다. 그때 기즈러르 허니가 노인에게 물었다.

"화장실이 어디 있어요?"

노인은 화장실이 어디인지 가르쳐 주었다. 그런데 볼일을 보러 안으로 들어간 기즈러르 허니가 다시 노인에게 물었다.

"할아버지, 어떻게 앉아서 볼일을 봐야 할지 모르겠어요. 먼저 시범을 보여 주세요."

그러자 노인은 어떻게 앉아서 볼일을 봐야 하는지 시범을 보여 주었다. 기즈러르 허니는 그때를 놓치지 않고 노인을 구멍 아래로 밀어 버렸다. 그런 다음 그녀는 닭고기랑 생선이랑 오리 고기를 쟁반에 가득 담아 흥겹게 춤을 추며 세 친구 곁으로 돌아왔다.

"자, 이제 이것 좀 드시죠."

세 처녀가 놀라서 물었다.

"이런 세상에! 이것들을 대체 어떻게 가지고 온 거지?"

그러자 기즈러르 허니가 자랑스러운 듯 말했다.

"그런 거에는 신경 쓰지 말고 일단 먹기나 하세요. 참, 내가 할아범 하나를 화장실 밑바닥으로 밀어서 떨어뜨렸다고 얘기하고 다니면 안 돼요."

●──이란 민담

한편 도둑들이 성으로 돌아와 보니 사방이 깨끗하게 정돈되어 있었다. 노인이 어디 있는지 찾아보았지만 어디에서도 그 모습이 보이지 않았다.

"분명 이 근방 어디에 있을 거야. 금방 나타나겠지 뭐."

도둑들은 다 같이 모여 앉아 밥을 먹은 뒤 각자의 방으로 자러 들어갔다. 그러다 그중 한 명이 볼일을 보고 싶어졌다.

그 도둑이 볼일을 보려고 화장실에 앉아 있는데 갑자기 화장실 바닥 저 아래에서 사람 말소리가 들렸다.

"안 돼. 그만 멈춰. 바로 내 얼굴에 떨어진단 말야."

도둑은 놀라서 다른 도둑들을 소리쳐 불렀다.

"모두들 이리 좀 와 봐. 할아범이 여기 있다고!"

"할아범, 대체 이런 곳에서 뭘 하고 있는 거요?"

도둑들이 입을 모아 물었다.

"늙은이가 하는 일이 다 그렇지 뭐. 손발이 부들부들 떨려서 그만 아래로 떨어지고 말았어."

도둑들은 노인을 꺼내 올린 다음 깨끗이 씻긴 후 다시 잠자리에 들었다. 다음 날 아침이 되자 도둑들은 성 밖으로 나가고 성 안에는 다시 노인 혼자 남게 되었다.

한편 기즈러르 허니가 세 친구에게 말했다.

"오늘도 산적들의 소굴에 가 보고 싶어요."

그러자 세 처녀는 기즈러르 허니를 극구 말렸다.

"이게 무슨 소리야? 절대 가지 마. 이번에는 분명 잡히고 말 거라고."

그러나 기즈러르 허니의 고집도 만만치 않았다.

"어머, 지금 무슨 소리를 하는 거예요? 전 모두를 그곳에 데려가고 싶은데요."

그러자 세 친구는 기겁을 하며 더 이상 그녀를 붙잡지 않았다.

그리하여 기즈러르 허니는 혼자 쟁반을 겨드랑이에 끼고 사과 두 개를 주머니에 넣고 길을 나섰다. 그녀가 성문 앞에 도착하여 문을 두드리니 이번에도 노인이 누구냐고 물었다.

"할아버지, 우리 어머니가 어제 할아버지가 주신 그 불씨가 너무 고맙다고 감사 기도를 수천 번도 더 했어요. 이번에도 불씨 좀 얻으려고 이렇게 또 왔어요."

이 말을 들은 노인은 버럭 성을 냈다.

"썩 꺼져, 망할 것 같으니! 어제 나를 밀어 그 더러운 곳으로 떨어뜨려 놓고 가더니, 왜 또 찾아온 거냐. 고얀 것, 오늘은 나한테 무슨 해괴한 짓을 하려고 하느냐?"

그러자 기즈러르 허니는 사과를 꺼내 노인에게 주었다. 사과를 본 노인은 입 안에 군침이 돌았다. 기즈러르 허니가 말했다.

"할아버지한테 아무 짓도 안 할 테니 걱정하지 마시고 여기 앉아서 이 사과나 드세요."

그 말에 노인은 한쪽 구석에 앉아 사과를 먹기 시작했다. 그 사이 기즈러르 허니는 온 방을 깨끗하게 청소하고, 부엌의 솥을 깨끗하게 닦은 다음 바닥에 음식보를 펼치고 오리, 닭, 생선으로 음식을 차리기 시작했다. 사모바르에 불을 붙여 홍차를 준비한 그녀는 노인을 불렀다.

"할아버지, 이리 오셔서 식사 좀 하세요."

두 사람은 나란히 앉아서 음식을 먹었다. 식사를 다 마친 후 기즈러르 허니가 말했다.

"할아버지, 여기에 방이 이렇게 많은데, 왜 구경 한번 안 시켜 주세요?"

"오, 그래? 그럼 일어나거라. 방을 구경시켜 주마."

할아버지가 가즈르르 허니를 데리고 어느 방으로 들어가자 그녀가 다시 물었다.

"할아버지, 이건 뭐예요?"

"이건 손 절단기라고 하는 물건이란다. 도둑들이 도둑질을 할 때나 사람을 죽일 때, 포로로 잡은 사람들을 여기로 데리고 와서 이 안에다 그들의 손을 넣고 힘을 주어 내리누르면 손이 잘리거든. 그러고 나서 도둑들은 그 사람들의 재물을 빼앗는 거란다."

그러자 기즈러르 허니가 대답했다.

"좋아요. 그러면 여기에다 제 손을 넣어 보세요. 어떻게 되나 한번 보게요."

노인이 기즈러르 허니의 양손을 절단기 안으로 집어넣자 그녀는 신기하다는 듯 말했다.

"할아버지, 이번에는 할아버지의 두 손을 여기 넣어 보세요. 이 장치가 어떻게 작동하는지 한번 보고 싶어요."

그러면서 기즈러르 허니는 노인의 두 손을 절단기 안에 넣고 고리를 돌려 잠근 뒤 훌쩍 밖으로 나와 버렸다. 물론 방문도 잠갔다. 그런 다음 그녀는 쟁반 가득 닭, 오리, 생선 요리를 담아 세 친구들 곁으로 돌아왔다.

"자, 이제 실컷 먹어 볼까요?"

다른 세 친구들이 말했다.

"이런 세상에! 이제 다시는 거기에 가지 마. 이번에 걸리면 분명 너를 죽일 거야."

"아니요, 저는 거기에 또 갈 거예요. 결국 당신들도 나랑 같이 그곳에 갈 날이 올 거예요."

도둑들이 성으로 돌아와 보니 그날도 집 안이 구석구석 깨끗하게 정돈되어 있었다. 먹을 음식은 물론 홍차까지 준비되어 있었다. 그러나 노인의 모습은 보이지 않았다.

'분명 이 근처 어딘가에 있을 거야.'

도둑들은 이렇게 생각하고 다 같이 둘러앉아 차려진 음식을 배불리 먹고 마신 후 잠자리에 들었다.

그중 한 도둑이 기구가 있는 방으로 갈 일이 생겨 가 보니, 이게 웬일인가! 노인의 손이 거의 다 잘려 나가기 직전이었다. 도둑들은 절단기에서 노인의 손을 풀어 주고 물었다.

"대체 여기서 뭐 하고 있었던 거요?"

노인이 대답했다.

"다 늙어서 그런 거지 뭐. 손이랑 어깨가 부들부들 떨리거든. 여기 와서 손을 절단기 안에 한번 넣었더니만 이렇게 되더라고."

다음 날 아침 도둑들은 노인에게 조심하라고 당부하고는 다시 밖으로 나갔다.

그날도 기즈러르 허니가 또다시 도둑들의 소굴에 가겠다고 하자 친구들이 한사코 말렸다.

"가지 마. 이번에는 틀림없이 잡히고 말 거야."

그러나 그녀는 꿈쩍도 안 했다.

"아니에요. 꼭 갈 거예요."

그녀는 사과 두 개를 챙긴 다음 사과 하나에 정신을 잃는 약을 발라 놓았다. 그리고 보따리에 신부 옷과 얼굴에 바르는 분과 볼연지, 눈썹 그리는 화장품을 챙겨 넣고 길을 나섰다. 성문 앞에 도착해 그녀는 또 성문을 두드렸다.

"누군데 성문을 두드리는 거냐?"

"할아버지, 저예요. 할아버지는 정말 복 많이 받으실 거예요. 우리 어머니가 할아버지께 감사 인사를 전해 달라고 하셨어요. 오늘도 불씨 좀 빌리러 왔어요."

"썩 꺼져, 뻔뻔하고 막돼먹은 계집애야! 어제는 나를 그 안에 가둬 놓고 내뺐겠다!"

"이번에는 할아버지한테 아무 짓도 안 할게요. 제가 할아버지 드리려고 얼마나 맛있는 사과를 가져왔는지 한번 보시기나 하세요."

그녀는 아무것도 바르지 않은 멀쩡한 사과를 꺼내서 할아버지한테 보여 주며 말했다.

"여기 앉아서 사과나 좀 드세요."

그런 다음 그녀는 소매를 걷어붙이고 온 사방을 깨끗하게 청소하기 시작했다.

"할아버지, 이 방 안을 꼭 보고 싶은데 어쩌죠? 저한테 방 구경 좀 시켜 주실래요?"

할아버지는 선뜻 승낙했다.

"안 될 것도 없지."

그들은 이 방 저 방 기웃거리다가 도둑 두목이 쓰는 방 앞에 이르렀다. 그때 기즈러르 허니는 정신을 잃는 약을 칠한 사과를 꺼내 할아버지에게 건네주었다.

사과를 먹은 할아버지는 그 자리에서 기절을 하고 바닥에 쓰러졌다. 기즈러르 허니는 할아버지의 눈썹을 곱게 밀고 얼굴에 예쁘게 화장을 한 다음 신부 옷을 입혀 두목 자리에다 눕혔다. 그런 다음 쟁반 하나 가득 생선 요리와 온갖 음식을 담아 세 친구 곁으로 돌아왔다.

세 친구가 말했다.

"이제는 절대 거기에 가지 마."

그래도 기즈르르 허니는 막무가내였다.

"왜 가지 말라는 거예요? 또 갈 거라고요. 나중에 모두들 저랑 같이 그 성에 갈 날이 올 거예요."

밤이 되자 도둑들이 성으로 돌아왔다. 그날도 구석구석 깨끗하지 않은 곳이 없었는데, 다만 노인의 모습이 보이지 않았다. 그러나 도둑들은 노인이 조금 있다가 나타날 거라고 얘기하며 차려진 음식을 잘 먹고 마신 후 각자 방으로 자러 들어갔다. 방에 들어간 도둑 두목은 예쁘게 단장한 신부가 잠들어 있는 걸 보고 신이 났다.

"얼른 문을 닫아야지. 이 새색시는 내 차지야. 다른 녀석들이 보면 절대 안 되지, 암."

그러면서 문을 걸어 잠그고 가까이 다가가 보니 새색시가 누워 있는 게 아니라 노인이 누워 있는 게 아닌가. 두목은 문을 열고 다른 도둑들을 불렀다.

도둑들이 노인에게 물었다.

"대체 어쩌다가 이 꼴을 하고 있는 거요? 누가 할아범을 이 꼴로 만든 거냐고요?"

그제야 노인은 사실대로 말했다.

"아무개 장소에 가면 기즈르르 허니라는 이름을 가진 처녀가 하나 있는데 바로 그 계집애가 나를 화장실 바닥으로 밀어뜨리고 내 두 손을 절단기 안에 집어넣었어. 그러더니 이제는 이 꼴로 만들었지 뭐야."

그 말을 들은 도둑들은 노인을 두드려 패면서 질책했다.

"왜 지금까지 그런 말을 하지 않았소?"

"사실을 말하기가 창피했거든."
도둑들이 다시 노인에게 물었다.
"그 계집애가 다시 여기로 온답니까?"
"내가 알기로는 아마 다시 올 거야."
다음 날도 기즈르르 허니는 도둑들의 성으로 와 문을 두드렸다. 그날도 도둑들은 밖으로 나가고 없었다. 그러나 도둑 하나가 그곳에 남아 성문 뒤에 몰래 숨어 있었다. 기즈르르 허니가 와서 성문을 두드리자 그 도둑이 성문 뒤에서 뛰어나와 그녀를 붙잡았다.
"이 망할 계집, 네가 늙은 할아범을 화장실 밑바닥에 빠뜨리고 절단기에 매달아 놓고 여자 분장을 시켜 놓은 거냐?"
기즈르르 허니는 조금도 놀라거나 망설이거나 두려워하지 않고 시치미를 떼고 대답했다.
"욕을 먹어야 할 사람은 바로 당신과 저 할아범이라고요. 지금 어디다 대고 욕을 하는 거예요? 사실, 제 친구들이랑 저랑 이렇게 넷은 매일 밤마다 당신들만을 생각하느라 아침이 되도록 뜬눈으로 지새운답니다. 그래서 할아범더러 그 얘기를 당신들한테 전해 달라고 여길 왔던 건데, 그가 아무 얘기도 안 했나 보죠?"
이 말을 들은 도둑은 오히려 노인을 실컷 두드려 팼다. 기즈르르 허니가 계속 말을 이었다.
"괜찮다면 지금 가서 내 친구들을 데리고 올게요."
"그래, 그러려무나. 대신 빨리 돌아와야 한다."
기즈르르 허니는 친구들한테 돌아가서 말했다.
"자, 이제 저랑 도둑들의 소굴로 가요."
그러나 친구들은 두려움에 차 펄쩍 뛰며 말했다.
"무서워! 무서워서 절대 못 가."

기즈러르 허니가 친구들을 안심시켰다.

"머리카락 하나라도 다치지 않도록 할 테니까 걱정하지 마요. 우리는 그저 가서 맛있게 저녁을 먹고 돌아오기만 하면 돼요."

그래서 네 명의 처녀는 깨끗한 옷으로 차려입고 길을 나섰다. 도둑들이 저 멀리서 보니 아름다운 처녀들이 오고 있는 게 아닌가. 어찌나 아름답고 예쁘던지 하늘에 뜬 달더러 저리 물러나라고 할 정도였다.

처녀들은 도둑들과 함께 앉아서 음식을 먹고 마시며, 그들에게 술까지 따라 주었다. 그때 기즈러르 허니가 도둑들에게 물었다.

"여기에 목욕탕이 있나요?"

"특별히 목욕탕이 있는 건 아니고, 수영을 하려고 만들어 놓은 작은 연못에서 씻긴 하는데……."

사실 기즈러르 허니는 치마 속에 곡괭이 하나와 오리 한 마리를 숨기고 있었다.

처녀들이 말했다.

"괜찮으시다면 우리는 연못으로 가서 깨끗이 목욕한 후 다시 올게요."

도둑들은 좋아라 하며 그녀들에게 그러라고 했다.

처녀들은 연못가로 갔다. 기즈러르 허니는 재빨리 몸을 씻은 다음 오리를 꺼내서 연못에 풀어 놓았다. 오리는 신이 나서 물장구를 치며 사방에 물을 튀겼다.

고개를 삐쭉 들이밀고 몰래 그녀들을 훔쳐보던 도둑들은 오리의 물장구 소리를 듣고 여자들이 연못에서 수영을 하고 있다고 생각했다.

다른 친구들도 모두 목욕이 끝난 것을 확인한 기즈러르 허니는 곡괭이를 꺼내서 담벼락을 허문 다음, 친구들을 이끌고 재빨리 그곳을 빠져나와 집으로 돌아가 버렸다.

아무리 기다려도 처녀들이 돌아오지 않자 처음에 도둑들은 연못이 너무 마음에 들어서 밖으로 나오기 싫어하는 거라고 생각했다. 그러나 아무리 기다려도 나올 기미가 없자 도둑들은 웅성거리기 시작했다.

"문을 부수고 뜰 안으로 들어가 보자."

결국 도둑들은 문을 부수고 안으로 들어갔다. 그런데 이게 어찌 된 일인가! 사방은 물에 젖어 있는데 처녀들은 온데간데없고 오리 한 마리만 물 속에서 푸드덕거리며 놀고 있는 게 아닌가.

도둑들은 애꿎은 노인한테 화풀이를 했다.

"이게 다 할아범 때문에 일어난 일이오. 대체 이게 뭐 하는 짓이란 말이오?"

그러자 노인이 한 가지 꾀를 내었다.

"아무 말 하지 말고 내가 기즈러르 허니한테 따끔한 맛을 보여 줄 계략 하나를 알려 줄 테니 잘 들어 보게."

"그 계략이란 게 뭔데요?"

"자네들은 가서 궤짝 40개만 만들어 와. 그런데 명심하게. 그 궤짝은 반드시 안에서 잠글 수 있어야 하네. 나는 가서 당나귀 20마리를 구해다가 당나귀 한 마리당 궤짝 두 개씩을 묶은 다음 기즈러르 허니의 집 마당에 가져다 놓겠네. 그러면 그때 자네들이 궤짝에서 나와 그녀한테 하고 싶은 복수를 마음껏 하면 되지 않겠는가?"

"그것 참 좋은 생각이네요."

이렇게 해서 도둑들은 궤짝 40개를 만들었다. 그 궤짝은 모두 안에서 잠그도록 되어 있었다. 그들이 제각기 궤짝 안으로 들어가 숨자 노인은 당나귀 등에 궤짝 두 개씩을 얹은 다음 기즈러르 허니의 집으로 향했다.

세 처녀는 발코니에서 이 모습을 보고 어찌할 바를 몰랐다.

"이를 어쩌지? 할아버지가 여기로 오고 있네. 이를 어쩐다지?"

그때 기즈러르 허니가 말했다.

"각자 아무 데나 있고 싶은 데 있으면 돼요. 지금 도둑 40명이 모두 오고 있거든요."

이 소리를 들은 친구들은 심장이 멎는 것 같았다. 하지만 곧 기즈러르 허니가 그녀들을 안심시켰다.

"당신들에게는 아무 일도 없을 거예요. 자, 이제부터 제가 저들을 어떻게 혼내 주는지 잘 보세요."

노인은 골목에서 만나는 사람마다 붙잡고 기즈러르 허니의 집이 어디냐고 물었다. 사람들은 손가락으로 그녀의 집이 어디인지 가르쳐 주었다. 그때 발코니에서 모든 광경을 지켜보고 있던 기즈러르 허니가 큰 소리로 노인에게 말했다.

"할아버지, 이리 오세요. 우리 집은 여기예요."

기즈러르 허니를 본 노인은 시치미를 뚝 떼고 말했다.

"얘야, 내가 지금 북서부에 있는 타브리즈로 가는 길인데 궤짝이 40개나 되는구나. 그런데 이것들을 다 가지고 가면 늦을 것 같구나. 그래서 너희 집 마당에 맡기고 싶은데 네 생각은 어떠냐?"

기즈러르 허니도 좋다고 했다.

"그러세요, 할아버지. 할아버지 집이라고 생각하시고 이쪽 담 옆에 두세요."

노인은 궤짝을 당나귀 등에서 내린 다음 담 옆에 가지런히 놓아 두었다.

"할아버지, 언제든지 와서 이 짐들을 가져가세요. 아무 때나 상관없어요."

노인이 그 자리를 뜨자마자 기즈러르 허니는 손놀림이 빠른 하인 둘을 데려다가 마당에 아궁이 40개를 만들기 시작했다. 그리고 장작에 불을 붙인 다음 커다란 솥에 물을 가득 부어 불 위에 올려놓았다. 솥 안에 든 물이 펄펄 끓자 그녀는 궤짝들 안에다 펄펄 끓는 뜨거운 물을 두 양동이씩 들이부었다. 도둑들은 아무 소리도 못 하고 그 자리에서 모두 데어 죽고 말았다.

기즈러르 허니가 친구들에게 말했다.

"이제 편한 마음으로 가서 잠자리에 들면 돼요. 도둑들은 죄다 죽었어요."

기즈러르 허니는 아궁이를 메웠고, 친구들도 잠자리에 들었다. 다음 날 아침에 그녀가 눈을 떠 보니 노인이 집에 와 있었다.

"할아버지, 여기 할아버지가 맡긴 궤짝들이에요. 언제든지 볼일이 있으면 우리 집으로 오세요."

노인은 궤짝들을 다시 당나귀 등에 싣고 왔던 길을 되돌아갔다. 마을을 간신히 벗어났을 무렵 노인은 혼잣말로 중얼거렸다.

"이상하네. 도둑들이 왜 한 마디 말도 하지 않을까? 왜 안 일어나는 거지?"

그러면서 이 궤짝 저 궤짝 두드려 보기 시작했다. 하지만 도둑들한테서는 아무런 대답도 없었다.

"보나마나 아침까지 잠을 못 자다가 뒤늦게 잠든 모양이구먼."

노인은 가던 길을 계속 갔지만 도둑들한테서는 여전히 아무 소리도 들리지 않았다.

"안 되겠는걸. 궤짝을 열고 한번 들여다봐야겠군."

노인은 애를 써서 궤짝을 힘껏 열어 보았다. 그런데 그 안에 있던 40명의 도둑이 뜨거운 물에 데어서 모두 죽어 있는 것이 아닌가!

노인은 도둑들의 시체를 꺼내 들판 한쪽 구석에 던져 버리고 당나귀들을 원래 주인들에게 되돌려 주었다. 그런 다음 노인은 기즈러르 허니한테 청혼을 하러 갔다. 가는 도중에 그는 혼잣말로 중얼거렸다.

"이번에는 내가 이 계집애를 놀려 주어야겠군."

노인은 기즈러르 허니한테 아내가 되어 달라고 청혼했다.

그러자 그녀는 흔쾌히 승낙했다.

"좋아요. 할아버지보다 더 좋은 사람이 또 어디 있을라고요."

노인은 기즈러르 허니와 약혼하고 신부 옷을 마련해 주었다.

한편 기즈러르 허니는 기다란 나무 막대를 하나 구하고 자루에 과일즙을 가득 채워 놓았다. 그리고 신부 옷을 과일즙이 가득 든 자루 위에 입히고 소매에는 나무 막대기를 집어넣어 가짜 신부 인형을 만들었다. 그런 다음 가짜 신부 인형에 밧줄을 묶고 그 위에 차도르를 씌웠다. 일을 마치자 자신은 벽난로 안으로 들어가 숨었다.

잠시 후 노인이 커다란 칼을 들고 방 안으로 들어와 말했다.

"네가 나를 화장실 밑바닥에 빠뜨렸것다?"

그때 기즈러르 허니가 가짜 신부 인형에 묶어 놓은 밧줄을 잡아당기자 자루가 움직이며 수긍하는 몸짓을 보였다.

"네가 나를 절단기에 매달아 놓았것다?"

그녀가 다시 밧줄을 잡아당기자 또 과일즙이 든 자루가 움직이며 그렇다고 의사 표시를 했다.

"네가 나한테 여자 화장을 시키고 두목 자리에 눕혀 놓았것다?"

기즈러르 허니는 다시 밧줄을 잡아당겼다. 마치 그렇다고 말하는 것처럼 자루가 다시 움직였다.

"네가 도둑들을 뜨거운 물에 데어 죽게 했것다?"

이번에도 인형은 "그래요, 제가 그랬어요."라고 말하는 듯이 움직였다.

노인은 너무 화가 나서 칼로 자루를 푹 찔렀다. 그러자 붉은색 포도 즙과 대추야자 즙이 밖으로 흘러나왔다. 노인은 허겁지겁 손으로 포도 즙과 대추야자 즙을 받아 먹으며 노래를 불렀다.

"기즈러르 허니야, 네 피가 아주 맛있구나."

그러자 기즈러르 허니가 반대편에서 응수했다.

"할아버지, 피가 아주 맛있네요. 할아버지도 재밌었어요."

노인은 이번에도 자신이 속은 걸 알았다. 그러니 한편으로는 기즈러르 허니가 죽지 않고 살아 있다고 생각하니 기쁘기도 했다.

"안 죽고 살아 있어 다행이구나."

그리하여 그들 모두 도둑들의 소굴로 가서 그동안 모아 두었던 온갖 재물을 다 가져와 똑같이 나누어 가진 뒤, 흥겹게 먹고 마시며 즐거운 시간을 보냈다.

트집쟁이 알리

옛날 아주 오랜 옛날 한 남자가 살고 있었는데, 사람들은 그를 '트집쟁이 알리'라고 불렀다. 그는 무슨 일이든지 언제나 트집을 잡아 자신의 뜻대로 하고 마는 성품을 지녔기 때문이다. 알리는 아내가 열한 명이나 되었다. 그런데 알리는 아내가 같이 지내자고 하면 무슨 트집을 잡아서라도 아내의 몸 일부를 베어 버리곤 했다. 그러므로 그의 아내들은 귀가 없다거나, 코가 없다거나, 입술이 잘렸다든가 해서 모두들 한 가지씩 결함을 지니게 되었다. 그래서 알리의 아내들은 목욕을 가려고 하면 다른 사람들을 공중탕에 오지 못하게 한 다음에 가곤 했다.

어느 날 알리의 아내들이 목욕탕에 가고 싶어서 탕에 아무도 오지 못하도록 했다. 그런데 우연히 공중탕에 왔던 서른 살 난 노처녀 하나가 알리의 아내들이 왜 사람들에게 얼굴을 보이기 싫어하는지, 또 무슨 비밀이 있는지 알아내기 위해 몸을 숨겼다.

얼마 후 공중탕에서 일하는 여자가 와서 탕 안에 아무도 없는지 샅샅이 살펴보더니 아무도 없다고 확인하고 나서야 알리의 아내들에게 탕으로 들어오라는 전갈을 보냈다. 이윽고 아내들이 줄을 서서 탕으로 들어왔다. 숨어 있던 노처녀도 그들 사이로 들어와 앉아 있었다. 노처녀는 알리의 아내들을 가까이서 보고 모두들 몸이 성치 않다는 사실을 알게 되었다. 한 사람은 귀가 잘렸고, 다른 한 사람은 손가락이 없었고, 또 다른 한 사람은……. 이렇게 한 사람도 온전한 사람이 없었다. 노처녀는 그 여자들이 너무 가여운 생각이 들어 말했다.

"만일 여러분이 허락하신다면 알리에게 자신이 한 일을 보상하도록 할 테니 그가 저를 좋아하도록 일을 꾸며 보세요."

노처녀는 자신의 거처를 알려 주고 공중탕을 나와 집으로 갔다.

알리의 아내들이 집으로 돌아와 보니 정오가 되었다. 식탁을 차리자 알리도 와서 자리에 앉았다. 그는 음식을 보자마자 기다렸다는 듯 트집을 잡았다.

"만일 당신들 중에 아내다운 좋은 아내가 한 사람이라도 있다면 이런 나쁜 음식은 먹지 않아도 될 텐데."

그러더니 수프가 담긴 사발을 벽을 향해 내던졌다.

이를 본 알리의 첫 번째 아내가 말했다.

"마시하드 알리여, 아세요? 오늘 목욕탕에서 처녀 하나를 보았는데 어찌나 예쁜지, 마치 보름달처럼 빛나더라고요."

그러자 또 다른 아내가 다가와서 말했다.

"형님, 왜 그 처녀의 눈에 대해 이야기하지 않으세요? 마치 접시처럼 동그스름했잖아요."

이어서 또 다른 아내가 말했다.

"형님, 왜 그 처녀의 뺨이 마치 빨간 사과처럼 발그레하게 예쁘다는 말씀을 안 하세요?"

다섯 번째 아내가 와서 말했다.

"왜 그 처녀의 머리카락이 마치 깜깜한 밤처럼 검다는 말씀을 안 하세요?"

나머지 아내들도 차례차례 나와 그 처녀가 얼마나 아름다운지 말했다. 그리하여 알리는 아직 만나지도 않은 처녀에게 홀딱 반하고 말았다.

첫 번째 아내는 알리가 그 처녀를 원한다는 사실을 알아차리고 말했다.

"마시하드 알리, 당신은 돈을 낭비하는 것을 싫어하시잖아요. 게다가 우리를 이렇게 보살펴 주셨으니 저는 그 처녀를 위해 옷을 준비하겠어요."

두 번째 아내도 말했다.

"맞는 말씀이에요. 형님, 저도 자질구레한 그릇과 물건들을 준비할게요."

세 번째 아내가 말했다.

"저도 제 금과 보석을 그녀에게 주겠어요."

네 번째 아내도 이어서 말했다.

"저는 그녀에게 제 신발을 주겠어요."

다섯 번째 아내도 말했다.

"저는 그녀가 쓸 함을 주겠어요."

그리하여 알리의 아내들 모두가 저마다 그 처녀에게 뭔가를 주겠다고 나섰다. 큰형님뻘인 첫 번째 아내가 다시 말했다.

"마시하드 알리여, 자, 이제 모든 것이 다 준비되었으니 식을 집전할 몰라와 어쿤드를 구하는 것 말고는 할 일이 없네요."

첫 번째 아내가 남편을 계속해서 부추기는 사이에 다른 두 아내는 그 처녀에게 청혼을 하러 나섰다. 처녀는 계획대로 승낙했다. 바로 그날로 혼약을 하고 헤나 물감으로 장식하고 결혼식을 거행했다. 밤이 되자 마시하드 알리는 신부를 맞기 위해 그녀한테 가려고 했다. 신부는 한쪽 손과 발은 헤나를 발라 묶어 놓고 얼굴 한쪽에는 칠보단장을 하고 다른 한쪽은 하지 않고 그냥 두었다. 아침이 되자 알리는 자리에서 일어나 시장으로 갔다. 그는 시장에서 가지가 가득 담긴 삼베 자루를 하나 사서 짐꾼을 시켜 집으로 가지고 왔다.

신부가 형님들에게 말했다.

"자, 이게 첫 번째 과제군요. 형님들은 제가 어떻게 하라고 시킬 때까지 절대로 손대지 마세요. 알리가 트집을 잡으려고 하는 짓이거든요. 지금부터 우리는 가지로 할 수 있는 모든 종류의 음식을 만들어 놓아야 해요."

그리하여 아내들은 모두 모여 온갖 종류의 가지 요리를 만들기 시작했다.

마지막으로 일을 끝내고 피곤해진 신부가 자리에서 일어나 손을 씻으려는데 가지 한 개가 발 아래 떨어져 있었다. 이것을 본 순간 문득 생각 한 가지가 떠오른 신부가 형님들에게 말했다.

"이건 그냥 썰어서 그릇에 담아 두세요. 아마 필요할 때가 있을 거예요."

정오가 되어 알리가 집으로 왔다. 알리는 곧장 식탁으로 가더니 자리를 잡고 앉았다. 식탁에 차려진 음식은 가지로 만든 코레시^{쌀밥에 얹어 비벼 먹는 스튜}였다. 알리는 얼굴을 찡그리더니 말했다.

"아무래도 난 가지 수프가 먹고 싶은걸."

이에 아내들 중 한 사람이 가서 가지로 만든 수프를 가지고 왔다.

그러자 알리는 다시 이렇게 말했다.

"아냐, 난 가지로 만든 돌메(각종 고기와 채소를 포도잎에 싸서 먹는 음식)가 먹고 싶다고."

그러자 아내들은 얼른 가서 돌메를 가지고 왔다. 알리는 또 트집을 잡으려고 말했다.

"우유를 건조시켜 만든 캬시크와 가지가 먹고 싶어."

그러자 아내들 중 한 사람이 가서 얼른 원하는 음식을 가지고 왔다. 더 이상 트집을 잡을 수 없게 된 알리는 심통이 났다. 왜냐하면 가지로 만들 수 있는 음식을 얼마나 많이 만들어 놓았는지 원하는 것은 다 가지고 왔기 때문이다.

더 이상 음식 트집을 잡을 수 없게 되자 알리가 말했다.

"아마도 난 생가지를 썰어서 먹고 싶었나 봐."

그러자 신부는 얼른 가서 썰어 놓은 생가지를 가지고 왔다.

트집을 잡을 수 없게 된 알리는 음식을 먹고 잤다. 그러나 어찌나 심사가 뒤틀리는지 아침이 될 때까지 집 밖으로 나오지 않고 어떻게 하면 트집을 잡을 수 있을까 생각했다.

아침 일찍 알리는 집 밖을 나와 곧장 시장으로 달려가 삼베 자루를 하나 사서 짐꾼을 시켜 가지고 오면서 자신이 삼베 자루 안으로 들어가며 말했다.

"여보게, 삼베 자루의 입구를 묶고 이것을 집으로 가지고 가게. 그리고 내 안사람들에게 말하게, 내가 집에 올 때까지 절대로 이 삼베 자루를 풀지 말라고 말이야."

짐꾼은 헉헉거리며 삼베 자루를 알리의 집으로 가지고 와서 마당 한가운데 놓으며 아내들에게 말했다.

"마시하드 알리 님이 말씀하시기를, 이 삼베 자루를 그분이 오실 때까지 풀지 말라시던데요."

잠시 삼베 자루를 살펴본 신부는 이내 자루 안에 알리가 들어가 있다는 사실을 알게 되었다. 신부는 다른 아내들을 불러 말했다.

"마시하드 알리 주인님께서 말씀하시기를, 오실 때까지 이 삼베 자루를 열지 말라고 하셨대요. 이 자루 안에는 당근이 있을 거예요. 주인님도 이것들을 씻지 말라고는 말씀하시지 않으셨잖아요. 그러니 어서들 오셔서 서로 도와주기로 해요. 이것을 마당에 있는 낮은 우물에 던져 씻기로 해요."

아내들은 모두 헉헉거리며 삼베 자루를 끌고 가 우물 안으로 던져 넣고는 막대기로 있는 힘을 다해 때리기 시작했다.

잠시 뒤 우물을 내려다보니 삼베 자루에서 피가 배어 나오고 있었다. 얼른 삼베 자루를 우물 밖으로 꺼냈지만 누구도 자루를 열 용기가 생기지 않았다. 모두들 둘러서서 바라볼 뿐이었다. 신부는 그 자루 안에 무엇이 있는지 알고 있었지만 알고 있다는 내색을 전혀 하지 않았다.

이윽고 삼베 자루에서 이런 소리가 들렸다.

"어유, 으윽! 어서 자루를 열라고!"

그러자 신부가 말했다.

"마시하드 알리 주인님이 말씀하시기를, 그분께서 오실 때까지는 삼베 자루를 절대로 열지 말라고 하셨는걸요."

다시 신음과 함께 외치는 소리가 들렸다.

"내가 바로 마시하드 알리야. 내가 자루 안에 있으니 어서 날 구해 줘."

비로소 자루 안에 무엇이 있는지 알게 된 아내들은 두려워하면서 뒤로 물러났다.

신부는 앞으로 나가 삼베 자루를 열어 마시하드 알리를 꺼내고 말했다.

"마시하드 알리 님, 오 신이시여. 이런 당신의 모습을 보느니 차라리 죽게 해 주세요. 웬일이세요. 도대체 왜 자루 안에 들어가신 거예요?"

마시하드 알리는 대답도 못 하고 너무 지쳐서 기절해 버렸다. 아내들은 끙끙거리며 남편을 들어 창문 곁에 있는 침대 위로 옮기고는 옷을 바꿔 입혀 재웠다.

며칠이 지나서 건강이 회복되자 알리는 상점에 가기를 원했다. 그러나 신부는 그를 막으며 자리에서 일어나는 것조차 허락하지 않았다. 그러고는 한 손으로 그의 배를 쓰다듬으며 말했다.

"마시하드 알리 님, 당신의 배가 불러 오는 까닭은 신만이 아시겠죠. 정작 당신 아내들에게는 자식을 점지해 주시지 않으신 지가 수년이 되었지만요. 제가 가서 형님들에게 알릴 때까지 당신은 절대로 움직이지 마세요."

신부는 이런 말을 하고 방을 나와 형님들에게 가서 말했다.

"형님들, 제가 이런 말로 알리를 바보로 만들었어요. 이젠 사람들 사이에서 고개를 들지 못하도록 망신을 줄 거예요."

아내들 모두가 신부의 말을 듣고 답했다.

"마땅한 일이지. 자네가 무슨 말을 하든지 우린 그대로 하겠네."

한편 이 집과 벽을 맞대고 있는 이웃집 여자는 잉태를 하여 해산날이 가까워 오고 있었다. 알리의 신부가 어느 날 이웃집 여자한테 가서 말했다.

"실례지만 부탁이 하나 있어요. 아기를 낳으시면 열흘 동안만 빌려 주세요. 안전하고 무사히 데리고 있다가 돌려드릴게요. 그리고 돈도 한 자루 드릴게요."

이웃집 여자는 이 제안을 흔쾌히 수락했다.

그리하여 알리의 신부와 나머지 아내들은 매일 수프를 만들어 이웃집 여자에게 갖다 주며 남편 알리는 절대로 움직이지 못하도록 일을 꾸몄다.

며칠이 지난 어느 날 이웃집 여자가 마침내 아기를 낳았다는 전갈이 왔다. 알리의 신부는 옆집으로 가서 아기를 데리고 와서 알리에게 말했다.

"마시하드 알리 님, 드디어 소중한 아이를 낳을 조짐이 보이네요. 그러니 이제 몸을 풀어야겠어요."

그러자 알리는 안색이 파래지며 지금 땅을 긁게 아픈 이 고통은 아기를 낳는 산고 때문이라고 생각하게 되었다. 알리의 신부는 남편이 깔고 누워 있는 요 밑에 아기를 넣고는 말했다.

"오, 마시하드 알리 님, 아기가 나오는 것 같아요. 절대로 움직이지 마세요. 어디 볼까요."

알리는 너무 두려워서 옴짝달싹하지 않은 채 누워 있었다. 몇 분이 지나서 요 밑에서 아기의 울음소리가 들렸다. 아기가 나왔다고 생각한 마시하드 알리는 그제야 긴장을 풀고 한숨을 쉬었다. 아기의 울음소리가 들리자 알리의 아내들은 뒤에서 환호성을 지르며 좋아했다. 알리의 신부는 아기에게 배내옷을 입혀 천에 말아 알리 곁에 있는 작은 아기용 침대에 재웠다.

이렇게 하여 알리의 신부는 남편이 잘 때마다 갓난아이를 데리고 진짜 어머니인 이웃집 여자에게 가서 젖을 먹이고 돌아왔다. 신부는 7일째 되는 날 시장을 오가는 모든 사람에게 마시하드 알리가 아기를 낳아 오늘이 7일째 되는 날이라 점심에 초대한다고 전했다.

양의 목을 베어 업구시트와 콩을 넣은 밥을 준비하자 알리의 시장 친구들이 왔다. 마시하드 알리는 그들을 보자 물었다.

"어쩐 일인가?"

그러나 친구들은 점심을 먹고 갈 때까지 아무 대답도 하지 않다가 한참 후에야 한 사람씩 알리에게 가까이 와서 묻는 것이었다.

"마시하드 알리, 정말인가? 어떻게 아이를 낳은 게야?"

그러더니 그를 비아냥거리고 가 버렸다.

알리는 모두들 돌아가고 혼자가 되자 혼잣말로 투덜거렸다.

"그래, 그렇게 묻는 게 당연해. 내 신부가 나를 기만하고 저주를 퍼부운 거야."

그렇지 않다면 이게 뭐란 말인가! 그제야 알리는 한편으론 아내들에게 창피하고 다른 한편으론 시장 친구들에게 창피해서 이제는 그들 앞에 나타날 수 없을 거라는 생각이 들었다. 도시에 더 이상 머물 수 없게 된 알리는 밤이 되어 모두들 잠이 들자 돈 가방을 들고 미련 없이 그 도시를 떠났다.

신부가 일어나 보니 알리는 집을 떠나고 없었다. 그녀는 형님들을 깨우며 말했다.

"형님들, 알리 님이 나가셨어요. 어서 일어나세요."

그리하여 아내들은 그날로 돈 자루를 챙겨 이웃집 여자에게 아기와 함께 갖다 주었다. 신부는 이제 절대로 알리가 집으로 돌아올 수 없을 거라고 말했다. 마땅히 갈 곳이 없는 아내들은 그 집에서 알리의 돈을 가지고 행복하게 살아갔다.

10여 년이 지나 마시하드 알리는 고향으로 돌아가기로 마음먹었다. 그러나 선뜻 내키지 않아 이렇게 다짐했다.

'그래. 좋다. 내가 살던 도시로 가서 내 이름이 아직도 거명되는

지 알아보자. 만일 사람들이 내 이름에 대해 전혀 아는 바가 없다면 다시 인생을 시작하자.'

　도시에 들어서자 도시의 성문 뒤에서 남자 아이 몇 명이 놀고 있었다. 그래서 알리는 아이들에게 아버지의 이름을 물었다. 드디어 마지막 남자 아이의 순서가 되었다.

　"저는요, 허구한 날 트집만 잡던 알리의 자식이에요. 그분이 저를 낳고 사라지셔서 다시는 돌아오지 않으셨대요."

　이렇게 하여 알리는 아직도 사람들의 입에 자신의 이름이 거론된다는 사실을 알고 다시는 그 도시로 돌아오지 않았다.

물고기의 웃음

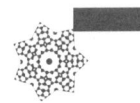

 옛날에 한 상인이 살고 있었다. 어느 날 그는 여기저기 돌아다니다가 공동묘지에 발길이 닿게 되었다. 그런데 땅에 굴러다니던 마른 해골 한 개가 이렇게 말하는 것이었다.
 "난 40명이 피를 흘리게 했고 앞으로 40명이 피를 더 흘리게 할 거야."
 그러자 상인은 한 발로 해골을 찼다. 해골은 다시 구르며 똑같은 말을 되풀이했다. 상인은 화가 너무 나서 해골을 들어 자루에 넣으면서 말했다.
 "내가 너를 잘 보관해 두어야겠어. 어디 보자, 어떻게 40명의 피에 대한 복수를 할 수 있는지."
 상인은 해골을 집으로 가지고 돌아와 빻아서 한 줌의 하얀 가루로 만들어 버렸다. 그러고는 다시 그것을 작은 자루에 부어 부엌 벽 못에 걸어 놓았다.
 얼마 지나 상인은 여행을 떠났다. 어느 날 밤 상인의 딸은 배가 너무 아파 온갖 방법을 다 써 보았지만 소용이 없었다. 딸이 부엌 벽을 손으로 짚으며 걷는데 돌연 자루 하나가 손에 닿았다. 자루를 열어 보니 하얀 가루가 들어 있었다. 그것을 약이라고 생각한 딸이 한 줌을 집어 먹으니 통증이 가라앉았다. 딸은 어머니에게 사실을 알렸고, 마을 사람들도 기뻐했다.

얼마의 시간이 지나자 딸의 배가 점점 불러 왔다. 드디어 아홉 달 아흐레가 지나고 딸은 아들을 낳았는데, 태어날 때부터 이미 이가 나 있었다. 아이는 6개월이 채 되지 않았는데도 밖으로 나가 골목길에서 아이들을 못살게 굴며 괴롭혔다.

하루는 상인이 고향으로 돌아오는 중이라는 소식이 들려왔다. 사람들이 그를 맞으러 나갔고, 손자인 아들도 할아버지를 만나러 갔다.

"안녕하세요, 할아버지!"

상인은 자신이 없는 동안 아내가 딸을 시집보냈다고 생각하고 화가 나서 아내를 때렸다. 그러자 아내는 지금까지 있었던 일을 낱낱이 설명했다. 상인은 해골을 하얀 가루로 만들었던 것이 원인이었음을 깨닫고는 아무 말도 하지 않았다. 손자는 서너 살이 되자 마치 열일곱 열여덟 살 청년처럼 말하며 아이들을 괴롭혔다.

한편 어느 어부가 비늘 색이 한 가지이며 사람 눈을 뚫어지게 쳐다보는 물고기를 한 마리 낚았다. 어부는 그 이상한 물고기를 어항에 담아 영주에게 가서 보여 주었다.

그러자 영주가 말했다.

"여보게, 어부. 그 물고기를 내 딸들에게 좀 보여 주게."

신하들은 우선 막내딸부터 시작하여 둘째딸에게 물고기를 보여 주고 나서 마지막으로 큰딸의 방으로 가지고 가서 방문을 두드렸다. 첫째 공주가 말했다.

"누구세요?"

"아름다운 물고기 한 마리를 보여 드리려고 가지고 왔는데요."

"만일 수컷이라면 부끄러우니 들어오지 마세요."

바로 그때 물고기가 큰 소리로 웃었다. 이 일이 영주의 귀에 들어가자 그는 불쾌한 마음에 식음을 전폐했다.

그 뒤 영주는 대신을 불러 40일의 시간 여유를 줄 테니 물고기가 웃은 이유를 찾아내라고 했다. 만일 그렇지 않으면 사형을 시키겠다고 했다. 명을 받은 대신은 38일간 집에 앉아서 골똘히 생각했지만 이유를 알 수 없었다. 대신은 당혹스러워 집을 나와 거닐다가 가고 또 가서 상인이 살고 있는 곳에 닿았다. 그런데 아이들 사이에서 어린아이 하나가 다른 아이들 모두를 괴롭히고 있었다. 대신은 이 모습을 구경하려고 멈춰 섰다. 그때 아이들을 괴롭히던 상인의 손자가 대신 가까이 다가와서 말했다.

"전 알아요. 왜 마음이 불쾌하신지 말이에요. 왜 물고기가 웃었는지 그 까닭을 말해 드릴까요?"

대신이 너무 놀라서 말했다.

"말해 봐라."

"영주님께 가서 저를 궁전으로 데려갈 말을 보내라고 하세요."

대신은 영주한테 가서 자초지종을 아뢰었다. 영주는 말 한 필을 손자에게 보냈다. 손자는 대신에게 말했다.

"아니요. 전 말을 안 타겠어요. 당신은 능력이 없는 사람이에요. 전 당신을 타고 가겠어요."

대신은 어쩔 수 없이 이를 수락하고는 자신의 등에 안장을 놓고는 손자를 태우고 영주가 있는 궁으로 갔다. 상인도 손자 일행을 따라갔다.

영주가 손자를 보고 말했다.

"애야, 물고기가 웃은 까닭이 뭔지 말해 보거라."

"영주님, 전 말씀드리기가 두렵습니다. 영주님께서 후회하실지도 모르기 때문입니다. 마치 에브러힘이 그랬던 것처럼요."

그러자 영주는 소년에게 에브러힘의 이야기를 물었고 손자는 그에 대해 말하기 시작했다.

"옛날 어느 도시에 에브러힘이라는 이름을 가진 불량배가 살고 있었답니다. 어느 날 그는 친구들에게 저녁 식사를 내기 위해 어느 마을로 가려고 했는데 그만 발길이 공동묘지에 닿게 되어 갓 죽은 사람을 묻은 무덤을 보게 되었어요. 에브러힘은 불량배 얼굴을 하고 말했습니다.

'무덤 주인이신 사자(死者)여, 자네도 저녁 식사에 초대할 테니 꼭 오시게.'

그때 갑자기 무덤의 뚜껑이 스르르 열리더니 수의를 입은 송장이 밖으로 나와서 말했습니다.

'오, 불량배 에브러힘! 반드시 가겠소.'

불량배 에브러힘은 무서워서 몸을 떨며 집으로 가서 친구들에게 내일 밤 오지 말고 모레 밤에 오라고 전했어요. 모레 밤이 되어 불량배들이 쭉 둘러앉아 있는데 누군가 문을 두드리는 소리가 들렸어요. 문을 열고 보니 수의를 입은 송장이 와 있었어요. 손님들은 무서워 모두 도망을 갔지요. 송장은 앉아서 저녁을 먹고는 작별 인사를 할 때 불량배 에브러힘에게 말했어요.

'자네도 내일 밤 내 손님으로 오게. 반드시 와야 하네, 아니면 내가 자네를 따라올 걸세.'

다음 날 밤 불량배 에브러힘은 무서워 떨면서 공동묘지로 갔지요. 그러자 무덤이 열리면서 송장이 에브러힘을 무덤 안으로 끌고 갔어요. 에브러힘은 그곳에서 커다랗고 잘 손질된 정원을 보았어요. 그날 밤 에브러힘이 맛있게 저녁 식사를 하고 집으로 가려고 하자 송장이 말했죠.

'가지 말고 여기 있게. 가면 후회할 거야.'

불량배 에브러힘은 거절하고 무덤 밖으로 나왔어요. 그러나 모든 것이 바뀌어 있었어요. 건물이며, 집들이며 모두가 바뀌어 있었지요. 불량배 에브러힘은 물어물어 자신의 집을 찾았어요. 그런데 사람들이 웃으면서 말했어요.

'불량배 에브러힘은 백 년 전에 죽었다고.'

에브러힘은 그 정원을 나온 것을 후회했고, 아직도 후회하고 있답니다. 그런데 영주님, 저는 어느 왕이 후회했던 것처럼 영주님도 후회하실까 봐 지금도 걱정이에요."

"왕의 이야기는 또 무엇이냐?"

"옛날 매 한 마리를 가진 왕이 살고 있었어요. 왕은 매를 아주 좋아했대요. 어느 날 사냥을 갔다가 길을 잃고 말았는데 목이 무척 말랐대요. 찾고 찾아서 마침내 산속에 있는 수로에서 물이 방울방울 떨어지고 있기에 금으로 된 컵에 모으고 있는데, 매가 날개로 컵을 쳐서 물을 쏟아 버렸지요. 두세 차례 물을 담아 먹으려고 할 때마다 매가 물을 쏟아 버려 왕은 잔뜩 화가 나서 매의 머리를 뽑아 버렸답니다. 그러자 옆에 있던 대신이 매가 이런 일을 하는 데는 분명히 이유가 있을 거라고 했지요. 그래서 왕과 대신은 물이 흘러내려 오는 원천을 찾으려고 산꼭대기까지 갔답니다. 가서 보니 용 한 마리가 죽어 있었는데 그 시체가 물에 닿아 용의 몸에서 나오는 기름과 독이 방울방울 떨어지고 있더래요. 만일 왕이 이 물을 마셨다면 목숨을 부지할 수 없었던 거지요. 왕은 매를 죽인 것 때문에 후회했고 지금까지도 후회하고 있대요."

영주는 얼른 본론을 듣고 싶어서 손자를 재촉했다. 드디어 손자가 말했다.

"저와 함께 큰따님의 방으로 가시지요."

그리하여 그들은 상인의 손자와 함께 큰딸에게 가서 방문을 열고 안으로 들어갔다. 손자가 말했다.

"영주님, 양탄자를 치우고 나무를 들어내어 방바닥을 들여다보라고 명령하세요."

손자의 말대로 하자 방바닥 밑에서 턱수염을 귀밑까지 기른 약탈자 40명이 앉아서 술을 마시고 있었다. 영주는 매우 화가 났다. 이때 손자가 말했다.

"영주님, 따님의 애인인 이 40명을 죽이도록 허락해 주십시오."

영주가 허락하자 손자는 장검을 꺼내 약탈자 40명을 죽였다. 그리고 다시 영주를 보고 말했다.

"따님도 죽이도록 허락해 주세요."

영주가 허락하자 손자는 딸의 머리를 베어 죽였다. 그러고 나서 손자는 상인에게 얼굴을 돌려 말했다.

"봤소, 상인 양반아! 40명의 피를 흘렸고, 지금 41번째를 죽이고 있으니 말이오."

이 말을 들은 상인은 의식이 몽롱해졌다. 그러더니 손자는 다시 해골이 되어 때굴때굴 굴러서 공동묘지를 향해 갔다.

현명한 아가씨

 아주 오랜 옛날 왕이 아주 많았던 시절의 이야기다. 왕들 중 한 왕이 궁전에 대신과 함께 앉아 있는데, 사모바르에서 골골 소리가 났다. 이 소리를 들은 왕이 물었다.
 "여봐라, 대신. 사모바르가 지금 골골거리며 뭘 말하고 있는 것인가?"
 대신이 답했다.
 "왕이시여, 사모바르가 무슨 말을 하고 있는지 제가 어찌 알겠습니까?"
 이런 답을 듣고 나서도 왕은 대신에게 수수께끼를 풀어 보라고 끈질기게 요구했다. 하지만 대신은 답할 수가 없었다. 날이 저물자 대신은 근심에 차서 집으로 돌아갔다. 그에게는 딸이 하나 있었는데, 아버지가 걱정스러운 표정을 하고 있자 물었다.
 "아버님, 무슨 걱정스러운 일이라도 있으세요?"
 "왕이 내게 수수께끼의 답을 원하시는구나."

그러면서 대신은 왕이 낸 수수께끼를 들려주었다.

"아버님은 학식이 높고 지혜로운 대신 아닌가요? 만일 이렇게 쉬운 문제의 답을 모른다면 왕이 채근하시는 게 당연하지요."

그러더니 답을 말했다.

"물이 숯에게 말하기를 '넌 사람들이 시냇가 근처에서 키우던 나무였지. 난 네 주위에 있던 바로 그 물이야. 그러나 지금 넌 불이 되어 나를 괴롭히고 있어.' 라고 말하는 거예요."

다음 날 대신은 웃으면서 왕에게 갔다. 그리고 수수께끼의 답을 말했다.

"대신, 누가 자네에게 그 답을 말해 주었는가?"

"왕이시여, 제 딸입니다."

"매우 총명하고 지혜로운 처녀로군."

왕은 대신의 딸을 왕비로 간택하고 궁전으로 데리고 왔다. 그러나 왕은 밤에 그녀에게 와서 잠을 자지 않았다. 다음 날 왕은 왕비에게 "일 년 동안 여행을 다녀오겠소."라고 하더니 금화 40냥이 담긴 작은 상자를 하나 가지고 와서는 "짐이 여행을 갔다가 돌아왔을 때 이 금화들은 반드시 41냥이 되어 있어야 하오."라고 말하더니 상자를 잠그고 열쇠를 챙겼다. 그러고 나서 다시 말을 이었다.

"수말은 데리고 가고 암말은 여기다 두겠소. 단 내가 돌아왔을 때 암말은 반드시 망아지의 어미가 되어 있어야 하오, 알겠소?"

이런 명을 받고 나서 왕비는 웃으면서 덧붙였다.

"왕이시여, 저도 반드시 당신을 닮은 총명한 아들을 하나 낳아 놓겠습니다."

왕의 일행이 길을 나서자 왕비도 남자 옷으로 갈아입고는 하녀를 몇 명 데리고 왕이 거처로 잡은 곳까지 갔다. 밤이 되자 하녀 둘을 데리고 왕한테 가서 인사를 드리고 말을 건넸다.

"이곳은 참으로 푸르고 좋은 장소군요. 얼마간 이곳에 머무는 것이 좋겠습니다."

왕도 그 뜻을 받아들였다. 남장을 한 왕비가 말을 이었다.

"자, 우리 시합이나 합시다."

"무엇을 걸고 내기를 할까요?"

"당신은 당신 상자의 열쇠를 걸고, 저는 제 상자의 열쇠를 걸고 하지요."

시합을 시작하여 왕비가 승자가 되었다. 그녀는 왕의 열쇠를 받아 즉시 집으로 돌아와 상자 뚜껑을 열고 다시 돌아와 왕에게 돌려주었다. 그다음 날 밤에 다시 왕비가 시합을 청했다.

그러자 왕이 물었다.

"무엇에 내기를 걸겠소?"

"우리 말을 두고 내기할까요?"

이 시합에서도 왕비가 이겼다. 왕비는 왕의 말을 끌고 자신의 말에게 데리고 와서 교배를 시켰다. 다음 날 왕비는 왕에게 말을 돌려주며 말했다.

"이런 들에서 어떻게 말 없이 지낼 수 있겠소."

그날도 왕비는 그곳에 머물면서 밤이 되자 다시 시합을 권했다. 왕이 응낙하며 물었다.

"이번에는 무엇을 걸까요?"

"제 누이를 두고 내기할까요?"

그들은 시합을 시작했다. 왕비는 일부러 실수를 해서 패했다. 시합에 진 왕비는 처소로 돌아가 남자 옷을 벗고 자신의 옷을 입은 채 왕에게 돌아왔다.

왕과 동침한 왕비는 다음 날 아침 몰래 궁전으로 돌아왔다. 왕은 일 년이 지나서 궁전으로 돌아왔는데 돌아와서 보니 왕비는 왕자를 낳았고 말도 새끼를 낳았다. 가서 작은 상자를 열어 보니 금화도 41냥이었다.

"왕비여, 이 모든 일의 비밀을 내게 말해 보시오."

"모처에 계실 때 어떤 사람이 찾아오지 않았나요?"

"왔었지."

"상자의 열쇠를 전하께 받아서 상자의 뚜껑을 열고 금화 한 냥을 더 넣었습니다. 그리고 말들을 걸고 시합했을 때 전하의 말을 제 말에게 데리고 왔지요. 누이를 내기로 걸고 시합했을 때 전하께서는 어디서 왔는가를 묻지 않으셨어요. 그 처녀가 저였답니다. 전 사실 전하께 직접 가서 일을 꾸몄답니다."

"잘했군! 정말 잘했소. 당신은 재치 있고 정말 현명하고 용기 있는 여자요."

이처럼 왕은 칭찬을 아끼지 않았다.

기름 항아리

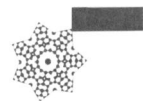

 옛날 아주 오랜 옛날이었다. 여우 한 마리가 들판을 돌아다니다가 우연히 늑대 한 마리와 마주치게 되었다.
 '이런 들판에서 다른 짐승을 만나리라고는 전혀 생각하지 못했는데…….'
 이런 생각을 하면서 여우는 늑대에게 가서 말을 붙였다.
 "이봐, 늑대야. 이리 와서 우리 친구 하자."
 이렇게 해서 둘은 길동무가 되어 들판을 이리저리 돌아다니다가 우연히 기름이 가득 든 항아리 하나를 발견하게 되었다.
 늑대가 말했다.
 "여우야, 이리 와 봐. 이 기름을 너랑 나랑 같이 나눠 먹자."
 그 말을 듣고 여우는 이렇게 말했다.
 "아니야, 잠깐만 기다려 봐. 다른 기름 항아리가 있는지 찾아보고 나서 그다음에 같이 먹자."
 늑대는 여우의 제안을 받아들여 기름 항아리를 땅속에 묻어 두고 또 다른 항아리를 찾아 돌아다니기 시작했다. 이 와중에 여우의 머릿속에는 온통 기름 항아리 생각뿐이었다. 여우는 기회를 보아 늑대 몰래 혼자 기름 항아리를 묻은 곳으로 가서 기름을 조금씩 먹었다.

얼마 후 지칠 대로 지친 데다 배까지 고픈 늑대가 돌아왔다. 여우는 재빨리 늑대에게 물었다.

"다른 항아리를 찾았니?"

"아니, 아무것도 못 찾았어. 그런데 너는?"

항아리에 담긴 기름의 윗부분을 몰래 걷어 먹은 여우는 시치미를 뚝 떼고 말했다.

"아니, 나도 못 찾았어. 대신 마을에 사르 헌 '머리', '윗부분' 이라는 뜻이라는 이름을 가진 남자가 사람들한테 음식을 대접하기에 거기 가서 배를 좀 채우고 왔지."

다음 날도 여우와 늑대는 전날 찾은 기름을 먹는 대신 또 다른 기름 항아리를 찾아 헤매기 시작했다. 늑대가 저만치 멀리 간 것을 확인한 여우는 또다시 혼자 몰래 돌아와 나머지 기름의 절반을 먹어 치워 버렸다.

얼마 후 늑대가 와서 물었다.

"항아리를 찾았니?"

기름을 절반이나 먹어 치운 여우는 이번에도 시치미를 뚝 떼며 말했다.

"아니 못 찾았어. 나도 너처럼 빈손으로 돌아왔어. 그런데 마을에 네스프 헌 '절반' 이라는 뜻이라는 부자가 음식을 돌린다고 하기에 거기 가서 뭐 좀 먹고 왔지."

그다음 날도 여우와 늑대는 항아리를 찾아다녔다. 이번에도 여우는 늑대 몰래 항아리에 가서 기름을 먹었다. 그런데 허겁지겁 배를 채우다 보니 기름이 바닥나고 말았다. 늑대가 돌아오자 여우가 물었다.

"늑대야, 아무것도 못 찾았니?"

"응, 아무것도 못 찾았어. 그런데 너는?"

여우는 시치미를 떼며 말했다.

"아니, 나도 못 찾았어. 그런데 마을에 타흐 헌^{'바닥'이라는 뜻}이라는 사람의 혼인 잔치가 있기에 거기서 배 좀 채우고 왔지."

"그래? 아이고, 여우야. 나는 항아리를 찾기 위해 하도 돌아다녀서 힘들어 죽겠다. 일단 전에 찾은 항아리를 가져와서 그 기름을 먹자. 그런 다음 다시 항아리를 찾으러 가도 되잖아."

처음에 여우는 늑대를 속여 볼까 생각해 보았지만 소용이 없었다. 너무 배가 고팠던 늑대가 후닥닥 항아리가 있는 곳으로 가서 뚜껑을 열어 버렸던 것이다. 그런데 이게 어찌 된 일인가! 항아리 속이 텅텅 비어 있었던 것이다. 늑대는 매우 화가 났다.

"여우야, 네가 기름을 먹어 치운 거지?"

"뭐라고? 내가 먹었다고? 무슨 소리를 하는 거야. 늑대 네가 다 먹어 치우고 지금 나한테 뒤집어씌우는 거잖아?"

"아니야, 난 항아리 기름에 입도 안 댔다고. 네가 전부 먹어 치웠잖아."

늑대가 여우를 위협하듯 큰 소리로 으르렁대기 시작했다. 그래도 여우는 계속 시치미를 뗐다.

"그렇게 으르렁거리지 마. 난 절대 안 먹었으니까. 보나마나 네가 먹은 게 틀림없어."

그 말을 들은 늑대는 화가 더 치밀었다.

"너 말고 누가 그걸 먹을 수 있다고 그러는 거야? 아하, 이제야 알겠다. 네가 기름 윗부분을 걷어 먹었을 때 사르 헌이 음식을 대접했다고 말했고 기름 절반을 먹어 치운 뒤에는 네스프 헌이 음식을 돌렸다고 했지. 그러다가 기름이 바닥나자 뭐라고 했지? 타흐 헌의 혼인 잔치가 있었다고 했어. 그때는 무슨 말인지 몰랐는데, 이제는 다 알겠어. 네가 무슨 속임수를 썼는지 말이야."

그러면서 늑대가 발목을 꽉 붙잡자 여우가 말했다.

"이봐, 늑대야. 이렇게 큰 소란을 피울 것까지는 없잖아. 자, 이리 와서 햇빛 아래서 우리 둘 다 누워 보는 거야. 그러면 기름을 먹은 사람 배에서 번쩍번쩍 빛이 날 테니까 누가 잘못한 건지 분명해지지 않겠어?"

늑대는 여우의 제안을 받아들였다. 그리고 둘은 나란히 햇빛 아래 누웠는데 얼마 후 늑대는 스르르 잠이 들고 말았다. 물론 여우는 정신이 말짱했다. 여우는 항아리 바닥에 남은 기름을 훑어 늑대의 배에 쓱쓱 문질렀다. 그리고 기름이 마르기 전에 늑대를 깨웠다.

"야, 늑대야. 이것 좀 봐라. 네 배에 기름이 번지르르해서 번쩍번쩍 빛이 나는 거 안 보여? 이제야 누가 기름을 다 먹어 치웠는지 분명해졌군."

늑대는 할 말을 잃고 그저 멍하니 앉아 있을 뿐이었다.

쿠세와 중개상

옛날 옛날에 쿠세^{얼굴과 턱에 수염이 드문드문 성글게 난 사람을 놀리는 말}라는 이름을 가진 농부가 소 한 마리와 아들과 함께 살고 있었다. 하루는 쿠세가 소를 팔기 위해 아들에게 소를 시장으로 데려가라고 했다.

그 고장에는 중개상이 몇 명 있었는데, 마침 쿠세의 아들이 소를 시장으로 데려오고 있다는 소문이 그들의 귀에 들어갔다. 그들은 모두 한통속이 되어 쿠세의 아들을 속여 아주 싼 값에 소를 사들이기로 작당했다. 그러면서 누구든지 쿠세의 아들을 먼저 보는 사람이 "그 새끼 염소를 얼마에 팔 거니?"라고 묻자고 약속했다. 이렇게 한 패가 된 중개상 중 하나가 쿠세의 아들이 오는 길목을 지키고 있다가 그가 가까이 다가오는 걸 보게 되었다. 중개상은 먼저 아들에게 안부를 물은 뒤 말문을 열었다.

"그 새끼 염소를 팔려고 하는 거냐?"

쿠세의 아들이 대답했다.

"새끼 염소라뇨? 무슨 말씀이세요?"

"네가 데리고 있는 그 새끼 염소 말이다."

중개상은 뻔뻔스럽게 대답했다. 그러자 쿠세의 아들은 데리고 온 소를 한번 흘긋 쳐다보았다.

"지금 이 소를 말씀하시는 거예요?"

"소가 어디 있다고 그러니? 그건 새끼 염소란다."

쿠세의 아들은 시장 쪽으로 계속 발걸음을 옮겼다. 그런데 몇 발자국을 채 떼기도 전에 또 다른 중개상이 다가와 그에게 인사를 건네며 말했다.

"여보게, 쿠세의 아들. 그 새끼 염소를 얼마에 팔 생각인가?"

쿠세의 아들은 어이가 없었다.

"아니, 장님이세요? 이건 소라고요. 새끼 염소가 아니라 소란 말이에요. 소!"

그러나 중개상도 물러서지 않았다.

"아니, 네가 제정신이 아닌 게로구나. 염소를 보고 소라고 하다니. 이게 정말 소라면 어디 한번 다른 사람에게 물어보렴."

쿠세의 아들은 소를 읍내의 광장으로 데리고 갔다. 그곳에는 다른 중개상 몇 명이 소와 양을 사들이고 있었다. 그들은 쿠세의 아들이 다가오는 걸 보자 우르르 그의 주변으로 몰려들었다. 서로 인사를 나눈 다음 중개상 하나가 쿠세의 아들에게 물었다.

"그 새끼 염소를 얼마에 팔 거니?"

쿠세의 아들은 어이가 없었다.

"세상에나! 이건 소라고요! 염소가 아니에요. 왜 아저씨들은 제 소더러 염소라고 하세요?"

주변에 몰려 있던 중개상들은 이 말을 듣고 모두 웃음을 터뜨렸다. 쿠세의 아들은 너무 화가 나서 손으로 두 눈을 비비며 깊은 생각에 빠졌다. 그는 혼잣말로 중얼거렸다.

"어쩌면 정말로 소가 아닐지도 몰라. 내가 잘못 생각하고 있을 수도 있어."

쿠세의 아들이 이렇게 잠자코 있자 그들 중 하나가 나서며 다시 물었다.

"그 새끼 염소를 팔 생각이 있으면 우리가 사겠다. 그러나 만약 팔 생각이 없다면 여기서 데리고 나가거라."

"아니에요, 팔고 싶어요."

중개상들은 쿠세의 아들에게 새끼 염소 값만 지불하고 소를 사들였다.

해 질 무렵 쿠세의 아들은 피곤하고 지친 몸으로 집으로 돌아왔다. 그러나 마음 한구석이 계속 꺼림칙했다. 아들을 본 쿠세는 신이 나서 달려와 물었다.

"아들아, 소를 얼마에 팔았니?"

그러자 아들은 신경질을 내며 대답했다.

"그게 소였어요, 아니면 새끼 염소였어요?"

쿠세는 깜짝 놀랐다.

"새끼 염소라니, 대체 그게 무슨 말이냐?"

그러자 아들이 자초지종을 설명했다.

"제가 그 소를 데리고 간 곳마다 모두들 염소라고 하는 거예요. 결국에는 저 역시 어쩌면 염소일지 모르겠다는 생각이 들더라고요. 그래서 염소 값만 받고 팔아 버렸어요."

아들의 이야기를 들은 쿠세는 너무 어이가 없었지만 아들을 달래 주었다.

"내가 앙갚음을 해 줄 테니 너무 염려하지 마라. 그들이 모두 한

통속이 되어 널 속였구나."

 마침 쿠세한테는 밭이 있었는데, 그 밭은 길 쪽으로 나 있었다. 그래서 아침마다 중개상들이 소나 양을 사러 갈 때는 반드시 그 옆을 지나가게 되어 있었다. 그런데 이 밭에서는 해마다 키가 아주 큰 가시덤불이 자라났다.

 쿠세는 5리알짜리와 2리알짜리 잔돈을 조금 준비했다. 그리고 오후가 되자 밭으로 가서 가시덤불 가지마다 5리알이나 2리알짜리 돈을 올려놓았다.

 다음 날 아침 일찍 쿠세의 소를 헐값으로 사들였던 중개상 중 세 명이 그 밭을 지나다가 쿠세를 보자 인사를 건넸다. 쿠세도 그들한테 반가운 듯 인사를 건네고 안부를 물은 뒤 계속 밭에 물 주는 일을 했다. 그때 가시덤불 가지마다 5리알짜리와 2리알짜리 돈이 붙어 있는 걸 본 중개상들이 구세더러 이 돈이 대체 무슨 돈이냐고 물었다. 쿠세가 대답했다.

 "이 밭에서는 일주일에 한 번씩 이런 덤불이 자라는데, 며칠 동안 꼬박꼬박 이 덤불에 물을 주면 가지마다 5리알과 2리알짜리 돈이 나와서 그걸 따곤 하지요."

 중개상들이 다시 물었다.

 "그렇다면 왜 어떤 거는 5리알짜리고, 어떤 거는 2리알짜리요?"

 "아, 그건 주인이 얼마나 노력하느냐에 따라 달라져요. 제대로 비료를 주고 물을 대 주면 전부 5리알짜리 돈이 열리지요."

 이렇게 대답한 쿠세는 바로 아내를 불렀다.

 "이 돈을 담을 자루 하나만 가지고 와요. 돈을 딸 때가 됐나 봐."

 쿠세의 아내도 남편을 도와 해가 질 때까지 돈을 따서 자루에 담았다. 그런 다음 그들은 집으로 돌아갔다.

중개상 세 명은 서로 쑥덕이기 시작했다.

"아이고, 이거 참 신기하고 좋은 일 아닌가. 만약 우리가 이 밭을 쿠세한테서 살 수만 있다면 정말 좋을 텐데."

"그렇다면 오늘 밤 쿠세네 집에 가서 저녁을 먹세."

그들은 아내를 데리고 집으로 향하던 쿠세를 불러 세웠다.

쿠세가 가던 길을 다시 돌아와 물었다.

"무슨 일로 부르는 거요?"

중개상들이 입을 모아 말했다.

"오늘 당신 집에서 저녁을 먹고 싶어서 그러네."

쿠세도 흔쾌히 승낙했다.

"그럽시다. 편히 생각하고 놀러들 오시오."

이렇게 넷이서 함께 쿠세의 집으로 발걸음을 옮겼다. 쿠세의 집에 도착한 그들은 우선 자리에 앉아서 쉬었다. 쿠세는 아내에게 손님을 위해 저녁을 지으라고 시켰다. 저녁을 다 먹고 나자 중개상 하나가 나서서 먼저 이야기를 꺼냈다.

"저, 할 말이 있소."

"말해 보시오."

그러자 한 중개상이 말했다.

"오늘 이렇게 댁을 찾아온 이유는 다름이 아니라 당신한테서 밭을 사들이고 싶어서요."

그러나 쿠세는 일언지하에 거절하며 말했다.

"내 인생 전부가 이 밭에 달려 있어 절대 팔 수 없소."

"값은 얼마라도 치를 테니 파시오."

일이 이 지경에 이르자 쿠세도 더 이상 싫다고 할 수가 없었다.

"그렇다면 좋소이다. 이렇게 우리 집까지 찾아와 주었는데 내 목숨을 달라고 한들 마다하겠소?"
　쿠세의 말을 들은 중개상들은 신이 났다.
　"아이고, 복 받을 거요. 그러면 내일 돈을 가지고 오겠소."
　중개상들은 각자 집으로 가서 있는 돈이란 돈은 모두 긁어모았다. 그것도 모자라서 살림살이를 몽땅 내다 팔아 돈을 마련한 다음 쿠세에게 전해 주었다. 쿠세도 밭문서를 만들어 중개상들에게 넘겨주었다.
　"매일 물 주는 걸 잊지 마시오."
　"우리도 뭘 어떻게 해야 하는지 이미 다 알고 있소."
　한 사람이 가서 비료를 가져오면 다른 한 사람은 시냇가에서 물을 끌어 왔다. 그들은 셋이서 같이 밭에 비료를 주고 물을 주었다. 어찌나 물을 많이 주었는지 밭의 흙이 죄다 쓸려가 버릴 정도였다. 그런데 며칠이 지났는데도 노부지 덤불에 돈이 달리지 않는 것이었다. 중개상들은 화가 났다.
　한편 쿠세도 자신이 무슨 일을 저질렀는지 잘 알고 있었기에 해결책을 찾느라 골머리를 앓았다.
　"이를 어쩌나. 이를 어쩌면 좋지?"
　그러다 그는 장에 가서 색깔이 같은 토끼 두 마리를 사 왔다. 색깔이 같은 수건 두 장도 마련했다. 그런 다음 아내에게 말했다.
　"여기 토끼 한 마리는 내가 빵을 싼 수건이랑 같이 가지고 갈 거요. 나머지 토끼 한 마리는 그냥 여기에 두시오. 그러다가 중개상들이 들이닥치면 집에 있는 토끼 목에 빵을 싼 수건을 묶은 다음 놓아주시오. 만약 토끼가 어디로 가는 거냐고 물으면 쿠세한테 빵을 가져다주러 간다고 말하시오. 그리고 중개상들이 나를 찾으면 그 사람들을 잘 안내해 주시오."

드디어 중개상들이 쿠세를 찾아 들이닥치자 쿠세의 아내는 남편이 시킨 대로 했다.

중개상들이 물었다.

"이 토끼는 지금 어디로 가는 거요?"

"남편한테 빵을 가져다주러 가는 거예요."

중개상들이 다시 물었다.

"토끼가 어떻게 빵을 나른다는 거요? 당장 도망치고 말걸."

"이 토끼는 훈련이 잘 돼서 절대 도망가지 않아요. 거짓말이라고 생각되면 남편한테 가 보세요. 거기 토끼가 있는지 없는지 보시면 되잖아요."

그러자 중개상들은 쿠세가 지금 어디 있느냐고 물었고, 쿠세의 아내는 남편이 있는 곳을 알려 주었다.

중개상 세 명은 쿠세가 있는 밭으로 갔다. 그런데 그곳에 가 보니 집에서 본 것과 똑같은 토끼가 거기에도 있는 게 아닌가. 이 토끼가 아까와는 다른 토끼라는 사실을 그들이 알 리가 없었다.

중개상들이 쿠세에게 인사를 건네자 그도 반가이 그들을 맞았다. 중개상들이 먼저 말을 꺼냈다.

"여보게, 쿠세 양반. 밭에다 아무리 물을 많이 줘도 흙만 물에 쓸려갈 뿐 돈이 열리는 덤불은 소식이 깜깜하다네."

그러자 쿠세가 대답했다.

"당신들이 보나마나 밭을 망가뜨린 게 분명하군요. 그러게 내가 밭을 안 판다고 했는데도 당신들이 계속 우기며 나한테서 밭을 샀잖소. 그래 놓고 당신들이 잘못해서 그 밭을 못 쓰게 만들다니, 쯧쯧. 그 밭은 이제 더 이상 예전의 밭이 아니오. 어쩔 수 없구먼. 그 밭을 한동안 그대로 내버려둬요. 혹시라도 돈이 열리는 덤불이 다시 자라게 될지도 모르니까."

그러자 중개상들은 또 다른 제안을 했다.

"당분간 밭에서는 좋은 일을 구경하지 못할 테니 이 토끼라도 파시오. 우리가 사겠소이다."

"아니, 대체 이 토끼가 무슨 소용이 된다고 그러시오?"

"우리는 여행을 많이 다니면서 사고파는 일을 하기 때문에 이 토끼가 많은 도움을 줄 거요."

"이 토끼는 날 위해 일하는 거라고요. 낮에 농사를 지을 때 이 토끼를 보내 점심 밥을 가져오라고 시킨다는 말이오."

그래도 중개상들은 계속 토끼를 팔라고 졸라 댔다.

"당신한테 산 밭에서는 별 재미를 못 봤으니 이번에는 이 토끼를 우리한테 파시오."

마침내 쿠세도 좋다고 대답했다.

"토끼를 당신들한테 드리죠. 다만 당신들이 토끼를 너무 괴롭혀서 도망칠까 두렵소. 그렇게 되면 당신들은 토끼를 제대로 이용하지 못할 게 아니오. 게다가 나는 이 토끼를 아주 비싸게 주고 샀답니다."

"좋소, 좋아. 토끼를 얼마 주고 샀든 간에 그 가격 그대로 우리한테 팔면 되잖소."

이렇게 해서 쿠세는 터무니없이 높은 값을 받고 토끼를 팔았다. 중개상들은 토끼를 데리고 크게 기뻐하며 집으로 돌아갔다.

얼마 후 중개상들은 여행을 떠날 짐을 꾸려 아주 먼 나라로 물건을 사러 길을 나섰다. 물론 토끼도 데리고 갔다. 며칠 밤낮 동안 여행을 하다 보니 준비해 온 식량이 다 떨어지고 말았다. 그래서 그들은 편지 한 장을 써서 돈과 함께 토끼 편에 집으로 보내 먹을 식량을 보내 달라고 청하기로 했다. 그리하여 그들은 편지와 함께 돈 100토만을 토끼 목에 묶으며 토끼한테 일렀다.

"토끼야, 먹을 식량이 다 떨어졌으니 얼른 가서 우리 먹을 식량을 가져다 달라고 얘기하렴. 우리는 여기에서 기다리고 있을 테니."

그러면서 토끼를 풀어 주었다. 하지만 토끼는 들판을 향해 저 가고 싶은 길을 갈 뿐이었다.

아무것도 모르는 중개상들은 그곳에서 어찌나 오래 기다렸는지 결국 그 자리에서 굶어 죽고 말았다.

데굴데굴 구르는 호박

옛날에 한 할머니가 살았다. 어느 날 할머니는 산꼭대기에 살고 있는 딸을 만나러 가고 싶어졌다. 그래서 집안일을 마친 뒤 대문을 꼭 잠그고 딸을 만나러 길을 나섰다.

한참을 걸어 할머니가 산중턱에 이르렀을 때였다. 늑대 한 마리가 할머니 앞을 가로막고 서서 대뜸 이렇게 말했다.

"이봐, 할망구. 어디 가는 거야? 이리 와 봐. 내가 할망구를 좀 잡아먹어야겠어."

할머니가 대답했다.

"아니, 세상에! 나는 이제 늙어서 가죽과 뼈만 남은 사람인데 뭘 어쩌려고? 일단 딸 집에 가게 해 줘. 거기 가서 밥을 먹고 살이 쪄서 몸집이 커지면 그때 날 잡아먹어도 되잖아."

이 말을 들은 늑대는 좋다고 하면서 할머니를 가게 놔주었다.

할머니는 그렇게 또 한참을 가다가 이번에는 표범을 만났다.

"어이, 할망구. 지금 어디 가는 거야? 내가 할망구를 잡아먹어야겠으니 이리 좀 와 봐."

할머니는 이번에도 핑계를 댔다.

"아이고, 난 이제 가죽하고 뼈만 남은 사람인데 잡아먹어서 뭘 어쩌려고? 딸네 가서 밥 좀 얻어 먹고 살이 쪄서 몸집이 커지면 그때 잡아먹어도 되지 않겠나?"

할머니의 말에 표범도 그러라고 했다.

할머니는 가던 길을 계속 가다가 이번에는 덩치 큰 사자 한 마리를 만났다.

"이봐, 할망구. 내가 할망구를 좀 잡아먹어야겠어."

"아이고, 사자님. 나는 이제 늙어서 가죽과 뼈밖에 안 남았소. 딸네 가서 밥 좀 많이 먹고 살을 찌울 테니 그때 가서 잡아먹으면 안 되겠소?"

"그래? 그렇다면 그렇게 해, 할멈."

또 그렇게 한참을 간 할머니는 마침내 딸 집에 도착하였다. 할머니는 며칠 동안 그곳에서 묵었다. 그런데 갑자기 불안한 마음이 들면서 자꾸만 집으로 돌아가야겠다는 생각이 들었다.

그러던 어느 날 할머니의 딸이 시장에 간다고 하면서 할머니한테 뭐 필요한 것이 없느냐고 물었다. 그러자 할머니는 아주 큼지막한 호박 하나만 사다 달라고 했다. 딸이 시장에서 아주 커다란 호박 하나를 사다 주자 할머니는 앉아서 그 호박의 속을 파내기 시작했다. 호박 속을 다 긁어 낸 할머니는 그 속으로 들어가며 딸한테 일렀다.

"자, 이제 호박 뚜껑을 덮고 굴려라."

딸은 있는 힘을 다해 호박을 굴렸다. 호박은 데굴데굴 구르기 시작했다. 그렇게 한참을 굴러 간 호박은 사자 앞에 이르렀다. 사자가 물었다.

"이봐, 호박아. 할망구 못 봤니?"

호박 속에 숨은 할머니가 대답했다.

"아니, 못 봤는데. 그렇게 서 있지만 말고 나 좀 굴려 줘."

사자는 호박을 힘껏 굴려 주었다. 호박은 데굴데굴 구르면서 한참을 가다가 표범을 만났다. 표범이 물었다.

"데굴데굴 구르는 호박아, 이 근처에서 할망구 못 봤니?"

이번에도 할머니는 호박 속에 숨어서 대답했다.

"아니, 못 봤는데. 그렇게 서 있지 말고 나 좀 한번 밀어 줘."

표범이 호박을 세게 밀어 주자 또다시 호박은 데굴데굴 굴러 늑대가 있는 곳에 닿았다. 늑대가 호박한테 물었다.

"어이, 데굴데굴 굴러 가는 호박. 거기 서 봐. 이 근처에서 할망구 못 봤냐?"

"아니, 못 봤어. 그렇게 가만히 서 있지 말고 나 좀 있는 힘껏 밀어 줘."

늑대도 있는 힘을 다해 호박을 굴려 주었다. 그러나 불행히도 호박이 근처에 있는 큰 바위에 부딪혀 두 동강이 나고 말았다. 호박 속에 숨어 있던 할머니도 어쩔 수 없이 밖으로 나오게 되었다. 그 모습을 본 늑대가 깜짝 놀라 말했다.

"이런, 못된 할망구 같으니라고. 이번에는 내가 꼭 잡아먹고 말테다. 그 속에 숨어서 나를 속였겠다! 이번에는 반드시 잡아먹고 말테다."

그때 할머니는 한 가지 꾀를 생각해 냈다.

"아니, 지금 내가 누구를 속였다고 그러는 거냐? 난 그저 네가 예전에 나를 잡아먹겠다고 해서 이렇게 온 것뿐인데. 한 가지 소원이 있는데 들어줄래?"

그러자 늑대가 대답했다.

"소원이 뭔지 말해 봐."

"일단 머리를 감고 목욕도 하고 깨끗하게 씻은 다음 잡아먹으면 안 될까?"

이 말을 들은 늑대도 좋다고 하면서 할머니의 뒤를 따르기 시작했다. 그러던 중 마을에 있는 공중 목욕탕 아궁이에 다다르자 할머니는 재빨리 아궁이 입구로 가서 뜨거운 재 한 줌을 집어 늑대의 눈에 뿌렸다. 깜짝 놀란 늑대는 고함을 지르며 소동을 피우기 시작했다. 그 소리를 들은 마을 사람들이 우르르 몰려나와 늑대를 잡아 죽여 버렸다. 그리하여 할머니는 편안한 마음으로 자기 집으로 돌아갈 수 있었다.

흑 인 노 예 커 커

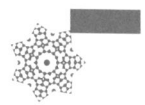

옛날에 한 왕이 살고 있었다. 그에게는 자식이 없었다. 의원들이 온갖 약을 다 처방해 봤지만 아무 소용이 없었다. 그러던 어느 날 탁발승 하나가 궁전에 와서 왕에게 아뢰었다.

"왕이시여, 사과 하나를 드리겠사옵니다. 그 반쪽은 왕께서 직접 드시고 나머지 반쪽을 왕비께서 드시면 후손을 보실 수 있을 것입니다."

왕은 그 사과를 반으로 쪼개서 한쪽은 자기가 먹고 다른 한쪽은 왕비에게 주었다. 왕비는 그 사과를 먹은 뒤 아홉 달 아흐레 아홉 시간이 지나자 딸 하나를 낳았다. 왕은 너무 기뻐서 온 나라에 전등을 달아 불을 밝히라고 했다. 한창 잔치를 벌여 즐기고 있는데 갑자기 왕비가 있는 방 꼭대기의 천장이 열리더니 새하얀 옷을 입은 사람이 하나 나타났다. 왕은 그를 보자 언짢은 생각이 들어 말했다.

"온몸을 새하얗게 꾸민 너는 대체 누구냐? 도대체 여기서 뭘 하고 있는 거지?"

그러자 흰 옷을 입은 자가 대답했다.

"저는 사람들의 운명을 결정 짓는 천사입니다. 오늘 공주님의 운명을 결정 지었습니다. 7대에 걸쳐 왕 밑에서 시중을 들어온 커커라는 흑인 노예가 있는데, 열여섯 살이 되면 공주님은 그 노예의 집으로 가게 될 겁니다. 이게 공주님의 운명입니다."

흰 옷을 입은 천사는 이 말을 마치자마자 홀연히 사라졌다. 왕은 너무 놀랍고 어이가 없어서 혼자 중얼거렸다.

"이게 대체 무슨 운명이란 말인가? 내가 왕인데 대체 어떻게 내 딸을 흑인 노예한테 줄 수 있다는 말이냐? 대체 공주한테 무슨 운명을 써 놓은 건가?"

왕의 표정이 밝지 않은 것을 본 재상이 물었다.

"왕이시여, 안색이 무척 안 좋으십니다. 무슨 근심이라도 있으신지요?"

"운명을 결정 짓는 천사가 공주의 운명에 대해 열여섯 살이 되면 흑인 노예랑 혼인을 한다고 말해 주었다."

이 말을 들은 재상이 웃으면서 왕을 위로했다.

"왕이시여, 16년 뒤의 일 때문에 슬퍼하실 필요는 없습니다. 그때까지 누가 살아 있을지도 모르는 일입니다. 어쩌면 그 흑인 노예가 죽을 수도 있지 않겠습니까?"

세월이 흘러 공주가 열여섯 살이 되었다. 왕은 슬슬 걱정이 되어 재상에게 자문을 구했다.

"여보게, 재상. 공주가 열여섯 살이 되었다네. 이제 어쩌면 좋단 말인가?"

그러자 재상이 대답했다.

"왕이시여, 흑인 노예 커커를 불러서 편지 한 장을 써 주십시오. 그런 다음 그 편지에 왕의 도장을 찍고 잘 봉인한 뒤 하늘의 태양한테 전해 주라고 하십시오. 만약 커커가 못 하겠다고 하면 망나니를 불러 목을 베어 버리시면 됩니다."

왕은 공주의 운명에 걸림돌이 되는 흑인 노예 커커를 손쉽게 없앨 수 있게 된 것을 알고 마음이 편해졌다. 왕은 편지 한 장을 썼고, 신하들이 그 편지에 왕의 도장을 찍고 단단히 봉인했다. 그런 다음 왕은 흑인 노예 커커를 불러 분부를 내렸다.

"내 도장이 찍히고 봉인된 이 편지를 태양한테 전해 주고 대답을 들어 오너라. 만일 내 편지를 태양한테 전하지 못할 시에는 네 목을 칠 것이니라."

이 말을 들은 흑인 노예 커커는 어이가 없었다.

"왕이시여, 태양은 저 하늘 꼭대기에 있고 저는 이 땅 위에 있습니다."

그러자 왕은 소리를 버럭 질렀다.

"넌 내가 시키는 대로 이 일을 꼭 해야 한다. 안 그러면……."

목숨을 잃을까 봐 두려워진 흑인 노예 커커는 분부에 따르겠다고 말하고 그 자리에서 물러났다. 그는 먹을 빵이 든 자루를 어깨에 짊어지고 왕의 편지를 챙겨 길을 떠났다. 커커는 황량한 벌판을 지나고 숲을 지나 어느 초원에 도착했다. 그 초원에는 맑은 물이 솟아나는 샘이 하나 있었다. 커커가 샘가에 앉아 물을 마시려고 하자 커커보다 먼저 와서 샘물을 마시던 사슴들이 놀라 도망가 버렸다. 그런데 유독 사슴 한 마리가 도망을 못 가고 그 자리에 주저앉아 있었다. 살펴보니 그 사슴은 다쳐서 걸을 수가 없었다. 다친 사슴이 커커를 바라보며 말문을 열었다.

"여보세요, 지금 어디로 가는 길이에요?"

"지금 하늘의 태양한테 왕의 편지를 전해 주고 답장을 받으러 가는 길이란다."

"태양이 어디에 있는지 알고 하는 소리예요? 당신은 절대 태양한테 갈 수 없어요."

"그래도 왕의 명령인데 어쩌겠니. 나는 반드시 태양한테 가야 한단다."

"지금 태양을 만나러 간다고 하지만 절대 못 갈 거예요. 절대 못 간다고요. 그런데 만에 하나 태양을 만나면 제 안부도 좀 전해 주고 제 아픈 다리를 낫게 할 수 있는 약이 뭔지 한번 물어봐 줄래요?"

커커는 아픈 사슴에게 그렇게 해 주겠다고 약속한 후 다시 자리에서 일어나 가던 길을 가기 시작했다. 한참을 가던 그는 어느 정원에 도착했다.

커커가 정원 담장에 등을 대고 시냇가에 앉아 있으려니 정원사가 그를 보고 말을 건넸다.

"여보게, 지금 어디로 가는 길인가?"

"태양을 만나러 가는 길인데요."

"뭐라고? 지금 내가 가지고 있는 삽으로 자네 허리를 두 동강 내 버릴 수도 있어. 태양을 만나러 간다니, 그게 대체 무슨 말인가! 태양은 하늘 저 꼭대기에 있고 자네는 여기 땅 위에 있지 않은가."

"그래도 어쩌겠어요. 왕이 내린 분부인데요. 저도 태양을 만날 수 없다는 걸 잘 알고 있어요. 하지만 지금 되돌아갈 수도 없다고요. 저는 가야만 해요."

이 말을 들은 정원사는 한참을 침묵하고 있다가 뭔가 생각이 난 듯 말을 꺼냈다.

"커커, 일단은 태양을 만나러 절대 못 간다고 말하고 싶네. 암, 절대 못 가지. 그런데 만에 하나 태양을 만나게 되면 내 안부를 꼭 전해 주고 태양한테 한번 물어봐 주게. 정원사 하나가 나무 한 그루를 심었는데, 그 나무가 푸르게 자라지 못하고 자꾸 말라 죽는다고. 그 까닭이 뭔지 물어봐 주게나."

"좋아요. 먼저 사슴의 질문을 물어보고 그다음에 당신 질문을 태양한테 물어볼게요."

커커는 정원사와 작별 인사를 하고 계속해서 가던 길을 갔다. 한참을 걸어간 후 황량한 벌판에 이르렀다. 그 벌판을 지나고 나니 이번에는 사방이 푸른 평원이 나왔다. 그때 갑자기 어떤 사람이 손으로 커커의 가슴을 툭 치면서 말을 건넸다.

"어디로 가는 길인가?"

흰 수염이 덥수룩하게 난 사내였다.

"아이고, 아저씨. 그렇게 제 가슴 좀 치지 마세요."

흰 수염의 사내가 말했다.

"일단 앉아서 숨 좀 돌리고 가게나. 그런데 어디를 가려고 하는 건가?"

자리에 앉은 커커는 그동안 지나온 이야기를 흰 수염의 사내에게 들려주기 시작했다.

커커의 이야기를 들은 사내가 말했다.

"그런 거라면 더 이상 걱정하지 않아도 된다네. 지금처럼 그렇게 계속 길을 가다 보면 어느 산꼭대기에 이를 걸세. 그 산꼭대기에는 모래가 아주 많을 거야. 자네는 그 모래 속에 구덩이 하나를 파 놓고 있다가 밤이 될 무렵에 그 구덩이 속으로 들어가게. 머리는 모래 밖으로 내놓고 있어야 하네. 그러다가 아침이 돼서 해가 뜨면 집게

손가락을 세워 들고 마음속에 있는 말을 죄다 태양한테 하면 되네."

커커는 흰 수염 사내와 작별 인사를 한 후 가던 길을 계속 갔다. 그러다 마침내 흰 수염 사내가 말한 산에 도착했다. 커커는 산 위로 올라갔다. 그곳에는 모래가 엄청나게 많았다. 그는 흰 수염 사내가 일러 준 대로 행동에 옮겼다. 아침이 되어 해가 뜨자 커커는 해에게 인사를 건넨 후 집게손가락을 세워 들고 이렇게 말했다.

"태양이시여, 사슴이 안부를 전하면서 말하기를 다리에 상처를 입었대요. 그래서 상처에 무슨 약이 좋을지 물었어요."

그러자 태양이 대답했다.

"사슴한테 필요한 약은 바로 그 샘물이에요."

커커가 계속 말을 이었다.

"정원사가 안부를 전하면서 말하기를 전에 나무 한 그루를 심었는데 말라 죽었대요. 그 까닭이 뭐냐고 물었어요."

이번에도 태양은 친절하게 대답해 주었다.

"그 나무 뿌리 아래에 금화가 가득 담긴 항아리가 묻혀 있는데, 그 항아리들을 파내야 해요."

"제가 살고 있는 나라의 왕이 편지 한 장을 써 주셨는데, 그 편지에 대한 태양님의 답변은 무엇인가요?"

"정해진 운명은 바꿀 수가 없어요."

태양한테서 원하는 대답을 들은 커커는 모래 구덩이에서 나와 지금까지 왔던 길을 되돌아갔다. 그리고 먼저 정원사를 만났다.

커커를 본 정원사가 물었다.

"내 질문에 대한 답변을 들었는가?"

"당신이 심은 나무 밑에 금화가 가득 든 항아리들이 있다고 말해 주었어요. 그 항아리를 파내면 나무가 잘 자랄 거라고 했어요."

이 말을 들은 정원사가 삽을 들고 나무 아래를 파내려 가니 과연 금화가 든 항아리들이 나왔다.

커커가 샘가에 도착했을 때 상처를 입은 사슴은 아직까지 그 자리에 주저앉아 있었다. 커커를 본 사슴이 먼저 물었다.

"내 약을 가지고 왔어요?"

"태양님이 그러는데 너한테 필요한 약은 바로 이 샘물이래."

"그렇지만 혼자 힘으로는 샘에 들어갈 수가 없는데요."

커커는 사슴을 부축해서 자리에서 일으켜 세웠다. 샘에 들어갔다 나오자 사슴의 상처는 씻은 듯이 말끔해졌고 시커멓던 발도 새하얘졌다. 그 모습을 본 커커가 혼잣말로 중얼거렸다.

"나도 이 샘물 속으로 한번 들어가 볼까. 혹시 누가 알겠어? 시꺼먼 내 얼굴도 하얗게 될지."

커커가 들어가자 샘물이 부글부글 끓어 올랐다.

샘물 밖으로 나와 물 속에 자기 모습을 비춰 보니 얼굴에서 찬란한 빛이 나는 열일곱 살 먹은 청년으로 변해 있었다. 커커는 왕이 사는 궁전으로 돌아와 말했다.

"흑인 노예 커커는 태양님 밑에서 시중을 들게 되었고, 저는 태양님의 사신입니다. 태양님이 말씀하시기를 공주님을 저와 혼인시키시랍니다. 그러면 편지에 대한 답변을 해 주셨답니다. 만약 이를 이행하지 않을 때는 태양님께서 뜨거운 불꽃으로 왕을 태워 버릴 것이고, 이 궁전도 모두 태워 버리시겠답니다."

이 말을 들은 왕은 겁을 먹고 얼굴에서 광채가 나는 이 청년과 공주를 혼인시켰다. 그로부터 40일 동안 스스로 태양님의 사신이라 칭하는 이 청년과 공주의 혼인식을 축하하는 뜻에서 온 성에 등을 밝히고 잔치를 벌였다. 잔치가 끝난 후 흑인 노예 커커가 공주에게 말했다.

"쟁반 하나랑 명주실을 가지고 손으로 짠 테르메^{캐시미르식} 보자기를 가져다주시오."

"그건 무엇에 쓰시려고요?"

"내일 아침 일찍 태양님께서 주신 답변을 왕에게 전해 올리려고 하오."

커커는 태양 대신 자기가 손으로 쓴 답장을 쟁반 위에 올려놓고 그 위에 테르메 보자기를 덮어 재상에게 바쳤다. 재상이 왕에게 그 답장을 읽어 올렸다.

"정해진 운명은 바꿀 수가 없습니다."

이 말이 무슨 말인지 이해하지 못한 왕이 다시 물었다.

"그건 대체 무슨 뜻인가?"

그러나 재상은 그게 무슨 뜻인지 이해했다. 그래서 재상은 재빨리 왕한테 그 뜻을 설명했다.

"운명을 정하는 천사가 공주님 이마에 쓰신 대로 실행되었습니다. 부마 되시는 분이 바로 예전의 그 흑인 노예 커커입니다. 다만 지금은 다른 모습을 하고 있는 거지요."

이 말을 들은 왕도 뭔가 느낀 바가 있었는지 고개를 끄덕이며 말했다.

"알았네, 인정하겠네. 정해진 운명은 절대 바꿀 수 없는 법인가 보군."

거짓말쟁이 대머리 총각

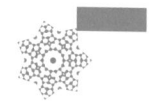

옛날 공주 하나를 둔 왕이 살았다. 어느 날 왕은 공주를 시집보내야겠다고 생각하고 재상들을 모아 놓고 말했다.

"세상에서 제일 거짓말을 잘하는 사람에게 공주를 시집보내려고 하오. 여러분은 이 소식을 백성에게 가서 전하시오."

왕의 말이 떨어지기가 무섭게 재상들은 궁 밖으로 나가서 사람들한테 거짓말쟁이가 필요하다고 했다.

그러자 근처 빵집에서 일하던 대머리 총각이 앞으로 걸어 나오며 말했다.

"제가 거짓말을 아주 잘하는데요."

재상들은 그 대머리 청년을 왕한테 데리고 갔다. 왕이 대머리 청년에게 말했다.

"너는 사흘 안으로 세 가지 거짓말을 해야 한다. 네가 한 거짓말이 정말로 뛰어나다면 공주를 주겠다. 그러나 거짓말이 형편없을 때에는 네 목을 베어 버리겠노라."

대머리 총각은 왕의 제안을 받아들였다. 그러자 왕이 말했다.

"자, 첫 번째 거짓말을 해 보아라."

대머리 청년이 첫 번째 거짓말을 시작했다.

"하루는 저랑 어머니가 밭에서 채소를 거둬 집으로 가지고 와 불 위에 올려놨거든요. 그렇게 얼마 동안 채소를 삶고 있는데 옆집 사는 사람들이 멀리 호라산^{이란 동북부의 지명}으로 길 떠날 준비를 하는 소리가 들리는 거예요. 그래서 저랑 어머니도 채소 삶던 것을 그냥 그 자리에 올려놓은 채로 옆집 사람들과 같이 마시하드^{이란 동북부의 도시}에 가서 이맘 레자^{시아파 이슬람교의 제8대 이맘}의 무덤을 참배하고 왔죠. 왔다 갔다 하는 데 총 6개월이 걸리더군요. 그리고 집으로 돌아와 보니까 채소가 거의 다 삶아져 있더라고요. 약간 맛을 봤는데 어찌나 뜨겁던지 입이 다 데었고 몸에서 열이 펄펄 나더니 저희 집 창가에 불꽃이 일면서 결국 집을 몽땅 태워 버렸지 뭐예요. 자, 지금까지 제가 드린 말씀이 참말인지 거짓말인지 말씀해 주시죠."

그러자 왕이 대답했다.

"보나마나 거짓말이지."

대머리 청년은 두 번째 거짓말을 늘어놓았다.

"하루는 알을 품고 있는 암탉 밑에다 달걀 스무 개를 넣어 두었거든요. 그중에서 하나만 부화가 안 되고 나머지 열아홉 개에서 병아리가 나왔어요. 병아리들은 무럭무럭 자라나서 제각각 달걀을 백 개씩 낳았어요. 그래서 저는 창고를 하나 만들었죠. 그리고 배 젓는 노를 하나 구해다가 그 노로 달걀들을 모두 창고 안으로 밀어 넣었어요. 달걀이 차곡차곡 쌓이더군요. 그렇게 쌓여 있던 달걀 중에서 몇 마리가 병아리가 되었는데, 그중 한 마리는 아주 큼지막한 수탉이 되었어요. 저는 그 수탉을 데리고 이리저리 짐을 싣고 다녔답니다. 그러던 어느 날 수탉이 등에 얹은 안장 때문에 상처를 입어 의원한테 데리고 갔더니 의원이 하는 말이 파란 호두의 껍질을 발라 주면 금방 나을 거랬어요. 그래서 그렇게 했더니 정말로 다 나았지 뭐예요. 그런데 다 나은 수탉의 등에서 커다란 호두나무 한 그루가 자라는 겁니다. 저는 진흙을 동그랗게 굴려 공처럼 만들어 호두를 따려고 호두나무를 향해 던졌어요. 그런데 진흙 덩어리가 호두나무 가지에 끼어 그만 3만 제곱미터나 되는 밭으로 변하더라고요. 저랑 어머니는 그 밭을 갈아 거기에 수박을 심었는데, 수박이 얼마나 크게 열리는지 모두 놀랄 정도입니다. 수박 하나를 먹고 그 껍질을 들에다 버렸는데, 때마침 그날 밤에 비가 엄청나게 많이 왔어요. 다음 날 아침이 돼서 어머니가 들에 나가셨다가 그만 발이 미끄러져 넘어지는 바람에 수박 껍데기 속에 빠져 가라앉아 버렸답니다. 자, 왕이시여. 제가 지금 드린 말씀이 참말일까요, 거짓말일까요?"

"거짓말인 게 뻔하지."

대머리 총각이 두 번째 거짓말을 마치고 자리를 뜨자 왕은 재상들을 모아 놓고 의논하기 시작했다.

"이런 식으로 저 대머리 청년이 거짓말을 한다면 공주를 저 자에게 시집보낼 수밖에 없겠다. 그러니 내일 대머리 총각이 와서 무슨 말을 하든지 나는 참말이라고 할 것이다. 그러니 재상 자네들도 무슨 일이 있더라도 참말이라고 말해 주게나."

왕의 말을 들은 재상들도 그렇게 하겠다고 했다.

다음 날 대머리 청년이 세 번째 거짓말을 시작했다.

"왕이시여, 제 아버지를 알고 계신지요?"

"알고말고."

"제 아버지는 아주 정직한 분이었어요. 항상 진실만을 말씀하셨지요, 그렇지요?"

왕도 그렇다고 대답했다.

"제 아버지는 돈이 꽤 많은 분이었어요. 그렇죠?"

"그렇고말고."

"그러던 제 아버지가 돌아가실 때 유언을 남기셨는데, 황금이 든 항아리 일곱 개를 왕께 맡겨 놓았다고 하셨어요. 이 말이 참말인지요?"

일이 이 지경에 이르자 왕도 결국에는 대머리 총각에게 이렇게 말할 수밖에 없었다.

"아니다. 그건 거짓말이다."

그리하여 왕은 빵집에서 조수로 일하는 대머리 청년에게 공주를 시집보내게 되었다.

이란 민담을 소개하며

●●●●●

1979년 이슬람 혁명을 겪은 이란은 오랜 역사를 가지고 있으며 1935년 이전에는 페르시아로 불렸다. 이란은 아시아의 서남쪽에 있으며, 민족의 조상은 아리안 족을 직계로 하여 현재는 터키계와 셈계로 구성되어 있고 정착민과 유목민으로 분류하는데, 이란계는 전 인구의 3분의 2를 차지한다. 언어학적으로는 인도유럽 어족에 속한다. 우리나라 남북한을 합한 면적의 약 7-8배에 해당하는 넓은 땅을 가진 나라로 사계절을 비롯해 다양한 기후대를 보이는데 북부의 카스피 해 연안은 지중해성 기후, 내륙고원은 대륙성 기후로 매우 건조하다. 수도인 테헤란은 해발 약 1,200미터의 고지로 연중 내내 건조한 기후가 계속된다. 요즘 전 세계적인 온난화 현상이 이란에도 영향을 미치고 있는데, 봄과 가을이 짧아져 여름에서 곧 겨울로 넘어가는 느낌이 든다.

이란 역사는 이슬람이 유입된 7세기를 기점으로 나누는데 그 이전을 이슬람 전기, 그 이후를 이슬람 후기라고 하여 분기점을 둔다. 이슬람 전기는 기원전 2000년경 아리안 족이 이란 고원으로 이주하면서 시작된다. 그 후 메디아 인이 정복하여 메디아 왕국을 세우고, 이어 아케메네스 왕조$^{기원전\ 559-330년}$, 파르티아 제국$^{기원전\ 247-기원후\ 226년}$, 사산 왕조$^{226-651년}$로 이어진다. 641년에는 아랍 군이 이란을 정복한 후 지방왕조 독립시대$^{820-1055년}$를 지나 터키·몽고족 지배시대$^{962-1502년}$를 거쳐 사파비 왕조$^{1502-1736년}$, 아프샤르 왕조$^{1736-1749년}$, 젠드 왕조$^{1750-1794년}$, 카자르 왕조$^{1796-1925년}$, 팔레비 왕조$^{1925-1979년}$에 이어 호메이니가 이슬람 혁

●──해설　473

명을 승리하여 1979년부터 오늘의 이란 이슬람 공화국에 이르렀다.

  이란은 중국과 함께 오랜 세월 뛰어난 문화를 가진 나라이지만, 지정학적 이유로 고대부터 이민족의 침입을 받아 매우 복잡한 역사를 갖게 되었다. 역사가들은 기원전 2000년부터 1000년에 걸쳐 아리안 족이 이란 고원으로 이주했다고 전한다. 여러 민족 중에서 이란 역사상 최초로 활약한 민족은 이란계의 메디아 인으로 기원전 7세기 초에 부족을 통일해 현재의 하메단을 수도로 정하고 이란 사상 최초의 국가를 건설했다.

  한편 이란계 페르시아 인은 기원전 7세기경 이란 남부 파르스에 이주해 메디아 인에게 종속되었지만, 기원전 550년에 메디아를 멸하고 아케메네스 제국을 세웠다. 이 제국은 이란 역사에서 말하는 건국의 기초가 되었으며, 3대 다리우스 1세기원전 522-486년의 치세에 최대 전성기를 누렸다. 그러나 그가 죽은 후 강력한 후계자가 나타나지 않아 330년 다리우스 3세가 지배할 때 알렉산더 대왕의 동방 원정으로 수도 페르세폴리스는 불에 타고 11대 왕을 거친 제국은 220년간 멸망했다. 그 후 100년이 넘도록 알렉산더 부하들의 지배를 받았지만 헬레니즘 문명이 이란에 끼친 영향은 7세기 이슬람의 영향과 비교하면 피상적이다.

  기원전 250년 스키타이계 유목민의 족장이 세운 파르티아 제국은 고유 문화를 갖지 못하고 이전 왕조의 후계자로서 헬레니즘 문명의 영향을 크게 받아 훗날 페르시아 문화에 헬레니즘을 융합했다고 평가받는다.

  그 후 건설된 사산 왕조는 파르스 지방의 한 소군주였던 아르다시르가 평정하여 그동안 이민족이 지배하던 페르시아를 민족 왕조로 세웠다. 그는 조로아스터를 국교로 정하여 정신적인 통일을 주도하고 강력한 군사력으로 260년 로마와의 전쟁에서 승리해 강대국으로 군림했다. 역대 왕들 가운데 최고의 명군은 코스로에스 1세531-579년인데 일명 '정의의 왕 아노쉬르반'이라고 하여 오늘날까지 이란 인의 귀감이 되고 있으며 문학에도 자주 인용되고 있다. 그러나 641년 로마와의 항쟁과 내분으로 이슬람 전기의 문화와 예술에서 가장 화려하고 번영했던 사산 왕조는 멸망하게 된다.

641년 이란의 서부 하메단 남쪽에 자리 잡은 네하반드에서 아랍 군과의 전투에서 패배하면서 2세기 동안 이란은 아랍 군의 직접적인 지배를 받게 되고 이때부터 이란 사회는 커다란 변혁을 맞게 되었다. 종교적으로는 국교로 고유한 민족 종교이던 조로아스터교가 이슬람교로 개종되었으며, 언어적인 측면에서는 아랍 문자가 차용되어 근대 페르시아 어가 성립되었다. 그러나 아랍 정복 이후 다른 중동 지역이 완전한 아랍화가 된 반면에 이란은 이슬람화는 되었지만 아랍화되지는 않았다. 이리하여 침묵의 2세기라고 명하는 아랍 지배 시대가 열렸다.

이란 인은 여러 형태로 저항했으며 이슬람 정통 4대 칼리프 시대$^{632-661년}$, 우마이야 왕조$^{661-750년}$의 시대는 차별 대우를 받았다. 그러나 후기 우마이야 왕조 때 반 우마이야의 아랍 세력과 협력하여 아바스 왕조$^{750-1258년}$의 수립에 기여하면서 이란인의 정치적 진출이 활발해졌다. 그 외에 이슬람 문명의 형성에도 일익을 담당했다.

한편 이란의 동부 네이샤부르에 수도를 정한 타히르 왕조$^{820-873년}$가 수립되었는데, 이슬람기에 이란 인 이슬람교도가 세운 자치적인 왕조로 성립되어 이란 역사에서는 뜻 깊은 왕조라고 할 수 있다. 이어 동남부의 시스탄에서는 사파르 왕조$^{867-903년}$가 세워졌고, 이어 중앙아시아의 부하라를 수도로 사만 왕조$^{874-999년}$가 세워져 사산 왕조의 귀족 혈통을 가진 민족 왕조로 등장했다. 사만 왕조는 문화와 문학의 부활에 크게 기여했다.

11세기부터 15세기 말까지 이란은 다시 이민족 왕조의 지배에 놓이게 되는데 가즈니 왕조$^{962-1186년}$, 셀주크 왕조$^{1037-1157년}$ 시대는 이란 정치사상과 문화적인 면에서 큰 발전을 이룬 시기다. 이란 동부는 호라즘 샤 왕조$^{1077-1231년}$에게 지배받게 되었다. 그리고 13세기 전반 이란은 몽골의 침략을 받았는데, 그들은 1258년 바그다드를 공략해 아바스 왕조를 무너뜨리고 일컨 왕조$^{1256-1353년}$를 창설했다. 이어 터키계의 티무르 왕조[1369-1500년]가 사마르칸드를 수도로 삼았다.

15세기 후반 이란 북부와 중부 지역은 흑양조[1380-1468년]와 백양조[1378-1508년] 등 두 개의 터키계 왕조가 지배했다. 이 지배기에 이란은 이민족의 침략과 지배를 받아 수난의 시대를 겪었지만 문화적으로는 이민족을 지배하여 이란화하는 데 성공했다.

그 후 사파비 왕조가 16세기 초부터 17세기 중반까지 지배하며 시아파를 국교로 민심을 통일했고, 이 왕조는 24년간 오스만 터키와 대결하는 이란계 최고의 왕조로 평가받고 있다. 제5대 아바스 왕[1588-1629년]은 최대의 군주로 새로운 군대를 창설했고 행정개혁을 단행하여 많은 교량과 도로, 대상인 숙소를 건설하여 상공업을 발전시켰다.

1722년에는 아프간 족의 공격으로 정복당해 아프샤르 왕조가 수립되고 나서 1750년 시라즈를 수도로 정한 젠드 왕조가 세워져 선정을 베풀어 일시적인 평화와 번영을 맞이했다. 그러나 1796년 터키계 카사르 족이 수도를 테헤란으로 정하고 이란 전 국토를 지배했다. 이 왕조의 지배기인 19세기에 이르러 서구 사상과 서구 문화가 도입되면서 경제 자원은 모두 외국인의 손으로 넘어간 실정을 타파하기 위해 입헌혁명이 일어나 1906년 최초로 국민의회가 성립되었다.

그러나 왕조의 부패와 영국, 러시아의 반식민지화로 국내 상황은 불안해졌으며 1차 세계대전 후 더욱 가열된 외국의 지배는 마침내 1921년 2월 21일 무혈 쿠데타를 불러왔다. 그리하여 1925년 레자 칸은 팔레비 왕조를 세워 스스로 왕이 되었다. 그의 치세기에 이란은 근대화 운동을 일으켜 사회를 서구적인 형태로 변화시켰으나 2차 세계대전 당시 이란의 친독일 경향을 프랑스가 문제 삼자 아들인 모하마드 팔레비에게 왕위를 넘겼다. 그러나 왕의 지나친 부패와 친미적 경향은 1979년 혁명의 동기가 되어 호메이니가 이끄는 이슬람 원리주의자가 정권을 장악하고 보다 확고한 의미의 이슬람 정부를 세워 국명도 이란 이슬람 공화국으로 정체를 변화시켜 현재에 이르고 있다.

위에서 언급한 입헌혁명은 문학을 통하여 민족의식과 자주적 인식이 각성하여 발생한 정치적인 사건이다. 이 시기를 기점으로 문학은 대중을 의식화하는 역할을 하게 되었을 뿐 아니라 문학 전반에 걸쳐 기본적인 흐름이 전통과 관습, 풍습에 커다란 관심을 갖는 쪽으로 흘러 자연스럽게 구비문학 연구와 분석으로 이어졌다.

1921년 모하마드 알리 자멀저데의 『옛날 옛적에』라는 단편소설 모음집을 소설이라는 장르의 시작으로 평가하는 이란은 1930-1940년에 이르러 문학사에서 족적을 남기는 문인을 배출하게 된다. 그중 가장 대표적인 소설가인 서데그 헤더야트[1903-1951년]는 작가로서의 재능과 함께 민족문화에 대한 지대한 관심으로 구비문학[민담·속담·민요·관습]을 채록하여 문자화했다. 그는 구전된 자료를 채록하여 한 권의 단행본으로 완성하는 작업을 마쳤는데, 이를 계기로 당시 활동하던 작가들은 관심을 가진 장르에서 채록을 본격적으로 시도했다.

이렇게 시작된 채록은 1970년대에 이르러 작가 세이드 압볼 거셈 엔자비 쉬러지[1921-1993년]가 구비문학 장르 중에서 민담과 속담풀이 이야기를 주된 대상으로 전 7권에 달하는 단행본 시리즈를 출간했다. 그의 활동은 이란 문학계에서 구비문학에 대한 연구와 관심을 고조시켜 구비문학이 학문적 영역으로 자리 잡기 시작했다.

그 후 이란 구비문학의 전 장르에 걸친 채록은 본서의 출처인 '화르항에 아후서네허 예 마로도메 이런[『이란인들의 민담 사전』, 알리 아시라흐 다르비시얀, 레저 찬던, 책과 문화출판사, 테헤란, 1999년 간행]'의 모태가 되었다. 이 시리즈는 이란에 널리 산재되어 있는 민담을 이란어 제목의 알파벳 순서대로 출간하고 있다. 현재 제16권까지 발행되었으며 앞으로도 계속 간행될 예정이다.

이란 민담의 특징은 일반적으로 모든 민담에서 보듯 발단은 "옛날 옛적에", "신 이외에는 아무도 살지 않았다."로 시작되는 것이다. 그러나 일부 민담은 여러 부족이 살아왔던 역사적 환경으로 인하여 그들만의 특징적인 사건이라든가

지역을 언급하기도 한다. 결말 부분에서는 일반적으로 전형적인 결구가 아닌 지극히 개인적인 표현으로 끝을 맺는다. 예를 들면 "우리 이야기는 다 끝났는데 까마귀는 아직 집에 닿지 못했다.", "우리 이야기는 재미있는데 꽃다발은 그 자리에 있었다.", "꽃다발은 수선화 다발, 너의 흔적을 보지 못했네. 결코 결코.", "아무리 길을 가도 길만 있었네. 아무리 파도 굴뿐이었네. 열쇠는 포악한 왕의 손에 있었네.", "그들이 하고 싶은 대로, 신이여 뜻대로, 당신도 당신 마음 대로." 등이다.

이란 민담의 주인공으로 나오는 인물은 일반적으로 왕, 대머리, 목동, 쿠세_{수염이 없는 남자}, 나무꾼, 탁발승, 여인, 상인, 마귀를 들 수 있다. 이야기는 이들 주인공이 운명에 순응하는 기본적인 의식에서 진행된다. 이란 인이 가진 운명론적 사고는 신앙적인 의지이기도 하지만, 유목인의 후예인 그들은 고대부터 자연 현상과 함께 살아온 민족이라는 데서 그 원인을 찾을 수 있다.

민담에 등장하는 주인공의 전형적인 성격을 살펴보면 다음과 같다. 왕은 주로 막내 왕자이거나 셋째 왕자가 임무와 탐색의 주인공이 되어 성공을 이룬다. 이들 왕자는 공주의 상대가 되어 결혼하게 된다.

그 다음으로 주목되는 주인공은 이란의 다양한 부족의 민담에서 공통적인 개성을 가지고 나오는 대머리다. 그의 직업은 대부분 양치기이거나 빈둥거리는 게으름뱅이로 수줍음이 많고 가난하게 살아간다. 민담의 시작 부분에서는 이런 성격을 가진 대머리로 등장하지만, 결국 기지와 계략, 배짱과 대담성으로 다른 사람과 구별되어 결국 막내 왕자처럼 고난을 극복하고 공주와 결혼하거나 스스로 왕이 된다. 일부 대머리는 고난을 극복한 대가로 대머리를 고치고 다른 인물의 병도 고쳐 주는 것으로 끝을 맺는다.

쿠세는 대머리와 유사한 인물로 그려지지만, 고정적인 성격은 없고 대개 주인공의 보조적인 역할을 한다. 이란 사회에서 신분이 가장 낮은 늙은 나무꾼은 민담에서도 가난하고 약하게 그려진다. 그러나 노력하고 신앙심이 강한 인물로 결국에는 부자가 되거나 행복하게 살게 된다.

　일반적으로 등장하는 탁발승은 구걸로 살아가는 사람으로 빈털터리이지만 신앙심이 깊고 경건한 인물이다. 그들은 대부분 주인공을 돕는 원조자로 등장하여 지혜와 지략을 주어 왕에게 대항하거나 자식 없는 왕에게 사과를 주어 자식을 점지해 준다. 재판관은 백성 위에 군림하여 압제하며 뇌물을 받는 부패한 인물로 그려져 당시 사회의 단면을 보여 주고 있다.

　이란 민담에 등장하는 여성은 두 가지 성격을 가진다. 하나는 긍정적으로 표현된 여성으로 지혜와 꾀, 재치와 속임수로 이야기를 진행해 나간다. 다른 하나는 부정적인 인물로 자신의 의지와 상관없이 왕이나 왕자가 사진이나 물 위에 비친 모습을 보고 반하여 구애를 하는 대상, 즉 탐색의 대상이 된다.

　그리고 이란 사회에서 중산층으로 취급되는 상인은 모든 민담에 자주 등장하는데, 주도적인 역할은 하지 않지만 보조적인 역할을 하는 대표적 인물이다. 한편 요정은 대부분 탁발승처럼 주인공을 돕는 원조자로 나온다. 마귀는 대부분 공주, 아가씨 또는 처녀를 잡아가 결혼하는 역할을 맡고 있다. 그러나 영혼이 들어 있는 유리병을 깨고 탈출하거나 결투를 벌여 항상 패배하는 인물로 나온다.

　이란 민담의 유형에 나타나는 특징으로 동물의 이야기인 동물담, 마법이나 지략·재치가 주제인 기지담, 역사적이거나 성인 이야기를 다룬 종교담, 소설과 같은 구성을 가진 서사담, 웃음을 자아내는 소담, 점층적인 반복 구조를 가진 연쇄담으로 분류할 수 있다.

　동물담은 서구의 민담과 마찬가지로 인간에게 주는 교훈을 주제로 한다. 이란에서는 여우, 늑대, 사자가 주요 대상이다. 그들의 지략이나 꾀 혹은 우둔함을 통해 인간에게 교훈을 주고 있다. 기지담은 실제의 세상이 아닌 요술 세계가 배경이다. 마법이나 요술을 부리는 주체는 불사조다. 불사조의 깃털을 마법의 매체로 주어 그것을 불에 태워 불사조가 마법을 부리거나 도움을 주게 된